REVISTA TRIMESTRAL DE

DIREITO PÚBLICO

7/1994

MALHEIROS EDITORES

Revista Trimestral de Direito Público

Órgão do

IDEPE
INSTITUTO INTERNACIONAL
DE DIREITO PÚBLICO E EMPRESARIAL

INSTITUTO DE DIREITO ADMINISTRATIVO PAULISTA
IDAP

REVISTA TRIMESTRAL
DE DIREITO PÚBLICO
publicação trimestral de
MALHEIROS EDITORES LTDA.
Rua Paes de Araújo, 29, cj. 171
CEP 04531-940
São Paulo, SP - Brasil - Tel. 822-9205
Fax: 829-2495

Assinaturas e comercialização:
CATAVENTO DISTRIBUIDORA DE
LIVROS S.A.
Rua Conselheiro Ramalho, 928
CEP 01325-000
São Paulo, SP - Brasil - Tel. 289-0811
Fax: 251-3756

Diretor Responsável: Álvaro Malheiros
Diretora: Suzana Fleury Malheiros
Supervisão Gráfica: Vânia Lúcia Amato

Composição: HELVÉTICA EDITORIAL
Impressão: Gráfica e Editora FCA
(Fundação de Ciências Aplicadas)

SUMÁRIO

DOUTRINA

REVERSÃO DOS BENS NA CONCESSÃO
— **Celso Antônio Bandeira de Mello** 7

NORMAS GERAIS E COMPETÊNCIA CONCORRENTE — Uma exegese do art. 24 da Constituição Federal
— **Tercio Sampaio Ferraz Junior** 16

PATRIMÔNIO ADMINISTRATIVO — EMPRESAS ESTATAIS DELEGADAS DE SERVIÇO PÚBLICO — REGIME DE SEUS BENS — EXECUÇÃO DE SUAS DÍVIDAS
— **Geraldo Ataliba** 21

A TRIDIMENSIONALIDADE DA DESCENTRALIZAÇÃO DO ESTADO BRASILEIRO — Contribuição prática à Revisão Constitucional de 1993
— **Torquato Jardim** 41

PARECERES

GÁS — MONOPÓLIO — CONCESSÃO
— **Caio Tácito** 51

INCONSTITUCIONALIDADE DE PRECEITO CONSTITUCIONAL — Poder constituinte originário e derivado — Cláusula pétrea — Preceito imodificável por emenda
— **Paulo Bonavides** 58

CRIME DE RESPONSABILIDADE — RENÚNCIA DO AGENTE — EFEITOS PROCESSUAIS
— **Fábio Konder Comparato** 82

EXECUÇÃO CONTRA ESTATAIS PRESTADORAS DE SERVIÇO PÚBLICO
— **Eros Roberto Grau** 97

PLEBISCITO — EC 2/92
— **Gilmar F. Mendes** 104

REGIME JURÍDICO ÚNICO — INCLUSÃO, SEM CONCURSO, DE SERVIDORES CELETISTAS
— **Sérgio Sérvulo da Cunha** 121

ESTUDOS E COMENTÁRIOS

O STF E O QUINTO CONSTITUCIONAL
— **Paulo Brossard** 128

LEGALIDADE, LEGITIMIDADE E CORRUPÇÃO EM CAMPANHAS ELEITORAIS
— **Monica Herman Salem Caggiano** 131

O PODER JUDICIÁRIO EM SUAS RELAÇÕES EXTERNAS
— **Roberto A. O. Santos** 142

MINISTÉRIO PÚBLICO E DEFESA DE DIREITOS INDIVIDUAIS HOMOGÊNEOS
— **Teori Albino Zavascki** 148

OAB — ESTATUTO — Sustentação oral posterior ao voto do Relator — Sobre a Ação Direta de Inconstitucionalidade do art. 7º, IX, da Lei 8.906/94
— **Erasto Villa-Verde Filho** 159

ADIN — O DIREITO DE PROPOSITURA DAS CONFEDERAÇÕES SINDICAIS E DAS ENTIDADES DE CLASSE DE ÂMBITO NACIONAL
— **Gilmar Ferreira Mendes** 161

FUNDAMENTOS DO DIREITO AMBIENTAL NO BRASIL
— **Alvaro Luiz Valery Mirra** 170

MEDIDA LIMINAR EM AÇÃO DE INDENIZAÇÃO POR DESAPROPRIAÇÃO INDIRETA
— **Maria Cristina Cereser Pezzella e Anelise Becker** 198

OBRA INTELECTUAL NO DIREITO
— **Eduardo S. Pimenta e Rui Caldas Pimenta** 211

CONFERÊNCIAS E DEBATES

MEIO AMBIENTE E JUDICIÁRIO
— **Sydney Sanches** 220

REFLEXOS DA URV NO DIREITO ADMINISTRATIVO
— **Marcos Juruena Villela Souto** 232

JURISPRUDÊNCIA 240

DOUTRINA

REVERSÃO DOS BENS NA CONCESSÃO

CELSO ANTÔNIO BANDEIRA DE MELLO
Professor Titular da Faculdade de Direito da Universidade Católica de S. Paulo

I — Concessão de serviço público: noções gerais

1. Pela concessão de serviço público, como é sabido e ressabido, instaura-se uma relação jurídica complexa, através da qual o Estado atribui a alguém o exercício de um serviço público e este, sob a garantia de um equilíbrio econômico-financeiro, aceita prestá-lo, nas condições fixadas e alteráveis unilateralmente pelo Poder Público, em nome de quem atuará, conquanto o faça a suas expensas, por sua própria conta e riscos, remunerando-se mediante tarifas cobradas diretamente dos usuários.

Percebe-se que, por tal meio, o Poder Público almeja propiciar à coletividade o desfrute do melhor serviço possível, sem onerar-se com os dispêndios aí envolvidos e, ademais, liberto dos encargos inerentes à sua execução, mas, conservando a senhoria que lhe permite impor, a todo tempo, quaisquer determinações necessárias para garantir plenamente as conveniências públicas. Daí haver dito Bonnard, em expressão feliz, que o concedente se reserva, à vista da organização e do funcionamento do serviço, um poder tão acentuado que se caracteriza como autêntica ''mainmise'' sobre ele (Roger Bonnard — *Précis de Droit Administratif*, 2ª ed., 1935, p. 547). No mesmo sentido Gaston Jèze (*Principios Generales del Derecho Administrativo*, vol. II, t. I, 1949, trad. argentina da 3ª ed. francesa, 1930, p. 73).

Diversamente, o que o concessionário aspira é realizar um negócio economicamente proveitoso e por isto aceita travar o vínculo colocando-se sob a égide do concedente no que concerne aos aspectos referidos, pois o que lhe importa é a aplicação de seu capital em um empreendimento do qual extrairá um lucro, amparado na garantia de uma equação ou equilíbrio econômico-financeiro. Este, conforme o define Marcel Naline,

"... é uma relação que foi estabelecida pelas próprias partes contratantes no momento da conclusão do contrato, entre um conjunto de direitos do contratado e um conjunto de encargos deste, que pareceram equivalentes, donde o nome de equação; desde então esta equivalência não mais pode ser alterada" (*Droit Administratif,* Sirey, 5ª ed., 1963, p. 618).

2. Guido Zanobini anotou que "em relação ao sujeito privado, o fim que este se propõe no exercício da função pública, é distinto da finalidade estatal a que tal função provê, porque é um fim privado, normalmente uma finalidade de lucro. Pode-se, assim, dizer que o serviço público ou a função pública servem ao particular como um meio para alcançar esta sua finalidade pessoal" (*Corso di Diritto Amministrativo*, CEDAM, 1944, vol. I, p. 139).

Com efeito, para o concessionário a prestação do serviço é um *meio* através do qual obtem a *finalidade* que almeja: o lucro. Reversamente, para o Estado, o lucro, que propicia ao concessionário, é *meio* por cuja via busca sua *finalidade*, que é a boa prestação do serviço (cf. nosso *Prestação de Serviços Públicos e Administração Indireta*, Ed. RT, 2ª ed., 1983, p. 37). O regime da concessão procede da lógica da situação instaurada nestes termos.

A cada qual assistem as garantias necessárias à satisfação dos desideratos que o animaram, pois ambas se conjugam e entrelaçam perfeitamente.

Donde, ao concedente pertencem todos os poderes necessários à satisfação dos objetivos pelos quais outorgou o serviço em concessão. Daí que pode dispor livremente sobre as condições de prestação do serviço e alterá-las na conformidade das exigências do interesse público. Outrossim, para bem atendê-las, em sendo conveniente ou indeclinável, pode ou deve retomar o serviço. Ao concessionário, de outra parte, caberão, correlatamente, todas as garantias atinentes à mantença do equilíbrio econômico financeiro avençado, de sorte a que tenha possibilidade de extrair daquele negócio o proveito econômico que o levou a engajar-se nele.

É natural que o sobredito equilíbrio ajustado tenha de ser respeitado, valendo aqui, integralmente, as observações de Georges Pequignot, em obra clássica, atinente aos contratos administrativos. Referindo-se ao contratado, averbou: "Ele não consentiu seu concurso senão na esperança de um certo lucro. Aceitou tomar a seu cargo trabalhos e áleas que, se não houvesse querido contratar, seriam suportados pela Administração. É normal que seja remunerado por isto" (*Théorie Générale du Contract Administratif*, A. Pedone, 1945, p. 434).

3. As concessões de serviço público, como é notório, tanto podem se extinguir pela normal expiração do prazo estabelecido quanto *prematuramente*, em decorrência de distintas causas. Dentre estas últimas, avultam a encampação (ou resgate) e a caducidade.

Na *encampação*, o Poder concedente retoma o serviço por razões meramente de conveniência ou oportunidade administrativa, sem que o concessionário haja incorrido em faltas que suscitassem tal providência. Na *caducidade*, pelo contrário, a razão determinante vem a ser precisamente a inadimplência grave do concessionário, ou seja, a prática de comportamentos positivos ou omissões faltosas cujo relevo demanda que o concedente lhe retire a concessão outorgada.

Tanto em um quanto em outro caso propõem-se, como é natural, duas questões, aliás, interligadas e que, de resto, irrompem em qualquer caso de encerramento de concessão. A saber: (a) uma concerne ao *destino* dos bens aplicados ao serviço, isto é, que lhe integram o acervo e outra (b) respeita à *composição patrimonial* entre concedente e concessionário, mormente se o sobredito acervo, aportado por este último, deva persistir aplicado ao serviço em questão; portanto, em poder do concedente.

Consideremos, inicialmente, o primeiro destes tópicos.

II — Destino dos bens afetados ao serviço ao cabo da concessão — a reversão

4. Em grande número de concessões de serviço público, *mas não em todas*, os bens que devem ser aplicados ao serviço e que a ele se aplicam, persistem indispensáveis a sua *continuidade*, mesmo após o encerramento da concessão. E que não se teria como substituí-los incontinenti, por não serem fácil ou agilmente instaláveis ou preponíveis a tal destino. Isto ocorre, sobreposse, quando o serviço tem como suporte material bens implantados no solo, edificações, maquinaria de grande porte ou implementos de préstimo transcendente para o serviço, mas carentes, total ou parcialmente, de significação econômica quando dele desligados, como ocorre, *verbi gratia*, com linhas de transmissão de energia, locomotivas, vagões etc.

Justamente por isto, para o concedente são *indispensáveis* e para o concessionário ou não mais apresentariam sequer a possibilidade de utilização ou careceriam de serventia relevante. Sobremais, nem mesmo teriam expressão econômica compatível com o elevado custo que representaram. De toda sorte, na melhor das hipóteses, tornar-se-iam *economicamente insignificantes* para o concessionário, se comparados com o dispêndio em que incorreu para aplicá-los ao serviço.

5. Em casos desta ordem — e que, por certo, retratam a compostura da maioria das concessões de serviço público — a solução óbvia, quando do encerramento do liame e seja qual for a razão que o tenha determinado, será, evidentemente, a persistência do atrelamento dos sobreditos bens ao serviço público. Em suma: o concedente não poderia abrir mão deles. Teria interesse absoluto em retê-los, por indeclinável imposição das necessidades públicas. De revés, ao concessionário faleceriam razões para pretender conservá-los.

É esta passagem definitiva para o concedente, ao cabo da concessão, do acervo de bens aplicados ao serviço pelo concessionário que se denomina *reversão*.

Compreende-se que, nos casos aludidos, a reversão dos bens seja conseqüência perfeitamente lógica, pois atende às conveniências de ambas as partes, o que é, aliás, a desembocadura ideal de relações jurídicas surtidas a partir de um elemento consensual.

6. Em outros casos, todavia, não se reproduz o quadro dantes descrito. Em uma concessão de linhas de ônibus, por exemplo, em muitos casos não haverá dificuldade em substituir de imediato os veículos afetados ao serviço, por outros, trazidos pelo novo concessionário ou adquiridos pelo Poder Público, se este pretendesse assumir diretamente o serviço ou fazê-lo mediante empresa estatal. Por outro lado, o encerramento de uma concessão deste gênero, bastas vezes, nem suprime, nem deprime, a serventia ou o significado econômico que os sobreditos bens podem proporcionar ao antigo concessionário.

Descaberia, então, presumir um relevante interesse do concedente em conservá-los vinculados ao serviço (com o conseqüente e desnecessário encarecimento das tarifas), tanto como seria incorreto pressupor desinteresse do concessionário em retê-los consigo, uma vez desinvestido desta qualidade. Logo, careceria, de qualquer base lógica sustentar que em situações deste jaez o encerramento da concessão demandaria inevitavelmente integração dos bens no patrimônio público.

Donde, salvo estipulação em contrário, seria perfeitamente compreensível que o concessionário, ao encerrar-se o vínculo, levasse consigo os bens dantes vinculados ao serviço. Segue daí, outrossim, que, em tal caso, não se proporia, perante o Poder Público, o tema da amortização deste capital.

7. Ao lume destas considerações sobre o destino final dos bens aportados pelo concessionário e aplicados ao serviço já se podem firmar algumas conclusões. A saber:

(*a*) é inexato supor-se que a chamada *reversão* dos bens, ou seja, sua integração no patrimônio público ao cabo da concessão do serviço, resulta da teoria geral deste instituto, porquanto, salvo explícita prescrição legal ou do ato concessivo, seu cabimento está circunscrito às hipóteses indicadas, sem embargo de serem elas, certamente, as mais comuns — como já foi dito e ora é reafirmado;

(*b*) também seria inexato supor-se que resulta da teoria geral das concessões de serviço público que os bens nela aplicados sejam, desde sua aplicação, bens pertencentes ao Poder Público, como querem alguns, ou que a propriedade do concessionário sobre eles é uma propriedade resolúvel, como sustentam outros. À falta de lei, que ofereça solução genérica para a questão, ou de disposição do ato concessivo dilucidando o assunto, quaisquer destas concepções só poderiam propor-se em relação às concessões, nas quais, consoante averbado, a persistência de sua vinculação ao serviço fosse imprescindível, ante as características do objeto da concessão — o que nem sempre ocorre, conforme visto.

Fixados estes pontos, cumpre agora verificar o tema da indenização dos bens revertidos.

III — A amortização do capital e a reversão dos bens

8. Nos casos em que deva existir reversão de bens, seja por força da expiração normal da concessão, seja em decorrência de sua extinção prematura, a necessidade de indenizar o concessionário *pelos bens revertidos* prende-se inteiramente ao fato de ter ou não havido amortização do capital neles substanciado.

Em geral são outorgadas por prazo longo as concessões em que os bens aplicados ao serviço devem, ao final, integrar-se no patrimônio público mediante reversão. Assim se faz para que os concessionários amortizem os invesimentos efetuados, isto é, paguem-se destes dispêndios, ressarcindo-se através das próprias tarifas cobradas dos usuários, pela adscrição de uma parcela delas a tal finalidade. Dessarte, ao expirar-se a concessão por decurso do prazo, o Poder Público não incorrerá em desembolsos para assenhorear-se do acervo.

Com efeito, é claro que se o prazo fosse curto, a parcela tarifária comprometida neste propósito revelar-se-ia insuficiente para reposição do capital, a menos que se fixassem tarifas altíssimas. Ora, como o Poder Público deve zelar pela ampla acessibilidade do serviço aos usuários e garantir-lhes as condições mais convenientes, as tarifas precisam ser módicas. Segue-se que o prazo de tais concessões, conforme dito, haverá de ser longo. Então, graças à amplitude dele, adrede estabelecida para atender ao citado objetivo, presume-se que, ao se expirar normalmente o prazo fixado, já terá havido, salvo prova em contrário, amortização do capital invertido pelo concessionário. Por esta razão, admite-se, em princípio, que os bens aplicados ao serviço revertem ao concedente sem ônus para ele.

Este modelo, que é o usual, poderá, entretanto, sofrer algum desconcerto quando, em épocas já avizinhadas da consumação do prazo, o concessionário seja obrigado a efetuar investimentos suplementares, quer para manter a qualidade ou a atualização técnica do serviço, quer para expandi-lo ante o incremento da demanda dos usuários. Aí sim — e só aí — o tempo remanescente será insuficiente para permitir que as tarifas ao longo dele hauridas também atendam a finalidade apontada, irrompendo, pois, a necessidade de que o Poder Público, na reversão, acoberte o montante que restou insuprido.

9. É bem de ver, todavia, que se a concessão extinguir-se *prematuramente*, seja por encampação, seja por resgate, ficará convulsionado o supra referido esquema de amortização do capital.

Deveras, a antecipação do término do vínculo subverterá a expectativa sobre a qual estavam assentados os cálculos relativos ao acobertamento do capital. Donde, se os bens, com esta antecipação, viessem a ser absorvidos pelo concedente sem compensação econômica que cobrisse o remanescente de investimentos ainda não amortizados pelas percepções tarifárias passadas, o concessionário sofreria uma perda patrimonial. É dizer, ficaria injustamente agravado pela transferência gratuita de uma parcela de seus recursos para o Poder Público: aquela que em prol dele despendeu e não lhe foi reposta.

Donde, se ao findar-se a concessão o concessionário não houver amortizado integralmente o *capital* que investiu, mediante percepção das *tarifas fixadas pelo concedente* e cobradas pelo concessionário dos usuários (mais eventuais subsídios que o Poder Público lhe haja aportado), é óbvio que o concedente, para capturar os bens aplicados ao serviço, terá de versar-lhe o *quantum correspondente ao valor ainda pendente de amortização*.

Tal pagamento, então, será de rigor, como contrapartida da assunção dos bens pelo Estado. Deveras, em situações deste jaez, o concessionário, ao *invés de retirar-se com o acervo representativo de capital que aportou, deixa-o em mãos do concedente*. Cumpre, pois, que seja acobertado quanto a isto. De resto, a ser de outro modo, ninguém em seu juízo perfeito, se abalançaria a engajar-se em vínculo de tal ordem. Seria, evidentemente, um negócio desastroso aquele em que alguém, aplicando recursos próprios para obter uma remuneração pelo investimento feito, ficasse, ao final, despojado total ou parcialmente do capital invertido. Sairia, evidentemente, empobrecido se não houvesse podido sequer recuperá-lo ao cabo do empreendimento.

Note-se que aqui não está em pauta questão atinente a uma eventual compensação econômica pela perda dos proveitos (lucro ou remuneração do capital) que — não fora pelo encurtamento do prazo — seriam hauridos pelo concessionário com a cobrança das tarifas ao longo de todo o período em que estava titulado para captá-las. O de que se cuida neste passo, é, meramente, de reconhecer que se a extinção da concessão efetuar-se antes do prazo, *não comparece o referido fundamento jurídico e econômico embasador da absorção gratuita do acervo pelo concedente*, a título de reversão.

Como se viu, a amortização do capital é que se constitui na causa hábil para supedanear a absorção definitiva do acervo sem ônus para o concedente. Assim, ocorrendo extinção prematura da concessão e conseqüente reversão dos bens aplicados ao serviço, se não fosse versada ao concessionário a contrapartida pelos investimentos ainda descobertos, seguramente ocorreria injurídico apoderamento, pelo concedente, de uma parcela do patrimônio de sua contraparte. E isto, repita-se, tanto ocorrerá nos casos de *encampação* quanto nos de *caducidade*.

10. Aliás, tratando-se de *encampação*, isto é, encerramento suscitado por razões administrativas de mera conveniência ou oportunidade, portanto, sem que o concessionário haja praticado falta que a justificasse o Poder Público *deverá indenizá-lo* pela antecipação do encerramento do prazo ao longo do qual perceberia, através das tarifas, o proveito econômico em vista do qual travara o vínculo. Deveras, seu ingresso na relação jurídica fora motivado, evidentemente, pela expectativa de um ganho, que teria buscado em outro negócio (mobilizando para est'outro seu capital, aptidão empresarial, experiência e recursos), se não fora pelo liame que travou com o concedente, confiado em que, bem servindo, hauriria durante todo o prazo estipulado os proveitos do empreendimento.

Embora seja certo que o Poder Público possa, sem violar o direito, retomar o serviço dado em concessão, também é certo que deverá compor o prejuízo econômico dessarte causado. Além disto, como é óbvio, terá de acobertar-lhes a parte ainda não amortizada do capital, como já se viu. *Nisto estará, pura e simplesmente, cumprindo o elementar dever de respeitar o capital alheio, ou seja, de não apropriar-se do que pertence a outrem*.

11. Quando o encerramento prematuro do vínculo resultar de *caducidade*, vale dizer, extinção decidida pelo Poder Público como decorrência de faltas graves do concessionário que o fizeram incurso nesta sanção, é claro que a este não será devida qualquer indenização *pela perda da exploração do serviço*. Pelo contrário, o concessionário é que, em sua qualidade de inadimplente, além de responder pelas multas ou quaisquer outros agravamentos previstos (perda da caução efetuada, por exemplo), terá ainda de arcar com as perdas e danos que haja causado ao concedente pelo fato de havê-lo levado a promover o encerramento prematuro do vínculo.

Sem embargo, *nem por isso o concedente poderia assenhorear-se gratuitamente dos bens constitutivos do acervo*, se ainda não estiverem — como não deverão estar — integralmente amortizados. Fazê-lo, equivaleria a confiscar investimentos aportados pelo concessionário.

Não há confundir o tópico atinente à prestação do serviço, e, assim, portanto, o de sua persistência ou cancelamento prematuro, com o tópico relativo ao capital invertido pelo concessionário e que estará substanciado em bens que reverterão ou não para o concedente ao se encerrar a relação jurídica.

A extinção antecipada do vínculo, *por si mesma*, nada predica com relação à reversão dos bens. Logo, a causa pela qual se antecipa a dissolução do vínculo (encampação ou caducidade) não poderia ser, por si mesma, nem determinante de tal conseqüência, nem determinante de onerosidade ou gratuidade de reversão. Em suma: por não existir ligação entre a causa de extinção prematura do vínculo e a reversão dos bens, também não existe ligação entre ela e o fato de dever-se efetuá-la com ou sem indenização.

12. Com efeito, nos casos em que a concessão não demande reversão dos bens, como poderia suceder em uma concessão de linhas de ônibus — conforme hipótese dantes figurada — provavelmente a ninguém acudiria supor que, em sendo decretada sua caducidade, o concessionário perderia os veículos ou equipamentos postos à disposição do serviço.

Por que não ocorreria tal suposição?

Simplesmente porque a reversão dos bens *não é uma conseqüência da cacucidade*; *não é uma sanção pela inadimplência do concessionário*. Se o fosse, deveria operar — e sem ônus para o concedente — também nos casos em que não estava prevista (explícita ou implicitamente). Em rigor, nada tem a ver com ela. Donde, não haveria porque presumir que a gratuidade da reversão seja uma conseqüência natural da caducidade, nos casos em que dita reversão (quando pressuposta) vem a ser antecipada por força de prematura extinção do veículo suscitada por inadimplência do concessionário.

A reversão — cumpre repetir — não é sanção, mas um efeito que se processa com supedâneo em *outros fundamentos* e na conformidade de *outros pressupostos*, tudo conforme dantes exposto. Donde, ocorrerá apenas nos termos que a legitimam, isto é, *com pleno acobertamento do capital invertido* pelo prestador do serviço e nos casos em que é demandada para continuidade dele. Não haveria, então, porque imaginar que a gratuidade da reversão deva ser havida como uma resultante da caducidade.

13. Além disto, seria incabível apropriar-se deste remanescente de capital sem indenizá-lo, porquanto, com tal procedimento, haveria um confisco (o que é constitucionalmente vedado) e um enriquecimento ilícito do concedente sobre o patrimônio alheio. Acresce, ainda, que sobre tratar-se de sanção violentíssima, sua aplicação, salvo previsão expressa em lei ou no próprio ato concessivo, resultaria absurda, *porque extraída do nada*.

Deveras, os poderes jurídico-administrativos ou resultam da lei ou dimanam de relações constituídas *ex voluntate*. Como se sabe, por força do princípio da legalidade (art. 37 da CF), a Administração, para impor algo a outrem, necessita estar embasada em lei (art. 5º, II, e 84, IV). Fora daí, somente se estiver calçada em disposição à qual sua contraparte tenha se submetido voluntariamente, como sucederia em relação a cláusulas de uma concessão ou a normas contratuais livremente acordadas entre os contraentes. Se a Administração não estiver embasada em lei que lhe autorize impor a sanção "a" ou "b", ou em cláusula da concessão, evidentemente carecerá de fundamento jurídico para impô-la. Logo, presumir, nos casos de caducidade da concessão, que a reversão prevista independe de indenização da parcela do capital ainda não amortizada é literalmente um absurdo.

14. Entre os doutrinadores que se ocuparam da questão é generalizado este entendimento de que a reversão pressupõe indenização do capital ainda não amortizado, nada importando que a causa extintiva da concessão haja sido a caducidade. Assim, no clássico *Traité des Contracts Administratifs* (LGDF, Paris, 2ª ed., 1984, t. II), de A. de Laubadère, Franck Moderne e Pierre Devolve, após o registro de que se a concessão, por qualquer motivo, findar-se antes de seu prazo normal, resultará evidente que a amortização do capital não se terá podido realizar às completas, fica anotado o esclarecimento de que: "Muito logicamente, a jurisprudência decide que o princípio da reversão gratuita não deve, então, se aplicar, ainda que o caderno de encargos haja omitido esta derrogação à regra geral e *mesmo se a extinção do contrato haja provindo de um comportamento faltoso do concessionário*: o concedente beneficiar-se-á do direito de reversão mas *deverá indenizar o concessionário*" (pp. 752-753 — grifos nossos).

Em seu *Derecho Administrativo*, Ramon Parada, após indicar que a resolução do contrato pode resultar da inadimplência do concessionário, adverte: "No obstante, la resolución del contrato — y para evitar un enriquecimiento injusto de la Administración — no priva al concesionario incumplidor del derecho a que se le abone el precio de las obras e instalaciones ejecutadas a su costa que hayan de pasar a propriedad de aquélla, tenido en cuenta su estado y el tiempo que restase para la reversión" (Ed. Marcial Pons, Madri, t. I, 2ª ed., 1990, p. 328).

De equivalente teor são as observações de Guido Zanobini (ob. cit., vol.

cit., p. 403), Manoel Maria Diez (*Derecho Administrativo*, Ed. Plus Ultra, Buenos Aires, 2ª ed., 1979, t. III, pp. 449-450) e de Eduardo García de Entería e Tomás Ramon Fernandes (*Curso de Derecho Administrativo*, Ed. Civitas, Madri, 4ª ed., 1983, vol. I, p. 701).

15. Entre nós, Afrânio de Carvalho, reconhecida autoridade em matéria de concessão de serviço público, ao final de valioso e exaustivo estudo, publicado em dois volumes da Revista de Direito Administrativo, sobre a "Propriedade dos Bens da Concessão" (in *RDA* 44, p. 46), indica em sua conclusão de n. 6 que: "A reversão somente se dá com indenização, quando o vencimento do contrato foi antecipado por encampação ou *caducidade*".

O ilustre administrativista, Carlos S. de Barros Jr., em brilhante artigo sobre a "Concessão de Serviço Público" (*RDA* 111, p. 20), esclarece amplamente o tópico ao averbar: "Declarada a caducidade, rescindido o contrato, procede-se à sua liquidação, apurando-se as contas, de acordo com os termos das estipulações contratuais. Cessa o serviço concedido.

Quanto aos bens do concessionário, cabe a indenização deles. Salvo disposição contratual que excluísse, nesse caso, a indenização, terá o concessionário o direito de receber o valor dos bens investidos na concessão. Deverá o concessionário, porém, pagar os prejuízos decorrentes da inexecução das obrigações, fazendo-se a devida apuração".

Assim também, as obras gerais brasileiras que enfocaram o tema — e fizeram-no recentemente — afinam pelo mesmo diapasão. É o caso da eminente profª Maria Sylvia Zanella Di Pietro (*Direito Administrativo*, Atlas, 1990, p. 220) e de Diógenes Gasparini (*Direito Administrativo*, Saraiva, 2ª ed., 1992, p. 262), ambos explícitos sobre a questão em apreço. Pode-se depreender que assim também entende Sérgio de Andréa Ferreira. Embora sem endereçar-se especificamente à hipótese de caducidade, enuncia a consideração geral de que, se não fora pelo pagamento dos bens, a reversão configuraria confisco, o que é vedado pela Constituição. Daí afirmar, em face disto: "... temos que concluir que toda reversão é onerosa" (*Direito Administrativo Didático*, Forense, 2ª ed., 1981, p. 245).

Nós mesmos, em monografia sobre *Prestação de Serviços Públicos e Administração Indireta* (Ed. RT, 1ª ed., 1973, pp. 51-52), ao tratarmos da caducidade nas concessões de serviço público, também referimos o dever de o concedente indenizar o concessionário pelos bens revertidos e ainda não amortizados. Fizemo-los nos seguintes termos: "No caso, por ter sido o concessionário a dar causa à extinção da concessão, por violador de suas obrigações, o Poder Público não tem que indenizá-lo, senão com relação à parcela não amortizada do capital representada pelos equipamentos necessários ao serviço e que reverterão ao concedente".

16. Note-se, além disto, que seriam até mesmo perigosamente inconvenientes disposições legais ou do ato concessivo que previssem solução diversa, pois o concessionário ficaria gravemente exposto a riscos enormes, tanto mais graves quanto maiores fossem os investimentos necessários à boa prestação do serviço. Se a caducidade fosse decretada ainda em uma primeira fase da concessão, quando a amortização do capital ainda estivesse se iniciando, o prejuízo a que o concessionário estaria exposto atingiria proporções gigantescas e, evidentemente, abusivas. Dir-se-á que dependeria apenas dele, por sua conduta satisfatória, eximir-se de tais riscos, pois a Administração, animada pela ponderação, equilíbrio e senso de justiça, coibir-se-ia de adotar tal providência radical, salvo quando absolutamente indispensável. Esta assertiva, particularmente entre nós, ainda estaria por ser demonstrada. Em verdade, nada concorre para poder-se receber com segurança teses que se assentassem no pressuposto de que a Administração prima pela serenidade, imparcialidade, moralidade e equilíbrio. Donde, atribuir ao Poder Público poderes excessivamente amplos e que lhe ensejem ação devastadora sobre o patrimônio da contraparte, longe de concorrer para uma segurança maior na realização do interesse público, pode servir para ensejar situações dele radicalmente divorciadas e até mesmo, desgraçadamente, para alimentar procedimentos inortodoxos, lesivos aos preceitos da moralidade administrativa.

Mesmo prescindindo-se destas razões, mesmo adotando-se o pressuposto de que se pode e deve confiar, ao menos em princípio, na ponderação, equilíbrio e impessoalidade da Administração, ainda assim, seria indesejável cláusula que lhe atribuísse poder tão devastador em relação ao patrimônio do concessionário, pois só os empresários mais imprudentes ou definitivamente imprudentes é que se abalançariam a engajar-se em vínculo jurídico no qual estivessem expostos a riscos de tanta magnitude — e não são deste feitio os contratantes que convêm ao Poder Público.

Com efeito, o direito, as leis e os contratos escritos e formalizados seriam inteiramente despiciendos se as partes de qualquer negócio jurídico pudessem entregar-se, uma nas mãos da outra, confiadas reciprocamente na integral correção, lealdade e sereno senso de justiça com que cada qual agiria. As formalizações do direito existem pela necessidade que os homens têm de precatar-se e de garantir-se uns contra os outros, prevenindo-se do risco de ficarem à mercê da vontade ou decisão alheia quando seus interesses possam se encontrar em contraste. Donde, tirante alguma hipótese invulgar, inapta a servir de paradigma, só um irresponsável ou um panglossiano otimista se engajaria em vínculo de concessão no qual o concedente pudesse, diante de falta grave do concessionário, apoderar-se, sem indenização, da parcela ainda não amortizada do capital invertido e substanciado no acervo aplicado ao serviço. Logo, cláusula do gênero não teria outro préstimo senão afastar justamente os empreendedores mais confiáveis e equilibrados.

DOUTRINA

NORMAS GERAIS E COMPETÊNCIA CONCORRENTE

Uma exegese do art. 24 da Constituição Federal

TERCIO SAMPAIO FERRAZ JUNIOR
Professor Titular da Faculdade de Direito da Universidade de S. Paulo

1. É de longa data que a expressão *normas gerais* vem trazendo problemas doutrinários aos intérpretes da Constituição. Isto, por exemplo, no que se referia ao correto entendimento, na Constituição de 1946, da expressão *normas gerais de direito financeiro* (art. 8º, XV, *b*), ou, na Constituição de 1967, da expressão *normas gerais de direito tributário* (art. 19, § 1º) que aparecia também na Emenda n. 1 de 1969 no art. 18, § 1º. Para além das divergências sobre o conteúdo destas normas, a questão formal ocupava igualmente uma posição destacada nas disputas.

2. Neste último aspecto, o trabalho pioneiro é o de Carvalho Pinto (*Normas Gerais de Direito Financeiro*, Ed. Prefeitura do Município de São Paulo, 1949, p. 24), que ensaia uma delimitação, por via negativa, conduzindo o raciocínio com base no argumento *a contrario*, nos seguintes termos: "a) *não* são normas gerais as que objetivem especialmente uma ou algumas dentre várias pessoas congêneres de direito público, participantes de determinadas relações jurídicas; b) *não* são normas gerais as que visem, particularizadamente, determinadas situações ou institutos jurídicos, com exclusão de outros, da mesma condição ou espécie; c) *não* são normas gerais as que se afastem dos aspectos fundamentais ou básico, descendo a pormenores ou detalhes'' (grifei).

3. Na Constituição de 1988, a questão torna-se agudamente significativa, em face do conjunto de regras estabelecidas nos parágrafos do art. 24. É o seguinte o teor do art. 24:

"Art. 24. Compete à União, aos Estados e ao Distrito Federal legislar concorrentemente sobre:

"I — direito tributário, financeiro, penitenciário, econômico e urbanístico;

"II — orçamento;

"III — juntas comerciais;

"IV — custas dos serviços forenses;

"V — produção e consumo;

"VI — florestas, caça, pesca, fauna, conservação da natureza, defesa do solo e dos recursos naturais, proteção do meio ambiente e controle da poluição;

"VII — proteção ao patrimônio histórico, cultural, artístico e paisagístico;

"VIII — responsabilidade por dano ao meio ambiente, ao consumidor, a bens e direitos de valor artístico, estético, histórico, turístico e paisagístico;

"IX — educação, cultura, ensino e desporto;

"X — criação, funcionamento e processo do juizado de pequenas causas;

"XI — procedimentos em matéria processual;

"XII — previdência social, proteção e defesa da saúde;

"XIII — assistência jurídica e defensoria pública;

"XIV — proteção e integração social das pessoas portadoras de deficiência;

"XV — proteção à infância e à juventude;

"XVI — organização, garantias, direitos e deveres das polícias civis.

"§ 1º. No âmbito da legislação concorrente, a competência da União limitar-se-á a estabelecer normas gerais.

"§ 2º. A competência da União para legislar sobre normas gerais não exclui a competência suplementar dos Estados.

"§ 3º. Inexistindo lei federal sobre normas gerais, os Estados exercerão a competência legislativa plena, para atender a suas peculiaridades.

"§ 4º. A superveniência de lei federal sobre normas gerais suspende a eficácia da lei estadual, no que lhe for contrário".

O § 1º traz, como regra geral, que, no âmbito da legislação concorrente, a competência da União deve limitar-se ao estabelecimento de *normas gerais. A contrario sensu*, a competência dos Estados e do Distrito Federal, nas matérias enumeradas nos dezesseis incisos do *caput*, é para o estabelecimento de normas particulares, devendo-se lembrar que o § 2º, ao conferir à União a competência para legislar sobre normas gerais, determina que não fica excluída a *competência suplementar* dos Estados.

4. Faz mister examinar estes conceitos. Principiemos pela noção de *competência*. Trata-se de uma forma de poder jurídico, isto é, de exercício impositivo de comportamentos e relação de autoridade regulado por normas. Estas normas, segundo Alf Ross (*Logica de las Normas*, 1968), são "normas de competência", em oposição a "normas de conduta". Ao estabelecer esta forma de poder jurídico, a norma de competência enuncia também (ou lhes alude) as condições necessárias para o exercício: as que delimitam qual o sujeito qualificado (competência pessoal), qual o procedimento (competência procedimental) e o alcance possível em face dos sujeitos passivos, sua situação e seu tema (competência material). Fora destes limites, os atos de exercício são nulos e a norma criada por força deles é inválida. As normas de competência que estatuem as chamadas competências públicas criam um poder heterônomo, isto é, cujo exercício é um *munus publicum* qualificado, isto é, restrito para certos e determinados sujeitos, e, por ser qualificado, não-transferível, podendo apenas e eventualmente ser delegado (sobre *competência* cf. Ferraz Jr., Competência Tributária Municipal", *RDT*, ano 14, jul./set. 1990, n. 53, p. 82).

5. As competências do Estado federal são repartidas horizontal e verticalmente. A repartição horizontal ocorre pela atribuição a cada ente federativo de uma área reservada, que lhe cabe, então, disciplinar em toda a sua extensão. A repartição vertical distribui uma mesma matéria em diferentes níveis (do geral ao particular) e a reparte entre os entes federativos. No primeiro caso (horizontal), as competências ou são comuns ou são privativas. No segundo (vertical), temos a competência concorrente. Para disciplinar a competência concorrente há duas técnicas conhecidas: a cumulativa, pela qual os entes podem avançar na disciplina das matérias desde que o que lhes é considerado superior não o faça (não há limites prévios, mas a regra da União prevalece, em casos de conflito); a não-cumulativa, em que, previamente, as matérias estão delimitadas por sua extensão (normas gerais e particulares) (cf. Manoel Gonçalves Ferreira Fº., *Comentários à Constituição Brasileira*, São Paulo, Saraiva, 6ª. ed., 1986, pp. 98 e ss.).

6. A Constituição Federal de 1988 conhece tanto a repartição horizontal quanto a vertical. No plano horizontal, o art. 22 enuncia o campo de competência privativa da União; o art. 30, o da competência privativa dos Municípios; o art. 25, § 1º., a competência (privativa) residual dos Estados; e o art. 23, a competência comum da União, dos Estados, Distrito Federal e Municípios. Por sua vez, por exemplo, o art. 5º., XXII ("O Estado promoverá, na forma da lei, a defesa do consumidor"), não instaura, por sua índole (rol dos direitos fundamentais), uma competência comum, mas um *dever comum* ao qual corresponde uma *competência concorrente* nos moldes do art. 24.

7. Pelo art. 24, a repartição vertical é não-cumulativa, determinando-se previamente que a União "limitar-se-á" a legislar sobre normas gerais quanto às matérias que enumera. É cumulativa no caso do § 4º., que determina a prevalência de norma geral da Uniao, superveniente a norma geral contida em lei estadual. A distinção entre normas gerais e particulares aponta, de início, para um problema de natureza lógica, referente à quantidade das proposições. Do ponto de vista da lógica jurídica, as normas podem ser, quanto à quantidade, *gerais, particulares* ou *individuais*. Esta distinção pode ser vista quanto aos destinatários ou quanto aos conteúdos da norma. Uma norma é geral, *quanto aos destinatários*, quando se aplica à universalidade deles, sem distinções. Melhor seria, neste caso, chamá-la de norma *universal*. *A contrario sensu*, ela será *particular*, quando se destina a uma coletividade ou categoria dos destinatários. Melhor se fala aqui em norma *especial*. Por fim, é *individual* a que se destina a um único endereçado. *Quanto aos conteúdos*, as normas são *gerais* quando a matéria prescrita se reporta a toda e qualquer ocorrência da espécie ("facti species", fato gerador, hipótese de incidência). *Particular*, quando a matéria assinala apenas um grupo ou parte da espécie. Individual, ou melhor, *singular*, quando sua matéria delimita um único caso.

Esquematicamente temos:

Quanto ao *destinatário*:

- normas universais (todos)
- normas especiais (alguns)
- normas individuais (um único)

Quanto ao *conteúdo*:

- normas gerais (totalidade dos casos)
- normas particulares (alguns casos)
- normas singulares (um único caso)

Assim, em princípio, do ponto de vista lógico, quando o texto constitucional atribui à União competência para legislar sobre "normas gerais", a linguagem constitucional pode estar tratando de normas gerais pelo conteúdo, ou de normas universais, isto é, gerais pelo destinatário, cabendo aos Estados e Distrito Federal, correspondentemente, a competência para o estabelecimento de normas especiais e individuais (conforme o destinatário) ou particulares e singulares (conforme o conteúdo).

8. A lógica, porém, ajuda mas não resolve inteiramente a questão interpretativa. A expressão constitucional — normas gerais — exige também uma hermenêutica teleológica. Sob o mencionado aspecto lógico sempre será possível dizer que, por exemplo, quanto ao conteúdo, normas gerais prescrevem princípios, diretrizes sistemáticas, temas que se referem a uma espécie inteira e não a alguns aspectos, mas isto é insuficiente para reconhecer quando estamos diante de uma norma geral ou de uma particular. Sempre restarão dúvidas, no caso concreto, para aplicar o critério estritamente lógico-formal. Deste modo, para o intérprete, a necessidade de se analisar o conteúdo num contexto finalístico se impõe. Assim, do ângulo teleológico, a distinção há de se reportar ao interesse prevalecente na organização federativa. A federação brasileira, já pelo disposto no *caput* do art. 1º, já pela ênfase na solidariedade, na redução das desigualdades regionais, na garantia de um desenvolvimento nacional (art. 3º) aponta muito mais para um federalismo do tipo *cooperativo*, que exige a *colaboração* dos entes federativos e confere, correspondentemetne, menor importância à separação e independência recíproca entre eles. Até formalmente, a mudança na expressão "Estados Unidos do Brasil", usada ainda em 1946, para "República Federativa do Brasil" mostra, historicamente, este objetivo.

9. Ora, o federalismo cooperativo vê na necessidade de uniformização de certos interesses um ponto básico da colaboração. Assim, toda matéria que extravase o interesse circunscrito de uma unidade (estadual, em face da União; municipal, em face do Estado) ou porque é comum (todos têm o mesmo interesse) ou porque envolve tipologias, conceituações que, se particularizadas num âmbito autônomo, engendrariam conflitos ou dificuldades no intercâmbio nacional, constitui matéria de norma geral.

10. Pelo art. 24, § 2º e § 3º, duas situações, ademais, merecem atenção. O § 3º regula o caso de inexistência de lei federal sobre normas gerais, ou seja, de lacuna. A Constituição Federal, ocorrendo a mencionada inexistência, autoriza o Estado federado a preenchê-la, isto é, a legislar sobre normas gerais, mas apenas para atender a suas peculiaridades. O Estado, assim, passa a exercer uma competência legislativa *plena*, mas com função *colmatadora* de lacuna, vale dizer, apenas na medida necessária para exercer sua competência própria de legislador sobre normas particulares. Ele pode, pois, legislar sobre normas gerais naquilo em que elas constituem condições de possibilidade para a legislação própria sobre normas particulares. Tais normas gerais estaduais com função colmatadora por isso mesmo só podem ser gerais quanto ao conteúdo, mas não quanto aos destinatários: só obrigam nos limites da autonomia estadual.

11. Diferente, a nosso ver, é a situação do § 2º, em que, inobstante a competência privativa da União e até supondo-a exercida (não há, pois, inexistência ou lacuna de normas gerais), garante aos Estados a chamada competência *suplementar*. Esta competência, aliás, também é conferida aos Municípios (art. 30, II) que, no entanto, *não* participam da competência concorrente. Que significa, então, o constituinte com esta competência?

12. A competência suplementar não se confunde com o exercício da competência plena "para atender a suas peculiaridades" conforme consta do § 2º, que é competência para editar normas gerais em caso de lacuna (inexistência) na legislação federal. Não se trata, pois, de competência para editar normas gerais eventualmente concorrentes. Se assim fosse, o § 3º seria inútil ou o § 3º tornaria inútil o § 2º. Além disso, é competência também atribuída aos Municípios, *que estão, porém, excluídos da legislação concorrente*. Isto nos leva a concluir que a competência suplementar não é para a edição de legislação concorrente, mas para a edição de legislação decorrente, que é uma legislação de regulamentação, portanto de normas gerais que regulam situações já configuradas na legislação federal e às quais não se aplica o disposto no § 4º (ineficácia por superveniência de legislação federal), posto que com elas não concorrem (se concorrem, podem ser declaradas inconstitucionais). É pois competência que se exerce *à luz* de normas gerais da União e não na falta delas.

13. O problema, aqui não resolvido, é o que deve fazer o Município em caso de inexistência de normas gerais, da União ou do Estado. Se ele não pode exercer a competência plena com função colmatadora, pode, não obstante, editar as suas normas particulares? Por exemplo, na ausência de legislação estadual, pode ele criar, organizar e suprimir distritos (art. 30, IV)? A nosso ver sim, mas não por intermédio da edição da norma geral que lhe falta (exercício de competência plena com função colmatadora) e sim por meio de outros instrumentos de preenchimento de lacuna (analogia, princípios gerais de direito, costume). Agir como se legislador (estadual) fosse, isto lhe é vedado.

14. Em suma, na legislação concorrente, a União possui competência limitada ao estabelecimento de normas gerais; os Estados e o Distrito Federal detêm a competência residual para o estabelecimento de normas particulares, competência que lhes é prevista, e, em caso de lacuna — inexistência — de normas gerais, competência plena (normas gerais e particulares) com função colmatadora (isto é, estabelecimento de normas gerais apenas na medida em que estas sejam exigidas para a edição de normas particulares e, obviamente, válidas só no seu âmbito de autonomia). A superveniência de normas gerais federais, porém, torna *ineficazes* (mas não inválidas) as normas gerais estaduais com função colmatadora. A despeito das regras sobre a legislação concorrente, Estados e Distrito Federal, mas também os Municípios, mesmo estes, que dela não participam, têm ainda a competência suplementar, que os autoriza a estabelecer normas gerais não concorrentes, mas decorrentes das normas gerais federais; por isso, aliás, esta competência só pode ser exercida *em havendo* normas gerais da União (não serve para preencher lacunas), devendo existir compatibilidade entre elas (gerais da União e dos Estados/DF) sob pena de *invalidade* (inconstitucionalidade).

DOUTRINA

PATRIMÔNIO ADMINISTRATIVO — EMPRESAS ESTATAIS DELEGADAS DE SERVIÇO PÚBLICO — REGIME DE SEUS BENS — EXECUÇÃO DE SUAS DÍVIDAS

GERALDO ATALIBA
Professor Titular da Faculdade de Direito da Universidade de São Paulo

Indisponibilidade do interesse público. — Patrimônio das estatais. — Pessoa administrativa e relação de administração. — Contratos administrativos. — Bens afetados ao serviço público. — O art. 100 da CF. — Impenhorabilidade. — Título executório. — O SERPRO é delegado de serviço público. — Só pode ser executado na forma do art. 100 da CF.

1. Indisponibilidade do interesse público

Os bens e interesses públicos, postos sob a cura dos entes e agentes administrativos, são indisponíveis (Celso Antônio Bandeira de Mello, *Natureza e regime jurídico das autarquias*, p. 296). Enfatiza Cirne Lima que "a atividade de administração... nos aparece defendida e protegida, pela ordem jurídica, *contra o próprio agente e contra terceiros*" (*Princípios de Direito Administrativo*, 3ª ed., p. 53). A indisponibilidade, imprescritibilidade e impenhorabilidade dos bens públicos são formas de proteção dos fins a que eles servem. E alcançam as pessoas administrativas, inclusive sob forma de empresa.

Agrega Celso Antônio Bandeira de Mello, ao cuidar das pessoas administrativas: "Sendo pessoas administrativas, sua província é a da relação de administração e, por isso mesmo, estão adstritas ao cumprimento de uma finalidade. Ainda aí, é o dever, a finalidade e não a vontade, que comandam sua ação. Não dispõem a seu talante sobre os interesses públicos; não os comandam com sua vontade; apenas cumprem, ainda quando o fazem discricionariamente, em muitos casos, a *vontade da lei*. Esta, em toda e qualquer hipótese, lhes serve de norte, de parâmetro e de legitimação".

Não é diversa a situação jurídica do SERPRO que, como criatura legal delegada de serviço público, cumpre a lei, só pode cumprir a lei, não pode deixar de cumprir a lei: não tem vontade própria contra ou além da lei. Atua claramente sob o influxo da relação de administração (Ruy Cirne Lima).

Por isso ensina Celso Antônio: "As pessoas administrativas não têm ... disponibilidade sobre os interesses públicos confiados à sua guarda e realização. Esta disponibilidade está permanentemente retida nas mãos do Estado (e de outras pessoas políticas, cada qual na própria esfera) em sua manifestação legislativa. Por isso a administração e a *pessoa administrativa*, ... têm caráter meramente instrumental" (ob. cit., pp. 297-298).

Todo esse sólido e jurídico raciocínio — exposto com mão de mestre, sintetizando nossa melhor doutrina e consoante com sólida jurisprudência — é rigorosamente aplicável às empresas estatais delegadas de serviço público e, assim, qualificáveis como pessoas administrativas.

Deveras, essas considerações adequam-se rigorosamente ao caso das entidades estatais delegadas de serviço público (devendo-se notar que a nossa doutrina clássica — Ruy Cirne Lima, Seabra Fagundes, Victor Nunes, Themistocles etc. — não arrola explicitamente empresas públicas e sociedades mistas, porque elaboraram seus estudos antes do surgimento da "moda", instaurada a partir de 1964, de conversão de autarquias em empresas públicas, ou da direta criação destas, para prestação de serviço público. Entretanto, todos os princípios e pressupostos aplicáveis às autarquias são rigorosa e perfeitamente extensíveis às estatais delegadas de serviço público.

2. *Natureza jurídica do patrimônio da empresa estatal*

Em seu *Tratado del Dominio Público*, Marienhoff escreveu: "O que define um *bem público* e lhe imprime suas notas correlativas — entre elas a inalienabilidade e a imprescritibilidade — é a sua afetação ao uso público, direto ou indireto" (Ed. Argentina, 1960, p. 210, citado por Cotrim Neto, *RDA* 122/21).

Sublinhando que as *empresas estatais são coadjuvantes dos misteres estatais*, Celso Antônio Bandeira de Mello ensina que: "... embora dotadas de personalidade de direito privado, é natural que sofram o influxo de princípios e normas armados ao propósito de proteger certos interesses e valores dos quais o Estado não se pode evadir, quer atue diretamente, quer atue por interpostas pessoas. Exigências provenientes, explícita ou implicitamente, da própria noção de Estado de Direito, bem como as que procedem de natureza dos encargos estatais, impõem o afluxo de cânones especificamente adaptados às missões estatais. Pouco importando, quanto a isto, esteja o Poder Público operando por si mesmo ou mediante pessoas que o coadjuvam em seus misteres" (*RDP* 71/112).

Celso Antônio Bandeira de Mello, tratando dos *bens das empresas* estatais, adverte que, em sendo prestadora de serviço público, terão "proteção especial para os serviços e para os *bens a ele aplicados*" (*Prestação*, 2ª ed., p. 144). Sublinha Celso Antônio Bandeira de Mello as peculiaridades do seu regime constitucional, já ao tempo da Carta de 1967/69, cujos mandamentos "... fazem aplicar a essas empresas uma série de regras que não se aplicam às empresas privadas, a começar por certos impedimentos que existem para deputados e senadores, como a proibição de acumulação de cargos, a não ser que o horário permita o exercício da dupla atividade; *os impedimentos eleitorais;* as *necessidades de desincompatibilização*; a possibilidade de haver, *durante o estado de sítio, intervenção* e destituição dos dirigentes da empresa, tudo isso não existe com relação às empresas privadas, mas existe com relação às sociedades de *economia mista* e empresas públicas" (Regime Jurídico das Empresas Estatais", *RDP* 83/139).

E conclui Celso Antônio Bandeira de Mello: "No tocante à *penhora de bens*, eu não concebo a penhora de bens imediatamente *aplicáveis ao serviço público*. Mas concebo perfeitamente a penhora de bens que estejam aplicados simplesmente à *exploração de atividade econômica*".

3. *Regime dos bens do patrimônio administrativo*

Dessas observações vão emergindo os traços básicos marcantes de um regime que põe as estatais em posição jurídica que se não confunde quer com a das empresas privadas, quer — no caso de exploração de atividade econômica — com a da administração pública.

A inafastável presença de interesses, bens e dinheiros públicos marca necessariamente o perfil e a essência das entidades, de modo inexorável, tornando impossível toda aproximação prudente de seu regime jurídico com o das empresas privadas.

Sérgio Ferraz entendia, já sob a égide da Constituição anterior, que os bens das empresas estatais não são de total e livre disponibilidade: "Eles estarão sempre *vinculados à finalidade para que existem*. E se eles estão conectados de maneira mais direta ou menos direta à realização dos serviços públicos, essa livre disponibilidade nas suas várias facetas: penhorabilidade, alienabilidade total etc., sofrerá o *impacto do interesse público*, que estará *sempre presente na atuação estatal*, ainda que sob forma empresarial" (*Adep e a Constituinte, "Regime Jurídico das Empresas Estatais"*, mar./87, p. 13).

Os bens do SERPRO são inequivocamente bens públicos. Assinala Ruy Cirne Lima que o "sinal distintivo dos *bens* do domínio público e do patrimônio administrativo é o *fato de participarem da atividade administrativa da União*, Estado etc." (*Princípios de Direito Administrativo*, 5ª ed., Ed. RT, p. 75). Partindo desse pressuposto, o mestre Cirne Lima conclui que "o conceito de *domínio público e patrimônio administrativo excede* ao de propriedade pública", para abarcar "todos os bens, pertençam a quem pertencerem, que participam da atividade administrativa e se acham, por isso mesmo, *vinculados aos fins desta*" (ob. cit., p. 76).

Parece clara a adequação da lição ao patrimônio do SERPRO, participante da atividade administrativa da União.

Pelos princípios da *continuidade* e da *supremacia* do interesse público, os *bens da empresa estatal prestadora de serviço público, que estão afetos ao serviço público, não podem ser penhorados*.

Tão importante é a *continuidade* do serviço público, na estimação do ínclito Seabra Fagundes, que ele a põe como exemplo conspícuo de ininterrupção, até mesmo em casos de revoluções (*O Controle dos Atos Administrativos pelo Poder Judiciário*, 6ª ed., 1984, p. 57).

Os bens do SERPRO, por serem *públicos* são *impenhoráveis*. Assim decidiu o Supremo Tribunal Federal, relativamente a empresa estatal substancialmente idêntica:

"Execução fiscal — IPTU — Cobrança — Ajuizamento contra a ECT — Impenhorabilidade de seus bens — Interpretação razoável dada a dispositivos de lei federal — Recurso extraordinário não conhecido — Aplicação da Súmula 400.

"Ementa oficial: Execução fiscal. Impenhorabilidade de bens de empresa pública (ECT) que explora serviço monopolizado (§ 3º do art. 1.709 da CF), reservado exclusivamente à União (art. 8º, XII, da CF). Recurso extraordinário não conhecido". RE 100.433-9-RJ, 1ª T., j. 17.12.84 — Rel. Min. Sydney Sanches — v.u. — *DJU* 8.3.85, *RT* 604/260).

Maria Sylvia Zanella Di Pietro, ao cuidar da *natureza jurídica dos bens das empresas estatais*, lamenta "... não se encontrar no direito positivo brasileiro distinção mais precisa entre as empresas que executam atividade econômica de natureza privada e aquelas que prestam serviço público do Estado" (*RPGE*, n. 30, p. 173). De toda forma, referindo-se ao que designa "gestão privada de serviço público" entende aplicarem-se "silêncio da lei, os *princípios de direito público*, inerentes ao regime jurídico administrativo".

Mais enfática há de ser a convicção, quando a entidade desempenhar nítido serviço público, como é o caso do SERPRO. É o que sublinha Zanella Di Pietro: "Nem poderia ser de outra forma, já que alguns *princípios inerentes ao regime administrativo* são *inseparáveis da noção de serviço público*, tais como o da predominância do interesse público sobre o particular, o da continuidade do serviço público e, como conseqüência, o da proibição de greve, o da obrigatoriedade de sua execução pelo Estado, ... daí resultando o direito do usuário à prestação do serviço" (ob. cit., p. 175).

Após assinalar ser "indispensável distinguir as que executam atividade econômica de natureza privada, com fundamento no artigo 173 da Constituição Federal, e as que *executam serviço público com base no artigo 175*", ressalta: "Nas primeiras, os bens estão sujeitos ao direito privado, salvo quanto à exigência de licitação para aquisição e alienação".

Subseqüentemente estabelece discrimem relevante:

"Nas segundas, os bens que integram o seu patrimônio são de duas categorias:

"a) os que não estão afetados diretamente ao serviço público submetem-se também ao direito privado, com a mesma ressalva quanto à licitação;

"b) os que estão afetados diretamente à execução de serviço público sujeitam-se ao regime jurídico próprio dos bens públicos de uso especial" (ob. cit., p. 186).

Assim, não pode o intérprete ter dificuldade em reconhecer plenamente a impenhorabilidade e imprescritibilidade dos bens integrantes do patrimônio do SERPRO.

Uma das relevantes conseqüências disso está em que o SERPRO não pode sofrer ação de execução fiscal que, por definição, inicia-se pela penhora. Poderá, todavia, ser executado com base em título judicial. Neste caso, a execução faz-se na forma do art. 100 da Constituição, como se demonstrará adiante.

4. Os bens das pessoas administrativas são bens públicos

Tratando Ruy Cirne Lima dos bens públicos (*Princípios de Direito Administrativo*, 6ª ed., Ed. RT), aos afetados a serviços públicos, os qualifica magistralmente. Escreve: "Daí devermos preferir chamar-lhes *bens do patrimônio administrativo* aos bens patrimoniais indisponíveis, os quais, somente por estarem aplicados a serviço ou estabelecimento administrativo, é que se tornam indisponíveis". Deixa aí sublinhado que "por estarem aplicados a serviço ... administrativo" é que adquirem tal qualificação e *status* jurídico. Por isso afirma: "Sinal distintivo dos bens do domínio público e do patrimônio administrativo é o fato de participarem da atividade administrativa da União, dos Estados, do Município, ou das entidades autárquicas" (p. 75), deixando indiscutível que a "participação" na atividade administrativa é que lhes dá esse toque sacro, que os faz protegidos contra, inclusive, os agentes públicos (que podem desrespeitá-los) que com dolo ou culpa (no mais das vezes com negligência), os podem desbaratar.

Após essa enfática afirmação no sentido de que a afetação ao serviço público é que "imanta" os bens (inclusive dinheiros), num contexto em que "administração pública" é expressão ampla, de alcance objetivo e subjetivo (como atividade, e como entidade agente), afirma Cirne Lima: "Ora, traço característico da administração pública é estar vinculada — não a uma vontade — porém, a um fim. Logo, este há de ser, também, um dos atributos dos bens do domínio público e do patrimônio administrativo. Costuma dizer-se que os bens do domínio público, por natureza, e os do patrimônio administrativo, por destino, são insusceptíveis de propriedade, quer dizer, de vincular-se, pelo laço do direito real, a uma vontade ou personalidade".

E, após digredir sobre o tema, culmina: "Podemos dizer conseqüentemente, sem ofensa ao Código, que formam o domínio público e o patrimônio administrativo *todos os bens*, pertençam a quem pertencerem, que *participam da atividade administrativa* e se acham, por isso mesmo, vinculados aos fins desta" (p. 76).

E arremata afirmando: "As duas expressões 'domínio público' e 'patrimônio administrativo' não possuem, quanto ao conteúdo, a mesma intensidade; antes designam duas proporções diferentes de participação dos bens na atividade administrativa" (p. 77).

5. *Regime jurídico público*

Não causou espécie, há anos, ao jurista e ministro do STF, Prado Kelly, que uma *empresa* com capitais públicos devesse submeter-se a regime público e, portanto, tivesse, a seus olhos, "natureza de ente público".

O STF em acórdão unânime da 3ª Turma (Relator o Min. Prado Kelly) — em mandado de segurança impetrado por servidor da Cia. Estadual de Energia Elétrica do Rio Grande do Sul, que se julgava sujeito à CLT — afirmou: "embora constituída sob modalidade de direito privado, adquire (a sociedade), desde a sua formação e pelo desempenho de seus encargos, a *natureza de ente público*" (*RTJ* 41/30). Isso mostra a percepção, pelos juristas mais agudos, de que não é o revestimento externo, adjetivo, da entidade, que há de ser decisivo na fixação dos princípios retores do seu regime jurídico, mas, sim, a *função* que lhe é atribuída, como *dever*, pela ordem jurídica.

Na verdade, como o registra o concerto dos mestres nacionais e estrangeiros do direito administrativo, o que impõe o regime "administrativo" e exige peremptoriamente a adoção de regras protetoras das atividades, bens e dinheiros é a presença do interesse público, que submete os agentes, entidades, atividades e relações aos princípios de direito público, inafastáveis por decisão legislativa.

É, assim, irrelevante — para os efeitos essenciais — que o revestimento externo da entidade que desenvolve serviço público seja de empresa, de fundação ou qualquer outro. Nada disso afasta ou inibe a incidência dos princípios e regras informadores do regime publicístico que Celso Antônio tão bem resumiu (*Elementos de Direito Administrativo*, Malheiros Editores, 3ª ed., pp. 44 a 62).

De tudo isso resulta inquestionável que os bens do SERPRO são bens de domínio público, integrantes do "patrimônio administrativo" e, por isso, imprescritíveis, inalienáveis, impenhoráveis e indisponíveis.

Contratos administrativos

1. *Os "ajustes" do SERPRO com sua "clientela"*

O SERPRO, para cumprir suas finalidades legais, desempenha ampla atividade de tratamento de informações públicas e processamento de dados os mais variados, principalmente fazendários, ou outros pertencentes ou relativos a atividades administrativas públicas.

Em todos esses casos, faz ajustes com os usuários de seus serviços, principalmente o Ministério da Fazenda, mas também Estados, Municípios, autarquias e outras entidades públicas.

Todos esses "ajustes" — já que seu objeto é serviço público — são "contratos administrativos". Foi prudente e sábio o legislador a designá-los por ajustes (art. 10, Lei 5.615). Evitou tratamento equivocado do tema.

O contrato administrativo distingue-se dos contratos em geral, exatamente porque seu regime é necessariamente diverso, por causa da presença majestosa do interesse público. Reporta Adílson Dallari que "Caio Tácito diz que nos contratos temos uma série de ajustes que podem ser considerados como encontro de vontades e que caracterizam um contrato e uma série de cláusulas contratuais exorbitantes que definiriam e identificariam o contrato administrativo. Para Brewer-Carias, estas cláusulas exorbitantes não são contratuais. As chamadas cláusulas exorbitantes não são contratuais. As chamadas cláusulas exorbitantes não decorrem do contrato, mas diretamente da lei. Não são as partes que convencionam os poderes excepcionais da Administração, cujos poderes independem do convencionado no contrato, pois *decorrem diretamente da lei*" ("Contrato de Obra Pública", in *Cadernos FUNDAP* 11, 1985, p. 29).

Pouco adiante — após relatar a tese da possibilidade de contrato privado firmado pelas pessoas administrativas — Dallari expõe: "Uma opinião radicalmente contrária a essa é a do ilustre mestre argentino José Roberto Dromi, para quem o que não há é contrato privado na Administração. Ele mostra que, quando a Administração contrata, de um jeito ou de outro, *haverá uma participação do regime jurídico administrativo*. Primeiro, quando a Administração contrata, quem atua em nome da Administração deve ter competência; e certamente a capacidade de contratar da Administração é diferente da capacidade civil. A capacidade de contratar é regida pelo Direito Público, pelo Direito Administrativo e *não pelo Direito Civil*" (ob. loc. cit.).

E arremata conclusivamente: "Enquanto os particulares têm uma margem de liberdade bastante grande de eleger a forma de concretizar esse contrato, quando o Poder Público participa da relação, essa forma é sempre mais rígida" (ob. loc. cit.).

2. *Contrato administrativo como instrumento de relacionamento das pessoas administrativas com terceiros*

Realizando — não por vontade própria, mas por força de lei — serviço público, o SERPRO, nas suas relações com entidades públicas e a que atende (usuários), celebra só contratos administrativos.

O mais didático e conciso estudo sobre contratos administrativos existente no Brasil é da professora Lúcia Valle Figueiredo, titular da Universidade Católica de São Paulo e Juíza do Tribunal Regional Federal da 3ª Região, é o livro *Extinção dos Contratos Administrativos* (Ed. RT, 1986), onde, com notável espírito científico, focaliza a temática desses contratos à luz do interesse público, que assim define: "Interesse público pode ser definido como o bem jurídico de interesse coletivo, que, por lei, deve ser perseguido pela Administração. De seu turno, conveniência e oportunidade estão atrelados a este conceito. É dizer: conveniente para a Administração será sempre o implemento do bem público, a tempo e hora" (p. 13).

E explica que o contrato privado puro, feito por pessoa administrativa, exatamente como o fazem os particulares, não é possível no nosso direito. Afirma Lúcia Figueiredo: ''Não teria cabida o despojamento das potestades públicas, agindo a Administração Pública como mero particular, contratando como, quando e se lhe apetecesse. Em última análise: qualquer que seja a circunstância, o poder-dever da Administração Pública é indisponível'' (p. 16).

E invoca autoridade doutrinária inconteste, para arrematar: ''Impõe-se, pois, como conclusão preliminar, agasalhando a magnífica lição de Agustín Gordillo, asseverar a inexistência de possibilidade jurídica de se subsumir a Administração apenas às normas de Direito Privado, qualquer que seja o contrato celebrado. Isto posto, como corolário, é necessário afirmar a inexistência de contratos da Administração Pública com regime unitário exclusivamente de Direito Privado'' (p. 16).

Não obstante, reconhece: ''Em contrapartida, é mister assinalar que as normas de Direito Privado também vão permear os contratos regidos pelo Direito Administrativo'' (p. 16).

E, sublinhando os pontos de diferença entre contrato administrativo e contrato privado, ressalta que ''... ao *pacta sunt servanda* do Direito Privado — diga-se de passagem que se atenuou enormemente — se contrapõe o *rebus sic stantibus* dos contratos administrativos'' (p. 17).

E, na linha da lição de Cirne Lima, que afirma que o *direito administrativo é o direito comum da administração pública*, repele a idéia de ''cláusulas exorbitantes''. Diz: ''Não diríamos, entretanto, endossando Francis-Paul Bénoit, estarmos diante de cláusulas exorbitantes. Preferimos, de revés, afirmar estarmos diante de princípios informadores próprios, distintos do chamado *Direito Comum*'' (p. 19).

Culmina Lúcia V. Figueiredo por sublinhar as características do contrato administrativo: ''Como síntese, podemos afirmar que governam os contratos adminstrativos os seguintes princípios: 1) desnivelamento jurídico das partes, uma vez que o Poder Público está sob a *relação de Administração*; 2) autonomia da vontade, só no atinante à formação ou não do vínculo; 3) os contratos regem-se basicamente pela cláusula *rebus sic stantibus*, de onde a intangibilidade da equação econômica; 4) a Administração poderá instabilizar o vínculo (*ius variandi*) unilateralmente, a fim de atender à necessidade pública; 5) deverá aplicar as sanções pecuniárias ou a rescisão, conforme o caso; 6) fiscalização inarredável'' (p. 19).

3. *Atividades do SERPRO e contratos administrativos*

A finalidade legal do SERPRO é consubstanciada em executar serviços de tratamento de informações e processamento de dados (art. 1º, Lei 5.615). Sua ''clientela'' é constituída de órgãos públicos federais, estaduais e municipais e, prioritariamente, o Ministério da Fazenda (art. 2º, Lei 5.615).

Sua atividade é condicional e instrumental dos serviços públicos a que serve de supedâneo. Daí que essa atividade seja serviço público. Idêntica atividade material desempenhada por pessoas privadas, em regime de mercado, para privados não é serviço público. É exploração de atividade econômica, reservada, em regime de direito privado, à iniciativa privada. Daí os contratos que ensejam estes serviços serem contratos típicos e puros.

Isso mostra que o que caracteriza o serviço público não é a materialidade da atividade, em si mesma considerada, mas o regime jurídico sob o qual a atividade é desempenhada.

Por isso o serviço público desempenhado pelo SERPRO o é nos termos de "contrato administrativo", sabiamente designados pela Lei 5.615 como "ajustes" exatamente para sublinhar o desígnio legislativo de diferenciar claramente esse ato jurídico dos contratos ordinários do direito privado.

O SERPRO, portanto, oferece condições de operação à administração pública federal, além de outros clientes, entidades estaduais ou municipais. Atuando nas áreas de processamento de dados e tratamento de informações, propicia os *meios* necessários à efetivação dos *serviços públicos* a que oferece esse suporte (sejam quais forem as entidades que os recebem). Esses *serviços* são prestados a órgão e entes da administração direta e indireta (da União, Estados e Municípios), e prioritariamente ao Ministério da Fazenda.

Tais "serviços" prestados pelo SERPRO são desempenhados nos termos de ajustes com as mais variadas cláusulas quanto ao seu específico projeto, tempo de duração, condições de desempenho etc.

Todos *eles* são puros, inequívocos e nítidos *contratos administrativos*, em que "a tônica do contrato se desloca da simples harmonia de interesses para a *consecução de um fim de interesse público*" (Caio Tácito, *Direito Administrativo*, Saraiva, 1975, p. 292).

Ensina Celso Antônio Bandeira de Mello, no *contrato administrativo* pertencem ao Poder Público "todas as prerrogativas necessárias ao bom asseguramento do interesse público, de sorte que pode adotar as providências requeridas para tanto, ainda que impliquem alterações no ajuste inicial" (*Elementos de Direito Administrativo*, 3ª ed., Malheiros Editores, p. 223). Demonstra Bandeira as seguintes prerrogativas da Administração: "a) de modificá-lo unilateralmente, para melhor adequação às finalidades de interesse público; b) extingui-lo, unilateralmente, nos casos especificados em lei; c) fiscalizar-lhe a execução e d) aplicar sanções motivadas pela inexecução total ou parcial do ajuste" (ob. cit., p. 224).

A *finalidade pública* — característica presente em todo ato ou contrato da Administração — é que faz necessário tenha o Poder Público tais prerrogativas, sob pena de seu desvirtuamento.

Ora, como o SERPRO sempre "ajusta" prestar serviços a entidades públicas (mesmo que sob forma de fundação, sociedade mista ou empresa pública), ambas as partes desses contratos administrativos representam interesses públicos, legalmente definidos. Assim, os ajustes caracterizam-se por equilíbrio e paridade das partes.

Ora, cláusulas — não comuns nos contratos particulares — encerrando prerrogativas e privilégios de uma parte em relação à outra parte contratante não cabem normalmente. Tais prerrogativas (que alguns denominam "exorbitantes do direito privado") só se justificam juridicamente quando só uma parte é titular de serviço público. No caso do SERPRO, ambas as partes nos ajustes têm tal qualidade.

A finalidade dessas cláusulas é a correta e perfeita efetivação do *serviço público* (de maneira geral), para que esse não seja prejudicado por um usuário que não tenha condições de receber o serviço, ou que dele venha a fazer mau uso. Tal não ocorre — por definição — quando uma entidade titulariza interesse público.

Maria Sylvia Zanella Di Pietro, em belíssimo trabalho sobre "Contrato Administrativo", traça, dentre as suas características essenciais, o *objeto* por ele visado: "O *contrato administrativo visa à prestação de serviço público*, não no sentido restrito de 'atividade exercida sob regime jurídico exorbitante', mas *no sen-*

tido mais amplo, que *abrange toda atividade que o Estado assume*, por lhe parecer que a sua realização era necessária ao interesse geral e que a iniciativa privada era insuficiente para realizar adequadamente. Abrange os serviços públicos comerciais e industriais do Estado que, embora exercidos, em geral, sob regime de direito privado, podem ter execução transferida ao particular por meio do contrato de concessão de serviço público, que é o contrato administrativo por excelência" (*Direito Administrativo*, Atlas, 1990, p. 195).

E mais à frente estabelece com precisão: "... mais do que o tipo de atividade, o que se considera essencial para a caracterização do contrato administrativo *é a utilidade pública que resulta diretamente do contrato*. Nesses casos, é patente a desigualdade entre as partes: o particular visa à consecução de seu interesse individual; a Administração objetiva o atendimento do interesse geral. Sendo este predominante sobre aquele, a Administração terá que agir com todo o seu poder de império para assegurar a sua observância, o que somente é possível sob regime jurídico administrativo" (ob. cit., p. 195).

Conclui a profa. M. S. Zanella Di Pietro, analisando o Decreto-lei 2.300/86 — que disciplina todos os contratos da Administração Pública direta e indireta e de *empresas sob controle do Poder Público* — ter havido "uma evidente intenção do legislador de *publicizar todos os contratos*" (p. 197), "ficando quase inteiramente derrogado o direito comum, porque o legislador preferiu, em praticamente *todos os contratos* de que a Administração é parte, manter a sua posição de supremacia sobre o particular" (p. 197).

Todas estas considerações robusteceram a inteligência de que o SERPRO não é equiparável aos privados, nos contratos que celebra, já que sua "clientela" está sempre na área pública. Tais ajustes são contratos administrativos, não regidos pelo direito privado.

Execução judicial contra entidade estatal

1. Bens públicos, afetados a serviço público, de pessoas administrativas

Como proceder o jurista, diante de pessoa administrativa, alegadamente devedora de dinheiros a terceiros (públicos ou privados), resistindo, por variadas razões, a pagar? E se ela entender indevido um tributo? ou indevido qualquer outro crédito que contra ela se alegue? Como constrangê-la a pagar? A questão é pouco estudada, entre nós, e merece detida atenção.

Celso Antônio, depois de afirmar que empresa estatal exploradora de *atividade econômica* pode sofrer falência (*Elementos de Direito Administrativo*, 3ª ed., Malheiros Editores, SP, 1992, p. 103), entretanto, afirma, até mesmo relativamente a bens de sociedade mistas (o que mostra dever ter mais força o argumento relativamente a empresas públicas): "... como os bens que estejam afetados à prestação do serviço são bens públicos e, ademais, necessários à continuidade das prestações devidas ao corpo social, não podem ser distraídos de tal finalidade" (p. 104).

E oferece os fundamentos desse asserto: "Com efeito, não faria sentido que interesses creditícios de terceiros preferissem aos interesses de toda a coletividade no regular prosseguimento de um serviço público. Assim, jamais caberia a venda destes bens em hasta pública, que seria o consectário natural da penhora e execução judicial, previstos no citado artigo".

Repudia, assim, penhora, execução comum e leilão dos bens do patrimônio administrativo. Leva a ver que critérios mais altos — respeitadores de múltiplos interesses públicos — devem ser adotados (v. nota 23, a p. 104, do livro de Celso Antônio, *Elementos...*, cit.).

Deveras, as pessoas administrativas — inclusive as empresas estatais — são dotadas de patrimônio para perseguir o interesse público. Daí não poderem sofrer execução comum, mas só a peculiarmente regida pela Constituição (art. 100).

Não são títulos hábeis a tal tipo de execução os atestadores de crédito líquido e certo em geral; o único título que habilita a execução contra a Fazenda Pública — inclusive as pessoas administrativas sob forma de empresa pública — é decisão judicial.

Examinemos mais detidamente o tema.

2. O SERPRO é "Fazenda Pública", para os fins do art. 100, CF

Todos os bons processualistas assinalam a *construction* que levou a jurisprudência a incluir as autarquias no conceito originalmente estreito de "Fazenda". Candido Dinamarco, após afirmar que não se estende à empresa pública exploradora de atividade econômica a regra do § 4º do art. 2º do CPC, sobre honorários, no caso de ser a Fazenda vencida em juízo, escreve: "Essa mesma linha de orientação, com idêntico critério, há de servir na determinação do conceito e extensão de *Fazenda Pública* do art. 730 do Código de Processo Civil, que constitui projeção, a nível de lei ordinária, daquilo que dispõe o art. 117 da Constituição Federal (execução por quantia certa contra a Fazenda federal, estadual ou municipal). Existem precedentes judiciários no sentido de que, em tais dispositivos, *Fazenda* comparece para representar apenas a administração central, ou seja, negando que tal forma de executar se aplique às autarquias, mas tal não é a melhor orientação. 'São impenhoráveis os bens das autarquias', tanto quanto os da União, Estados ou Municípios. 'Elas são consideradas pessoas jurídicas de direito público por definição legal e público para o seu capital também é. Daí a necessidade de, para os fins do art. 730 do Código de processo Civil, as autarquias serem integradas no conceito ... de Fazenda Pública'. O acórdão que assim julgou, da qual fui relator, reconhece que, no art. 730, *Fazenda Pública* é locução que tem o mesmo sentido e dimensão que vêm sendo expostos" (*Fundamentos do Processo Civil Moderno*, 2ª ed., Ed. RT, p. 138).

E, em excelente estudo da expressão "Fazenda", no CPC, examina os prazos excepcionais para recurso, dispensa de adiantamento de custas etc., mostrando o seu alcance, em cada caso.

Tudo isso corrobora nosso asserto, no sentido de que as razões jurídicas que levaram à aplicação às autarquias, do conceito impõe-se sejam estendidas às empresas estatais delegadas de serviço público.

Em outras palavras: *os mesmos raciocínios jurídicos que levaram a unanimidade da doutrina e da jurisprudência a entender que as autarquias estão abrangidas pelo art. 100 da Constituição são absoluta, integral e inquestionavelmente extensíveis às empresas estatais prestadoras de serviço público, como é o SERPRO.*

3. Conteúdo e sentido do art. 100 da CF

Examinando-se o dispositivo constitucional atinente à matéria objeto da questão, verifica-se que, no artigo 100, *caput*, da Constituição, se estabelece que "os pagamentos devidos pela Fazenda ... em virtude de sentença judiciária, far-se-ão na ordem de apresentação dos precatórios...".

Esse preceito constitucional tem dupla significação: protege o patrimônio público contra agressões exteriores e internas (inclusive negligência) e dá ao credor garantia absoluta de inserção da importância da condenação ao orçamento do exercício subseqüente.

Ora, se o patrimônio da entidade estatal delegada de serviço público é patrimônio público, e se a entidade (não importa se autarquia, fundação, empresa pública ou sociedade de economia mista), tem o orçamento (inclusive contemplado no capítulo II do Título VI da CF, na seção II, "Dos orçamentos" — art. 165, § 9º, II); se seus bens são indisponíveis, imprescritíveis e impenhoráveis, é lógica conseqüência a aplicação do regime do art. 100 da CF a elas, como princípio (quer dizer, obedecendo a regras específicas que contemplem suas peculiaridades).

Demonstrada a aplicação do art. 100 da Constituição Federal às empresas estatais delegadas de serviço público, como pessoas administrativas, aprofundemos sua interpretação.

A redação do artigo sempre pareceu-nos clara, não permitindo outra interpretação senão a que expusemos em livro escrito há quase duas décadas: "O credor há de realizar seu direito propondo ação ordinária no Juízo de primeira instância, de cuja condenação há recurso necessário. O Presidente do Tribunal que apreciar o recurso expede o precatório, determinando o pagamento, ou a inclusão, no orçamento subseqüente, de verba, a ser consignada, ao Poder Judiciário, para esse fim..." (in *Empréstimos Públicos e seu Regime Jurídico*, 1975, p. 235).

É evidente que qualquer execução supõe sempre um "título" e ainda uma garantia do crédito, no patrimônio do devedor. É da natureza da execução que o credor, ao final, venha a saciar-se no patrimônio do devedor. Em regra o patrimônio responde pelo passivo das pessoas. Não é assim, entretanto, quando se trata de pessoas administrativistas: seus bens servem à comunidade (ao interesse público) e não a qualquer credor, seja ele quem for.

Ora, quando o devedor é pessoa administrativa exercente de função pública, *seus bens são impenhoráveis* (porque são bens públicos, afetados ao serviço público); "... a impenhorabilidade dos bens públicos decorre de preceito constitucional que dispõe sobre a forma pela qual serão executadas as sentenças judiciárias contra a Fazenda, sem permitir a penhora de seus bens... Isto significa que caberá ao Poder Público providenciar os recursos necessários à execução, que se realiza *sem penhora* de qualquer bem público..." (Hely Lopes Meirelles, in *Direito Administrativo Brasileiro*).

Se toda execução implica a penhora dos bens do devedor, esta medida, *in casu*, não é possível. É que a garantia do crédito não reside na penhora, mas no procedimento especial constitucionalmente previsto (art. 100). É clara a exigência de ação ordinária que conduza a uma sentença judicial, único título que pode fundar execução contra pessoa administrativa; é por expressa determinação da Carta Magna (art. 100) que a Fazenda Pública — e seus delegados, como é o caso do SERPRO — na condição de ré, é privilegiada, e não pode ser executada como se fora uma pessoa privada.

"... desde que é condenada, por sentença judiciária, a Fazenda ... a parte pede o precatório e o apresenta. O texto constitucional é explícito: o Tesouro Federal não pode efetuar pagamento, em que obedeça, inexcetuavelmente, à ordem de apresentação dos precatórios, um a um, por todo o crédito respectivo..." (Pontes de Miranda, in *Comentários à Constituição de 1967 com a Emenda n. 1 de 1969*, 2ª ed., t. III, p. 647).

Parece claro que o princípio de proteção aos bens e interesses públicos projeta eficácia sobre todas as pessoas administrativas. A convicção do signatário é já antiga: "O processo de execução é diferente em atenção à qualidade de titulares de interesses indisponíveis, que possuem as pessoas públicas, bem como em razão do regime especial de seus bens, garantia dos créditos de toda e qualquer pessoa. Se o patrimônio, como um todo, ou determinado bem, em especial — no caso de contrato entre pessoas privadas — é a garantia de seus débitos, já o mesmo não se dá no que respeita às pessoas públicas. Estas têm no seu patrimônio instrumento de promoção de suas funções públicas e tarefas administrativas. Por isso os bens públicos não podem ser havidos como garantia de seus débitos. Tais as razões pelas quais a 'Execução' contra pessoas públicas há de ser diversa da aplicável a particulares" (in *Empréstimos Públicos e seu Regime Jurídico*, 1975, p. 234).

Basta considerar a teleologia do *preceito do art. 100 da CF* para ver-se claramente a sua *extensão*, como princípio, *às empresas estatais delegadas de serviço público*. Deveras, assim como a doutrina e a jurisprudência estenderam a regra às autarquias — reconhecendo tal eficácia aos princípios que a informam — pelas mesmas razões deverão aplicá-la (a regra) às empresas públicas prestadoras de serviço público como delegadas.

Aliás, o art. 20 da Lei 4.516/64, que criou o SERPRO prescrevia que "a entidade ora criada gozará como serviço público federal, de todas as regalias respectivas, inclusive as relativas a impostos, taxas, direitos aduaneiros, juros moratórios e *impenhorabilidade de bens*".

Sabia o legislador que estava criando uma entidade pública, embora com roupagem de direito privado. Esse preceito deixou de ser direito explícito, com a revogação dessa lei pela Lei 5.615/70.

A norma que fixa a impenhorabilidade — resultante dos princípios aqui expostos — persiste integralmente vigente e eficaz. O art. 20 da Lei 4.516 era meramente expletivo. Desnecessário. Com ele ou sem ele, *são impenhoráveis os bens do SERPRO como todos os bens públicos*. Preceitos que o digam expressamente são simplesmente declaratórios. Por isso são, rigorosamente, despiciendos. Com eles ou sem eles os bens públicos são impenhoráveis.

Por isso a execução de decisão de mérito proferida em processo de conhecimento contra o SERPRO será executada na forma do art. 100 da Constituição de 1988.

4. *Supremacia da Constituição*

Na verdade, a execução contra as pessoas administrativas — talvez exatamente por causa de toda essa vasta e ampla problemática, aqui sucintamente exposta — vem disciplinada pelo Texto Constitucional, de forma a tornar-lhes inaplicável a legislação processual (ou, pelo menos, só aplicável em termos), por duas razões:

Em primeiro lugar porque a disciplina constitucional, por ser superior, necessariamente não comporta concorrência da lei processual. Em segundo lugar, porque a presença de disciplina constitucional afasta *ipso facto* até mesmo a competência do legislador ordinário para dispor sobre essa matéria. Só o que parece ser lícito ao legislador é desdobrar a disciplina constitucional e dispor de modo a preservar-lhe o prestígio e assegurar-lhe a eficácia.

Por outro lado, há de se considerar que o direito administrativo — como diz ainda Ruy Cirne Lima — é "direito de aplicação exclusiva". É o direito administrativo que disciplina a forma mediante a qual as pessoas administrativas podem agir, na sua economia interna, nas relações jurídicas com terceiros, inclusive outras pessoas públicas, respeitados os princípios e parâmetros constitucionais. E as contingências das relações com terceiros não podem anular as exigências da disciplina interna e menos ainda as decorrentes de princípios constitucionais. Daí que suas despesas devam obedecer a regras que resguardem a inafastabilidade do regime de proteção aos bens e dinheiros públicos.

A interpretação do direito administrativo há de se conformar às exigências postuladas de modo tão categórico por um direito material que encontra raiz direta na Constituição. Talvez, melhor se encaminhe o raciocínio do intérprete, se se começar por procurar respostas às perguntas:

"A execução contra pessoa administrativa não supõe necessariamente anterior decisão em processo de conhecimento; com discussão contraditória do mérito da dívida (nesse mérito é essencial a observância de formas e competências)?"

Em outras palavras: "pode haver execução contra a Fazenda baseada só em uma cambial ou, simplesmente, numa certidão de dívida?"

Parece-nos que só é possível *executar* decisão "judicial", contra a Fazenda. Decisão administrativa, por mais solene e elevada que seja, não forma título suficiente, quando o devedor é pessoa administrativa.

O art. 100 da Constituição Federal é textual: só alude a *decisão* judicial. Ora, na execução comum não há isto (decisão há só nos embargos). Na ação ordinária, se a parte não contestar, o juiz decreta a revelia e profere decisão. Na execução, não há sentença.

O caminho lógico e cronológico necessário parece-nos ser: propositura de ação de conhecimento, sempre e impostergavelmente; e depois execução da decisão judicial assim obtida, observados os princípios do art. 100, CF, quando o devedor for pessoa administrativa.

5. *Formalidades da despesa pública*

Questão que se põe é consistente em perquirir se pode uma qualquer pessoa mesmo pública constituir, unilateralmente, um título executório, contra entidade estatal delegada de serviço público.

Se se responder à pergunta, afirmando que nem mesmo um órgão próprio de uma pessoa administrativa — inobservadas as formalidades legais — pode constituí-las em dívida, com maior razão se há de reconhecer que órgãos de outras pessoas, públicas ou privadas, não poderão, em hipótese nenhuma, constituir terceira pessoa administrativa em dívida, por atos unilaterais.

Ora, se não pode ser criada despesa de pessoa administrativa sem observância das rigorosas formalidades legais — protetoras dos dinheiros públicos — em hipótese nenhuma, parece claro que a circunstância de um serviço público ser delegado a empresa pública não pode implicar a retirada ou o enfraquecimento de tal proteção. Os dinheiros — os interesses públicos todos — não ficam desprotegidos, não se tornam desamparados, não podem ser geridos como privados, porque a "forma" de gestão pela qual opta o legislador é a de empresa pública. A agilidade que, com isso, se pretende não chega ao ponto de afastar princípios constitucionais tão conspícuos, como o da despesa segundo o orçamento, condição de asseguramento da regularidade, continuidade e permanência do serviço (e conseqüentemente reserva de recursos financeiros — previstos nos seus orçamentos — para assegurá-lo).

Admitir o contrário é consentir que, p. ex., o serviço de telecomunicações, de correios, de energia elétrica ou de saneamento básico possa sofrer interrupções, sobressaltos ou, até mesmo, paralisia, pelas possíveis execuções que possam sofrer as entidades que os conduzem (empresas estatais).

Admitir a possibilidade de penhora de seus bens, a aplicação de verbas em pagamentos não programados nem incluídos no seu orçamento etc. será instaurar a álea e o arbítrio como critérios de administração.

6. *Título executório*

A vista do estrito regime a que submetidos os dinheiros públicos, vê-se que nem mesmo um órgão próprio (presidente, superintendente, diretor etc.) de uma pessoa administrativa — inobservadas as formalidades legais — pode constituí-la em dívida. Ora, com maior razão se há de reconhecer que órgãos de outras pessoas públicas (ou privadas), não poderão, em hipótese nenhuma, constituir terceira pessoa administrativa em dívida, por atos unilaterais.

Só é válida despesa obediente, nas suas causas e motivações, a fundamentos sólidos e demonstrados; só é regular se observadas as formalidades legalmente estabelecidas, tendo em vista a proteção do interesse público (expressão ampla que alcança bens, dinheiros, finalidades etc.). Por isso, não pode decisão, deliberação ou ato de terceiros engendrar obrigatoriedade de despesa para nenhuma entidade administrativa (mesmo que esse "terceiro" seja órgão ou entidade pública).

Por isso é que não pode ser executório um auto de infração, lavrado por agente fiscal; o procedimento admnistrativo que o segue (seja sumário, seja sofisticado), não o transforma em decisão comprometedora dos cofres da entidade autuada; não lhe cria dever de pagar; não serve de fundamento jurídico para despesa sua.

Para que seja regular e válida uma execução contra pessoas administrativas — que não têm disponibilidade sobre seus bens, mas só os pode aplicar nos fins legais — é preciso constituir um título de absoluta robustez e inquestionável legalidade formal e substancial. Este título, di-lo o art. 100 da CF, é só decisão judicial, adotada em processo de conhecimento, transitada em julgado.

Vicente Greco Filho, sublinhando que seria inconcebível, "em virtude da segurança que devem ter as relações de direito público, que tivesse o código, contra a Fazenda, equiparado o título judicial ao extrajudicial" (*Direito processual civil brasileiro*, 3º vol., Saraiva, p. 95), abona toda a exposição que aqui fizemos, para arrematar: "Daí a conclusão que parece irrecusável de que a execução contra a Fazenda Pública somente pode fundar-se em título judicial. O detentor de título extrajudicial, como uma exceção à sistemática geral do Código, mas justificada esta peculiaridade do direito público, deve propor ação de conhecimento para a obtenção do título judicial. Se a lei, de regra, exige que as próprias decisões judiciais contra a Fazenda sejam reexaminadas obrigatoriamente pelo Tribunal para terem executoriedade, como admitir que título extrajudicial a tenha quando o mais das vezes ou pelo menos às vezes não tem exame algum do Judiciário sobre a integridade e procedência do crédito?" (p. 95).

Esse mesmo autor, em outro trabalho, onde estudou mais detidamente o mesmo tema, agrega: "Do texto constitucional, também se extrai que o título exeqüendo resulta de decisão proferida por Tribunal, cujo Presidente é competente para ordenar o pagamento (art. 117, § 2º, 2ª parte), sempre, portanto, de origem judicial." (Vicente Greco Filho, *Da execução contra a Fazenda Pública*, Saraiva, SP, p. 59).

Isso confirma que auto de infração fiscal (e seus desdobramentos), inclusive certidão de dívida ativa, não é título suficiente para instruir execução contra pessoa administrativa.

Só o é decisão judicial, em processo de conhecimento, tendente à formação de título judicial, para ser executado na forma do art. 100 da CF.

7. Impenhorabilidade dos bens das pessoas administrativas

Celso Antônio Bandeira de Mello, estudando o tema, escreveu: "Deveras, o art. 100 (da Constituição) estabelece uma forma *específica* de satisfação de crédito contra a Fazenda Pública. Seu escopo é precisamente o de impedir que os credores possam se *apoderar* de bens públicos; é o de obstar que créditos contra pessoas de Direito Público, *ainda quando judicialmente reconhecidos e proclamados*, propiciem *direta apreensão de recursos públicos*" (*RDP* 91/92).

E, repetindo as lições doutrinárias que aqui transcrevemos, sublinhou: "Com efeito: os versículos constitucionais em apreço, de um lado, fixam que bens públicos, *não são penhoráveis*; de outro lado, asseguram às pessoas públicas margem de tempo razoável para organizar disponibilidades e despesas necessárias à satisfação de débitos insaldados, conquanto comprovadamente reconhecidos e quantificados. Assim, evitam percalços graves e previnem ocorrência de prejuízos na condução da *respublica*" (*RDP* 91/92).

Subseqüentemente, enfatiza que tal regra não comporta exceções; nem mesmo a presença de outra Fazenda tem a virtude de violar o regime estreito de dispêndio dos dinheiros públicos, sua programação, realização, efetivação e controle:

"Verifica-se, portanto, que nos termos dos dispositivos pertinentes, *credor algum pode, sem burla do art. 100* (*da Constituição*) *estar, de antemão, garantido no recebimento de seus créditos, fora do sistema ali estabelecido*" (*RDP* 91/91).

Nenhuma lei pode prescrever de modo a estabelecer sistema diverso. Até mesmo o Congresso Nacional tem suas mãos atadas pelo Texto Constitucional. É o que ensina Pontes de Miranda: "O texto constitucional é explícito: o Tesouro Federal não pode efetuar pagamento, sem que obedeça, inexcetuavelmente, à ordem de apresentação dos precatórios, um a um, por todo o crédito respectivo. Não há sofisma que se possa insinuar em letra tão clara; e o art. 117 *não se dirige só ao Poder Executivo*, não é norma dirigida exclusivamente às autoridades administrativas — é, *também limitação ao poder da Câmara dos Deputados e do Senado Federal*: veda-se-lhes a designação de casos ou de *pessoas nas verbas legais, bem como a edição de regras jurídicas que permitam exceção ou prioridades* contrárias à ordem de apresentação dos precatórios. Preferem a essas verbas os vencimentos atrasados dos funcionários públicos que estejam devidamente reconhecidos pela administração pública. Tudo que se disse sobre a Fazenda Federal também vale para a estadual, a distrital, a territorial e a municipal" (*Comentários à Constituição de 1967, com a Emenda n. 1, de 1969*, 2ª ed., Ed. RT, t. III, p. 647).

Não é difícil para o intérprete verificar que idênticas razões militam em favor das estatais prestadoras de serviço público, tornando-lhes naturalmente aplicável a mesma regra. Não parece possível discutir ou pôr em dúvida que os bens de empresa estatal criada para prestar serviço público são bens públicos. Aplicam-se, assim, a elas as observações de Celso Antônio: "É tranqüilo e assente na doutrina e jurisprudêcia que bens públicos são impenhoráveis; é dizer: credores não podem se constituir em garantia sobre eles. Excusa citar publicistas ou decisões de nossos pretórios em abono desta noção rudimentar".

De seu lado, Hely Lopes Meirelles diz: "A impossibilidade de oneração dos bens públicos, das entidades estatais, nos parece indiscutível diante de sua inalienabilidade e impenhorabilidade" (*Direito Administrativo Brasileiro*, 7ª ed., Ed. RT, 1979, p. 503).

Mostra ver estendidos às estatais os atributos dos bens públicos. E, depois de cuidar dos bens de uso comum e especial, observa: "Restam, portanto, os dominiais e as rendas públicas. Mas, quanto a estes há o obstáculo constitucional da *impenhorabilidade*, em execução judicial. Se tais bens, embora alienáveis, são impenhoráveis por lei, não se prestam à execução direta, que é consectário lógico do vínculo real, que se estabelece entre a coisa e a ação do credor hipotecário, pignoratício ou anticrético. Desde que a Constituição da República retirou a possibilidade de penhora de bens da Fazenda Pública Federal, Estadual e Municipal, *retirou, também, a possibilidade de oneração de tais bens* uma vez que a execução de toda garantia real principia pela penhora, na ação executiva correspondente, para a subseqüente satisfação da dívida, mediante praceamento ou adjudicação do bem dado em garantia. Uma garantia real que não contasse com a execução direta da coisa onerada deixaria de satisfazer aos seus fins, desgarantindo o direito do credor. Não seria de modo algum garantia real" (ob. cit., p. 505).

Nem mesmo a lei — como o enfatizou Pontes de Miranda — pode dispor de modo contrário; não pode fazer dos bens afetados a serviço público bens penhoráveis. Leciona Hely Meirelles: "... *a proibição constitucional* abrange todo e qualquer bem da Fazenda Pública, móveis e imóveis, *rendas e direitos creditórios*, isentando-os da penhora. Não importa, por igual, o fim a que se destine a garantia real. Desde que os bens públicos, das entidades estatais, são insuscetíveis de penhora, sendo a penhora consectário legal da execução para a satisfação do crédito objeto de garantia real, ressalta a impossibilidade de se constituir penhor ou hipoteca sobre os mesmos" (ob. cit., p. 505).

8. *Execução contra pessoa administrativa*

Precatório só pode existir após ter sido proferida uma decisão de segundo grau. Em consonância com a Lei Maior, o Código de Processo Civil prevê que as sentenças proferidas contra a União, o Estado e o Município estão sujeitas ao duplo grau de jurisdição, não produzindo efeito senão depois de confirmadas pelo Tribunal (artigo 475, II) e transitadas em julgado. Ora, as razões jurídicas que obrigam o duplo grau, para as decisões contra as autarquias são evidentemente extensíveis ao SERPRO.

"O recurso de ofício, para sujeitar a sentença ao duplo grau de jurisdição, é obrigatório nas decisões proferidas contra a União, os Estados e os Municípios" (Hely Lopes Meirelles, in *Direito Administrativo Brasileiro*, 4ª ed., p. 681).

Como aqui ficou exposto, também para as pessoas administrativas. Vicente Greco, que escreveu também monografia sobre *Execução contra a Fazenda Pública* (Saraiva, p. 50), cita Barbosa Moreira em interessante trecho: "É Barbosa Moreira, com toda precisão, que esclarece que ficam sujeitas à execução especial as '*entidades da administração* cujo patrimônio esteja sujeito ao regime dos bens públicos', porque não se pode utilizar o procedimento consistente na apreensão e expropriação forçada, porque os bens que lhes pertencem *não são suscetíveis de alienação*, salvo nos casos e pela forma previstos em lei".

E Greco acrescenta mui oportunamente: "É bom que se ressalte que essa lei a que se refere o próprio art. 67 do Código Civil é a lei da pessoa política a cujo domínio pertence o bem, de modo que a liberação da inalienabilidade só pode ocorrer por lei específica federal, se bens da União; estadual, se bens do Estado; e municipal, se bens do Município".

Note-se que Barbosa Moreira usa expressão genérica e abrangente ("entidades da administração"), ao invés de dizer de suas formas, se empresa pública ou mista etc., e as qualifica pelo regime de seus bens. Ora, Celso Antônio já havia dito que os bens, mesmo das mistas, aplicadas ao serviço público são impenhoráveis. Isso permite — louvando a prudência de Barbosa Moreira, que não quis comprometer-se com teses mais estreitas — associar isso com o que aqui vimos afirmando quanto à impenhorabilidade dos bens do SERPRO (todos aplicados ao serviço público). Concordando com Celso Antônio, para ressalvar os bens das sociedades mistas aplicados ao serviço público, Vicente Greco afirma: "É possível que determinado bem, anteriormente público, passe a integrar, por força de lei, o patrimônio de empresa pública ou sociedade de economia mista e a lei de desafetação mantenha sobre ele a impenhorabilidade. Neste caso, contudo, a limitação é específica e não do patrimônio total da entidade que, tendo outros bens, poderão ser penhorados" (ob. cit., p. 50).

Há jurisprudência específica e reiterada sobre a matéria, orientando-se sempre na mesma direção, direção essa que, alcançando os bens públicos, deve proteger igualmente os das autarquias e das estatais, como o SERPRO:

A) "Os bens públicos, inclusive os municipais, são impenhoráveis. Julgada procedente a ação de cobrança de dívida, deve a execução fazer-se pela forma prevista no artigo 918, parágrafo único, do CPC" (TJSP, *RT 284/623) (Nota: o artigo 918 do CPC anterior é reproduzido pelo artigo 730 do atual).*

B) "A ação própria para cobrança de dívida de Prefeitura Municipal é a ordinária. Os bens da Municipalidade são impenhoráveis e a execução se faz pela forma prescrita no parágrafo único do art. 918 da lei processual civil" (TJAL, *DOAL* 3.10.1956).

C) "As Prefeituras Municipais respondem pelas dívidas inscritas nos livros do INPS, por falta de pagamento de contribuições e prêmios de seguros de seus empregados. A execução da sentença obedecerá ao disposto na Constituição Federal e no parágrafo único do atual 918 do CPC" (TJAL, *DOAL* 3.10.1956).

Os fundamentos, ou razões de decidir, em todos esses casos, são irrestritamente aplicáveis às estatais delegadas de serviço público, pelas razões expostas.

O dispositivo constitucional prevendo categoricamente o *precatório* vem da Constituição de 1934 (art. 182), repetido nas Constituições de 1937 (art. 95), 1946 (art. 204), 1967 (art. 117) e 1988 (art. 100).

Como anotam Alcino Pinto Falcão (*Constituição Anotada de 1946*, vol. III, 1957, p. 153), Pontes de Miranda (*Comentários à Constituição de 1934*, t. II, p. 556) e Themistocles Brandão Cavalcanti (*A Constituição Federal Comentada*, 1946, vol. IV, p. 225), objetivou-se com o *precatório* a *moralização* da Administração Pública, no Brasil, coibindo-se o processo moroso de pagamento das dívidas fazendárias, que carregava caráter parcial, com designação de casos ou pessoas que receberiam seus créditos em detrimento de outros, com prejuízo, inclusive, para o interesse público.

Para Pontes de Miranda (ob. cit., p. 556) o instituto do *precatório* impede a *advocacia administrativa*, tendo concorrido para a "moralização" da Administração Pública no Brasil" (ob. e pp. cits.).

Isto só confirma o asserto de que a mesma orientação impõe-se no caso das empresas estatais, delegadas de serviço público, que também têm o dever de obedecer aos princípios da legalidade, impessoalidade e moralidade (art. 37, CF), pessoas administrativas que são.

9. Execução especial contra pessoa administrativa (irrelevância da natureza da pessoa que serve de instrumento ao serviço público)

Com sua imensa autoridade de mestre das novas gerações do nosso direito público, Seabra Fagundes, no melhor livro de direito constitucional publicado no Brasil, ensina: "A atividade administrativa, sendo condicionada, pela lei, à obtenção de determinadas conseqüências, *não pode o administrador*, ao exercê-la, *ensejar conseqüências diversas das visadas pelo legislador*. Os atos administrativos devem procurar atingir as conseqüências que a lei teve em vista quando autorizou a sua prática, sob pena de nulidade" (*O Controle dos Atos Administrativos pelo Poder Judiciário*, 6ª ed., 1984, p. 61).

Assim, se a entidade estatal deve produzir serviço público, tudo que desvie seus esforços ou distraia seus meios e instrumentos (que só existem para sua finalidade) é vedado, ilícito ou vitando. Logo, a interpretação das normas jurídicas a ela pertinente há de tomar em consideração esse vetor capital. Daí o irresistível pendor do intérprete a ver na forma o art. 100 da CF o critério de execução das dívidas das estatais prestadoras de serviço público.

A execução especial prevista no art. 100 da Constituição, aplicável a todas as pessoas administrativas (conceito que exclui as estatais exploradoras de atividade econômica), explica-se pelos argumentos de Seabra Fagundes, seu inspirador (já em 1934): "A regra da impenhorabilidade dos bens públicos, se, por um lado, exprime a sobrevivência dos arraigados privilégios fiscais do Estado absolutista, por outro lado, é explicável por relevantes razões de ordem política. Com efeito. Deixar o patrimônio público à mercê de execuções ilimitadas seria abstrair, no seu emprego, do critério de oportunidade e conveniência, cargo do Poder Legislativo e da Administração, para aceitar o critério, puramente jurídico, do Poder Judiciário. Chegar-se-ia ao *absurdo de tolher e até paralisar as atividades administrativas* pela falta de meios pecuniários" (*O Controle dos Atos Administrativos pelo Poder Judiciário*, 6ª ed., Saraiva, p. 166).

10. Um acórdão esclarecedor

O Ministro Carlos Velloso, do Supremo Tribunal Federal, votando no antigo Tribunal Federal de Recursos, fixou magníficas lições:

"O que acontece é que o estatuto processual estendeu, no art. 730, o procedimento executório à Fazenda Pública. Fê-lo, entretanto, com as necessárias adequações, pelo que estabeleceu, em verdade, uma execução atípica, em tudo semelhante à ação de conhecimento, porque em tal execução atípica inexiste a característica fundamental da execução forçada, que é a expropriação dos bens do executado, conseqüência da penhora e da arrematação".

Deixou aí bem sublinhado a impossibilidade de penhora contra entidades executoras de serviço público. Prosseguiu: "Certo é, entretanto, que a interpretação literal do citado artigo 730, CPC, poderá colocá-lo contra a Constituição. A interpretação do art. 730, CPC, reclama, pois, cautela. Ela deverá harmonizar-se com o art. 117, da Lei Fundamental (art. 100, CF de 1988). Este, conforme vimos, não dispensa a sentença. Noutras palavras, a execução contra a Fazenda Pública, através de precatórios, é *oriunda de sentença judicial*, ou o precatório pressupõe, sempre, sentença condenatória passada em julgado".

Ficou aí claro que só o que se pode "executar" — na forma especial do art. 100 da CF — é uma decisão judicial passada em julgado. Tal é o único título *executório* contra entidades estatais executoras de serviço público; nenhum outro tem "força executiva". Todos os demais títulos devem ser submetidos a processo de conhecimento, para tornarem-se executórios, quando o devedor seja uma pessoa dessas. Mas, prossegue o Ministro Velloso: "Isto, aliás, se justifica, tendo em linha de conta a proteção que a Constituição dedica aos dinheiros públicos. Se o título executivo extrajudicial dispensasse a sentença, tratando-se de execução contra a Fazenda Pública, não estaria descartada a possibilidade de conluio entre o administrador corrupto e o administrado, para o fim de obrigar a Fazenda ao pagamento de dívidas duvidosas ou inexistentes".

Sublinha aí que é a proteção a bens e dinheiros públicos que justifica tal requisitada exigência. Aliás, é o magno interesse público que exige que os desembolsos do tesouro se dêem segundo programação rigorosa, o que, no nosso sistema, se assegura pela disciplina da elaboração, aprovação e execução dos orçamentos públicos. Continua o Ministro Carlos Velloso: 'Retomemos o fio do raciocínio que vínhamos expendendo: pressupondo a execução contra a Fazenda Pública uma sentença passada em julgado, então a disposição inscrita no art. 730, CPC, haverá de ser interpretada assim: a) os *embargos* ali mencionados devem ser tidos como defesa, ou contestação à inicial da execução, pelo que haveria a incidência da regra do art. 188, CPC (prazo em quádruplo para contestar); b) se tais embargos não forem opostos, então o juiz deverá proferir sentença, requisitando-se o pagamento, por intermédio do Presidente do Tribunal competente, após o trânsito em julgado daquela, que estará sujeita, inclusive, ao duplo grau de jurisdição (CPC, art. 475, II).

"Interpretado o art. 730, CPC, da forma acima preconizada, fica ele compatível com a Constituição" (Min. Carlos Velloso, Apelação Cível n. 58.579-SP (3073882), do TFR, 4.ª Turma, 5.12.1984).

Nesse magistral voto, em que coloca a disciplina constitucional da execução contra pessoas administrativas em consonância com os princípios e regras constitucionais, o ilustre professor de direito constitucional e ora Juiz da Suprema Corte mostra que:

a) execução contra entidades públicas não se faz pelos procedimentos ordinários;

b) não cabe penhora de bens públicos, como são os bens do patrimônio administrativo de propriedade das estatais prestadoras de serviço público, como delegadas;

c) execução define-se pela penhora, em sua garantia, de bens do executado;

d) nesses casos, a execução faz-se mediante precatório do presidente do Tribunal competente;

e) título hábil a instrumentar essa única forma de execução é só decisão judicial passada em julgado; conseqüentemente, qualquer outro título (inclusive certidão de dívida ativa fiscal) só serve para propositura de ação de conhecimento, que leve a título judicial consistente em decisão trânsita em julgado;

f) esse conjunto harmônico de medidas tem em mira proteger o interesse público.

11. Conclusão

Nesta segunda parte expôs-se doutrina e jurisprudência demonstrando que o patrimônio de empresas estatais prestadoras de serviço público é patrimônio administrativo e, como tal, indisponível e submetido a regime administrativo.

Por isso, os bens e direitos integrantes do patrimônio administrativo são impenhoráveis. O regime jurídico da organização, previsão, planejamento, realização de despesas e sua consumação é o público administrativo. Daí que as formalidades essenciais para a despesa pública — formalidades essas protetoras do interesse público — devam ser iguais para a administração direta e indireta. As derrogações agilizadoras da gestão das entidades da administração indireta não podem implicar desproteção ao interesse público de que são elas realizadoras.

Por isso, eventual pretensão creditória contra essas entidades (inclusive empresas estatais, desde que prestadoras, como delegadas, de serviço público) deve ser deduzida judicialmente, em processo ordinário de conhecimento, sujeito a duplo grau de jurisdição, culminando com o precatório do presidente do Tribunal competente, para previsão orçamentária oportuna, para sua satisfação.

Aplicadas estas considerações ao SERPRO, vê-se que eventual pretensão fiscal (de ISS — imposto municipal sobre serviços, p. ex.) deve ser objeto de ação ordinária movida pela Municipalidade contra o SERPRO; jamais ação executiva. Se esta for proposta, deverá o juiz convertê-la em ordinária (cf. lição do Min. Carlos Velloso, citada).

Se julgada procedente — o que, no caso, é impossível, dada a imunidade tributária do SERPRO — sua execução não se faz mediante penhora de bens (dado que o patrimônio do SERPRO é impenhorável), mas na forma do art. 100 da Constituição Federal, como se demonstrou.

DOUTRINA

A TRIDIMENSIONALIDADE DA DESCENTRALIZAÇÃO DO ESTADO BRASILEIRO

Contribuição prática à Revisão Constitucional de 1993*

TORQUATO JARDIM
Professor de Direito Constitucional na Universidade de Brasília
Ministro do Tribunal Superior Eleitoral

A descentralização, como idéia geral do repensamento do Estado brasileiro, implica visão ordenada de três dimensões: a vertente política do federalismo, a vertente jurídica da privatização dos agentes econômicos do Estado e a vertente administrativa da desconcentração produtiva dos meios de ação pública.

I — O fato, o valor e a norma

2. Na ótica da tridimensionalidade impõe-se a clareza do fato, do valor e da norma.

O primeiro *fato* histórico é a *federação* surgida no vácuo de qualquer tradição legislativa e administrativa autônoma das províncias proclamadas unidades federadas. Receberam elas um *quantum* de capacidade constitucional de auto-administração do alvitre do poder central. Exercitaram-na, até o final da terceira década deste século, na proporção da independência e coragem da personalidade de seus chefes políticos, e na medida em que cada *caudilho* ou *coronel* teve do interesse público.

Esse continuado personalismo do processo político, aliado aos corporativismos de base nacional dos últimos cinqüenta anos, não ensejaram a *institucionalização* do federalismo, vale dizer, a sedimentação perene dos mecanismos políticos e jurídicos de escolha e resolução local do interesse público pelos poderes intermediários — para lembrar a esquecida tese de Montesquieu, os quais seriam transferidos, no que ensejassem de harmonização multiestadual de vontades e meios, à coordenação da União. A praxis não correspondeu à visão teórica de João Barbalho, para quem a União fora "fundada para gerir superiores interesses comuns e garantir a segurança e tranqüilidade geral" (*Comentários à Constituição de 1891*, art. 2º., p. 12, Ed. Senado Federal, 1992).

* Versão preliminar deste trabalho foi apresentada no Fórum "O Novo Pacto Federativo", promovido pelo Instituto de Pesquisa Econômica Aplicada — IPEA, em novembro de 1993.

As seções de 16 a 20 são transcrições parciais de trabalho já publicado na *Revista de Informação Legislativa do Senado Federal* (ano 29, n. 115, jul./set., 1992).

Ao contrário da federação norte-americana, onde o poder central esbarrou sempre numa mais antiga raiz sociológica de estados antes soberanos, onde a competência da União surgiu do que condicionadamente lhe transferiam, mediante renúncia expressa, os estados — pelo menos até a década de 30 deste século, onde os parlamentos e os tribunais locais (vale dizer, o direito e a jurisprudência) antecederam aos nacionais, e onde os *town meetings tocquevillianos* já haviam dado corpo e alma aos poderes intermediários, entre nós o governo central surgiu sem barreiras nem condicionalidades, sem anteparos ou condições. Toda a tradição sociológica, jurídica e administrativa secular que desaguou na Constituição de 1891 foi a do estado unitário.

3. Por isso mesmo, a grande revolução inacabada não é a República — até porque a Inglaterra é republicana desde a Revolução Gloriosa —, mas a Federação. Assim como as grandes catedrais tomaram séculos e muitos papas para serem concluídas, é de se indagar se não é chegada a hora de se dar mais fisionomia e personalidade ao corpo até agora apenas delineado da nossa Federação.

Em outras palavras, falta ainda o grande acerto político do contrato que é o pacto federativo, no que ele tem de mais sensível e característico que é a repartição constitucional de competências. Não a repartição formal, que lança a unidade da federação à inércia e o governo central à execução de tarefas locais; mas, sim, aquela substantiva, na qual à responsabilidade política da escolha da política pública corresponda a competência legislativa, e à competência legislativa corresponda a capacidade de implementação da política e da lei.

4. O segundo *fato* histórico é o *estado sem nação*: "quando Tomé de Sousa desembarcou na Bahia, em 1549, munido do seu famoso Regimento de Governo, e flanqueado de um ouvidor-mor, um provedor-mor, clero e soldados, a organização político-administrativa do Brasil, como país unitário, começou a existir. Tudo fora minuciosamente preparado e assentado, em oposição ao descentralismo feudal das capitanias hereditárias. Notava-se apenas, como disse um historiador, uma ligeira ausência: *não havia povo*. (...) Foi esse, na verdade, o primeiro ato de uma longa série de eventos, em que começamos pelo fim, numa incontida impaciência de colher os frutos antes de plantar as árvores" (Fábio Konder Comparato, citado por Luís Roberto Barroso, "A crise econômica e o direito constitucional", in *Revista AJURIS* 58, p. 123).

Não se enraizara, então, a *res publica*; mas já se fizera presente a ordem jurídica estatal. Antes que os poderes intermediários, ou os entes espontâneos hoje denominados sociedade civil, operassem, para delegar, limitada e controladamente, poderes ao governante, instalou-se a autoridade estatal, a autorizar a atividade econômica, a instalar cartórios, a exigir tributos e a impor sua vontade. O interesse público foi, então, cunhado para preservar e projetar o Estado, não para tê-lo sob controle; da concepção de políticas públicas e da gênese normativa foram excluídos os destinatários do poder.

Não foi diferente a proclamação da República: repetiu-se a mesma recomposição de interesses do Estado à margem de qualquer manifestação expressiva da população. "Na multidão o sentimento geral foi de estupor" (Carlos Maximiliano, *Comentários à Constituição de 1891)*; "o povo assistiu àquilo bestializado, atônito, surpreso, sem conhecer o que significava. (...) Muitos acreditavam sinceramente estar vendo uma parada. (...) Era um fenômeno digno de ver-se" (Aristides Lobo no *Diário Popular*, de São Paulo, 18 de novembro de 1889, *apud* Carlos Maximiliano, ob. cit.).

5. A ordem constitucional daí derivada, desde a Constituição de 1824, fincou raiz no "direito de estado", não no *rule of law*. Aquele, próprio dos estados concentradores de poder em detrimento da individualidade, seja a individualidade política da unidade da federação, seja aquela inerente à personalidade humana, nos quais se reconhecem, limitadamente, direitos próprios enquanto compatíveis com o interesse estatal; este, o *rule of law*, típico das repúblicas sedimentadas nos direitos individuais, os quais, mais do que oponíveis à vontade do Estado, a ele obrigam vontade, tornando-o *meio*, e não um fim em si mesmo.

O produto histórico é o estado concentrador da vontade política e da iniciativa legislativa, planejador e executor, submetido a um tênue e diáfano controle jurídico formal.

6. O *valor* que se quer preservar, enquanto vivo, ainda que tenro, para se expandir na avenida incontida das liberdades, é a *individualidade*. Seja aquela das unidades locais na federação, seja aqueloutra individual, de cada cidadão; ambas na busca de seus rumos na realização de seus próprios desígnios; ambas de supremo e inegável conteúdo político. Político no sentido mais crucial, de decisão refletida sobre os caminhos que justificam a existência mesma do Estado.

Essas duas faces da individualidade contêm, intrinsecamente, por imposição ética consagrada na História, uma carga coletiva de *justiça social distributiva*, valor, mais que um instrumento, para, sob o manto da igualdade de oportunidades, ensejar a todos, no pacto político da federação e no pacto moral da sociedade civil, a geração de meios que permitam, às unidades da federação, no primeiro plano, e aos indivíduos, no segundo, participarem substantivamente do processo de *policy-making* e de gênese legislativa.

7. A federação e a individualidade como valores são instrumentos centrais do sistema de controle da vontade do Estado. A federação corresponde à repartição espacial das competências do Estado, vale dizer, à desconcentração do seu poder, para que, manifestando-se este em múltiplas parcelas de menor escala, possam ser controlados a concepção e o processo de decisão das políticas públicas e a gênese legislativa. O mínimo de eficácia do sistema exige, logicamente, que tal repartição venha plasmada no pacto constitucional.

8. A *norma* decorrerá da clareza intelectual e da nobreza de caráter com que se encarem as vicissitudes e os méritos da experiência histórica do Estado no Brasil. Não se deve cuidar de simplesmente seccionar cirurgicamente o Estado, como se fez em 1891, em 1930, em 1946, em 1967-69 e em 1988, para que, por geração espontânea, surja, *ex novo*, por simples afirmação constituinte, o Estado ideal.

As experimentações alegadamente científicas que se impuseram ao País, no político, no jurídico, no econômico e no social, concebidas por inteligências reconhecidas, algumas vezes — mas nem sempre — até bem intencionadas, redundaram no quadro caótico que hoje, tão estupefatos quanto em 1889, assistem os brasileiros, dos mais cultos aos mais iletrados, todos pasmos com a generalização tão extensa de maus resultados das políticas públicas.

A norma, pois, pela qual clama o inconsciente coletivo, há de ser concebida sem preconceitos ideológicos, sem sectarismos corporativistas, sem vinculações acadêmicas a teses de concurso, sem preocupação de compor biografia profissional geradora de clientes para o depois da função pública, sem ter em conta apenas o dia-a-dia da rolagem das dívidas, mas, também, e essencialmente, com alguma visão de longo curso.

Visão de longo curso que contenha os extremos pendulares de nossa história, que ora municipaliza irrealisticamente a ação do Estado, e ora "unionisa" excessivamente essa mesma ação, ao preço, um e outro, de sufocar de responsabilidade um único ente federativo.

II — A vertente política do federalismo

9. O grande desafio político do novo pacto federativo é estabelecer o equilíbrio sutil entre a *ficção jurídica* da igualdade dos entes federados e a realidade histórica de sua *desigualdade sócio-econômico-educacional.*

Será persistir diabolicamente no erro pretender que do pacto político de iguais decorra uma capacidade também igual de concepção de políticas públicas, de ordenação legislativa e de implementação administrativa.

O desafio está, pois, em conviver com as vicissitudes da gênese histórica do Estado e da Federação brasileiros, e admitir que, desigualmente iguais, à vontade de multiplicar os entes políticos e administrativos da federação há que corresponder, na União, um novo papel de coordenação de meios e harmonização de políticas públicas.

10. Não se trata, evidentemente, da União tutora mediante planejamento dirigista e arrecadação concentrada de receitas. Não se trata, por igual, e não menos evidente, de apenas transferir tarefas e recursos aos pontos capilares da Federação.

O equilíbrio está, provavelmente, aceita a premissa da desigualdade dos iguais, em reconhecer a União como depositária fiel de bens e recursos, aos quais teria acesso o ente político ou administrativo da Federação na medida de sua capacidade de gestão.

11. Essa *capacidade local de gestão* é central ao argumento. Não se cuida de julgamento subjetivo de tecnocratas da União; muito menos de submeter governadores e prefeitos eleitos pelo voto popular direto à dependência de idiossincrasias de quem estável administrativamente e irresponsável politicamente. Algumas poucas normas constitucionais avançam a idéia.

Primeira, a que autorizasse Estados e Municípios, não a União, a dispor sobre incentivos regionais ou sobre a criação de entes administrativos regionais para a organização, o planejamento e a execução de funções e serviços de interesse comum.

Outra, que vedasse à União e aos Estados a execução direta de obras e serviços de âmbito municipal ou intermunicipal, salvo se comprovado pela União ou pelos Estados a inviabilidade da execução pelos Municípios interessados ou afetados.

Terceira, a que vedasse à União executar programas de desenvolvimento urbano, inclusive habitação, saneamento básico e transportes urbanos.

Quarta, a que cometesse aos Municípios a formulação e a implementação das políticas públicas pertinentes a assuntos de interesse local.

Quinta, a que admitisse, nas microrregiões que fossem foco de graves carências sociais ou climáticas, de calamidade pública ou de distorções setoriais, a intervenção da União, diretamente ou mediante convênio com Estado, por prazo certo, para formular, financiar e implementar as políticas públicas necessárias à erradicação da pobreza e da marginalização e à redução das desigualdades sociais e regionais. Em casos que tais, reconhecida a desigualdade de capacitação gerencial dos entes juridicamente iguais no plano federativo, caberia à União mesma, ou ao Estado conveniado, a arrecadação dos tributos municipais e a aplicação dos recursos provenientes dos fundos regionais constitucionais.

Ainda, a que explicitasse a municipalização do ensino básico pré-escolar, rural e dos quatro primeiros anos do 1º Grau, estadualizasse os demais, e contivesse a União no ensino superior e na pesquisa científica, *vedando-lhe* a atividade suplementar.

12. Por fim, um repensar sadio das competências exclusivas da União e das concorrentes das unidades da Federação, o qual, na medida do razoável e do realista, tornasse regra principal a competência da União para normas e diretrizes gerais, e regra de exceção aquela de implementação exclusiva e integral da ordem político-normativa.

Em outras palavras, a Constituição mesma romperia com a inércia do ente federado, afastando a União da execução de tarefas locais, e cometendo-as expressamente aos Estados e Municípios.

13. Tal exercício pressupõe uma não menos razoável e realista revisão da repartição de receitas. O federalismo não implica apenas a transferência automática de recursos às unidades geograficamente menores. Muito mais do que isso, o federalismo exige uma avaliação equilibrada de custos gerenciais e benefícios sociais para concluir pelo sistema mais produtivo de competências tributárias e de repartição de receitas.

14. À União, enquanto depositária fiel de bens e recursos, caberá o novo papel de otimizadora dos meios e harmonizadora dos fins. Aqui a última das normas essenciais ao novo federalismo: *o recurso político* ao *Senado Federal*, casa da federação *par excellence*, para sustar os atos normativos ou administrativos da União ou dos Estados que exorbitassem dos limites da competência de cada qual, fosse para administrar meios ou harmonizar fins, em prejuízo da competência de escolha de *policy* e sua execução pelos Estados ou Municípios, respectivamente.

III — A vertente jurídica da privatização dos agentes econômicos do Estado

15. A privatização dos agentes econômicos do Estado, no âmbito da assembléia revisionante, impõe, a par da superação das barreiras ideológicas, à esquerda conhecida como estatização e à direita como nacionalismo, um exame lúcido do modelo constitucional de planejamento e controle estatal hoje consagrado na Constituição.

16. A Constituição brasileira presta marcante homenagem à livre iniciativa e à livre concorrência:

I — é *fundamento* da República Federativa do Brasil a livre iniciativa (art. 1º, IV);

II — da ordem econômica é *fundamento* a livre iniciativa e *princípio* a livre concorrência (art. 170, *caput* e inc. IV).

Equilibra ideologicamente a Constituição aquela aparente vocação liberal individualista com mandamentos coletivistas socializantes;

I — é também *fundamento* da República o valor social do trabalho (art. 1º, IV);

II — constituem *objetivos fundamentais* da República o desenvolvimento nacional, a erradicação da pobreza, a redução das desigualdades sociais e regionais, e a promoção do bem de todos (art. 3º, II, III, IV);

III — da ordem econômica são também *fundamentos* a função social da propriedade, a redução das desigualdades regionais e sociais e a busca do pleno emprego (art. 170, II, VII, VIII); e

IV — o elenco extenso de *direitos dos trabalhadores* (art. 6º a 11), sem qualquer correspondência, no plano constitucional, de deveres e obrigações de qualquer sorte.

17. As disposições constitucionais que explicam o modelo econômico compõem um quadro inequívoco de intervenção estatal permanente, mediante planejamento público, em detrimento da iniciativa privada. Alguns exemplos:

I — a competência da União para elaborar e executar *planos nacionais, regionais e setoriais de desenvolvimento econômico e social*, aprovados pelo Congresso Nacional (art. 21, IX; 43, § 1º, II; 48, IV; 165, § 4º);

II — *plano plurianual regionalizado* das diretrizes, objetivos e metas da administração federal aprovado pelo Congresso Nacional (art. 48, II; 165, § 4º);

III — sistema *nacional* de gerenciamento de recursos hídricos de competência da União (art. 21, XIX);

IV — incentivos regionais mediante *juros favorecidos* para financiamento de atividades prioritárias; *isenções, reduções* ou *diferimento temporário de tributos federais* (art. 43, § 2º, II, III);

V — exploração, pela *União*, diretamente ou mediante autorização, concessão ou permissão, de serviços de radiodifusão, telecomunicações, energia elétrica, transportes em geral, aeroportos e portos (art. 21, XII, *b, c, d, e, f*);

VI — *lei nacional* sobre o regime de concessão ou permissão de serviços públicos (art. 175);

VII — o controle, mediante *lei nacional*, dos transportes em geral (art. 178 c/c art. 21, XII);

VIII — as três *leis municipais* de desenvolvimento urbano, dependentes de uma lei federal e condicionadoras do uso da propriedade privada urbana, a qual só cumprirá sua função social quanto atender "as exigências fundamentais da ordenação da cidade expressas no plano diretor" (art. 182, *caput* e §§ 1º, 2º e 4º);

IX — a *lei nacional* de política agrícola, incluindo comercialização, armazenamento, transporte, e "levando em conta especialmente" o crédito, a tributação, os custos de produção, a garantia de comercialização, o seguro etc. (art. 187);

X — o ápice do modelo de planejamento público, a proclamação do Estado *como agente normativo e regulador da atividade econômica* o qual, mediante *lei*, exercerá *as funções de fiscalização, incentivo e planejamento, sendo este determinante para o setor público e indicativo para o setor privado* (art. 174);

XI — por fim, já não bastasse tamanha onisciência, a abundância constituinte ao aduzir, mais, que "a lei estabelecerá as diretrizes e bases do *planejamento do desenvolvimento nacional equilibrado* (*sic*), o qual incorporará e compatibilizará os *planos nacionais e regionais de desenvolvimento*" (art. 174, § 1º).

18. Tamanha complexidade normativa fez surgir até um processo legislativo complementar para as leis editoras de planos nacionais, regionais e setoriais (art. 166). Cresce, mais, a ingerência estatal quando se confere competência a uma comissão mista permanente de deputados e senadores para "*exercer o acompanhamento e a fiscalização*" daqueles planos e programas (art. 166, § 1º, II).

19. Resulta do quadro constitucional que a livre iniciativa e a livre concorrência a que se refere o Texto Magno *não são aquelas próprias de uma economia de mercado, como tal entendido na história e na teoria econômica, mas, ao contrário, expressões de uma empresa privada tolerada como instrumento alternativo de execução de política pública.*

20. O rediscutir descentralização do Estado, também na vertente jurídica da privatização de seus agentes econômicos, importa ter presente ainda quatro outros conceitos, sem os quais não se alcançará clareza na concepção da política pública.

Primeiro, *privatização*. Privatizar é transferir a propriedade dos meios de produção de bens e de execução de serviços do patrimônio público para o patrimônio privado, mediante o processo estabelecido em lei (*due process*); é retirar-se o Estado da atividade econômica.

Segundo, *nacionalização*. Nacionalizar é transferir a propriedade dos meios de produção de bens e de execução de serviços, no todo ou em parte, do patrimônio de pessoas físicas ou jurídicas legalmente qualificadas como estrangeiras para o patrimônio de pessoas físicas ou jurídicas legalmente definidas como nacionais, mediante o processo estabelecido em lei (*due process*).

Terceiro, *desregulamentação*. Desregulamentar é reduzir o controle legal exercido pelo Poder Público sobre a atividade econômica e as profissões, seja por meios diretos (subsídios, controle de preços, quotas de importação e de exportação, controle cambial, licenças e registros de atividades etc.) ou indiretos (estoques reguladores, circulação de moeda, venda de títulos públicos etc.). Não implica a desregulamentação nem na privatização, nem na nacionalização.

Quarto, *delegação de competência*. Delegar competência, aqui, no sentido de política pública administrativa, é deixar o Poder Público, nos termos da lei (*due process*), a prestação de serviços e a execução de obras de necessidade ou utilidade pública ou interesse social à conta e risco de pessoa jurídica de direito privado, a qual se ressarcirá do custo e do investimento mediante cobrança de tarifa.

21. A explicitação desses quatro conceitos justifica-se enquanto pressupostos de todo o exercício constitucional sobre o papel do Estado na economia e sobre os meios gerenciais e os instrumentos legais dessa mesma ação.

Justifica-se, ainda, como instrumento do reenquadramento, na modernidade responsável, dos monopólios estatais. Preservá-los enquanto tais porque tais é estultície; repensá-los realisticamente implica, justamente, o ter claro na mente aqueles conceitos.

Indague-se: oferecem os entes monopolistas o melhor produto pelo melhor preço e na quantidade demandada pelo mercado; controlam eles efetivamente seus custos de produção e operacionais; geram lucro porque eficientes no mercado ou apenas porque manipulam estoque, câmbio e tarifas; geram receita para cobrir despesa ou se "ressarcem" no Tesouro Nacional; sabem e podem investir em tecnologias redutoras de custos e de melhoria de qualidade?

Enfim, questione-se: enquanto entes do Estado, ainda persistem as razões históricas que justificaram sua criação; *ou* os novos tempos tornaram-nos, uns ou todos, entes jurássicos, "sociedades secretas" donas de fins próprios?

22. Põe-se, aqui, o debate sobre a conveniência de se admitir a concessão em todas as atividades hoje monopolizadas.

A concessão, enquanto contrato "que encerra a delegação do poder concedente, define o objeto da concessão, delimita a área, forma e tempo da exploração, estabelece os direitos e deveres das partes e dos usuários do serviço" (cf. Hely Lopes Meirelles), enseja o controle permanente e direto do interesse público, *sem excluir* o aporte da capacidade gerencial, financeira e tecnológica do setor privado. Controle de política pública esse efetivado pelo exercício do poder de polícia, inerente à Administração Pública ("atividade estatal de condicionar a liberdade e a propriedade ajustando-as aos interesses coletivos", cf. C.A. Bandeira de Mello).

23. Duas, então, as decisões cruciais perante a assembléia de revisão:

— *primeiro*, definir não só o modelo de convivência do setor privado com as ações de políticas públicas do Estado, aceita a premissa, já hoje sob o manto do dogma, de que o setor privado é sempre e necessariamente mais produtivo e eficaz que o setor público, como também quais as políticas públicas que o setor privado seria mais estimulado a implementar;

— *segundo*, as novas competências do Estado decorrentes da definição do modelo — se planejador público determinante, se planejador privado indicativo ou, assim como na vertente política do federalismo, um otimizador de meios e recursos e harmonizador dos objetivos individuais da empresa com as políticas públicas coletivas.

24. Imprescindível é refazer a receita principiológica hoje consagrada na Constituição, pelo quanto de imprecisão leva à concepção e à implementação da *policy* e à interpretação das leis, e pelo quanto de insegurança gera para os agentes econômicos que só podem bem planejar e arriscar investimentos de longo prazo onde previsível a política pública e certa a intangibilidade do ato jurídico perfeito.

Ausente a clareza do sistema, inviável politicamente continuará a ser o programa de privatização dos agentes econômicos estatais não essenciais, e impossível será estabelecer com previsibilidade e estabilidade o quadro jurídico infraconstitucional de sua implementação.

25. Compreensível, por todos os títulos, dadas as nossas circunstâncias políticas de transição democrática e de vazio quase absoluto de lideranças institucionais reconhecidas, a par do momento mundial histórico por que passavam as idéias, que se consagrassem na Constituição todas as incertezas da época. Superado, no entanto, aquele quadro, a hora é de afirmação clara da natureza da relação do Estado com o setor privado, seja para conter o primeiro no seu gigantismo, seja para informar ao segundo o seu espaço mínimo de responsabilidade coletiva.

IV — A vertente administrativa da desconcentração produtiva dos meios de ação pública

26. A vertente administrativa da *desconcentração produtiva* dos meios de ação pública tem a ver com os seguintes ângulos.

Primeiro, a *ilusão da uniformidade*, a crença, tirada nem da lógica nem da história, de que a transparência dos atos administrativos e a boa condução da *res publica* implica normatividade igual para todos, em todas as circunstâncias, desprezadas as singularidades da política pública e as peculiaridades de sua implementação. São exemplos o regime jurídico único para os servidores públicos; ou os tetos, pisos e equivalências, ora de vencimentos, ora de remuneração, submetidos a uma revisão geral indistinta e na mesma data; os procedimentos licitatórios únicos e os concursos públicos.

Não podem todos ser iguais, seja em razão da capacitação profissional, seja pelo desempenho individual; seja pela conveniência de política pública de estimular certas categorias profissionais e certos serviços públicos em determinadas áreas de prioridade territorial ou social, as quais podem implicar, seja para o indivíduo, seja para sua família, vicissitudes a merecer tratamento diversificado, ainda que temporário.

Não podem todos ser iguais, é forçoso admitir, também por causas históricas e sociológicas, que conferem maior representatividade e capacidade de barganha política a certos grupos profissionais específicos, os quais se revelaram, ao longo do tempo, mais capazes de participar decisivamente dos eventos políticos.

Nem a previsibilidade das relações jurídicas, nem a responsabilização pelos atos administrativos, valores essenciais à República, implicam uniformidade irrestrita da normatividade dos meios de execução de políticas públicas.

27. Segundo, o *mito da estabilidade funcional universal*, ora pretexto para profissionalização de um estamento permanente, ora escusa para proteger o servidor público dos humores e transições da política. Ponderáveis que sejam tais razões, elas não justificam a universalidade.

O conceito central, inerente tanto à República quanto ao sistema de liberdades individuais — visto este tanto na vertente política coletiva da Federação quanto no plano individual da personalidade humana, o conceito central — repita-se, há de ser o de *carreiras essenciais à cidadania*. Vale dizer, aquelas inerentes e indissociáveis do controle dos atos de escolha e implementação de políticas públicas permanentes, do cumprimento das leis em geral, da segurança pública e da fiscalização dos usos dos dinheiros públicos.

Às demais atividades do setor público deve bastar a garantia do devido processo legal na hipótese de demissão. A universalidade da estabilidade engessa a criatividade e, fundamentalmente, impede a absorção de novas tecnologias e métodos ofertados pelo mercado, vedando ao Estado a possibilidade de escolher os melhores nas melhores oportunidades.

28. Terceiro, a *perversão estabilidade com greve*: o mito da estabilidade funcional universal adquiriu contorno perverso na Constituição de 1988 porque combinado com o direito de greve. Este é um instrumento de força; uma tentativa de coagir o empregador a ceder à vontade do empregado. É um exercício, todavia, que, no setor privado, cada vez mais leva em conta a finitude de recursos do empregador — que não os terá mais sem o engajamento dos empregados, como também as circunstâncias econômicas e financeiras do mercado consumidor do produto ou serviço ofertado pela empresa-empregadora.

Destarte, no setor privado, tem o empregado grevista dois limites de negociação: a capacidade do empregador de gerar receita que atenda à sua demanda e a preservação do seu próprio emprego, que pode ser posto em risco se a demanda superar certo custo.

O servidor público, todavia, em disparidade iníqua com o trabalhador privado, usufrui de uma combinação perniciosa de direitos: estável que é, exige do Erário, sem nada ofertar em retorno — não esta sujeito a controle de produtividade e, freqüentemente, nem de assiduidade ou pontualidade. Não está sua "negociação" com o Poder Público submetida àquela fundamental primeira condição que é a consciência da finitude dos recursos do Estado.

29. Quarto, o *privilegiar o meio sobre o fim*, vale dizer, o erro de licitação para a compra de lápis, ou de cálculo e pagamento de gratificação ou diária, pode implicar glosa e multa do sistema de controle de contas; o fracassar absolutamente na concepção e gestão de políticas públicas não implica qualquer sanção. O sistema constitucional-administrativo até hoje não concebeu um regime contratual de performance mínima dos gestores da *res publica*.

A conseqüência é a dívida monumental. A cada *deficit* de cada agente estatal corresponde uma emissão de papéis públicos para financiá-lo; donde a ciranda financeira e a rolagem de dívidas de todos tão conhecida.

O fato lembra o humor cáustico de J.K. Galbraith em sua autobiografia: "a espiral ascendente da incompetência". Irrelevante o aumento da inflação ou da dívida pública; o ministro das finanças sempre vai ganhar bem em algum conglomerado ao deixar o governo.

30. Quinto, o *corporativismo estatal*, em razão do qual surgiram sociedades fechadas ao controle externo da sociedade civil, geradoras de suas próprias políticas públicas, infensas à condução política do Legislativo ou do Executivo, cujas contas escapam às auditorias públicas. Detêm hoje notável capacidade de manipulação de dados pseudocientíficos a justificarem seus desmandos, de influência sobre os meios de comunicação e sobre a opinião pública, verdadeiros mini-estados em si mesmos, com seu próprio direito contratual e trabalhista, seus sistemas de saúde e previdência, suas cooperativas, etc., os quais não tomam em consideração qualquer argumento extracorporativo de necessidade pública, conveniência política ou oportunidade administrativa.

Não há reforma do Estado ou acerto de contas públicas que possam passar ao largo do ''estado dentro do estado''. Mais do que uma exigência técnica, tornou-se, hoje, uma imposição ética à autoridade do Estado.

31. A revisão constitucional deve, pois, buscar romper com esses cinco vícios da administração pública, com o fim de torná-la comprometida com a produtividade, com resultados objetivamente delineados, com a responsabilização individualizada do mau gestor, inserindo-a nas realidades do mercado de trabalho. Para tal, há de rever extensamente todo o capítulo pertinente à administração pública, bem como as normas pertinentes à execução de serviços.

32. São estas, portanto, as tarefas: conter os privilégios e reduzir a quantidade dos servidores onerosos improdutivos; desconcentrar para as relações municipais a gestão dos serviços essencial e peculiarmente locais; reconhecer as conseqüências jurídicas necessárias do quanto de diversificado tem a Administração Pública, seja no espaço federativo, seja nas inter-relações das categorias funcionais.

Em outras palavras, romper com as algemas do corporativismo improdutivo; romper com a igualdade dos desiguais; reconhecer, no campo da Administração Pública, as mesmas facetas múltiplas e inconciliáveis que levam ao repacto federativo.

V — Conclusões

33. A descentralização, como idéia geral do repensamento do Estado brasileiro, implica, portanto, essa visão tridimensional harmônica.

Não basta refazer politicamente o pacto federativo; pode inviabilizá-lo a contradição dos princípios orientadores da ação do Estado na economia; tornam-no inadministrável as perversões do sistema constitucional da administração pública.

Não basta definir o papel do Estado na economia; seus agentes hão de estar dispersos nos âmbitos legislativos e administrativos da Federação, de molde a afeiçoá-los às singularidades locais, escoimados dos vícios corporativistas do próprio Estado.

Não basta, por fim, corrigir as perversões e vícios dos corporativismos estatais, sem conferir harmonia jurídica às grandes linhas de ação econômica do Estado, estimulada ainda a capacidade local de gestão de suas necessidades peculiares constitucionalmente assegurada no grande acerto da Federação.

PARECERES

GÁS — MONOPÓLIO — CONCESSÃO

CAIO TÁCITO
Professor Catedrático da Universidade do Estado do Rio de Janeiro

I — Consulta

Mediante acordo binacional, de que participam o Brasil e a Bolívia, ajustou-se a importação de gás natural, de origem boliviana, com a conseqüente construção de gasoduto para o transporte de matéria-prima de modo a atender à sua entrega ao consumo em território nacional.

Cogita-se da possibilidade de participação da iniciativa privada no tocante à atividade de transporte do produto, a qual, por sua natureza, está inserida no monopólio em favor da União.

Para o exame da matéria — que constitui objeto da consulta — impõe-se apreciar, como premissas necessárias, o sistema constitucional da ordem econômica, a legislação pertinente ao monopólio estatal e a admissibilidade de colaboração privada no exercício da atividade monopolizada.

II — A ordem econômica na Constituição de 1988

O texto constitucional vigente consagra o princípio geral do livre desempenho de qualquer atividade econômica e prestigia, em mais de um passo, a livre iniciativa e a livre concorrência. Este é o sentido do parágrafo único do artigo 170 e das disposições do artigo 1º, IV, do artigo 170, em seu *caput* e no item IV deste preceito, apenas admitida a presença direta do Estado, quando necessária ao atendimento de imperativos da segurança nacional ou a relevante interesse coletivo, conforme definição em lei (art. 173).

Contudo, ao Estado é atribuída a qualidade de agente normativo e regulador da atividade econômica, cumprindo à lei estabelecer as diretrizes e bases do desenvolvimento nacional (art. 177, § 1º). Apenas indicativo para o setor privado, o planejamento afeto ao Poder Público, condiciona a liberdade econômica, submetida ao postulado da justiça social, que a legitima (José Afonso da Silva, *Curso de Direito Constitucional Positivo*, 8ª ed., 1992, p. 673).

O Estado será partícipe direto da atividade econômica quando, nos termos de lei autorizativa, venha a exercê-la por meio de empresa pública ou sociedade de economia mista, sujeitas, em sua funcionalidade, ao regime próprio das empresas privadas (art. 173, § 1º) e, portanto, colocadas no plano da concorrência.

Destaca, porém, a Constituição atividades específicas, sobre as quais opera o monopólio da União, com a interdição de acesso à iniciativa privada (art. 177).

A convivência dos regimes de liberdade econômica e intervenção estatal reflete a tendência marcante nas modernas Constituições de correntes antagônicas no propósito de alcançar o termo médio de harmonia entre os rumos díspares na condução da economia.

A linha dominante no direito público, a partir da década de 30, atribui ênfase, no conceito de democracia, à proteção do interesse coletivo contra os excessos absorventes do capitalismo. A definição de Vigorita exprime essa tendência: "lo Stato di diritto si veste dell'attributo di *sociale*" (*L'iniciativa economica private nel diritto pubblico*, 1959, p. 39).

Entre nós, ao liberalismo puro da primeira Constituição republicana sucede-se, a partir da Carta Magna de 1934, a limitação da livre economia segundo os princípios da justiça e as necessidades da vida nacional (art. 115).

A intervenção no domínio econômico, como medida excepcional de resguardo do bem público, acolhida no art. 175 da Constituição de 1937, configura-se como instrumento de justiça social, conciliando a liberdade de iniciativa com a valorização do trabalho humano, conforme o art. 145 da Constituição de 1946 e, a par da função social da propriedade, consagra-se como princípio da ordem econômica no regime constitucional de 1967/69 (art. 157 do texto original e art. 160 da Emenda Constitucional n. 1).

Manoel Gonçalves Ferreira Filho destaca o "caráter composto" da Constituição de 1988 (*Curso de Direito Constitucional*, Saraiva, 17ª ed., p. 72) e Miguel Reale registra que a Carta Magna em vigor "optou por uma posição intermédia entre o liberalismo oitocentista, infenso a toda e qualquer intervenção do Estado, e o dirigismo estatal. Dir-se-ia que sua posição corresponde à do neoliberalismo ou social-liberalismo, o único, a nosso ver, compatível com os problemas existenciais de nosso tempo" (*Aplicações da Constituição de 1988*, Forense, 1990, p. 13). Raul Machado Horta observa que "a Ordem Econômica na Constituição de 1988 está impregnada de princípios e soluções contraditórias. Ora inflete no rumo do capitalismo neoliberal, consagrando os valores fundamentais desse sistema, ora avança no sentido do intervencionismo sistemático e do dirigismo planificador, com elementos socializadores" (*A Constituição Brasileira de 1988 — Interpretações,* obra coletiva do II Fórum Jurídico, Forense Universitária, 1988, p. 392).

A vigente Constituição inclina-se, em suma, para o paralelismo de princípios que se devem coordenar em exegese construtiva, integrando a livre iniciativa com a valorização do trabalho, as noções do planejamento estatal e da liberdade de mercado, visando ao equilíbrio harmônico entre a liberdade de empresa e a regulamentação da atividade econômica.

À luz dessa ambivalência devem ser entendidas e interpretadas as linhas mestras da ordem econômica na vigente Constituição.

III — Concorrência e monopólio na economia

A livre concorrência é a matriz do sistema capitalista. A Constituição de 1988 a recebe entre os princípios fundamentais da ordem econômica (art. 170, IV).

É, porém, o uso — jamais o abuso —, a tônica de normalidade do livre jogo das forças da economia privada.

Na medida em que a livre iniciativa tende à dominação dos mercados ou à eliminação da concorrência a lei repelirá, até mesmo no plano penal, os abusos do poder econômico, conforme o comando constitucional vigente (art. 173, § 4º) em continuidade do direito anterior.

No plano conceitual impõe-se distinguir o monopólio de fato e o monopólio de direito, perante os quais diversamente se comporta a ordem jurídica.

No monopólio de fato a concentração capitalista se exacerba materialmente em detrimento da liberdade econômica, e a norma jurídica *secundária* opera como sanção à conduta ilícita, em defesa do princípio da concorrência.

Quando, no entanto, o interesse público recomenda que se reserve ao Estado a exclusividade de determinada atividade econômica, em proteção de relevante interesse geral, a norma jurídica se dirige, *primariamente*, à garantia do privilégio estatal.

É mister caracterizar o monopólio de fato em confronto com o monopólio jurídico. Na primeira modalidade, o monopolizador adquire a qualidade por ato próprio, fundado em condições peculiares de poder econômico ou de tecnologia privilegiada, tendentes a excluir a concorrência de terceiros.

Contrariamente, no monopólio de direito, é a lei que torna privativa do Estado a atividade econômica, emitindo ato de vedação da concorrência, declarada ilícita.

Renato Alessi destaca, com nitidez, o conteúdo das duas situações de direito:

"Nel campo economico è la posizione del monopolista ed i suoi effetti, che vengono in considerazione e che pertanto devono essere studiati; invece nel campo giuridico è il vinculo imposto ai terzi che viene in considerazione come oggetto dell'indagine"

"No plano jurídico — adverte o autor quanto à última categoria — "i monopolio si sostanzia in un divieto posto ai terzi di produrre o di vendere qual bene o qual servizio" (*Novissimo Disgesto Italiano*, vol. X, verbete Monopoli di Stato, p. 866).

Berliri abona a mesma discriminação. Invoca a lição de Raggi para definir o monopólio de fato e o monopólio de direito.

Aquele — o monopólio de fato —, fruto de razões naturais de produção, importa em que um só país ou uma só pessoa, ou uma coalizão de pessoas, inviabilize a outrem a atividade concorrencial: "monopolio di diritto, invece è il privilegio assicurato e creato da una norma di legge, in forza delle quale, una determinata persona od ente puo produrre o vendere determinate oggetti o rendere al pubblico determinati servizi ad esclusione di ogni altro individuo" (Antonio Berliri, *Principi di Diritto Tributario*, vol. I, 1952, p. 361).

A posição do legislador é diversa nas duas formas de monopólio.

Perante o monopólio de fato, que se torne ofensivo ao direito ou liberdade, a norma legal protege terceiros contra os excessos do agente monopolizador, ofensivas à ordem jurídica.

No monopólio de direito, a lei se endereça a terceiros, vedando-lhes a invasão da atividade privativa do titular do monopólio.

No primeiro caso, a ilicitude conter-se-á na ação abusiva do monopolizador privado. Na segunda hipótese, em defesa do monopólio público, a ilicitude se apresenta quando violada por terceiros a reserva da atividade estatal monopolizada.

IV — Monopólio do gás natural

As Constituições anteriores admitiam a possibilidade de que a lei federal viesse a declarar o monopólio estatal de determinada indústria ou atividade econômica sem qualificá-las (Constituição de 1934, art. 116; Constituição de 1940, art. 146; Constituição de 1967, art. 157, § 8º; Emenda Constitucional n. 1, de 1969, art. 163).

Foi além a Constituição de 1988. Consignou, de forma direta, modalidades específicas de monopólio na economia, em favor da União (art. 177) ou do Estado-membro (art. 25, § 2º).

À indeterminação anterior quanto à espécie de monopólio, o constituinte de 1988 preferiu a enumeração taxativa, de tal forma que novos tipos de monopólio estatal somente são possíveis por emenda constitucional (Diogo de Figueiredo Moreira Neto, *Ordem Econômica e Desenvolvimento na Constituição de 1988-1989*, p. 74).

No que interessa à matéria da consulta, constitui monopólio da União a importação e o transporte de gás natural de qualquer origem (art. 177, III e IV).

Defere-se ao legislador ordinário regular a forma e a extensão do monopólio assim estabelecido a importar na interdição de iniciativa de outra fonte na exploração da atividade monopolizada. Nem ao particular, nem aos Estados, é facultada a extração, importação, exportação ou transporte do gás natural.

V — A recepção do Direito ordinário anterior à Constituição

No Estado de Direito a força obrigatória das leis emana da competência atribuída, na Constituição, aos poderes constituídos para emitir atos normativos.

Revogada uma Constituição interrompe-se o nexo de legalidade que serve de alicerce à validade e eficácia das leis.

Contudo, como uma nova Constituição surge em sucessão à que se extingue, opera-se, de imediato, como uma Fênix mitológica, a instantânea repristinação do direito anterior, restaurado pela Constituição superveniente, na medida em que com ela se harmonize.

A este fenômeno de continuidade do direito legislado corresponde a teoria da recepção da ordem jurídica na sucessividade das Constituições.

O conjunto de normas jurídicas anteriores diz-se recebido pela Constituição nova uma vez comprovada a compatibilidade de conteúdo.

Revoga-se a lei incompatível e se prolonga, independentemente de ato declaratório, a norma jurídica que *ratione materiae* poderia ser emitida em face da nova disciplina constitucional.

A lei (como o regulamento ou outro ato normativo secundário) no mesmo momento se exaure e renasce, quando sua existência e validade passam a conviver com o novo universo constitucional.

A lição excelente de Jorge Miranda descreve o processo da continuidade do direito ordinário anterior a uma nova Constituição: "O que a superveniência de uma Constituição provoca é novação do Direito ordinário anterior. Como todas e cada uma das normas legislativas, regulamentares e outras, retiram a sua validade, direta ou indiretamente, da Constituição, a mudança da Constituição acarreta mudança de fundamento de validade: as normas, ainda que formalmente intocadas, são novadas, no seu título ou na sua força jurídica, pela Constituição; e sistematicamente deixem de ser as mesmas.

"Há, assim, uma nítida diferença entre a situação do Direito Constitucional anterior — o qual cessa com a entrada em vigor da nova Constituição — e a do Direito ordinário anterior — o qual continua com novo fundamento de validade e sujeito aos princípios materiais da nova Constituição e que somente em caso de contradição deixará de vigorar" (Jorge Miranda, *Manual de Direito Constitucional*, 2ª ed., t. II, pp. 242/243).

A concepção remonta ao ensinamento de Kelsen: "Si ciertas leyes promulgadas bajo el imperio de la vieja Constitución 'continúan siendo válidas' bajo la Constitución nueva, ello únicamente es posible porque la nueva Constitución les confiere validez, ya expresa, ya tácitamente. El fenómeno es un caso de recepción (semejante a la del Derecho Romano). El nuevo orden 'recibe', es decir, adopta, normas del viejo orden; esto significa que el nuevo considera válidas (o pone em vigor) normas que poseen el mismo contenido que las del precedente. La 'recepción' es un procedimento abreviado de creación jurídica. Las leyes que, de acuerdo con la manera ordinaria e inadecuada de hablar, continúan siendo válidas, son, desde un punto de vista jurídico, leyes nuevas cuyo sentido coincide con el de las anteriores" (Hans Kelsen, *Teoria General del Derecho y del Estado*, trad. mexicana, 1969, p. 138).

A tese da recepção do direito anterior a uma nova Constituição tem trânsito livre na jurisprudência do Supremo Tribunal Federal (*RTJ* 71/289 e 77/687) e na doutrina nacional (ver, entre outros, Manoel Gonçalves Ferreira Filho, *O Poder Constituinte*, 2ª ed., 1985, pp. 88/91; Saulo Ramos, Consultoria Geral da República — Poder SR-71/88, *Diário Oficial da União*, 11.10.88, pp. 19.804 e ss.; Parecer n. SR-72/88, *Diário Oficial da União*, 18.10.88, p. 20.263 e ss.; Despacho in *RDA* 174/208-209).

Tivemos ensejo de ponderar, em parecer publicado na *Revista de Direito Público*, vol. 99/57 que "Promulgada uma nova Constituição, não desaparece necessariamente o ordenamento anterior que a antecede.

"As leis vigentes, desde que compatíveis com o novo diploma constitucional, não são por ele revogadas e perduram válidas e eficazes.

"O direito anterior não contraditado é recebido pelo novo sistema constitucional que passa a imprimir-lhe o selo de constitucionalidade, sem hiato ou interrupção.

"A teoria da recepção, fundada no princípio da continuidade do ordenamento, prolonga a vigência e eficácia das leis ordinárias ou complementares que não forem materialmente contrárias ao novo Estatuto Político".

Recebida pela nova Constituição, a lei anterior não sofre solução de continuidade e a sua obrigatoriedade perdura no tempo segundo as regras comuns de vigência.

VI — A recepção da Lei 2.004/53

Na vigência da Constituição de 1946, com a promulgação da Lei 2.004, de 3 de outubro de 1953, criou-se o monopólio da União sobre a pesquisa, lavra e transporte de petróleo e gases raros (art. 1º), a ser exercido pelo Conselho Nacional de Petróleo, como órgão de orientação e fiscalização e, como órgão de execução, por meio da sociedade por ações Petróleo Brasileiro SA (PETROBRÁS) e suas subsidiárias, a serem constituídas na forma prevista na mesma lei (arts. 2º e 5º).

À União é assegurado o controle da sociedade, pela maioria do capital votante, admitida, em proporção fixada na lei, a participação de pessoas físicas, brasileiros natos ou naturalizados e de pessoas jurídicas de direito privado (art. 18).

À extensão de abrangência, no monopólio por esta forma regulado, em favor da PETROBRÁS, ficou definida, por interpretação autêntica do próprio legislador no texto da Lei 2.004/53, quando transfere, a título de integralização do capital, os bens e direitos relacionados com gases naturais (art. 10).

E, adiante, reafirma-se a incorporação ao capital da PETROBRÁS de direitos sobre jazidas de gases naturais que existiam ou viessem a existir em território dos Estados e Municípios (art. 10, § 3º).

Conseqüentemente, desde então, o monopólio estatal compreendia não somente a exploração do petróleo e seus derivados, como também a dos gases naturais, inseridos no patrimônio da empresa pública.

Previsto na Constituição de 1988 o monopólio da União relativamente à importação e transporte do gás natural (art. 177, III e IV), a citada Lei 2.004/53 — editada com fundamento em Constituição anterior — foi recebida e convalidada pelo princípio de compatibilidade perante a Carta Magna advinda.

A criação da PETROBRÁS mediante lei específica preenche o requisito formal do art. 37, XIX da vigente Constituição e, de igual modo, a expressa admissão de subsidiárias, satisfaz à exigência de autorização legislativa prévia e específica (art. 37, XX).

A identidade de fundamento constitucional quanto à instituição do monopólio da União assegura, em suma, a continuidade da Lei 2.004/53, na regência da execução do monopólio federal no setor.

Ademais, para exercê-lo, é lícito a criação de subsidiária da PETROBRÁS, como autorizado na lei que a institui, permitida a participação minoritária de pessoas jurídicas de direito privado, na mesma proporção autorizada para a empresa matriz (art. 39 da Lei 2.004/53).

A subsidiária, constituída como sociedade de economia mista, obedecerá ao regime próprio das empresas privadas (art. 173, § 1º da Constituição) com a ressalva das peculiaridades inerentes ao exercício da atividade estatal monopolizada.

A latitude da sua atuação será compatível com o objeto e finalidade da PETROBRÁS, observada, em sua constituição, o disposto no art. 235, § 2º da Lei de Sociedades por Ações (Lei 6.404, de 15 de dezembro de 1976), extensível ao regime do acionista controlador.

A criação de subsidiária com prévia aprovação do Departamento Nacional de Combustíveis (sucessor do Conselho Nacional do Petróleo — Decreto 99.244, de 10.5.92) e, no uso da autorização legislativa — como visto recebida pela nova Constituição —, far-se-á mediante deliberação societária, em Assembléia Geral Extraordinária.

A participação do capital privado na subsidiária terá de afeiçoar-se à natureza e proporcionalidade ditadas para a empresa principal.

A ser entendida necessária ou conveniente outra proporção, somente mediante lei nova poderá ser alcançado o resultado.

Em qualquer hipótese, a forma de participacão do acionista ou acionistas minoritários merecerá ser definida em acordo de acionistas, regulando diretrizes e obrigações.

VII — Outras formas de participação da iniciativa privada

A par da qualidade de acionista minoritário em subsidiária a ser constituída, a iniciativa privada poderá ser chamada a colaborar na gestão de atividade monopolizada a título de prestador de serviço, mediante prévia licitação, nos termos da lei própria.

O chamado regime de terceirização é compatível com a execução de serviços públicos, inclusive dos monopolizados.

Tanto a construção do gasoduto como outras modalidades de serviços de assistência técnica ou execução de obras poderão ser adjudicadas a empresas privadas.

Mais ainda, a nosso ver, poderá ser estendida a tais contratos, mediante lei especial, o regime de financiamento aplicado às concessões de obras públicas, amplamente adotadas, no passado, para a construção de portos e, mais recentemente, autorizadas para rodovias federais, conforme o Decreto 94.002, de 4 de fevereiro de 1987.

Nesta hipótese, incorporando-se os respectivos bens ao patrimônio da sociedade de economia mista, será delegada a gestão, por período determinado, de modo a permitir, com a fruição da receita operacional, a amortização e remuneração do capital investido.

VIII — Conclusões

Do exposto, é válido concluir-se que:

1. o monopólio de exploração do gás natural, outorgado à União nos termos do artigo 177 da Constituição de 1988, deve ser executado em conformidade com a Lei 2.004/53, recebida pela atual Constituição, por ser com ela compatível;

2. a criação de subsidiária da PETROBRÁS, conforme faculta a referida lei, tornará possível a participação de capital privado, com observância da proporção fixada para esse fim, na mesma lei;

3. a criação de subsidiária far-se-á nos termos da lei das sociedades comerciais, facultando-se, no estatuto ou em acordo de acionistas, a regulação dos direitos do minoritário privado;

4. eventual alteração da proporcionalidade ou forma diversa de participação deverá ser objeto de lei especial, que modifique o esquema estabelecido no regime legal em vigor, desde que seja respeitado o privilégio da União, como acionista controlador;

5. sem prejuízo do respeito ao princípio do monopólio, será válida, mediante prévia licitação, a contratação de empresa privada para a prestação de assistência técnica ou a execução de obra ou serviço vinculado à atividade monopolizada.

6. Mediante lei especial caberá adotar-se modalidade análoga à da concessão de obra pública, como processo de financiamento do serviço. Mediante licitação poderá ser celebrado contrato de construção de instalações, garantindo-se a retribuição e remuneração do contratado mediante percepção, a tempo certo, da receita produzida. As instalações serão incorporadas ao serviço, assegurando-se a gestão à empresa contratada pelo prazo convencionado.

Entre os requisitos de habilitação da empresa a ser contratada devem figurar, como paradigma, os que, por lei, são exigidos dos acionistas minoritários, em respeito ao princípio de nacionalização da atividade.

São estas as ponderações que me ocorre fazer sobre a matéria, que por sua originalidade desafia a criatividade do intérprete.

Assim nos parece, SMJ.

Rio de Janeiro, 26 de abril de 1993

INCONSTITUCIONALIDADE DE PRECEITO CONSTITUCIONAL

Poder constituinte originário e derivado — Cláusula pétrea — Preceito imodificável por emenda

PAULO BONAVIDES
Catedrático da Universidade Federal do Ceará

Parecer

Responde a Consulta do Governo do Estado de Roraima sobre os fundamentos da Ação Direta de Inconstitucionalidade promovida perante o Supremo Tribunal Federal pelo Governador do Rio Grande do Sul para expungir da Constituição da República normas constantes dos § § 1º. e 2º. do art. 45.

A Ação Direta de Inconstitucionalidade impetrada perante o Supremo Tribunal Federal pelo Governador do Estado do Rio Grande do Sul é a peça mais subversiva dos princípios constitucionais já formulada neste país. Sem paralelo em toda a história republicana, é um atentado contra a Nação, contra o sistema federativo, contra a verdade constitucional, contra a separação de Poderes e contra os direitos fundamentais da terceira geração. Direitos que, de último, entram já com dimensão objetiva na consciência jurídica universal, estampando o emblema da solidariedade e selando o pacto de uma inédita convivência dos fortes com os fracos, das maiorias com as minorias, dos ricos com os pobres, em ordem a concretizar a reconciliação do gênero humano e expungir para sempre das relações políticas e sociais o império da força sobre o Direito.

Ora, na contracorrente de todas as normas, valores e princípios que inspiram hoje a nossa ordem jurídica fundamental, navega, todavia, conforme demonstraremos sobejamente, a peça ajuizada pela autoridade riograndense.

A singular Ação argúi a inconstitucionalidade do art. 45 da Constituição Federal, que reza:

"Art. 45. A Câmara dos Deputados compõe-se de representantes do povo, eleitos, pelo sistema proporcional, em cada Estado, em cada Território e no Distrito Federal.

"§ 1º. O número total de Deputados, bem como a representação por Estado e pelo Distrito Federal, será estabelecido por lei complementar, proporcionalmente à população, procedendo-se aos ajustes necessários no ano anterior às eleições, para que nenhuma daquelas unidades da Federação tenha menos de oito ou mais de setenta Deputados.

"§ 2º. Cada Território elegerá quatro Deputados."

O Governador, o Chefe da Casa Civil e os Procuradores do Estado do Rio Grande do Sul que subscreveram o instrumento argúem expressamente nesse texto do art. 45 a inconstitucionalidade da oração *para que nenhuma daquelas unidades tenha menos de oito ou mais de setenta Deputados* do § 1º. e do vocábulo *quatro* do § 2º..

Em toda a história constitucional do Brasil, é a primeira Ação que se formula judicialmente para declarar inconstitucional um artigo da Constituição.

1

Tanto do ponto de vista formal como material, a esdrúxula iniciativa é inaceitável e letal à ordem jurídica do País.

Com efeito, a doutrina de Bachof sobre normas constitucionais inconstitucionais, em que se estribam os promotores da Ação, não vingou no Direito Constitucional, muito menos na jurisprudência dos tribunais, e aparece primeiro num Aresto obscuro e solitário da Corte estadual da Baviera, de 10 de junho de 1949, e a seguir, de maneira tíbia e vacilante, com alcance sobremodo limitado, em raros Acórdãos do Tribunal de Karlsruhe na Alemanha.

Com base na monografia de Bachof e em decisões frágeis de duas Cortes alemãs, que jamais firmaram jurisprudência, desenvolvem os Autores da Ação argumentos que se desmoronam diante da evidência de objeções, assentadas sobre a verdade da jurisdição, da doutrina e das leis.

Para mensurar os efeitos daquela doutrina triunfalmente arvorada pelos impetrantes, basta ler o que se segue, da parte dos escritores constitucionais da Alemanha, os mais autorizados, sem dúvida, a falar sobre o assunto.

"O Tribunal Constitucional Federal até agora não apurou nenhuma infração contra o direito suprapositivo nem admitiu uma inconstitucionalidade de normas da Constituição" ("Das BVerfG hat bisher weder einen Verstoss gegen überpositives Recht festgestellt noch die Verfassungswidrigkeit einer Verfassungsnorm angenommen").

A assertiva é de Leibholz, talvez o mais célebre Juiz da Corte federal alemã, onde pontificou vinte anos (1951-1971), sendo por igual um clássico do Direito Constitucional do século XX.[1]

Averiguação idêntica fez Hans Spanner, constitucionalista austríaco, ao asseverar que nenhum dos dois Tribunais — o da Baviera e o federal da Alemanha — tocante ao Direito empregou efetivamente critérios suprapositivos ("Keines dieser Gerichte irgendwelche überpositive Massstäbe tatsächlich angewendet hat").[2]

Infrações do constituinte originário ou do constituinte de segundo grau contra princípios básicos da Constituição não são sequer imagináveis, dizem no seu *Direito constitucional* Herzog e Schick, reportando-se à possibilidade de um Direito Constitucional inconstitucional ("Verstösse des Versfassungsgebers oder des verfassungsändernden Gesetzgebers gegen elementare Verfassungsprinzipien jedoch kaum denkbar"). Citam, a seguir, um Acórdão da Corte alemã (BVerfGE, 3, 225) donde extraíram essa assertiva.[3]

É de assinalar que no mesmo julgado, de 18 de fevereiro de 1953, o Tribunal diz que para declarar nula uma nor-

1. Leibholz/Rinck. *Grundgesetz — Komementar an Hand der Rechtspechung des Bundesverfassungsgerichts*, Köln, 6, Auflage, 1980, p. 15.

2. Spanner, Hans. *Aufgaben und Stil der deutschen und der österreichischen Verfassungsgerichtsbarkeit — Fünfzig Jahre Verfassungsgerichtshof in Österreich, herausgegeben von Ermacora/Klecatsky/Marcic, Wien, 1958, p. 158.*

3. *Hezog/Schick, Verfassungsrecht*, 4. Auflage, München, 1978, p. 236.

ma da Constituição era preciso que ela transgredisse "postulados fundamentais de justiça", menosprezando-os "de maneira simplesmente intolerável" ("wenn sie grundlegende Gerechtigkeitspostulate (...) in schlechthin unerträglichem Mass missachtet").[4]

A sentença da Corte Suprema alemã, da qual tanto cabedal se fez e onde foi inspirar-se a Petição do Governador do Rio Grande do Sul e o Parecer de sua Procuradoria, para corroborar a tese de Bachof e logo inquinar de inconstitucionalidade o art. 45 da Constituição Federal, em verdade "reduziu praticamente a zero a possibilidade de normas constitucionais inconstitucionais". Quem o diz é Hans Lechner, constitucionalista alemão ("das Urteil, reduziere die Moeglichkeit verfassungswidriger Verfassungsnormen praktish auf Null").[5]

Também o comentador da Constituição de Bonn, o constitucionalista Ingo von Münch, não é de parecer diferente. Depois de ponderar que apesar do axioma da unidade da Constituição, o Tribunal em princípio chegara a imaginar normas da Constituição inconstitucionais, deixando ao mesmo tempo bem claro, porém, tratar-se de um improvável caso excepcional, que não ocorria na espécie — a do art. 117, I, daquela Constituição. E transcreveu do Acórdão este trecho decisivo que consigna "a impossibilidade prática" da existência daquelas normas: "A probabilidade de um legislador constituinte livre e democrático exceder de alguma forma estes limites é contudo tão ínfima, que equivale quase a uma impossibilidade prática a eventualidade teórica de haver 'normas constitucionais inconstitucionais' originárias" ("Die Wahrscheinlichkeit, dass ein freiheitlicher, demokratischer Verfassungsgeber diese Grenzen irgendwo überschritte, ist freilich so gering, dass die theoretische Möglichkeit originärer 'verfassungswidriger Verfassungsnormen' einer praktischen Unmögleichkeit nahezu gleicheikommt").[6]

Friesenhahn, notável por seus estudos sobre jurisdição constitucional, remete-nos para os pontos centrais do Aresto da Corte de Karlsruhe, inclusive este último, e logo frisa que a questão fora ventilada em algumas decisões suas, "mas desta tese não se tiraram quaisquer conseqüências práticas" ("*aber noch keine praktischen Konsequenzen aus dieser These gezogen*").[7]

A Corte Constitucional de Hesse, numa decisão proferida em 4 de agosto de 1950, divergiu do Aresto do Tribunal de Karlsruhe, de 24 de fevereiro desse mesmo ano, por entender que "normas suprapositivas não pertencem aos critérios do controle de normas" ("überpositive Normen überhaupt nicht zu den Massstäben der Normenkontrolle gehören").[8]

Declara Friedeich Müller, um dos mais insignes juristas deste século, que o Tribunal federal alemão deixou aberta ("*offengelassen*") a questão do direito supra-estatal e, ao empregá-lo com referência ao princípio da igualdade, argumentou na esfera do direito positivo, com relação aos arts. 131 e 3º, § 1º, da Lei Fundamental, ou seja: "a inconstitucionalidade de uma norma da Constituição se acha *conceitualmente* excluída" ("Die Verfassungswidrigkeit einer Ver-

4. Spanner, Hans. Ob. cit., p. 159.

5. Lechner, Hans. *Bundesverfassungsgesetz*, 3, neubearbeitete Auflage, München, 1973, p. 105.

6. *Grundsgesetz Kommentar*, herausgegeben von Münch, Ingo von. Band 3, München, 1978, p. 921.

7. Friesenhahn, Ernst. "Zuständigkeitsabgrenzung zwischen Bundesverfassungsgerichtbarkeit und Landersverfassungsgerichtsbarkeit", in *Verfassungsgerichtsbarkeit in der Gegenwart* Internationales Kolloquium veranstaltet von Max-Planck-Institut für ausländisches öffentliches Recht und Völkerrecht Heidelberg, 1961, Köln/Berlin, 1962, p. 152.

8. Lechner, Hans. Ob. cit., p. 108.

fassungsnorm sei 'begrifflich' ausgeschlossen").

O art. 131 da Lei Básica, continua Müller, é direito constitucional e pode, mesmo em face dos direitos fundamentais, constituir uma exceção ("Art. 131 GG sei Verfassungsrecht und könne selbst gegenüber den Grundrechte eine Ausnahme setzen").[9]

Não menos expressivo o juízo dos comentadores da Constituição alemã, Karl-Heinz Seifert e Dieter Hönig, que, criticando o Tribunal federal tocante à existência de direitos suprapositivos, acham que "se trata de uma concepção que aquela Corte deixou muito incerta" ("eine Auffassung die das Gericht sehr in Unbestimmten gelassen haben").[10]

O pensamento constitucional norte-americano também é adverso à tese da inconstitucionalidade de normas da Constituição. No Colóquio Internacional de Heidelberg, promovido em 1961 pelo Instituto Max-Planck de Direito Público Externo e Direito Internacional, o constitucionalista Kauper fez esta indagação: "Pode uma provisão da própria Constituição ficar sujeita a um ataque judicial com fundamento na sua incompatibilidade com a orientação política geral da Constituição ou com algum direito mais alto que transcenda a Constituição? A doutrina americana dá uma resposta negativa a tal pergunta. A opinião consagrada parece ser a de que o povo mediante o ato constituinte, ao fazer a Constituição, tem o poder completo de estabelecer a estrutura geral e os pormenores do sistema constitucional."[11]

A execrável investida do Governador do Rio Grande do Sul com o fim de eliminar do corpo constitucional matéria de um artigo que é garantia do princípio federativo,[12] e nessa qualidade se acha resguardado pela proteção intangível do § 4º do art. 60 da Lei Maior, não encontra tampouco subsídios de apoio na melhor doutrina dos constitucionalistas portugueses, aos quais repugna também a inconstitucionalidade de normas da Constituição.

Basta recorrer aos dois mais abalizados: Jorge Miranda e Gomes Canotilho; o primeiro, Catedrático da Universidade de Lisboa, e o segundo, da Universidade de Coimbra, onde pontifica.

Escreve Canotilho: "Daqui se deduzirá que, na presente investigação, não terá qualquer acolhimento uma teoria — hoje ultrapassada — de normas constitucionais inconstitucionais".[13]

Na mais recente edição do seu *Direito constitucional*, Canotilho não se afasta desse entendimento escrevendo: "A probabilidade de uma norma constitucional originariamente inconstitucional é praticamente impossível em Estados de legalidade democrática. Por isso é que a figura das normas constitucionais inconstitucionais, embora nos conduza ao problema fulcral da validade material do direito, não tem conduzido a soluções práticas dignas do registro".[14]

Depois de assinalar que é possível inconstitucionalidade — e, acrescenta,

9. Müller, Friedrich. *Die Einheit der Verfassung* — Elemente einer Verfassungstheorie III, Berlin, 1979, p. 134.

10. Seifert, Karl-Heinz/Hönig, Dieter. *Grundgesetz für die Bundesrepublik Deutschland*, 2. Auflage, Baden-Baden, 1985, p. 187.

11. "May a provision of the Constitution itself be subject to judicial attack on the ground that it is incompatible either with the general policy of the Constitution or with some higher law that transcends the Constitution? American thinking gives a negative answer to this question. The accepted view appears to be that the people through their constituent act in making the Constitution have the complete power to determine the general structure and details of the constitucional system" (Kauper, *Verfassungsgerichtsbarkeit*, Ob. cit., p. 627).

12. Müller, Friedrich, Ob. cit., p. 16.

13. Canotilho, J. J. Gomes. *Constituição dirigente e vinculação do legislador*. Coimbra, 1982, p. 268.

14. Canotilho, J. J. Gomes. *Direito Constitucional*, 5ª ed., Coimbra, 1991, pp. 241-242.

inconstitucionalidade material — de normas oriundas de revisão constitucional em contradição com certas normas constitucionais já existentes, Jorge Miranda mostra-se peremptório: "Não é possível, porém, inconstitucionalidade de normas constitucionais originárias".[15]

A lição de clareza sobre a matéria, ministrada por esse Mestre, é inexcedível. Aplicada ao caso vertente, põe abaixo toda a capciosa e confusa argumentação do Governador, que se socorreu de Bachof e de uma doutrina já embalsamada na Alemanha e aqui ressuscitada com ares de novidade e última palavra da ciência constitucional. Diz Jorge Miranda, categórico: "No interior da *mesma* Constituição ordinária, obra do *mesmo* poder constituinte (originário), não divisamos como possam surgir normas inconstitucionais. Nem vemos como órgãos de fiscalização instituídos por esse poder seriam competentes para apreciar e não aplicar, com base na Constituição, qualquer das suas normas. É um princípio de identidade ou de não contradição que o impede. Pode haver inconstitucionalidade por oposição entre normas constitucionais preexistentes e normas constitucionais supervenientes, na medida em que a validade destas decorre daquelas; não por oposição entre normas feitas ao mesmo tempo por uma mesma autoridade jurídica. Pode haver inconstitucionalidade da revisão constitucional, porque a revisão funda-se, formal e materialmente, na Constituição; não pode haver inconstitucionalidade da Constituição".[16]

Divergindo de Otto Bachof, jurista alemão que introduziu na década de 50 o conceito de "normas constitucionais inconstitucionais",[17] pondera ainda Jorge Miranda: "Não concordamos, pois, com Bachof quando, reivindicando para toda e qualquer ordem constitucional valores supralegais, daí retira susceptibilidade de inconstitucionalidade. Ainda que aceitemos que em toda e qualquer ordem jurídica se encontram aqueles valores, nem sempre eles alcançam força suficiente para conformarem a Constituição e, portanto, para determinarem constitucionalidade ou inconstitucionalidade dos atos jurídico-públicos".[18]

Lapidar, por conseguinte, esta máxima de F. Müller: "Não há normas inconstitucionais, quando muito, concretização inconstitucional do Direito que está na Constituição" ("Verfassungswidrige Verfassungsnormen gibt es nicht, wohl aber verfassungswidrige Konkretisierung von Verfassungsrecht").[19]

2

A fonte onde bebem os promotores da Ação arrazoada em nome da juridicidade suprapositiva das "normas inconstitucionais da Constituição" ("Verfassungswidrige Verfassungsnormen?") é a obra de Bachof, estampada em 1951, que traz no título uma interrogação indicativa já da dúvida do Autor, da oscilação de seu pensamento, pouco seguro dos ensinamentos jurídicos ministrados acerca da proposta ali contida de rever e renovar os fundamentos do conceito de constitucionalidade, predominantemente concebido até então nos moldes puros e tradicionais do formalismo e do positivismo jurídico.

O Professor de Heidelberg, sem compromisso com os juristas de Weimar, atados ao exagerado culto da legalidade posta em primeiro plano e, ao mesmo

15. Miranda, Jorge. *Manual de direito constitucional*. Coimbra, 1981, t. II, v. I, p. 583.

16. Miranda, Jorge. Ob. cit., p. 586.

17. Bachof, Otto. *Verfassungswidrige Verfassungsnormen*? Coleção Recht und Staat in Geschichte und Gegenwart — Eine Sammlung von Vorträgen und Schriften aus dem Gebeit der gesammten Staatswissenschaften. 163/164, Verlag J.C.B. Mohr (Paul Siebeck), Tübingen, 1951.

18. Miranda, Jorge. Ob. cit., p. 585.

19. Müller, Friedrich, Ob. cit., p. 585.

passo, equiparada e identificada em termos absolutos com a legitimidade, que por ela se deixava absorver, se abraçou com seu direito extrapositivo às inspirações jusnaturalistas da época. Eram tão fortes que a elas não ficou imune, no pós-guerra alemão, um jurista da fina flor do positivismo, ou seja, Gustavo Radbruch, filósofo e publicista dos mais célebres que já honraram as cátedras universitárias do Neckar.

A teoria do Direito Constitucional extrapositivo gerou-se nas desilusões, na desonra e no desespero da crise de um grande país arruinado pela guerra. Bachof mesmo o confessa tacitamente no Prefácio à edição portuguesa de sua monografia, datada em março de 1977, onde ele dá a impressão cautelosa de querer justificar-se dos abusos e excessos a que, de necessidade, aquela doutrina poderá conduzir, em virtude de conter o germe de dissolução dos fundamentos do Direito Constitucional e da ordem jurídica positiva, embora sua inspiração jusnaturalista, depois do desastre de Weimar e da tragédia do nacional-socialismo, seja a mais nobre possível.

Disse Bachof: "É certo que o Tribunal também declarou que a probabilidade de um legislador democrático e livre ultrapassar algures estes limites é tão pequena que a possibilidade teórica de ocorrerem num Estado de direito normas constitucionais originárias inconstitucionais quase equivale a uma impossibilidade prática (BVerfGE I, 18; 225). Isto corrobora a afirmação acima feita de que o problema das normas constitucionais inconstitucionais se põe menos em períodos de uma vida constitucional normal do que em períodos de mudança política radical".[20]

A primeira Seção do Tribunal de Karlsruhe, conforme lembra Friedrich Müller, reconheceu do mesmo modo o Direito Constitucional extrapositivo como um direito para casos extremos, quais os do nacional-socialismo na Alemanha.[21]

Como se vê, as bases doutrinárias onde se alicerça a pretensão do Governador riograndense são de notória fragilidade e se alojam numa tese arquivada, da qual o próprio Autor parece arredar-se. Tanto que não se empenhou nunca em alargá-la, difundi-la ou aperfeiçoá-la, consciente porventura de seu anacronismo e de sua incompatibilidade visceral com o regular funcionamento das instituições por meio dos mecanismos do Estado de Direito.

Se os que fazem assim de Bachof o seu guia para a dissolvência da Constituição tivessem mais familiaridade com o desdobramento das idéias jurídicas desse publicista, talvez houvessem recuado de seu propósito passional de fazê-lo órgão da doutrina dessa empreitada contra a lei das leis.

Com efeito, o Professor de Tübingen assim se manifestou, sem rodeios: "Até esse ponto há, sem dúvida, uma certa influência dos efeitos políticos da sentença sobre a interpretação jurídica. Mas aqui residem precisamente os *limites* para a consideração de tais ponderações. *Contra* o Direito não deve nunca o juiz decidir" ("Insoweit bestehtzweifellos ein gewisser Einfluss der politischen Auswirkungen des Spruchs auf die rechtliche Interpretation. Aber hier legt zugleich die *Grenze* für die Berücksichtigung solcher Erwägungen. Gegen das Recht entscheiden darf der Richter nie").[22]

De sorte que "o juiz não deve nunca decidir contra o Direito", conforme preconiza Bachof, o oráculo dos litigan-

20. Bachof, Otto. *Normas constitucionais inconstitucionais*? Tradução Nota Prévia de José Manuel M. Cardoso da Costa. Editora Atlântida, pp. 3-4.

21. Müller, Friedrich, Ob. cit., p. 127.

22. Bachof, Otto. "Der Verfassungsrichter zwischen Recht und Politik", in *Verfassungsgerichtsbarkeit*. Darmstadt, 1976, p. 302.

tes. Mas o Governador do Rio Grande do Sul entende o contrário e quer agora que ele decida contra a Constituição!

A esta altura o despautério toma tais proporções que fica evidente não ser possível ao Supremo sequer dar curso à Ação ajuizada. Realmente, o feito instaurado não somente intenta violar a Constituição como menoscaba o alcance da jurisdição constitucional, os limites da justiciabilidade.

Outra coisa não busca essa malsinada representação senão colocar na pauta de julgamento do Supremo Tribunal Federal a própria Constituição do País! Como se o Judiciário tivesse o poder de revogar parágrafos da Lei Maior ou fosse a corregedoria da Constituinte que fez a Carta de 1988.

Se prevalecesse a cerebrina doutrina que flui da Petição e do Parecer da Procuradoria do Rio Grande do Sul, não viria abaixo unicamente, com a nova jurisprudência, o art. 45 da Constituição Federal, mas quase todos os princípios cardeais da ordem constitucional, como os da segurança jurídica, da separação de Poderes, do combate às desigualdades regionais e da unidade da Constituição. Destroçado ficaria o ordenamento democrático de nosso Estado de Direito, construído sob a égide desses princípios.

Estaria assim instaurado no País um decisionismo judiciário sem freios. Nessa eventualidade a Constituição deixa de ser a garantia das garantias para se converter num mecanismo manipulado pelo arbítrio e subjetivismo de critérios extrajudiciais, figurando, ao mesmo passo, como um instrumento de poder impulsionado por paixões de cunho político, extremamente difíceis de aplacar.

Se coubesse, pois, à alçada judicial decidir sobre a conservação ou remoção de regras contidas na Constituição, como pretendem os promotores da argüição de inconstitucionalidade, nossa mais alta Corte de Justiça, cessando de ser o tribunal dos litígios constitucionais, se transformaria numa entidade constituinte.

Anulado por igual ficaria o poder constituinte de segundo grau, aquele que emenda a Constituição e ao qual era de esperar recorresse o Governo riograndense, envidando diligências com o fim de, se possível, concretizar, nos termos facultados pelos itens, I, II, e III do art. 60 da Carta Magna, uma proposta de emenda constitucional.

A questão ventilada, conforme se observa, é essencialmente política e não pode ser trasladada para a esfera judicial. A doutrina do *self restraint* tem aqui todo o cabimento.

A Suprema Corte dos Estados Unidos há reconhecido, em inumeráveis Arestos, que determinadas questões políticas devem ser dirimidas pelo Legislativo e pelo Executivo e não por meio judicial.

Doutrina estatuída por Marshall há cerca de duzentos anos, por ela se tem orientado sempre a jurisprudência dos tribunais. Disse o insigne Juiz: "Questões que por sua natureza são políticas, ou que pela Constituição e pelas leis tenham que ser submetidas ao Executivo, jamais podem ser ventiladas neste Tribunal".[23]

Sobre o conceito de qucstão política (*political question Doctrin*), um dos temas mais delicados e controvertidos do Direito Constitucional, e abundantemente versado também na literatura jurisprudencial, veja-se em nosso Direito a contribuição básica que Rui Barbosa proporcionou à elucidação do assunto.

Definição valiosa do que seja essa questão colhe-se de um lugar do ensaio de Alfredo Buzaid sobre a ação direta de inconstitucionalidade no Direito brasileiro.

23. Marbury *versus* Madison, 5 US (1 Cranch) 137, 170 (1803).

Com efeito, faz ele esta interrogação: "Mas quais são as questões meramente políticas? Como defini-las? Entende-se por questão meramente política aquela cuja solução é confiada única e exclusivamente à faculdade discricionária do Legislativo e do Executivo".[24]

Diante de tão cristalina fixação de conceito, é de todo o ponto cabível esta pergunta: quem tem a competência ou a faculdade originária e discricionária de estabelecer ou alterar a matéria constante do art. 45 da Constituição Federal, que o desavisado Governador gaúcho intenta transferir para a alçada do Supremo, num desrespeito sem precedentes ao sistema de controle de constitucionalidade adotado em todas as formas federativas onde o Estado de Direito é realidade e não ficção?

A óbvia resposta não pode ser outra senão esta: o poder constituinte originário ou de primeiro grau, emanação da legitimidade popular e da soberania nacional.

A espúria teoria professada, porém, pelos autores da singular postulação, o mais estrondoso agravo à Constituição já aparecido, de último, no foro deste país, nos conduz de volta e de necessidade a reflexões feitas há mais de cem anos por Abrahão Lincoln, com primorosa concisão e veracidade: "Quando as decisões de um Tribunal superior estabelecem inapelavelmente a política do Governo acerca de questões vitais de todo o Povo, nessa ocasião cessa o Povo de ser senhor de seu próprio destino", disse o libertador de escravos, criticando a decisão do caso Dread Scott.[25]

24. Buzaid, Alfredo. "Da ação direta de declaração de inconstitucionalidade no direito brasileiro". *Revista Forense*, v. 179, ano 55, Fascículo 663 e 664, p. 23, set./out. 1958.

25. Veja-se a citação em Ulrich Scheuner: "Probleme und Verantwortungen der Verfassungsgerichtsbarkeit in der Bundesrepublik", in *Verfassungsgerichtsbarkeit*, herausgegeben von Häberle, Peter. Darmstadt, 1976, p. 199.

3

Vejamos, a seguir, até onde há de chegar a doutrina da justiciabilidade constitucional dos tribunais, justiciabilidade cujas fronteiras não devem ser transpostas, qual seriam, caso vingasse perante o Pretório Supremo a ação pendente.

Quem primeiro colocou primorosamente o problema da jurisdição constitucional para fixar-lhe os limites, segundo Klaus Stern, foi o jusfilósofo Hegel. E o fez como um problema que suscita objeções de princípio, com as quais até hoje aquela jurisdição se tem defrontado.[26]

Com efeito, na relação estabelecida entre a Justiça (*Rechtspflege*) e o Estado, sendo a Justiça a *parte* e o Estado o *todo*, a primeira se desnatura caso se ponha a estatuir sobre o todo.[27]

Referindo-se à Corte Constitucional da República Federal da Alemanha, de que era membro, disse Leibholz que esse Tribunal não podia criar um direito novo, invadindo a liberdade formulativa do legislador, mas quando muito averiguar se o Legislativo deixara de cumprir seu dever de criar tal direito.[28]

No mesmo sentido Zagrebelsky, ao comentar o art. 28 de uma lei italiana de 1953, segundo a qual o controle de constitucionalidade das leis exclui toda avaliação de natureza política e toda sindicância sobre o uso do poder discricionário do Parlamento.

Chegava assim esse jurista não só à conclusão de que o sobredito controle,

26. Stern, Klaus. *Der Staat des Grundgesetzes* — Ausgewählte Schriften und Vorträge. Köln/Berlin, 1992, p. 344.

27. "Aber die Rechtspflege tritt ganz aus ihrer Natur, wenn Staatsgewalt ihr Gegenstand werden soll, weil hiermit sie, die wesentlich mur ein Theil des Staates ist, über das Ganze gesetzt würde..." (Hegel, G. W. F. Die Verfassung des Deutschen Reichs. Apud Stern K. Ob. cit., p. 344).

28. Leibholz/Rinck. Ob. cit., p. 15.

por seu caráter judiciário, devia ser conduzido com base no Direito Constitucional, como também à constatação não menos importante de que "a atividade da Corte não e de criação, mas de interpretação do direito".[29]

Função revisora da Constituição é a competência que estaria sendo deferida ao Supremo caso julgasse inconstitucional o art. 45 da Constituição. Investida de um poder constituinte de segundo grau, nossa Corte, com tamanho desvirtuamento de atribuições, aniquilaria o princípio da separação de Poderes.

A locução que aqui cabe para definir tão feia anomalia e subversão de princípios não pode ser outra senão aquela usada por Berger, numa investigação crítica sobre os poderes das Cortes Constitucionais, a saber, tratar-se-ia de uma "usurpação descarada".[30]

Um juiz constitucional com tais poderes de interpretação substituiria, segundo Nèstor Pedro Sagüés, a "tirania dos mortos", versão extrema da "autoridade suprema do constituinte histórico", pela "valoração discricionária dos novos intérpretes judiciais". De tal sorte, acrescenta ele, que o "*judex* passava assim a *princeps*" e "a Constituição se converteria numa espécie de cheque em branco a ser preenchido em cada caso particular por seu eventual portador: o juiz que houvesse de aplicá-la".[31]

Haveria ainda, conclui o mesmo constitucionalista, uma "transferência do poder constituinte", o que, a nosso ver, faria muito mais séria e atual a grave apóstrofe de D'Argentré, referida por Rui Barbosa e Alfredo Buzaid: "Cur de leges judicas, qui sedes ut secundum leges judices", a saber, "Por que te abalanças a julgar das leis quando o teu cargo é julgar segundo as leis?".[32]

Toda razão tinha, por conseguinte, Kaegi quando escreveu: "Dize-me tua concepção de jurisdição constitucional e eu te direi que conceito tens de Constituição" ("Sage mir Deine Einstellung zur Verfassungsgerichtsbarkeit und ich sage Dir, was für einen Verfassungsbegriff Du hast").[33]

Essa jurisdição, introduzida num sistema constitucional, não deve redundar em supremacia judicial absoluta, em derrogação do princípio da separação, de Poderes ou no estabelecimento de uma autoridade hegemônica, de porte imperial, incontrastável, com poderes de nulificar a vontade política e legítima dos demais ramos da soberania, retirando-lhes atribuições constitucionais privativas, que são a base e a essência de um governo livre e de uma sociedade pluralista e soberana.

O Tribunal Constitucional, *poder constituído*, não há de inverter a sua fun-

29. Zagrebelsky, Gustavo, *La giustizia costituzionale*, il Mulino, 1990, Imola, p. 158.

30. Berger, R. *Government by Judiciary. The transformation of the fourtheenth amendment*. Harvard, 1977, pp. 409-410 e 417.

31. Sagüés, Nèstor Pedro. "La interpretación de la Constitución (Poder judicial *versus* poder constituyente)". *La Revista de Derecho*. Facultad de Derecho, Universidad Central, Santiago de Chile, Ano V, 1991, p. 112.

32. Barbosa, Rui. *Os atos inconstitucionais do Congresso e do Executivo*. 2ª ed., Rio de Janeiro, Flores & Mano, p. 77, s/d; e Buzaid, Alfredo. *Da ação direta de declaração de inconstitucionalidade no direito brasileiro*. Ob. cit., p. 19; e Sagüés, N. P. Ob. cit., p. 112. Depara-se-nos em Rui Barbosa a seguinte citação de Marshall, no pleito Osborn *versus* United States Bank. "O poder judiciário não tem vontade própria, em caso algum. Sua autoridade, figurada como distinta das leis, não existe. Os tribunais são meros instrumentos da lei, e não têm querer. Quando se diz que exercem discreção quer-se aludir à discreção do intérprete, a qual se exerce simplesmente em discernir o rumo da lei; e, descoberto este, não cabe ao tribunal senão segui-lo. O poder da justiça nunca se aplica em executar os desígnios do juiz, senão sim em cumprir os do legislador, ou, noutras palavras, os de lei" (Barbosa, Rui. *Os atos inconstitucionais*. Ob. cit., p. 69).

33. Kägi, Werner. *Die Verfassung als rechtlinch Grundordnung des Staates*. Zürich, 1945, p. 147.

ção, como ocorrerá, caso reconheça a si mesmo competência para desfazer ou invalidar preceitos da própria Constituição.

Nessa hipótese, não se arvora ele tão-somente em "quarto Poder", mas em Poder dos Poderes, acima do Executivo e do Legislativo, sobranceiro à própria Constituição, deslembrado de que desta lhe provém toda a autoridade exercida no desempenho da função jurisdicional.

A magistratura suprema não pode pois ser fiscal das regras da Constituição com a faculdade de anulá-las a seu livre alvedrio, sem repudiar e subverter sua base mesma de legitimidade. Transformada em primeira instância constituinte do País, ela acorrentaria aos seus pés aquilo que outrora fora a soberania do Povo e da Nação.

A Ação Direta de Inconstitucionalidade do Governo do Rio Grande do Sul, uma vez triunfante, desencadearia, por conseqüência, a mais violenta das crises institucionais, consumando um golpe de Estado judiciário, com a implantação do "governo de juízes" que a consciência e o escrúpulo de nossos magistrados repelem.

Quando o Juiz Frankfurter disse nos Estados Unidos que "a Suprema Corte é a Constituição" ("the Supreme Court is the Constitution"), não quis dizer que ela era depositária de faculdades constituintes ou tinha o poder de fazer ou desfazer as regras básicas e materiais do grande estatuto de organização política da Sociedade, senão que sua missão tutelar de guarda dos preceitos supremos destes emana e com estes se compatibiliza. Nisso reside sem dúvida toda a legitimidade, em última instância, de um controle jurisdicional de leis e atos normativos.

Há de compreender-se também no mesmo sentido outra frase não menos célebre e densa do *Chief Justice* Ch. E. Hughes ao dizer que "a Constituição é aquilo que os juízes dizem que é".[34]

Korinek, preocupado em traçar os limites ao controle de constitucionalidade, não titubeou em ter por inadmissível o Tribunal Constitucional querer substituir mediante decisões suas a decisão do legislador, tomada naquele espaço de autonomia formulativa que lhe é outorgado pela Constituição e que fica inquestionavelmente subtraído à ingerência judicial.[35]

A subversão de conceitos em querer taxar pois de inconstitucionalidade um artigo da própria Constituição, valendo-se de doutrina já de todo ultrapassada, conforme deixamos patenteado, fere também a finalidade mesma do controle de constitucionalidade, que se configura, segundo Hermann Mosler, citado por Korinek, como "todo procedimento judicial que deve imediatamente garantir a observância da Constituição" ("jedes gerichtliche Verfahren das die Einhaltung der Verfassung unmittelbar gewährleisten soll").[36]

A Ação, intentada pelo Governador, ao revés, diligencia submeter a julgamento normas constitucionais vigentes, constantes do art. 45 da Constituição Federal, a fim de que o Judiciário as declare nulas, o que equivale a instaurar aquilo que nenhum constitucionalista e nenhuma judicatura poderá jamais admitir: o confronto "entre o juiz e a Constituição realmente em vigor", uti-

34. Krüger, Herbert. "Allgemeine Staatslehre (Auszug)", in *Verfassungsgerichtsbarkeit*. Ob. cit., p. 352.

35. Korinek, Karl. *Die Verfassungsgerichtsbarkeit im Gefüge der Staatsfunktionen*. Separata de publicação da VVDStRL, 39, Institut für Verfassungs — und Verwaltungsrecht, Wirtschaftsuniversität Wien, De Gruyter, Berlin-New York, s/d, p. 41.

36. Herman Mosler. "Das Heidelberger Kolloquium über Verfassungsgerichtsbarkeit", in *Verfassungsgerichtsbarkeit in der Gergenwart*. Apud Korinek, Karl. Ob. cit., p. 17.

lizando aqui a imagem de Sagüés num de seus admiráveis estudos.[37]

A "interpretação contranormativa" da Constituição é de repulsar por inteiro, visto que, segundo o mesmo publicista, "interpretar a Constituição em oposição ao programa normativo que ela efetivamente contém, importa uma *mudança* constitucional — quando não, uma *perversão* constitucional" ("interpretar a la Constitución en oposición al programa normativo que ella efectivamente contiene, importa un *cambio* constitucional — cuando no, una *perversión constitucional*").[38]

"Mudança" e "perversão" da ordem constitucional, eis, em verdade, o que redundaria do acatamento de pretensão tão maligna, tão excêntrica, tão ilegítima e tão fatal à sobrevivência da comunhão federativa e do Estado de Direito, como esta articulada pelo Governador do Rio Grande do Sul ao argüir a inconstitucionalidade de dois parágrafos do art. 45 da Constituição Federal.

4

A doutrina do *judicial self-restraint*, qualificada por Leibholz de "elixir de vida da jurisdição da Corte Constitucional Federal" ("das Lebenselixir des Rechtsprechung des Bundesverfassungsgerichts") deve ser aplicada, com toda a propriedade, ao caso em tela.[39]

Um Tribunal Constitucional pode desdobrar, não pode criar um novo direito ("es mag es enfalten, nicht aber kann es neues Verfassungsrecht shaffen") e deve circunscrever-se tão-somente a empregar o direito existente ("Immer aber muss das Verfassungsgericht sich darauf beschränken, bestehendes Recht anzwenden"). Esta, a lição que nos ministra Friesenhahn com sua enorme e incontestável autoridade.[40]

Mas não fica aí o célebre constitucionalista. Tanto que logo acrescenta: "O Tribunal Constitucional não deve colocar suas concepções de conveniência política ou de Justiça em lugar daquelas dos órgãos políticos estatais responsáveis. A autolimitação há de exercitar-se, especialmente, lá onde o legislador na formulação de normas jurídicas se acha vinculado ao princípio da igualdade e o Tribunal Constitucional é chamado a controlar a observância destes limites. As raias da jurisdição constitucional estão ali onde faltam normas jurídicas que possam fundamentar uma decisão judicial" ("Das Verfassungsgericht darf nicht seine Auffassungen über politische Zweckmässigkeit oder Gerechtigkeit an die Stelle derer der verantwortlichen politischen Staatsorgane setzen. Diese Selbsbeschränkung ist besonders da zu üben, wo auch der Gesetzgeber in der Gestaltung der Rechtsnormen durch den Gleichheitssatz gebunden ist und das Verfassungsgericht berufen ist, die Einhaltung dieser Grenze zu kontrollieren").[41]

O debate sobre os limites e a natureza da jurisdição constitucional na Europa viveu sua primeira grande fase a partir do célebre Colóquio de Viena, promovido pelos professores alemães de Direito Público. Essa assembléia dos mais doutos juristas da Alemanha e da Áustria contou com a presença e a participação de Kelsen, sem dúvida o Mestre por excelência mais autorizado a enunciar um ponto de vista jurídico sobre o assunto sujeito a tantas controvérsias de caráter político.

37. Sagüés, N. P. Ob. cit., p. 116.

38. Sagüés, N. P. Ob. cit., pp. 116-117.

39. Leibholz. Apud Todihipu, Mehdi. "Eineeitung: Zu Status und Funktion des Bundesverfassungsgerichts", in *Verfassung, Verfassungsgerichtsbarkeit, Politik*. Frankfurt am Main, 1976, p. 15.

40. Friesenhahn, Ernst. *Die Funktion der Verfassungsgerichtsbarkeit im Gesamtgefüge der Verfassung* (Auszug). Ob. cit., p. 355.

41. Friesenhahn, Ernst. Ob. cit., p. 363.

Autor principal da Constituição austríaca, tomou Kelsen posição diametralmente oposta à de Triepel e Carl Schmitt (este lá não compareceu). E agora a ele recorremos, trazendo seus apreciáveis subsídios para demonstrar que enormidade seria dar à Justiça constitucional a faculdade desconchavada de nulificar preceitos da Constituição.

É o que absurdamente intenta o Governo e a Procuradoria do Rio Grande do Sul. Sobre cassação de leis pelo Judiciário, afirmou Kelsen que não excluía de modo algum "a possibilidade de um Tribunal Constitucional ser chamado a decidir sobre a constitucionalidade de determinada lei, e cassá-la com a fundamentação de que se trata de lei *injusta*, sendo a *Justiça* um princípio da Constituição a ser empregado pelo Tribunal Constitucional".

"Mas isso significa", prossegue Kelsen, "que ao Tribunal Constitucional se concedeu uma perfeição de poder, que deve ser tida por insuportável. Aquilo que à maioria dos juízes desse Tribunal se afigura por justo, pode estar em inteira contradição com aquilo que a maioria da população considera tal; e está indubitavelmente em contradição com o que a maioria do Parlamento assim considera, precisamente a maioria que aprovou essa lei". É de toda a evidência, diz Kelsen, que o sentido da Constituição não pode ser, mediante o uso de palavra tão indefinível e tão ambígua como 'Justiça' ou outra semelhante, o de fazer que toda lei do Parlamento dependa do livre-arbítrio de um colégio de composição política mais ou menos arbitrária, como vem a ser um Tribunal Constitucional.

"Caso se tenha de prevenir um *tal deslocamento de poder do Parlamento para uma instância que paira fora do mesmo*, deslocamento", prossegue Kelsen, "não pretendido pela Constituição e politicamente da mais alta inconveniência por se tratar de instância que pode ser o expoente de outras forças políticas de todo o ponto diferentes daquelas que têm expressão no Parlamento, então deve a Constituição, ao instituir um Tribunal Constitucional, abster-se de tal *fraseologia*; e caso queira estabelecer princípios, directivas e limitações para o conteúdo das leis a serem formuladas, que o faça da forma mais precisa possível".[42]

5

Se Kelsen tinha por "insuportável" o poder dos tribunais de cassar por inconstitucionalidade leis ordinárias, qual não seria seu pasmo, porventura, se acaso visse ao Tribunal Constitucional re-

42. "Und es ist daher die Möglichkeit keineswegs ausgeschlossen, dass ein Verfassungsgericht, zur Entscheidung über die Frage der Verfassungsmässigkeit eines bestimmten Gesetzes angerufen, dieses Gesetz mit der Begründung kassiert, dass es ungerecht sei, denn 'Gerechtigkeit' sei ein verfassungsmässigen Grundsatz und daher vom Verfassungsgericht anzuwenden. Das bedeutet aber, dass dem Verfassungsgericht eine Machtvollkommenheit eingeräumt wird, die schlechthin als unerträglich empfunden werden muss. Was die Mehrheit der Richter dieses Gerichtes für gerecht ansieht, kann im vollkommenen Widerpruch zu dem stehen, was die Mehrheit der Bevölkerung für gerecht halt, und steht unzweifelhat im Widerspruch zu dem, was die Mehrheit des Parlaments für gerecht gehalten, das eben dieses Gesetz beschlossen hat. Dass es der Sinn der Verfassung nicht sein kann, durch den Gebrauch eines nicht näher bestimmten, so vieldeutigen Wortes wie jenes, der 'Gerechtigkeit' oder eines ähnlichen, jedes vom Parlament beschlossene Gesetz von dem freien Ermessen eines politisch mehr oder weniger willkürlich zusammengesetzten Kollegiums, wie es da Verfassungsgericht ist, abhängig zu machen, versteht sich von selbst. Soll daher eine solche von der Verfassung gewiss nicht intendierte und politisch höchst unangebrachte *Machtverschiebung vom Parlament zu einer ausserhalb desselben stehenden Instanz* vermieden werden kann als jener, die im Parlament zum Ausdruck kommen, dann muss sich die Verfassung, wenn sie ein Verfassungsgericht einsetzt, jeder derartigen Phraseologie enthalten; und wenn sie Grundsätze, Richtlinien, Schranken für den Inhalt der zu erlassenden Gesetz aufstellen will, diese so präzise wie möglich bestimmen" (Kelsen, Hans. *Wesen ünd Entwicklung der Staatsgerichtsbarkeit* (Auszüge), herausgegeben von Häberle, Peter. Ob. cit., p. 77).

conhecida a faculdade de nulificar conteúdos normativos da Constituição mesma. Isto, sob o pálio evasivo de um direito extrapositivo, qual Bachof concebera quando teorizou, superficial e confusamente, acerca da "inconstitucionalidade de normas constitucionais".

Não é outra coisa senão esta novidade aquilo que, de último, os juristas da Procuradoria do Rio Grande do Sul, encabeçados pelo Governador, gostariam de ver introduzido no sistema judicial do País. Querem em verdade que a nossa mais alta Corte de Justiça fulmine de inconstitucionalidade o art. 45 da Lei Fundamental e encete a inglória e confiscatória tarefa de "reescrever a Constituição", segundo a frase primorosa de um publicista deste continente.[43]

O Professor Nèstor Pedro Sagüés, da Universidade do Chile, defende por igual a integridade da Constituição, cujo teor material não pode ficar ao livre alvedrio do intérprete, ainda que este tenha a eminência e a autoridade de magistrado do órgão judicante constitucional.

Escreve o distinto publicista: "Em definitivo, cabe ao juiz *aplicar* a Constituição e não *modificá-la*, salvo se o constituinte houver programado tal tarefa. Impõe-se, enfim, uma auto-restrição (*judicial deference*), em seu trabalho exegético constitucional".[44]

Depois de valer-se do Parecer de Wechsler de que o intérprete da Constituição deve manejar tão-somente "princípios neutros", o mesmo Sagüés afirma: "Em outras palavras, há de entender-se a Constituição com ingredientes *constitucionais* e não *extraconstitucionais*".[45]

Konrad Hesse, luminar do Direito Constitucional contemporâneo e ex-Juiz da Corte de Karlsruhe na Alemanha, escreveu que a jurisdição constitucional tem um limite para sua função no "mandamento de respeito às tarefas dos demais Poderes".[46]

Carl Schmitt, por sua vez, advertiu acerca do grave risco da "expansão da Justiça a matéria talvez não mais justiciável" ("Expansion der Justiz auf eine vielleicht nicht mehr justiziable Materie") e, seguindo a trilha de Guizot,[47] cuja máxima reformulou com palavras bem afins, demonstrou que tal expansão teria por conseqüência "não eventualmente uma jurisdicização da Política, mas uma politização da Justiça" ("nicht etwa eine Juridifizierung der Politik, sondern eine Politisierung der Justiz"). Nesse caso, asseverou, "a Política nada teria que ganhar e a Justiça teria tudo a perder" ("die Politik nichts zu gewinnen und die Justiz alles zu verlieren hätte").[48]

Pondera Leibholz que o magistrado constitucional, enquanto guarda da Constituição, tem não somente que vigiar, a fim de que o Tribunal Constitu-

43. Valle, Rubén Hernández. "Hacia la codificación de la justiticia constitucional". *La Revista de Derecho*, ano IV, 1990. Ob. cit., p. 76.

44. Sagüés, N. P. *Poder judicial versus poder constituyente*. Ob. cit., p. 112.

45. Sagüés, N. P. *Poder judicial versus poder constituyente*. Ob. cit., p. 112.

46. Hesse, Konrad. Apud Schlaich, Karl. *Das Bundesverfassungsgericht. Stellungen, Verfahren, Entscheidungen*. München, 1985, p. 226.

47. Delbruck. Apud Korinek, Karl. Ob. cit., p. 40. Schmitt, Carl. *Der Hüter der Verfassung*. Tübingen, 1931, p. 22; Steffani, Winfred. "Verfassungsgerichtsbarkeit und demokratischer Entscheidungsprozess" in *Verfassungsgerichtsbarkeit*. Ob. cit., p. 384; Guizot, F. *Des conspirations et de la justice politique*, p. 101; Leibholz, Gerhard. "Bericht des Berichterstatters an das Plenum des Bundesverfassungsgerichts zur 'Status-Frage'", in *Verfassungsgerichtsbarkeit*. Ob. cit., p. 234.

48. Vejam-se Schmitt, Carl. *Der Hüter der Verfassung*. Tübingen, 1931, p. 22; Steffani, Winfred. "Verfassungsgerichtsbarkeit und demokratischer Entscheidungsprozess", in *Verfassungsgerichtsbarkeit*. Ob. cit., p. 384; Guizot, F. *Des conspirations et de la justice politique*, p. 101; Leibholz, Gerhard. "Bericht des Berichterstatters and das Plenum des Bundesverfassungsgerichts zur 'Status-Frage'", in *Verfassungsgerichtsbarkeit*. Ob. cit., p. 234.

cional não usurpe nenhum poder político ("dass der Gerichtshof keinerlei politische Machtbefugnis usurpiert"), senão que lhe cumpre, além disso, respeitar as tendências determinantes da natureza do Estado moderno" ("Er muss darüber hinaus auch die artbestimmenden Tendenzen des modernen Staates respektieren"). De tal sorte, prossegue, que, a partir daí, possa o juiz constitucional, no exercício de suas atribuições, prudentemente se autolimitar.[49]

Refere Leibholz a atitude de dois abalizados Juízes da Suprema Corte norte-americana — Stone e Frankfurter — ambos preconizando ao Tribunal uma política de '*self-restraint*'. Em verdade, Stone foi com seu "voto divergente" (*Dissenting Opinion*), no caso "United States *versus* Butler", o autor das razões que primeiro fundamentaram um comportamento auto-restritivo da magistratura constitucional da Suprema Corte.

Declarou Stone: "A única barreira ao exercício de nosso poder é nosso senso de 'autolimitação' ("The only check upon our own exercise of power is our own sense of self-restraint"). Enquanto Frankfurter, por sua vez, assim se exprimia: "Requisito judicial indispensável é a humildade intelectual" ("The indispensable judicial requisite is intellectual humility").[50]

Em rigor, o Tribunal federal da Alemanha, nos seus primeiros Arestos, já orientara sua jurisprudência no sentido de uma doutrina constitucional que reconhecia não ser ele um "corpo legislativo" ("keine gesetzgebende Körperschaft") nem ter por tarefa substituir o legislador ("und es ist nicht seine Sache, sich an die Stelle des Gesetzgebers zu setzen").[51]

Todavia já em 1950 num congresso de professores alemães de Direito Público, celebrado nos dias 20 e 21 de outubro daquele ano, Wolfgang Abendroth, da Universidade de Frankfurt, ergueu um brado contra os "perigos da jurisdição constitucional" ("die Gefahren der Verfassungsgerichtsbarkeit"), conforme lembra Jürgen Seifert, ao mesmo passo que advertiu para os riscos de "transformar o Estado democrático federal numa ditadura da Justiça constitucional", caso não se determinassem com clareza os limites à ingerência judicial na órbita legislativa.[52]

Se esse temor era presente quando se vislumbravam ali as dificuldades para traçar, na apreciação constitucional das leis, fronteiras ao círculo valorativo de princípios — como o da igualdade — por parte do órgão judicante, resguardando-se assim de invasões a livre esfera formulativa do legislador, muito mais graves são, de último, as apreensões aqui levantadas tocante à ousadia com que se chega à porta dos tribunais na mais alta instância do País para impetrar nada menos que a derrogação, via judicial, de preceitos da própria Constituição.

Trata-se, por sem dúvida, do mais escandaloso agravo ao princípio da legitimidade democrática já perpetrado por um Governador que hauriu seu mandato nas urnas do povo.

A Ação do Governo do Rio Grande do Sul pretende alcançar uma espúria transferência de poder constituinte. Nação, Parlamento e Povo, uma vez suprimido por inconstitucionalidade o art. 45 da Constituição Federal, já não seriam órgãos da soberania. E o Poder Judiciário — aclamada nos tribunais a insólita doutrina de Bachof — outorgaria

49. Leibholz, G. "Bericht zur 'Status-Frage'", in *Verfassungsgerichtsbarkeit*. Ob. cit., p. 235.

50. Leibholz, G. *Bericht zur "Status-Frage"*. Ob. cit., p. 235; e Seifert, Jürgen. "Verfassungsgerichtliche. Selbstbeschränkung", in *Verfassung*. Ob. cit., p. 116-117.

51. Seifert, Jürgen. Ob. cit., p. 117.

52. Veja-se a intervenção de Abendroth no Colóquio de 1950 e a crítica de Seifert favorável a essa intervenção (Seifert, J. Ob. cit., p. 118 e Abendroth, Wolfgang. *Arbeiterklasse, Staat und Verfassung*, herausgegeben von Perels, Jöachim. Frankfurt am Main, Koln, 1975, p. 116 e ss.).

a si mesmo um salvo-conduto para incursões eventualmente fadadas a derrocar os alicerces da Constituição e do Estado Democrático de Direito.

Enfim, a judicatura a quem a Constituição cometeu a tutela e a inviolabilidade das suas regras se volveria contra a Carta mesma para expungir do seu texto preceitos e garantias que protegem a essência da União federativa.

Jamais a colenda Corte, perante a qual Rui advogou, há de consentir se inaugure nos seus Arestos a jurisprudência das "normas constitucionais inconstitucionais", um devaneio Jusnaturalista de Otto Bachof; jurisprudência que nunca vingou nas Cortes federais de qualquer nação do mundo onde a democracia cimenta as instituições e o regime.

6

A causa levada ao Supremo Tribunal Federal pelo Governador do Rio Grande do Sul para nulificar normas que se contêm no art. 45 da Constituição, relativas à fixação de limites de representação mínima e máxima à Câmara dos Deputados, sobre constituir, conforme já demonstramos, uma formulação fatal ao equilíbrio constitucional dos Poderes, intentando atrair o Supremo para o exercício de função que lhe é vedada — a de superlegislativo constituinte com poderes portanto de derrogar a Constituição —, produz, ao mesmo passo, ofensa mortal a outro princípio-chave de nossa organização política e institucional, a saber, o princípio federativo.

Buscando, pois, alterar na substância o controle jurisdicional da nossa Corte Suprema para estendê-lo a raias que lhe são defesas, como a declaração de inconstitucionalidade de normas constitucionais — na espécie aquelas contidas no art. 45 da Constituição —, a Ação proposta pela autoridade riograndense fere, ao mesmo tempo, dois princípios insculpidos na intangibilidade formal e material do § 4º do art. 60 da Constituição Federal: o da separação de Poderes, há pouco examinado, e o da garantia do pacto federativo, de que doravante nos ocuparemos, ambos postos debaixo da proteção das cláusulas pétreas do sobredito art. 60.

As conseqüências que se devem deduzir, por conseguinte, de tal iniciativa são as mais nocivas e perturbadoras para a paz federativa e a tranqüilidade institucional do País.

Pretende-se alterar uma regra básica do sistema representativo estabelecido pela Constituição: aquela que confere aos Estados-Membros do corpo federativo uma parcela mínima de Deputados à Câmara Baixa do Congresso Nacional.

A cláusula constitucional do limite mínimo de representação do Estado-Membro à Câmara dos Deputados é daquelas que entram debaixo da proteção do § 4º do art. 60 da Constituição, não podendo ser materialmente alterada nem sequer pelo mecanismo de reforma da lei básica vigente.

"De degrau subido não se desce", disse Pontes de Miranda, maiormente quando esse degrau é da essência federativa do sistema.[53] A retirada de peça tão fundamental colocaria em risco todo o sistema brasileiro de agremiação de Estados nos moldes da tradição republicana de 1891.

Os entes mais fracos dessa união — os pequenos Estados — ficariam expostos a invasões súbitas e arbitrárias dos interesses coligados dos Estados mais poderosos, que implacavelmente os esmagariam, esfacelando o pacto federativo e arruinando assim a idéia política mais enraizada na coletividade nacional desde

53. Pontes de Miranda. *Comentários à Constituição de 1946*. 4ª ed., revista e aumentada. Rio de Janeiro, Borsói, 1963, t. II, p. 452.

a Abdicação; até mesmo, vamos dizer, desde as nossas origens constitucionais, passando inclusive pela Confederação do Equador, pela Regência e por mais dois projetos de monarquia federativa, apresentados por Nabuco, até concretizar-se mediante o ato constituinte do Decreto n. 1, de 15 de novembro de 1889, que estabeleceu a forma republicana de governo e introduziu, por modalidade de Estado, a Federação.

A partir do advento do poder republicano, nenhum princípio exprimiu com mais razão, idoneidade e prestígio o sentimento da comunhão nacional do que o princípio federativo; aquele que fez Rui recusar a continuidade do regime imperial para evitar o governo unitário do Terceiro Reinado, e, ao mesmo passo, sacrificando suas convicções monárquicas, aceitar a República, em cuja instauração foi a personalidade mais forte, o verbo mais aplaudido, o guia mais respeitado. Seu gênio iluminou os primeiros passos do novo regime, com o qual se estreava a fórmula federativa do modelo da Filadélfia. Rui, ao lavrar aquele Decreto, fundara juridicamente os Estados Unidos do Brasil, depois que Deodoro, com o seu grito no campo de Santana, proclamara a República.

A regra institucional do sistema federativo, que pôde coroar em 1891 a descentralização política das antigas províncias do Império e corresponder assim ao mais velho sentimento da nacionalidade, impulsionado pelas correntes liberais da monarquia, veio afinal desaguar, do ponto de vista jurídico e constitucional propriamente dito, naquela cláusula pétrea de todas as Constituições brasileiras, que consagraram o princípio da Federação, escudado em sua vocação de perpetuidade, a qual outra coisa não expressa senão a alma de uma Nação.

O inquebrantável laço da unidade nacional jamais se partiu em todo esse longo período de nossa existência republicana. Só de último veio ele a ser submetido a pressões e ameaças, quais estas compendiadas na Ação Direta de Inconstitucionalidade de um Governo de inspiração separatista, inclinado a iniciativas temerárias.

Não tem outro designativo este litígio constitucional, em que se pretende desarraigar os mais sólidos e inamovíveis princípios que regem o grande pacto político da Nação: o princípio federativo e o princípio da separação de Poderes.

Subtraídos ao poder de reforma do Congresso, não pode sequer ser objeto de deliberação proposta de emenda constitucional tendente a aboli-los.

Agora, contudo, pela via oblíqua de uma declaração de inconstitucionalidade de normas constitucionais — aquelas constantes de dois parágrafos do art. 45 da Lei Maior — referido Governo procura chegar a um resultado que tanto a compreensão formal como a compreensão material do assunto rejeitam por inteiro, sendo esta última objeto das reflexões subseqüentes.

7

O art. 45 da Constituição e, num certo sentido, tão federativo quanto o art. 46 da mesma Lei Fundamental; pelo menos o é, incontrastavelmente, no que toca à cláusula intangível do limite de representação mínima atribuída aos Estados-Membros da Federação. Toda redução que se venha a operar aí, por intervenção do constituinte de segundo grau no exercício do poder de reforma, será passível de argüição de inconstitucionalidade perante a Corte Suprema.

Contrair limite de representação mínima afeta todo o equilíbrio federativo e viola cláusula do § 4º do art. 60 da Constituição Federal. Destruída essa garantia dos pequenos Estados, o Brasil já não seria uma Federação, mas um Império.

Os grandes Estados, comandando os destinos nacionais e impondo aos Estados mais fracos uma tutela intolerável, estranha, e inteiramente alheia às raízes históricas do País, a saber, à memória libertária de todos os ramos da família brasileira, sejam eles nordestinos, nortistas, gaúchos ou bandeirantes, formariam o mais delituoso oligopólio político de nossa História.

Excederiam, nessa linha de arbítrio e servidão, velhos e ostensivos modelos de colonialismo. Afigura-se-nos isto tanto mais grave quanto a época é de conquista de direitos e franquias participativas, das quais nenhum povo, com a consciência da liberdade, abdica.

Dizer, como diz a representação de inconstitucionalidade do Governo meridional, que os interesses dos grandes Estados estão comprometidos por uma desigualdade representativa supostamente oriunda do art. 45 da Constituição, ou que essa desigualdade inferioriza o eleitor e o cidadão das comunidades mais prósperas deste país, é, em verdade, alimentar — com a ignorância dos fundamentos da comunhão federativa que postula sacrifícios, abnegação, fraternidade e altruísmo dos mais fortes em proveito dos mais fracos, como as regras de eqüidade e justiça estão a ditar — é, em verdade, alimentar, repetimos, um foco permanente de rancores, discórdias, mágoas e ressentimentos, que ferem os mais nobres tecidos do organismo nacional, ao mesmo passo que agitam a opinião, inquietam as classes, espargem as incertezas e, na escalada subversiva e desagregadora dos valores da nacionalidade, encaminham o País para a tragédia do desmembramento e da guerra civil.

A linguagem secessionista do documento elaborado pela Procuradoria do Estado do Rio Grande do Sul e subscrito pelo Governador desta grande unidade da Federação deve, sem dúvida, à míngua de argumentos e indigência de conceitos, provocar no ânimo dos eminentes juízes da Suprema Corte brasileira um sentimento irreprimível de pesar, tristeza e apreensão.

Deveria o Governador gaúcho inspirar-se na atitude de seu coestaduano Flores da Cunha que, depois de conhecer a opinião de Prudente de Moraes, brilhantemente invocada e exposta por Soares Filho nos debates da Constituinte de 1946, onde se apreciava a matéria do art. 58 do Anteprojeto Constitucional, referente à composição da Câmara dos Deputados, persuadiu-se, por completo, da justiça da causa dos pequenos Estados e entrou a discordar de Mário Masagão, um ferrenho e radical sequaz da proporcionalidade absoluta na determinação do número de Deputados.

Soares Filho, que também fora simpático a esta tese, dela, todavia, se arredou, e deu, num depoimento impressionante, as razões que o fizeram variar de parecer. Disse ele do alto da tribuna parlamentar, conforme relata o constitucionalista José Duarte:

"Sustentei essa tese e fiquei de acordo com o texto da Constituição de 1934, que reproduzi no meu substituto. Lendo, entretanto, velhos livros, encontrei, de par com a minha Opinião sustentando os mesmos pontos de vista, precisamente um inciso do programa do Partido Republicano Paulista, quando chefiado pelo velho Prudente de Moraes, o saudoso Presidente da República do Brasil, em que se acentuava a necessidade de reformar-se o art. 28 da Constituição de 91, para que a disparidade da representação no seio da Câmara não se fizesse sentir com a mesma veemência. Disse Prudente de Moraes num Congresso do Partido Republicano Paulista o seguinte:

"Da existência de grandes Estados e da possibilidade de crescimento excessivo de alguns, em desproporção com o de outros, pode resultar a formação de deputações tão numerosas que farão predominar no Congresso interesses locais sobre os nacionais. Para remover esse inconveniente e com inteira razão, pugnamos pela reforma do § 1º do art. 28 da Constituição, a fim de estabelecer que o número de deputados seja determinado por lei, em proporção que não exceda de um por 150 mil habitantes, não devendo esse número, em cada Estado, ser inferior a quatro, nem superior a 1/7 da totalidade da mesma Câmara. E por esta forma poderemos afastar o perigo a que aludi."[54]

Aliás, Soares Filho, nesse mesmo debate, deu uma lição de solidariedade federativa conclamando o constituinte e os grandes Estados a terem compreensão para os problemas que envolvem o equilíbrio da Federação.

Desse apelo enérgico e patriótico, de rara eloqüência e concisão, faz-se mister trasladar alguns tópicos de extrema atualidade, vazados em termos irretorquíveis: "Tive oportunidade de sustentar, na Constituição de 34, que o Brasil é uma grande família. Nas grandes famílias uns membros se distanciam no progresso, no adiantamento, na capacidade de realização. E, ao se distanciarem, nesse progresso e nesse adiantamento material e cultural, cada vez mais se vêem obrigados aos sacrifícios decorrentes do auxílio àqueles que, por esta ou aquela circunstância, não os puderam acompanhar. Mostrava, ainda, que, na Federação brasileira, o adiantamento de certos Estados advinha principalmente do esforço de seus filhos, de sua população, mas que, também, por outro lado, diferentes circunstâncias militaram em favor desse adiantamento, desse progresso e do próprio aumento das mesmas populações. É sabido que as condições econômicas servem de base para mais rápido desenvolvimento da população de um país ou de uma região. Assim os Estados que melhor puderam desenvolver-se economicamente, por isso mesmo tiveram oportunidade de proporcionar mais larga corrente imigratória e ver aumentadas suas populações com mais rapidez que outros Estados. Além disso, esses Estados beneficiam-se, dentro da mesma Federação, no tocante ao progresso de suas indústrias, que são, de certo modo, fonte permanente de atração de habitantes de outras regiões.

"Entende que o equilíbrio da Federação se deve fazer no sentido da elevação, em todos os sentidos, dos Estados menores, dos que são menos aquinhoados, embora com relativo sacrifício daqueles que se distanciaram no terreno do progresso material, econômico, e, portanto, no desenvolvimento e ampliação de sua população".[55]

A seguir, fez uso da palavra Agamenon Magalhães, que se manifestou "de acordo com a argumentação impressionante" que acabava de desenvolver Soares Filho, ao mesmo passo que acentuou:

"Se o critério demográfico predominar sem nenhuma restrição, teremos não só o inconveniente de uma representação numerosa, como um número de representantes, influindo, talvez, para o desequilíbrio político do Brasil.

"Vamos ser objetivos e atender à realidade brasileira. Nossa população está concentrada nas zonas do sul e do litoral; ainda não transbordou para o interior brasileiro, pois não encontrou aí condições de trabalho e florescimento. Observa-se que há uma hipertrofia das zonas do sul, grandemente habitadas, em contraste com as do nordeste e norte, despovoadas. Por mais teóricos que sejamos, por maior que seja o amor aos princípios, temos de considerar a questão dentro da realidade nacional (...). Os Estados maiores têm grande poder. A sua representação, dentro da proporcionalidade, já estabelece influência igual à que teriam fora da proporcionalidade".[56]

54. Duarte, José. *A Constituição brasileira de 1946*. Rio de Janeiro, Imprensa Nacional, 1947, 2º vol., p. 109.

55. Duarte, José. Ob. cit., pp. 108-109.

56. Duarte, José. Ob. cit., pp. 110-111.

Mas vamos recuar, de passagem, na história republicana, apenas para assinalar que, durante as sessões da Constituinte de 1891, Epitácio Pessoa apresentou emenda ao Projeto Constitucional com o fim de estabelecer a igualdade das representações dos Estados na Câmara dos Deputados. Era talvez a expressão de um pensamento radicalmente federativo. As admiráveis razões em que se fundava constam dos Anais daquela Constituinte.

É habitual a afirmação de que nos sistemas federativos o Congresso se reparte em dois braços da representação política: o Senado Federal, que é a Casa dos Estados-Membros, e a Câmara dos Deputados, que é a assembléia por excelência dos representantes do povo.

Mas, em verdade, se aprofundarmos a análise a essa assertiva, verificaremos, pelo menos no que toca ao Brasil, que a chamada Câmara Baixa, sem embargo de ser em todos os regimes a Casa que representa o Povo, nem por isso deixa de ter, em nosso sistema, de forma implícita, uma importante dimensão federativa, imposta por aquela ''realidade brasileira'', a que se reportava Agamenon Magalhães, e fora da qual não é possível compreender o mecanismo funcional das instituições, nem estabelecer as regras da harmonia federativa. Trata-se de regras, algumas não escritas e com freqüência rebeldes ao rigor de postulados doutrinários, os quais não cabem no quadro das situações concretas, e por isso mesmo se tornam refratários à solução dos grandes problemas políticos, derivados da própria natureza do sistema federativo.

Há mais de quarenta anos Cláudio Pacheco, no seu *Tratado das Constituições brasileiras*, assinalava já, de forma percuciente, que a própria Câmara dos Deputados tinha em parte caráter de Câmara dos Estados-Membros.[57]

A mesma idéia jaz, com muito mais força ainda, na argumentação desenvolvida por Epitácio ao ensejo de sua estréia na tribuna da Constituinte, durante a sessão de 29 de dezembro de 1890, ocasião em que, estabelecendo um paralelo da representação nos Governos unitários e nos Governos federativos, não vacilou em asseverar que nos primeiros ''cada representante vem defender os interesses do Povo, isto é, os interesses de toda a Nação'', ao passo que nos segundos ''os representantes são mandatários dos Estados, vêm defender os interesses dos Estados, cuja soma constitui o interesse da União''.[58]

Mas foi neste lugar de sua oração parlamentar que a característica federativa dos membros da Câmara dos Deputados emanou com mais força a clareza da exposição de Epitácio: ''O deputado, eleito diretamente pelo povo, é também um representante do Estado, porque o povo é que constitui o Estado.''[59]

A posição de Epitácio, não obstante algum excesso ou aparente exagero — como o de admitir, com sua emenda referente à igualdade das representações dos Estados, que chegaria ''até a unidade do corpo representativo'' —, teve, contudo, o mérito de evidenciar a necessidade de uma análise mais acurada sobre o caráter e a natureza da representação com assento na Câmara dos Deputados. Tudo isso para determinar se realmente continua a prevalecer a dicotomia clássica dos modelos federativos, segundo a qual a Câmara dos Deputados representa os interesses do Povo e o Senado os interesses dos Estados.

Com respeito ao Brasil, afigura-se-nos que a Câmara dos Deputados em to-

57. Pacheco, Cláudio. *Tratado das Constituições brasileiras*. Rio de Janeiro, Freitas Bastos, 1958, vol. I, p. 365; e o mesmo *tratado*, 1965, vol. V, pp. 376-378.

58. Pessoa, Epitácio, *Constituinte — Anais do Congresso Nacional*. Sessão em 29 de dezembro de 1890, Rio de Janeiro, Imprensa Nacional, 1891, vol. I, p. 402.

59. Pessoa, Epitácio. Ob. cit., p. 405.

das as Constituições nunca foi exclusivamente a Câmara do Povo: foi também, em parte, como demonstrou Cláudio Pacheco, a Câmara dos Estados. Jamais perdeu portanto um certo traço federativo, gravado em conteúdos essenciais e intangíveis, como vem a ser o próprio limite mínimo da deputação estadual àquela Casa. Limite estabelecido pelo constituinte originário e que nenhum poder constituinte de segundo grau, a nosso ver, terá legitimidade bastante para remover ou reduzir.[60] É rodeado de uma garantia federativa qualificada (art. 60, § 4º da Constituição).

Tornemos porém a Cláudio Pacheco. Escreveu ele, sem dúvida estribado no mesmo pensamento de Epitácio Pessoa: "Se por sua mera composição circunscricional igualitária o Senado devesse ser considerado como verdadeira Câmara dos Estados-Membros, deveríamos considerar também que a própria Câmara dos Deputados teria parcialmente este caráter."[61]

Com efeito, a crítica daquele constitucionalista se fixa sobre alguns aspectos que irresistivelmente inculcam o teor federativo imanente à composição da Câmara dos Deputados, como ela tem sido estabelecida entre nós, desde a Constituição de 24 de fevereiro de 1891.

São estes os elementos principais referidos por Cláudio Pacheco.[62]

a) a composição da Câmara é tão circunscricional como a do Senado, tanto que não se elegem os seus membros por votação geral;

b) as eleições para a Câmara não se apuram por quocientes nacionais;

c) essas eleições só se processam no âmbito das votações estaduais;

d) um vínculo de ordem espiritual faz os eleitos se sentirem representantes dos Estados particulares (atente-se aqui — e este é o nosso comentário — sobretudo para as chamadas bancadas estaduais, sem estatuto formal, bem como para o peso da influência que sobre elas exercem os Governadores; bancadas não raro identificadas e caracterizadas menos pelo laço partidário do que pelos interesses estaduais e regionais: é o caso da chamada bancada da Sudene, germe político de uma nova consciência federativa onde avulta em primeiro lugar o interesse da Região);

e) e, finalmente, para manter as bases do equilíbrio federativo, a atribuição de um número mínimo de Deputados por Estado; a "representação indiminuível", assim qualificada por Pontes de Miranda.[63]

Afigura-se-nos ser a representação mínima o corretivo mais eficaz à hegemonia dos grandes Estados. Do mesmo modo, o limite máximo pode ser considerado também fator coibitivo da asfixiante expansão representativa daqueles Estados.

Atente-se para este último aspecto, indubitavelmente um problema de natureza federativa, que, se não for solvido, deixará as portas escancaradas ao advento de um "federalismo imperial", sem dúvida um falso federalismo, do modelo deste que o Governo do Rio Grande do Sul quer, talvez, instaurar no Brasil, abolindo a cláusula constitucional das representações mínimas e máximas dos Estados na composição da Câmara dos Deputados.

Agamenon Magalhães, ao debater durante a Constituinte de 1946 o Substitutivo Soares Filho, disse a esse respeito perante os membros da Comissão Constitucional: "Se o critério demográfico predominar sem nenhuma restrição, teremos, não só o inconveniente de uma representação numerosa, como um nú-

60. Pacheco, Cláudio. Ob. cit., vol. I, p. 365.
61. Pacheco, Cláudio. Ob. cit., vol. I, p. 365.
62. Pacheco, Cláudio. Ob. cit., vol. I, p. 365.
63. Pontes de Miranda. Ob. cit., t. II, p. 452.

mero de representantes influindo, talvez, para o desequilíbrio político do Brasil.[64]

O enorme perigo de a Federação cair desfigurada debaixo do rolo compressor dos grandes Estados — aquilo que ontem era temor, hoje se converte em ameaça — fora já pressentido e comentado por Epitácio Pessoa na primeira Constituinte republicana.

Referiu ele a doutrina federativa de Stuart Mill que estabelecia, por uma das três condições indispensáveis para uma federação alcançar seus fins, que não houvesse grande desigualdade de forças entre os diversos Estados.[65]

Da tribuna constituinte, criticando o Projeto Constitucional, disse então Epitácio Pessoa:

"A respeito desta última condição, é essencial que não haja um Estado superior aos outros que possa lutar com muitos deles reunidos; se há um nestas condições, ele quererá dominar as deliberações comuns, e, se existe mais de um, quando estiverem de acordo, tornar-se-ão irresistíveis e, quando não estiverem, haverá choque de interesses entre eles, haverá encarniçada luta pelo poder público, e isto entorpecerá o progresso do País e dificultará a marcha dos negócios sociais.

"Pois bem, no Brasil é o que se vai dar; os Estados grandes disputarão entre si a gestão dos negócios públicos, e os Estados pequenos, arrastando uma vida inglória e obscura, não hão de ter a mínima interferência nos negócios de nossa pátria, hão de ser sempre esmagados pela enorme superioridade com que aos outros dotou a Constituição do País".[66]

Nesse mesmo debate, contra os que pugnavam por uma proporcionalidade absoluta, Pedro Américo, irônico, observou: "A Federação não é um banco, onde cada acionista tem número de votos proporcional ao número de ações".[67]

Estava em causa a sorte dos pequenos Estados no pacto constitucional. Mais uma vez, Epitácio, com a energia do seu verbo e os incomparáveis dotes de sua eloqüência altamente persuasiva, fulminou as posições adversas:

"Os interesses de qualquer ordem de um pequeno Estado são tão dignos de acatamento e respeito por parte da União, como os interesses de qualquer ordem de um Estado mais poderoso, e isto porque a soma de interesses do primeiro tem para ela a mesma importância que para o segundo tem a soma de seus próprios interesses.

"É o caso do indivíduo que tem mil contos e de outro que tem dez mil. Tais fortunas representam para seus respectivos donos igual valor".[68]

8

João Barbalho, um clássico do comentário constitucional, e Carlos Maximiliano, igualmente célebre como comentador de textos constitucionais, deixavam entrever claramente o sentido de garantia constitucional ou de direito das

64. Magalhães, Agamenon. Apud Duarte, José. Ob. cit., 2º vol., p. 110.

65. Epitácio Pessoa: "Senhores, um distinto escritor, creio que Stuart Mill, diz que três são as condições indispensáveis para que uma Federação possa conseguir seus fins: a primeira é que haja a mais completa identidade de raça, de religião, de costumes entre as populações federadas, a segunda é que nenhum dos Estados esteja em condições de repelir por si só qualquer agressão estrangeira; e a terceira é que não haja grande desigualdade de forças entre os diversos Estados" (Pessoa, Epitácio. *Constituinte — Anais do Congresso Nacional*. Sessões de 2 a 30 de janeiro de 1891. Rio de Janeiro, Imprensa Nacional, 1891, vol. II, pp. 610-611).

66. Pessoa, Epitácio. *Constituinte — Anais*. Ob. cit., vol. II, pp. 610-611.

67. Pessoa, Epitácio. *Congresso Nacional — Anais da Câmara dos Deputados, Constituinte*, Rio de Janeiro, Imprensa Nacional, 1891, vol. I, p. 403.

68. Pessoa, Epitácio. *Congresso Nacional — Anais*. Ob. cit., vol. I, p. 403.

minorias que aquele quantitativo mínimo representa, tocante à deputação estadual na composição da Câmara Baixa.

Depois de assinalar que "teria sido curial a adoção de algumas das emendas que propunham o limite máximo do número de deputados", porquanto assembléias deliberantes "compostas de mui crescido número" geram "óbvios e gravíssimos problemas", Barbalho, reportando-se ainda ao Congresso constituinte de 1890-1891, diz que, para evitar-se uma grande desigualdade representativa, ficou estabelecido que nenhum Estado tivesse menos de quatro representantes.[69]

Enquanto isso, Carlos Maximiliano, com referência já à Constituição republicana de 1946, justificou em termos concisos e bem fundados a introdução do mínimo, como cláusula constitucional de proteção ao elemento representativo minoritário: "Para que não fique demasiado fraca a defesa dos direitos e interesses dos Estados pequenos, nenhum elege menos de sete deputados".[70]

O estabelecimento desse mínimo assume, por conseguinte, o caráter de garantia institucional, e não se concebe fora de seus laços com o princípio da igualdade.

Confere assim ao instituto da representação, de que é inseparável na forma federativa, o amparo de que este deve rodear-se, não podendo, o seu cerne, a sua essência, o seu núcleo capital, a sua identidade, ser atingido por nenhum arbítrio legislativo ou executivo — não importa de que natureza seja — uma vez que da Constituição recebe o arrimo de cláusula inviolável.

Atacar aquele mínimo seria atacar por igual a substância mesma do regime federativo. E aqui cabe, por inteiro, falar em proteção "especial" e "qualificada", que é da natureza da garantia institucional ministrar, conforme referem Klaus Stern, Carl Schmitt e F. Klein. Com efeito, pondera F. Klein: "A garantia institucional simplesmente pode impedir e impedirá que uma modificação, erosão, dano, desnaturação, quebra, arranhão, restrição, esvaziamento, abuso e lesão da instituição sejam equivalentes a sua destruição completa e existencial" ("Die institutionelle Garantie kann und will lediglich die... einer völligen, existenziellen... Vernichtung gleichkommende Abwandlung, Aushöhlung, Beeinträchtigung, Denaturierung, Durchbrechung, Durchlöcherung, Einschränkung, Entleerung, Überschreitung, Verletzung der Einrichtung... verhindern").[71]

Enfim, o mandamento impostergável do equilíbrio da Federação, que faz daquele mínimo uma garantia institucional, o promove também a direito federativo da fraternidade na visão contemporânea de um legítimo "federalismo cooperativo".

Temos aqui, por conseguinte, direito fundamental da terceira geração, desses que lograram, de último, conforme já dissemos, um teor de universalidade na consciência dos povos, sendo também o coroamento de todo um processo de tutela jurídica do próprio gênero humano, a fim de que se possa fazer eficaz, em cada ordenamento positivo, o império da igualdade real e fática, única apta a corrigir, com elementos de justiça e eqüidade, os mais graves desequilíbrios da ordem social.

A supressão tanto do mínimo como do máximo na representação estadual à Câmara dos Deputados é violência que, se um dia vier a ser perpetrada, poderá

69. Barbalho, João. *Constituição Federal Brasileira*. Comentários. Rio de Janeiro, 1902, pp. 86-87.

70. Maximiliano, Carlos. *Comentários à Constituição brasileira*. 4ª ed. atualizada, Rio de Janeiro, Freitas Bastos, 1948, p. 94.

71. Klein, F. *Institutionelle Garantien und Rechtsgarantien*. 1934, pp. 130, 134 e 135, bem como Stern, K. *Das Staatsrecht der Brundesrepublik Deeutschland*. Band III/1, München, 1988, p. 856.

arruinar, de forma definitiva, as bases funcionais e históricas sobre as quais assenta a sobrevivência do grêmio federativo, institucionalizado no Brasil com a primeira Carta republicana.

Condenados ao subdesenvolvimento político, os pequenos Estados já não seriam em rigor partícipes efetivos das decisões nacionais. Indefesos, afrontados, desprotegidos e despojados daquela garantia federativa fundamental, assistiriam eles ao impiedoso confisco e mutilação de seus direitos e, inferiorizados e esmagados pela soberania do número, só lhes restaria curvar-se ao voto e à vontade de maiorias opressoras, hegemônicas e truculentas, formadas pela coligação dos grandes Estados, nunca dispostos à transigência, ao sacrifício ou às combinações pacíficas da composição de interesses. Isto unicamente em virtude da superioridade numérica, debaixo da qual, como se vê, a desproporção de forças viria reduzir a mera ficção a aliança dos entes autônomos e federados.

Não poderá ser outro, pois, o resultado — reiteramos — se ficarem os pequenos Estados desamparados daquela sábia e prudente garantia do mínimo constitucional, garantia inabdicável em nosso sistema, sem a qual não há Federação.

9

A desigualdade política porventura existente em nossas estruturas de representação proporcional não é arbitrária e, não sendo arbitrária, não fere o princípio da igualdade, que tem proteção constitucional. É o que se infere de tudo quanto acabamos de patentear.

Instituiu-se em nosso sistema político nacional a representação mínima e máxima, exatamente com o fim de atalhar a tirania dos Estados grandes sobre os Estados pequenos e, por esse caminho, lograr o equilíbrio nas relações entre as distintas unidades da Federação, equilíbrio em que os grandes perdem e os pequenos ganham em número de representantes.

Graças a este artifício, inspirado por um princípio de justiça e eqüidade, se contrabalança o imenso poder concentrado nas mãos dos grandes Estados. Se à irresistível potência e superioridade econômica que estes já possuem se adicionar um poder político das mesmas proporções, muito em breve a Federação terá deixado de existir no Brasil.

Dissolvido e abandonado o princípio federativo, só haverá lugar para o princípio imperial, da centralização, do absolutismo, da morte das autonomias. E aquilo que fora o grande sonho de Rui, Nabuco e Silveira Martins, de uma poderosa Federação edificada sobre os cimentos da autodeterminação, da liberdade e da solidariedade, se terá desvanecido para sempre.

Anular o art. 45 da Constituição no que tange aos índices de representação mínima e máxima da deputação estadual à Câmara equivale a abrir caminho a imenso retrocesso político, provavelmente a um bárbaro retorno à política das oligarquias do ‘‘café com leite’’ dos grandes Estados, acastelados e perpetuados no poder.

Neste país de vastidão continental unicamente o pacto federativo redime. Desfeitas porém as bases da aliança representativa, aliança fraterna, que impõe sacrifícios a todos, o País só teria que perder: os pequenos Estados, sem luz, sem horizonte e sem esperança, entregues à obscuridade de seus destinos, forneceriam eles mesmos o certificado da transformação do Brasil numa Federação de opressores e oprimidos.

Não foi este porém o pensamento que se cristalizou em termos de princípio constitucional para animar e inspirar os fundamentos do regime republicano, quando a Carta de 1988 introduziu o grande princípio da redução das desigualdades regionais, elevado pelo art. 3º à dignidade de objetivo fundamental da República Federativa do Brasil e pelo art. 170 a princípio também da ordem econômica.

Gravado como direito, regra e garantia, a esse nobre princípio se acham intimamente atados os chamados direitos da terceira geração, direitos do gênero humano, conforme tantas vezes já declaramos, e, de último, em fase inicial de concretização, aos quais há de pertencer a humanidade do terceiro milênio.

Ocorre porém — e voltamos a insistir — que sobre esses direitos, entre os quais se insere o direito ao desenvolvimento e à supressão das desigualdades sociais, pesa a ameaça de serem destroçados, no que tange aos Estados pequenos, caso os desiguais sejam tratados igualmente, como é da essência da proposta de inconstitucionalidade, colocada perante o Supremo Tribunal Federal pelo Governador do Rio Grande do Sul.

Órgão de uma vasta rede de interesses dos grandes Estados, essa autoridade não busca outro objetivo senão conduzir tais Estados a uma esfera de predomínio absoluto, em termos políticos. Mas isto acarretaria a queda da Constituição, e, pior ainda, de um sistema federativo, cuja história, aqui e em toda parte, é a biografia da liberdade. Com efeito, o federalismo fez nascer na ordem jurídica o controle de constitucionalidade. E a esse controle os pequenos Estados entregam hoje a sua causa. O Supremo Tribunal Federal, guardião da inviolabilidade da Constituição, decerto não lhes faltará, fulminando a manobra divisionista — a mais perversa da História brasileira como atentado à unidade nacional.

10

Em suma, a Ação Direta de Inconstitucionalidade, ajuizada pelo Governo do Estado do Rio Grande do Sul, é, por todas as razões acima expostas, absolutamente inconstitucional.

A norma constante do § 1º do art. 45 da Constituição Federal, ao determinar que nenhuma unidade da Federação tenha menos de oito Deputados, estabeleceu um mínimo "indiminuível", para usar mais uma vez o designativo de Pontes de Miranda.[72]

Não pode aquela norma, em hipótese alguma, ser abolida por emenda constitucional nem invalidada por sentença judicial. É cláusula pétrea da Constituição. E recebe, por inteiro, a proteção do § 4º do art. 60 da Lei Maior.

Atropelaria princípios invioláveis do Estatuto Fundamental — entre outros, o do equilíbrio federativo — quem porventura ousasse suprimi-la do corpo normativo da Constituição.

Alterá-la ou extingui-la não pode nem o legislador ordinário, nem o reformador constituinte, nem o juiz constitucional. O único poder com legitimidade para modificar tal norma ou fazê-la desaparecer de nosso ordenamento constitucional seria aquele que, numa sociedade livre e democrática, é depositário da soberania e titular de todos os Poderes: o poder constituinte originário.

Mas para tanto precisaríamos de fazer uma nova Constituição.

Eis o nosso Parecer, s.m.j.

Fortaleza, março de 1993

72. Pontes de Miranda. Ob. cit., p. 452.

CRIME DE RESPONSABILIDADE — RENÚNCIA DO AGENTE — EFEITOS PROCESSUAIS

FÁBIO KONDER COMPARATO
Professor Titular da Faculdade de Direito da Universidade de S. Paulo,
Doutor em Direito da Universidade de Paris

"We must never forget that it is a constitution *we are expounding."*
Chief Justice Marshall, in *McCulloch v. Maryland* (1819).

Parecer

1. A advertência do primeiro e mais celebrado Presidente da Suprema Corte Federal dos Estados Unidos há de ser constantemente lembrada, toda a vez que está em causa a ordem constitucional do País.

Uma Constituição, com efeito, não difere de leis ordinárias, tão-só, pela sua culminância hierárquica em relação a estas, mas também e sobretudo pela matéria que forma a sua essência e sua razão de ser. Objeto da Lei Suprema não são relações entre particulares, ou direitos e obrigações privadas. É a organização do próprio Estado, as relações entre os diferentes Poderes, a proteção dos direitos fundamentais e os princípios estruturantes da sociedade civil.

Por isso mesmo, como tem sido constantemente lembrado — notadamente na doutrina alemã[1] e italiana[2] — o supremo critério interpretativo em matéria constitucional consiste em nunca se perder de vista a realidade política subjacente à questão deduzida em juízo.

Afinal, uma Constituição não é a lei do inquilinato nem tem a mesma envergadura de um estatuto dos corretores e leiloeiros. "É ridículo", profligou Montesquieu meio século antes do início do movimento constitucionalista, "pretender decidir sobre os direitos dos reinos,

1. "Verfassungsrecht regelt politisches Wirken, politische Willensbildung (...). Daraus resultiert der starke Einfluss des 'Politischen' auf die Verfassungsauslegung. Er entspricht dem *'politischen' Charakter des Rechtsstoffes*. Verfassungsinterpretaverlieren": Klaus Stern, *Das Staatsrecht der Bundesrepublik Deutschland*, t. I, 2ª ed., Munique, Beck, 1984, p. 129.

2. "Particulare rilievo assume l'interpretazione delle dispositizioni costituzionali per la natura stessa di tali disposizioni nelle quali è presente, rispetto alle altre, *una più elevata carica di politicità*, atteso che esse valgono ad esprimere i valori ed i fini politici ritenuti fondamentali dalla comunità che si è organizzata in Stato" (Temistocle Martines, *Diritto Costituzionzale*, 4ª ed., Milão, Giuffrè, 1986, p. 121). Idem, P. Biscaretti Di Ruffia, *Diritto Costituzionale*, 13ª ed., Nápoles, Jovene, 1983, p. 125.

das nações e do universo, pelas mesmas máximas com as quais se decide entre particulares sobre o direito a uma calha de águas pluviais''. ''Não é para a família reinante'', argumentava, ''que a ordem de sucessão é estabelecida, mas porque é do interesse do Estado que haja uma família reinante. A lei que regula a sucessão entre particulares é uma lei civil, que tem por objeto o interesse dos particulares; a que regula a sucessão monárquica é uma lei política, que tem por objeto o bem e a conservação do Estado''.[3]

E prosseguindo na aplicação desse princípio distintivo básico entre o espírito do direito público e o do direito privado, deu Montesquieu um exemplo luminoso, que se ajusta à maravilha ao caso em julgamento. ''O ostracismo'', dizia ele, ''deve ser examinado segundo as regras da lei política e não pelas regras da lei civil. Longe de desonrar o governo popular'' — isto é, a democracia, diríamos hoje —, ''esse costume é, ao contrário, muito apropriado para demonstrar-lhe a moderação. Sendo o exílio entre nós uma pena, teríamos percebido isso, se tivéssemos podido separar a idéia de ostracismo da de punição''.[4]

2. O mandado de segurança, em estudo, não traz a julgamento uma questão envolvendo o direito de um particular, pretensamente violado pelo Poder Público, mas sim o questionamento de uma decisão da Câmara Alta do Poder Legislativo, no exercício de sua incontestável competência do mais elevado tribunal político do País. O que está agora em causa não é uma relação individual entre o Estado e um cidadão, sobre matéria de interesse particular. É a responsabilidade de um Chefe de Estado no desempenho das funções de seu cargo; é o relacionamento entre o Tribunal Supremo e o Senado Federal, sobre as condições de admissibilidade de um futuro preenchimento de cargos públicos, por alguém já julgado indigno de ocupar a primeira magistratura política da Nação.

O Senado Federal, à quase unanimidade, reconheceu que o Impetrante praticou crimes de responsabilidade, no exercício do múnus presidencial. Sobre isto não paira a menor dúvida, *nem o Impetrante tem o direito de contestar o julgamento no mérito*. O que ele simplesmente argúi — com a ousadia que sempre marcou sua personalidade — é o seu ''direito'' a furtar-se à sanção conseqüente ao delito político cometido, por efeito do solerte expediente de renunciar ao cargo em plena sessão de julgamento.

A demanda procura, por essa forma, iniludivelmente, suscitar o confronto político entre o Poder Legislativo e o Poder Judiciário, sobre matéria da maior relevância para a organização do Estado, tanto na esfera federal quanto na estadual. A Câmara dos Deputados e o Senado Federal entenderam, por esmagadoras maiorias, que o Impetrante ofendera gravemente a dignidade do cargo e que merecia punição. O que se pretende, com a presente demanda, é conseguir que o Supremo Tribunal Federal desautorize, pública e solenemente, ambas as Casas do Legislativo, eleitas pelo voto popular. O que se busca é emascular, sob a autoridade da toga, o poder constitucional do Congresso de fazer o juízo político do Chefe do Executivo. Pois a tanto equivale pedir que se considere isento de sanção por crime político o governante que, astutamente, renuncia ao cargo pouco antes de ser sentenciado.

Percebe-se, pois, que a figura do Impetrante entra, nesse quadro político altamente conflitivo, como autêntico agente provocador — inconseqüente e irresponsável.

O Supremo Tribunal Federal há de julgar a presente demanda, interpretando

3. *De l'Esprit des Lois*, livro XXVI, cap. XVI: ''Qu'il ne faut point décider par les règles du droit civil quand il s'agit de décider par celles du droit politique''.

4. Ibidem, cap. XVII.

a Constituição à luz da realidade política, que lhe dá consistência e sentido, e não abstratamente, como discussão acadêmica de um tema de escola.

3. Hoje, aliás, o método hermenêutico mais autorizado em matéria constitucional é o da concretização.[5] Segundo ele, o sentido e alcance de uma norma jurídica nunca se colhe *in abstracto*, antes de suscitado o problema vital a resolver. A verdadeira inteligência normativa só se acende em contato com o fato controvertido. A norma, isolada da realidade concreta, é suscetível de uma leitura meramente formal e, por isso mesmo, estéril: ela não produz soluções, mas presta-se, quando muito, a uma análise literária, isto é, conceitual ou sintática.

A concretização hermenêutica de uma questão constitucional costuma fazer-se pelo prognóstico dos efeitos das alternativas decisórias.[6] O julgador deve ter sempre em mente, ao decidir, as conseqüências previsíveis da solução que adota, não só para as partes processuais mas também — máxime em se tratando de matéria constitucional — para a vida política do País em seu conjunto.

No caso, com a deliberação da Câmara dos Deputados de aprovar o relatório da Comissão Parlamentar de Inquérito, que deu origem ao pedido de *impeachment* do Impetrante, e com o julgamento deste pelo Senado Federal, ficou evidente que o ex-Presidente da República procedera com grave improbidade no exercício do mandato. Esse juízo, repise-se, transitou em julgado, pelo fato de o Senado ter a competência constitucional exclusiva para julgar o Presidente da República por crimes de responsabilidade.

Dispõe o art. 37, § 4º da Constituição Federal que "os atos de improbidade de administrativa importarão", além de outras penalidades, "a suspensão dos direitos políticos". Ora, esta última, em razão do estatuído no art. 94, V do Código Eleitoral, representa um impedimento intransponível à candidatura a cargos eletivos.

Não é difícil concluir daí que uma decisão concessiva da segurança impetrada, no caso ora em julgamento, acarretará fatalmente duas conseqüências da maior jactura para a ordem jurídico-constitucional do País.

Em primeiro lugar, a concessão da segurança impetrada, ao importar na nulificação do julgamento havido no Senado Federal, produzirá um surpreendente efeito *extra petitum*, com a implícita absolvição do Impetrante quanto à imputação de conduta indecorosa no exercício do cargo. O Impetrante sairá, desse Pretório Supremo, limpo de toda mancha política e, reversamente, o Senado Federal acabará tisnado com a insuportável pecha de haver procedido, como Alta Corte Política, de modo abusivo e irresponsável.

Qual o juízo político que sobre tal episódio fará inelutavelmente o povo, como titular da soberania?

Em segundo lugar, a concessão da segurança representará perigosíssimo precedente, para se considerar que, enquanto todos os servidores públicos ficam sujeitos à regra de suspensão de direitos políticos quando reconhecidos culpados de improbidade administrativa, o Chefe do Poder Executivo federal e, por via de conseqüência, também os Chefes de Governo estaduais e municipais, ainda quando reconhecidamente ímprobos, podem se manter no gozo de seus direitos políticos, se tiverem a habilidade de renunciar ao mandato antes de proferi-

5. É o método dominante na doutrina constitucionalista germânica. Cf. Konrad Hesse, *Grundzüge des Verfassungsrechts der Bundesrepublik Deutschland*, 15ª ed., Heidelberg, Müller, 1985, n. 60 e ss.; Ekkehart Stein, *Staatsrecht*, 11ª ed., Tübingen, J.C.B. Mohr, 1985, § 9º; Klaus Stern, ob. cit., t. I, pp. 137 e ss.

6. É o que preconiza com ênfase Ekkehart Stein, ob.cit., ibidem.

da a decisão final em processos por crime de responsabilidade.

4. O povo brasileiro acaba de reafirmar, em plebiscito, a sua adesão ao regime republicano.

Ora, um dos princípios cardeais da república consiste na equipolência entre responsabilidade e poder, asim como princípio maior do regime democrático é o da igualdade perante a lei. A Constituição Federal, importa não esquecer, abre-se com a declaração solene de que "a República Federativa do Brasil constitui-se em Estado Democrático de Direito" (art. 1.º).

Pode o Supremo Tribunal Federal desconsiderar a decisão plebiscitária e o próprio espírito da Constituição brasileira, para legitimar, com o peso de sua supina autoridade, um regime de responsabilidade "atenuada" para os Chefes de Governo, relativamente a todos os demais agentes políticos e servidores públicos?

Tudo isto, quanto ao regime político. Mas não é só. Da eventual concessão da segurança outra nefasta conseqüência advirá em relação à forma de governo, a qual foi igualmente reafirmada em plebiscito.

Tem-se dito e repisado, sem descontinuar, que a matriz norte-americana do sistema presidencial de governo degenerou, entre nós, num "presidencialismo imperial", com evidente alusão à potestade romana de *imperium*, originalmente um atributo próprio do rei. Haveremos de sofrer, nos moldes do que dispunha a Carta de 1824 sobre o Imperador (art. 99), que a pessoa do Presidente da República "é inviolável e sagrada", não estando ele sujeito, quando renuncia oportunamente a seu cargo, à responsabilidade política alguma?

Não, mil vezes não. O mais elevado tribunal da República não haverá de coonestar a derrocada dos princípios fundamentais de nosso direito público. Ele saberá enxergar, além e acima dos debates forenses e das teses doutrinárias, o sentido político da Constituição que interpreta.

Examinemos as matérias preliminar e de mérito.

a) Processo no STF

5. O Supremo Tribunal Federal, se entender que deve conhecer do mandado de segurança impetrado, *não poderá julgá-lo, no mérito, sem o concurso de votos da maioria absoluta de seus integrantes.*

Com efeito, objeto do provimento judicial reclamado é a nulidade de um ato de julgamento, exarado pelo Senado Federal, no exercício de sua competência constitucional privativa. A decisão do plenário daquela Casa Legislativa é acoimada de inconstitucional.

Dispõe a Constituição de 1988, em seu art. 97, que "somente pelo voto da maioria absoluta de seus membros (...) poderão os tribunais declarar a inconstitucionalidade de lei ou ato normativo do Poder Público".

Essa regra de *full bench*, como é óbvio, tem por finalidade reforçar a autoridade do Poder Judiciário, diante dos demais Poderes do Estado. A competência de decretar a inconstitucionalidade de atos ou decisões, tanto do Legislativo quanto do Executivo, representa a chave de abóbada do Estado de Direito. Mas ela é atribuída a um órgão estatal que, na frase sempre citada de Montesquieu, é despido de todo poder.[7] O Judiciário, mesmo e sobretudo quando nulifica atos de outros ramos do Estado, não exerce poder: manifesta uma *auctoritas*, no sentido que o direito romano atribuía às deliberações do Senado, isto é, um prestí-

7. "Des trois puissances dont nous avons parlé, celle de juger est en quelque façon nulle" (ob. cit., Livro XI, cap. VI).

gio funcional incontrastável, na estrutura do regime político.

Quando os juízes e tribunais mandam penhorar bens de um executado, ou determinam o recolhimento do réu à prisão, não dispõem da força pública para fazer cumprir compulsoriamente as suas decisões: dependem do concurso do Poder Executivo. Quando o Supremo Tribunal Federal declara a inconstitucionalidade de uma lei, não tem obviamente poder para compelir o Senado Federal a suspender-lhe a execução (Constituição, art. 52, X). Só mesmo a autoridade do órgão judiciário, fundada em sua função de custódio máximo da Constituição, leva os demais Poderes do Estado a acatar suas decisões e sentenças.

Na espécie, pede-se ao órgão de cúpula do Poder Judiciário que declare nula, por ofensa à Constituição Federal, uma sentença do plenário do Senado Federal, proferida contra o ex-Presidente da República. Que autoridade teria uma decisão da Suprema Corte, prolatada por menos da metade de seus Juízes, para se opor à Câmara Alta do Poder Legislativo, no exercício de sua competência exclusiva?

Não colhe o eventual reparo, superficial e estreito, de que o texto constitucional fala agora em ''ato normativo'', quando as Constituições anteriores referiam-se, simplesmente, a ''ato do Poder Público''.

Parece inadequado atribuir à expressão ''ato normativo'', nessa passagem constitucional, o sentido único de norma coletiva, dirigida a um número indeterminado de destinatário, em oposição às normas individuais, que se aplicam a pessoas ou órgãos determinados.

Como demonstrou convincentemente o campeão do normativismo, Hans Kelsen,[8] há atos normativos individuais, isto é, dirigidos a pessoa determinada, os quais podem ter um conteúdo geral, quando, por exemplo, regulam o comportamento dessa pessoa para o futuro. É de se lembrar, assim, que a sentença que decide uma ação cominatória vale, segundo a expressão consagrada, como preceito.

No caso, ninguém poderá negar que a decisão a ser proferida pela Suprema Corte representará um precedente da maior importância a guiar a atuação do Senado e do próprio Supremo Tribunal, na matéria delicadíssima entre todas de harmonização dos Poderes. O decisório servirá, indubitavelmente, de preceito ou norma de conduta constitucional.

A Corte Suprema tem, tradicionalmente, interpretado os dispositivos constitucionais com razoabilidade e largueza de visão. Assim é que onde a Constituição Federal em vigor, na esteira das que a precederam, dispõe competir ao Supremo processar e julgar mandados de segurança contra atos ''das Mesas da Câmara dos Deputados e do Senado Federal'' (art. 102, I, *d*), há acórdão unânime do Tribunal, julgando que essa competência, não obstante a dicção literal do texto, deve estender-se às decisões do plenário dessas Casas Legislativas.[9]

O Impetrante está, no presente processo, se beneficiando dessa interpretação extensiva da disposição constitucional, marcada pelo princípio do *favor iustitiae ac libertatis*. Por que razão não haveria o Tribunal de usar no mesmo critério de interpretação ampla e razoável da Constituição, *em defesa de sua própria autoridade de órgão judiciário supremo*?

A extraordinária importância política da decisão a ser proferida — o julgamento da constitucionalidade de uma sentença do plenário do Senado Federal,

8. *Allgemeine Theorie der Normen*, Viena, Manzsche Verlags — und Universitätsbuchhandlung, 1979, p. 6.

9. Mandado de segurança n. 1.959, julgado em 23 de janeiro de 1953, Rel. Min. Luís Gallotti, *Revista Forense* 148/152.

dirigida a um ex-Presidente da República — está a exigir que o Supremo Tribunal Federal observe a regra de *quorum* decisório excepcional, prevista no art. 97 da Constituição.

b) Contornos do Direito em exame

6. O Impetrante não ajuizou uma ação ordinária, mas um mandado de segurança. Indispensável, portanto, que se verifique se a pretensão deduzida em juízo corresponde ao remédio utilizado, em sua especificidade própria.

O mandado de segurança não cabe para a defesa de direitos quaisquer, mas apenas de direitos líquidos e certos.

A jurisprudência já fixou o entendimento de que essa qualificação própria dos direitos subjetivos, protegidos pela ação mandamental, diz respeito à certeza dos fatos sobre os quais se apóia a demanda, pois o procedimento não comporta a dilação probatória.

É preciso não esquecer, porém, que além dessa certeza dos fatos que fundamentam a pretensão do demandante, outro requisito, expresso na disposição constitucional (art. 5º, LXIX), está envolvido na qualificação da liquidez do direito invocado: é o *abuso ou ilegalidade* do ato de autoridade pública, contra o qual se volta o Impetrante. Não cabe mandado de segurança, para atacar ato que entra na esfera de discricionariedade razoável da autoridade pública, ou ato cuja ilegalidade, ou *a fortiori* inconstitucionalidade, não é manifesta.

Em matéria de recurso extraordinário, a Suprema Corte já assentou em súmula (n. 400) que a "decisão que deu razoável interpretação à lei, ainda que não seja a melhor, não autoriza recurso extraordinário". Já decidiu também, reiteradamente,[10] que a ofensa a preceito constitucional, autorizadora de recurso extremo, há de ser sempre "direta e frontal".

Esses mesmos critérios, como é curial, hão de ser utilizados para se aferir quando cabe o mandado de segurança impetrado contra ato que se diz contrário à Constituição.

Ora, no presente processo, o Impetrante realizou a proeza de pedir segurança sem ter direito líquido e certo nem mesmo direito algum a ser protegido.

Carência de Direito líquido e certo

Em sua longa petição, o Impetrante não conseguiu demonstrar, minimamente, que o julgamento senatorial, contra o qual se insurge, foi abusivo ou inconstitucional, ferindo assim seu direito líquido e certo a exercer, futuramente, outras funções públicas.

Para nos certificarmos dessa triste verdade, basta analisar, um a um, os argumentos apresentados para fundamentar o pedido inicial.

a) Pretensão fundada em Direito revogado

7. Insurgindo-se contra um julgamento que alega ser contrário à Constituição, o Impetrante escorou sua demanda não em dispositivo constitucional, mas em norma de lei já de há muito revogada.

Cuidando do julgamento do Presidente da República por crime de responsabilidade, a Constituição de 1891 dispunha (art. 33, § 3º): "(O Senado) não po-

10. Cf. *Revista Trimestral de Jurisprudência* 105/704 e 1.279, 107/661, 120/912, 125/705. "A ofensa oblíqua da Constituição, inferida de prévia vulneração da lei, não oferece trânsito ao recurso extraordinário. O desrespeito ao texto constitucional, que enseja a interposição do apelo extremo, é aquele direto e frontal, invocado em momento procedimentalmente adequado" (*RT*, 674/250).

derá impor penas mais que a perda do cargo e a incapacidade de exercer qualquer outro, sem prejuízo da ação da justiça ordinária contra o condenado".

Regulando a mesma matéria, a Constituição atual dispõe (art. 52, § único): "Nos casos previstos nos incisos I e II (processo e julgamento de crimes de responsabilidade do Presidente da República e seus Ministros), funcionará como Presidente o do Supremo Tribunal Federal, limitando-se a condenação, que somente será proferida por dois terços dos votos do Senado Federal, à perda do cargo, com inabilitação, por oito anos, para o exercício de função pública, sem prejuízo das demais sanções judiciais cabíveis".

Por mais que se torturem os textos, não se consegue extrair diferença substancial alguma entre um e outro. Em ambos, estabelecem-se duas penas e nada se diz a respeito dos efeitos de uma eventual renúncia, do Presidente ou de seus Ministros, antes de proferida a decisão, ou mesmo antes de iniciado o processo.

As diferenças de regulação só podiam advir da lei complementar, que ambas as Constituições previram para definir os crimes e estabelecer as normas de processo e julgamento (Constituição de 1891, art. 54, § § 1º e 2º; Constituição de 1988, art. 85, § único).[11]

A Lei n. 30, de 8 de janeiro de 1892, dispôs efetivamente, em seu art. 3º: "O processo, de que trata esta lei, só poderá ser intentado durante o período presidencial, e cessará, quando o Presidente, por qualquer motivo, deixar definitivamente o exercício do cargo".

11. De acordo com o disposto nos parágrafos de seu art. 54, a nossa primeira Constituição republicana determinava a edição de duas leis distintas, uma para definir os crimes e outra para regular "a acusação, o processo e o julgamento". A primeira foi a Lei n. 27, de 7 de janeiro de 1892 e a segunda, a de n. 30, promulgada em 8 de janeiro do mesmo ano.

Acontece que essa lei foi inteiramente revogada pela de n. 1.079, de 10 de abril de 1950, a qual foi recebida pelas Constituições que se lhe seguiram, inclusive as de 1988, como já decidiu essa Suprema Corte. Ora, a Lei 1.079, em lugar da norma supracitada da Lei n. 30, de 1892, editou outra, de sentido e alcance muito diversos:

"Ar. 14. É permitido a qualquer cidadão denunciar o Presidente da República ou Ministro de Estado, por crime de responsabilidade, perante a Câmara dos Deputados.

"Art. 15. A denúncia só poderá ser recebida enquanto o denuciado não tiver, por qualquer motivo, deixado definitivamente o cargo".

Em suma, enquanto a lei de 1892 determinava a cessação do processo quando o Presidente da República houvesse, por qualquer motivo, deixado definitivamente o cargo, a lei posterior, ainda vigorante, não reproduziu essa norma, limitando-se a fixar uma condição para o início do processo, tão-somente.

Como se percebe desde logo, no presente processo:

1) o Impetrante confronta o julgamento impugnado, não com a Constituição vigente, mas com a legislação complementar;

2) a lei complementar, que ampararia a pretensão deduzida em juízo, já não está mais em vigor;

3) a nova lei complementar limita-se a impedir o início do processo, pelo recebimento da denúncia, quando o denunciado já não ocupa o cargo.

Não é de admirar, nessa perspectiva, que todas as autoridades citadas na petição inicial, exceto uma, como "doutrina uníssona" a sustentar a pretensão do Impetrante, *escreveram durante a vigência da Lei n. 30, de 1892, revogada pela Lei n. 1.079, de 1950*. Elas fizeram o que a teoria constitucionalista alemã contemporânea denomina *gesetzeskonforme Auslegung der Verfassung*, isto é, uma exegese da Constituição conforme as leis.[12]

Tanto isso é verdade que Pontes de Miranda, cuja opinião o Impetrante evitou cuidadosamente invocar, em comentário ao art. 57 da Constituição de 1934,[13] declarava ser o *impechment* "a medida que tem por fito obstar, impedir, que a pessoa investida de funções públicas continue a exercê-las. Em conseqüência disso", prosseguia, "não se instaura processo político, nem cabe prosseguir-se no processo já existente, se o acusado deixa *definitivamente* as funções que exercia e em virtude das quais tinha foro especial". Mas, ao comentar a Constituição de 1967/1969, Pontes de Miranda *já não reproduziu essa opinião* que, manifestamente, fora expendida em função da legislação complementar anterior a 1950.

O Impetrante faz questão de citar a autoridade de Rui Barbosa quando este, na qualidade de ex-Ministro do Marechal Deodoro da Fonseca, defendia a tese da impossibilidade de abertura de processo de crime de responsabilidade contra quem já deixara o cargo de Presidente da República. Absteve-se, no entanto, o Impetrante de lembrar que o grande jurisconsulto fundava a sua opinião, não na norma constitucional, mas, precisamente, no texto do transcrito art. 3º da Lei n. 30, de 1892.[14]

Da mesma forma, quando Aníbal Freire da Fonseca se insurgia contra essa tese da possibilidade jurídica de preclusão do processo de crime de responsabilidade pela renúncia do acusado,[15] argüia, com toda razão, que a Lei n. 30 distorcera a norma constitucional e desvirtuara o instituto da responsabilidade política.

b) O réu não tem o direito potestativo de extinguir a punibilidade do crime que praticou

8. Numa das passagens mais surpreendentes da petição inicial, o Impetrante sustenta que o réu, nos processos-crimes, pode, em certas circunstâncias, dispor da pena (*sic*), afirmando que disso "o exemplo mais conspícuo é o da prescrição".

É deplorável verificar que o afã da demonstrar a existência de um direito líquido e certo tenha levado o Impetrante a perpetrar tão clamoroso despropósito argumentativo, capaz de comprometer toda a seriedade da impetração. Com que, então, o Estado estaria impedido de dispor de uma pena criminal, instituída em lei, mas o réu — justamente ele! — teria todo o direito de fazê-lo, fora de qualquer previsão legal?

Escusa lembrar que a fuga do criminoso — sobretudo do condenado — não pode, a não ser no quadro de uma escandalosa confusão mental, ser equiparada a um negócio jurídico produtor de efeitos desconstitutivos, pela simples manifestação de vontade do agente: uma espécie de direito potestativo, em suma.

É escusado também assinalar, pelo respeito que merece aos litisconsortes o Supremo Tribunal, que a renúncia é um ato abdicativo de direitos e prerrogativas,

12. Cf. Konrad Hesse, ob. cit., n. 85.

13. *Comentários à Constituição da República dos E.U. do Brasil*, t. I, Rio de Janeiro, Ed. Guanabara, s/d, p. 592.

14. Cf. Ruy Barbosa, *Commentarios à Constituição Federal Brasileira*, coligidos e ordenados por Homero Pires, III vol., São Paulo, Saraiva, 1933, p. 440.

15. "Um presidente que tenha cometido malversações no exercício de seu cargo e se veja assediado pela oposição tenaz do Congresso e sem apoio da opinião pública, pode facilmente escapar ao castigo de seus crimes, preferindo renunciar ao poder, a se expor a uma condenação de efeitos duradouros" (*O Poder Executivo na República Brasileira*, co-edição da Câmara dos Deputados e da Universidade de Brasília, 1981, p. 86).

mas nunca de deveres ou responsabilidades. Pretender-se, assim, que o Impetrante, ao renunciar na undécima hora o cargo que ocupava, despiu-se também de todas as responsabilidades acarretadas pelos atos ou omissões antijurídicas em que incorreu no exercício de suas funções, é fazer pouco caso do tribunal, da inteligência de seus integrantes. É agir em manifesto contempto à dignidade da Justiça.

Vale, no entanto, assinalar aqui que o Impetrante, fiel à incoerência que sempre o caracterizou, adota neste processo o comportamento contraditório de invocar e repudiar, ao mesmo tempo, os princípios do direito penal. No presente argumento, o direito criminal, segundo alega, viria em seu socorro. Por isso, cita algumas hipóteses em que a punibilidade pode ser extinta por ato posterior do criminoso.

Não lhe ocorreu, porém, a verdade singela de que:

a) nenhum caso de extinção da punibilidade de crimes existe sem expressa previsão da lei, em estrita obediência ao princípio da reserva legal que domina essa matéria; e que a renúncia do denunciado por crime de responsabilidade não é prevista em lei alguma como fator extintivo da pena;

b) todos os casos lembrados pelo Impetrante de extinção da punibilidadc por ato do criminoso (e mais o casamento do sedutor com a ofendida, por ele não citado) fundam-se no princípio do estímulo à reparação do dano, sendo que a renúncia ao cargo, por parte do réu em crime de responsabilidade, não contribui de nenhuma forma para reparar dano algum.

c) A falsa acessoriedade da pena de interdição de direitos, nos crimes de responsabilidade

9. Para demonstrar que a pena de inabilitação para o exercício de função pública, nos crimes de responsabilidade, é meramente acessória à perda do cargo, o Impetrante começa por afastar toda consideração de direito criminal. Agora, este direito, cuja invocação lhe é inconveniente — é sabido que a nova Parte Geral do Código Penal (art. 44) tornou a pena de interdição de direitos autônoma, como todas as outras —, deve ser totalmente afastado.

A tentativa de prova dessa acessoriedade é feita com duas considerações de análise verbal e *com* uma citação doutrinária.

Na frase anterior, a preposição "com" foi ressaltada, justamente para mostrar um dos seus sentidos na língua portuguesa: o de meio ou instrumento.[16]

O outro sentido usual é de inclusão ou adjunção, em antonímia a "sem": o advogado compareceu *com* o seu cliente à audiência; arroz *com* feijão.[17]

O Impetrante, porém, proclama haver descoberto um terceiro sentido do vocábulo, para o qual, até agora, não haviam atinado nem os dicionaristas nem os melhores autores: "com" exprimiria também a idéia de acessoriedade. Assim, quando o texto constitucional declara que o Presidente, condenado por crime de responsabilidade, está sujeito à "perda do cargo, com inabilitação, por oito anos, para o exercício de função pública", isto significaria que, sem a aplicação da pena de perda do cargo, seria impossível a inabilitação para o exercício de função pública.

O argumento, como se vê, é de uma tolice manifesta. A petição inicial, que já não brilhava pela qualidade do raciocínio jurídico, adentra aqui, violentamente, no terreno do atentado à gramática.

16. Cf. Napoleão Mendes de Almeida, *Dicionário de Questões Vernáculas*, São Paulo, Editora "Caminho Suave" s/d, verbete COM.

17. Cf. M. Said Ali, *Gramática Secundária e Gramática Histórica da Língua Portuguesa*, Ed. Unib, 1964, p. 101.

Não menos lastimável é o outro argumento verbal. O campo operatório, agora, já não é o texto constitucional, mas a Lei n. 1.079, de 1950, cuja vigência é, assim, subitamente descoberta. Quando o art. 33 desse diploma legal declara que "no caso de condenação, o Senado por iniciativa do Presidente fixará o prazo de inabilitação do condenado para o exercício de qualquer função pública", o Impetrante proclama, jubilosamente, que os vocábulos "condenação" e "condenado" seriam a prova de que só pode haver aplicação da pena de interdição de direito, depois que o réu foi condenado a perder o cargo... Curiosamente, não parece ter ocorrido ao Impetrante a verdade acaciana de que nenhuma pena criminal — acessória ou principal — pode ser aplicada ao réu, sem que ele tenha sido condenado pela prática do crime objeto da denúncia.

Por último, na sustentação da tese de que a inabilitação para o exercício de função pública seria uma pena acessória, socorre-se a petição inicial da opinião de Aureliano Leal, para quem a tese contrária abriria ao Senado a possibilidade jurídica de decretar essa interdição de direito, sem afastar definitivamente o Presidente do cargo.

O argumento é, realmente, a prova do absurdo pelo disparate. Adotando-se esse tortuoso pensamento, que de raciocínio nem o nome deve ter, chega-se, logicamente, à conclusão de que a perda do cargo é a pena acessória em relação à inabilitação de exercício de função pública, e não o contrário. Pois se o Presidente é condenado a não exercer função pública, com que direito poderia ainda permanecer no cargo?

Ora, todo esse malabarismo semântico e retórico não pode obscurecer a verdade singela de que a Constituição instituiu, para esses crimes políticos, *duas penas conjuntas*, como revela, de resto, o emprego da preposição "com", no sentido primigênio que teve na língua matriz e continua a manter em todos os idiomas neolatinos.

O texto constitucional, em sua estrutura de norma penal, é estritamente vinculante para o julgador. Reconhecendo o Senado que o acusado cometeu crime de responsabilidade, como tal definido em lei especial, não pode deixar de aplicar ambas as penas previstas. É, justamente, deixando de fazê-lo que o órgão julgador cometeria um abuso e violaria a Constituição.

d) A jurisprudência do Supremo Tribunal em matéria de crimes de responsabilidade de Prefeitos Municipais

10. Como último argumento, para demonstrar a liquidez e certeza do alegado direito de não se ver inabilitado para o exercício de funções públicas, invoca o Impetrante a conhecida jurisprudência dessa Suprema Corte, em matéria de crimes de responsabilidade de Prefeitos Municipais.

O sofisma, porém, também aqui, é evidente. Da mesma forma que a "doutrina uníssona", mencionada pelo Impetrante, não comentava os dispositivos da Lei 1.079, mas o direito anterior, analogamente os julgados referidos do Supremo Tribunal *não se referem à questão tópica dos efeitos da renúncia do Prefeito, depois de regularmente instaurado o processo por crime de responsabilidade*.

O Impetrante incorre, maliciosamente ou não, pouco importa, no vício lógico da *ignoratio elenchi*: o argumento utilizado nada tem a ver com o tema em debate. Senão, vejamos.

Muito embora o Decreto-lei 201, de 1967, haja revogado a Lei 3.528, de 1959, a qual mandava aplicar, quanto ao processo por crime de responsabilidade de Prefeito, as normas da Lei 1.079, o Supremo Tribunal Federal continuou a entender, de acordo com o disposto no art. 15 deste último diploma legal, que a denúncia não pode ser recebida, se o acusado já não se encontra no exercício do cargo.

Assim, tanto na ação penal n. 212, de São Paulo, julgada em 17.11.1971, quanto na reclamação n. 17, também de São Paulo, o Supremo deixou claro que "nos processos especiais, de natureza política, previstos para a repressão dos chamados crimes de responsabilidade, *a denúncia somente pode ser recebida enquanto o denunciado não houver, por qualquer motivo, deixado definitivamente o cargo*. É o que decorre, necessariamente, da finalidade desse gênero de processo. O Decreto-lei 201/67, nessa parte, não revogou o direito anterior. Antes o confirmou, implicitamente, porém de maneira inequívoca".[18]

A questão litigiosa que constitui objeto da presente impetração, porém, é bem outra. É a de se saber se, uma vez regularmente iniciado um processo por crime de responsabilidade, pode o denunciado safar-se da condenação pela renúncia ao cargo.

Foi isto, exatamente, o que ocorreu na espécie. A Câmara dos Deputados autorizou a denúncia e ela foi regularmente recebida no Senado. O Impetrante não contesta este fato. Foi só depois de iniciado o processo no Senado, depois de pronunciado o Impetrante por votação do plenário daquela Casa Legislativa, quando já iniciada a sessão final de julgamento, que o Impetrante se avisou de renunciar ao cargo, pretendendo com isso evitar o julgamento.

Pode a Suprema Corte, seriamente, concordar com essa pantomima e livrar o Impetrante da justa condenação pelos crimes que praticou?

É claro que não, pois, quando mais não fosse, *a jurisprudência do Tribunal a isso se opõe*. Assim, no julgamento do habeas-corpus n. 52.908, de São Paulo, sendo relator o Ministro Thompson Flores,[19] o Supremo deixou claro que o fato de o Prefeito haver deixado definitivamente o cargo não impedia o prosseguimento da ação penal se, na sua origem, ela fora validamente instaurada. Da mesma forma, ao julgar o recurso de habeas-corpus n. 55.705, do Ceará, sendo relator o Ministro Moreira Alves, decidiu essa Egrégia Corte que "a jurisprudência do Supremo Tribunal Federal que veda a instauração da ação penal, com base no Decreto-lei 201/67, contra acusado que tenha deixado de exercer, em definitivo, o cargo de prefeito municipal, não impede o prosseguimento da ação penal pela circunstância de o mandato se ter extinto depois do recebimento válido da denúncia".[20]

Aliás, a prova definitiva de que essa questão das condições de abertura ou encerramento do processo, em matéria de crimes de responsabilidade, não decorre necessariamente do texto constitucional, mas é regulada pela legislação complementar, nos é dada pelo teor da Lei 7.106, de 28 de junho de 1983, que define os crimes de responsabilidade do Governador do Distrito Federal, dos Governadores dos Territórios Federais e de seus respectivos Secretários. Em seu art. 5º, dispõe expressamente esse diploma legal: "Art. 5º. O Governador do Distrito Federal e os Secretários do Governo, nos crimes conexos com os daquele, *responderão, até 2 (dois) anos após haverem deixado o cargo*, pelos atos que, consumados ou tentados, a lei considere crime de responsabilidade praticados no exercício da função pública".

18. Cf. *Revista dos Tribunais* 444/432. No mesmo repertório de jurisprudência, vejam-se os vols. 457/462, 455/464, 475/367, 483/391, 581/421, 608/403 e 651/368.

19. *DJU* 13.12.1974, p. 9.351.

20. *Revista Trimestral de Jurisprudência* 85/433.

A carência absoluta de Direito, de qualquer espécie

Até aqui vimos como os argumentos de que se serviu o Impetrante, para tentar demonstrar a liquidez e certeza de seu alegado direito, são todos maculados por evidentes vício de raciocínio, não se podendo vislumbrar nenhum abuso ou inconstitucionalidade manifesta na decisão do Senado, remediável por mandado de segurança.

Cabe agora assestar o golpe de misericórdia em sua absurda pretensão, evidenciando que ela não se fundamenta em direito algum, ainda que admitido fosse o recurso a outra via judicial. Senão, vejamos.

a) O "impeachment" não se confunde com o processo de crimes de responsabilidade

11. Não cabe a menor dúvida de que grande parte da simpatia que a postulação do Impetrante encontrou, em alguns setores, deveu-se à renitente confusão, fundamente ancorada nos espíritos, entre *impeachment* e processo por crime de responsabilidade. Mui freqüentemente, aliás, em escritos de jornalistas e mal avisados publicistas, encontra-se a equívoca expressão "pena de *impeachment*". Se esse processo é instaurado para afastar o acusado — diz-se — por que darlhe prosseguimento depois que este renuncia ao cargo?

Ora, na tradição jurídica anglo-saxônica, essa confusão é manifestamente impossível. O *impeachment* nada mais é do que uma fase do processo-crime movido contra agentes políticos: é a colocação do indiciado em estado de acusação, como conseqüência de uma decisão de aceitação da denúncia. Em suma, é efeito necessário de algo semelhante a uma sentença de pronúncia. Não se trata, a todas as luzes, de uma pena, mas de medida processual provisória.

A Constituição norte-americana, de resto, onde fomos buscar o instituto sem o *nomen iuris*, declara textualmente que à Câmara de Deputados pertence *the sole Power of Impeachment* (*article I, section 2, in fine*) e ao Senado *the sole Power to try all Impeachments* (*article I, section 3*), nos crimes que ela menciona. Aparta com isso, nitidamente, o *impeachment* do *trial*, atribuindo esses poderes, com exclusividade, a órgãos legislativos diferentes.

Na tradição constitucional brasileira, a separação entre o que seria o *impeachment* e o juízo de condenação do acusado é ainda mais acentuada, pois, contrariamente ao modelo norte-americano, sempre atribuímos à votação da Câmara dos Deputados, ao receber a denúncia, o efeito de produzir o afastamento imediato do denunciado do cargo que ocupa.

Entre nós, portanto, o *impeachment*, nos processos de crimes de responsabilidade, exerce função de garantia, em tudo análoga à da prisão preventiva do réu, por efeito de uma sentença de pronúncia. Tanto assim que, "se, decorrido o prazo de cento e oitenta dias, o julgamento não estiver concluído, cessará o afastamento do Presidente, sem prejuízo do regular prosseguimento do processo" (Constituição, art. 86, § 2º).

A perda do cargo, mencionada no art. 52, § único, da Constituição, é incontestavelmente uma pena, que torna definitivo o afastamento do acusado do cargo que ocupava. Mas, justamente porque se trata de pena e o acusado pode frustrar a sua execução pela renúncia, não lhe é lícito, jamais, evitar a condenação pelo crime praticado, com a aplicação de outra pena eventualmente cominada.

b) A prorrogação do foro especial ocorre em todos os processos por crimes funcionais

12. O Supremo Tribunal Federal já fixou, em sua súmula de jurisprudência predominante (n. 394), o entendimento de que "cometido o crime durante o exercício funcional, prevalece a competência especial por prerrogativa de função, ainda que o inquérito ou a ação penal sejam iniciados após a cessação daquele exercício".

O Tribunal acaba de aplicar essa regra de competência, ao receber a denúncia por crime de corrupção, oferecida contra o Impetrante pelo Procurador-Geral da República.

A regra é fundada no evidente princípio do *tempus regit actum*. A jurisdição se fixa no momento do crime, *não* podendo os eventos sucessivos alterar-lhe o caráter. No caso dos crimes funcionais, aliás, o foro especial é estabelecido para garantia do próprio acusado. É admissível, em tese, que este possa abrir mão dessa garantia, respondendo perante outro juízo. Mas não é obviamente sustentável a idéia de que, uma vez cessado o exercício funcional, o criminoso já não possa ser acusado perante juízo algum, ou, o que é mais grotesco, possa pedir o trancamento da ação penal regularmente iniciada no juízo competente.

Em matéria de crime de responsabilidade de Prefeito Municipal, de resto, essa Suprema Corte já teve ocasião de decidir pela sua 1ª Turma, ao julgar o habeas-corpus n. 67.721-5 de São Paulo, sendo relator o eminente Ministro Celso de Mello, que "a competência penal especial dos tribunais de justiça não se estende aos delitos praticados pelo prefeito municipal após a cessação definitiva do exercício de seu mandato (Súmula 451 do STF). Prevalecerá, contudo, mesmo já extinto o mandato municipal, se a ação penal — ainda que posteriormente ajuizada — objetivar delitos cometidos durante o exercício funcional (Súmula 394 do STF)".[21]

21. *Revista dos Tribunais* 651/368.

Ora, se esse entendimento pacífico vale para os processos de crimes de responsabilidade de Prefeitos Municipais, por que deixaria de ser aplicável, também, em matéria de crimes de responsabilidade praticados pelo Presidente da República? Em que texto — pergunta-se — constitucional ou legal, poderia essa Suprema Corte basear-se para justificar, no caso vertente, a aplicação de dois pesos e duas medidas? Por que razão a prorrogação do foro privilegiado só existiria nos processos judiciais, sendo inaplicável nos processos-crimes da competência de um órgão legislativo — o Senado, na esfera federal, e a Assembléia Legislativa, no plano estadual?

c) O princípio da moralidade administrativa, na interpretação sistemática da Constituição

12. Na compreensão sistemática de uma Constituição, como salienta a mais autorizada doutrina,[22] papel relevante cabe aos princípios por ela adotados. Eles exercem a indispensável função integradora ou harmonizadora das normas constitucionais, graças à qual a ordem jurídica máxima adquire unidade e coerência.

A moralidade — ao lado da legalidade, da impessoalidade e da publicidade — constitui um dos princípios cardeais da Administração Pública, em qualquer das esferas da organização federativa do Estado brasileiro (Constituição Federal, art. 37, *caput*). Ao império desse prinicípio, como é óbvio, submete-se necessariamente o Chefe da Administração Pública, o qual, na esfera da União, é o Presidente da República (art. 84, II).

22. Cf. Friedrich Müller, *Die Einheit der Verfassung*, Berlim, Duncker & Humblot, 1979, 2.31; Konrad Hesse, ob. cit., n. 80 e 81; Pietro Merola Chierchia, *L'Interpretazione Sistematica della Costituzione*, Pádua, CEDAM, 1978, pp. 264 e ss.

A sanção para os atos de improbidade administrativa, a própria Constituição a estabeleceu, ao dispor que tais atos "importarão a suspensão dos direitos políticos, a perda da função pública, a indisponibilidade dos bens e o ressarcimento ao erário, na forma e gradação previstas em lei, sem prejuízo da ação penal cabível" (art. 37 § 4º).

É curial notar que as duas primeiras sanções fixadas pela Constituição para a imoralidade administrativa correspondem, exatamente, às penas que ela própria previu para os crimes de responsabilidade do Presidente e de seus Ministros. Assinale-se, também, que a suspensão de direitos políticos vem cominada antes da perda da função pública; o que, se não significa uma gradação hierárquica entre essas sanções, tampouco pode corroborar a idéia de que a suspensão de direitos políticos seja mero acessório da perda do cargo.

Em 2 de junho de 1992, foi promulgada a Lei 8.429, que dispôs sobre as sanções aplicáveis aos agentes públicos, responsáveis pela prática de atos de improbidade administrativa, no exercício de mandato, cargo, emprego ou função na administração pública direta, indireta ou fundacional.

Em seu art. 4º reafirmou-se o mandamento constitucional de que "os agentes públicos *de qualquer nível ou hierarquia* são obrigados a velar pela estrita observância dos princípios de legalidade, impessoalidade, *moralidade* e publicidade no trato dos assuntos que lhe são afetos". Para os efeitos da lei, "reputa-se agente público, todo aquele que exerce, ainda que transitoriamente ou sem remuneração, *por eleição*, nomeação, designação, contratação ou qualquer outra forma de investidura ou vínculo, *mandato*, cargo, emprego ou função", em qualquer dos Poderes da União, dos Estados, do Distrito Federal, dos Municípios ou Territórios (art. 2º).

Em todas as hipóteses de improbidade administrativa tipificadas nessa lei, o agente público reconhecido como responsável está sujeito, "independentemente das sanções penais, civis e administrativas, previstas na legislação específica", à *suspensão dos direitos políticos* (art. 12). Note-se o advérbio empregado no texto: a suspensão de direitos políticos, prevista no art. 37, § 4º da Constituição, é aplicável de modo autônomo, sem prejuízo das demais penalidades.

Ora, o Impetrante foi julgado culpado, na suprema instância política — o Senado Federal — por haver se conduzido de modo indecoroso no exercício das funções presidenciais, ao se envolver com um esquema de corrupção tentacular. Esse mesmo Supremo Tribunal Federal acolheu a denúncia da prática do crime de corrupção, oferecida contra o Impetrante pelo Chefe do Ministério Público Federal.

Ainda que a Constituição não submetesse, por grave incoerência, o Chefe da Administração Pública federal ao princípio da moralidade administrativa; ainda que se reconhecesse, no caso, contra toda a evidência, um odioso privilégio para o Presidente da República, em exceção injustificável ao princípio da isonomia constitucional, como não perceber quão indecorosa é a tentativa do Impetrante de se subtrair à sanção normal, que a Constituição estabelece para todos os casos de improbidade administrativa: a suspensão dos direitos políticos?

d) A interpretação funcional da Constituição e a impunidade do Impetrante

13. Princípio básico da exegese constitucional, como vem sendo acentuado,[23] é o da *integridade funcional* da

23. Konrad Hesse, ob. cit., n. 74.

Carta Magna. A aplicação concreta das disposições constitucionais não pode conduzir a resultados aberrantes, que se apartem das "vias constitucionais normais". Trata-se, na verdade, de mera aplicação de máxima hermenêutica de há muito formulada pelos prudentes: *interpretatio illa sumenda quae absurdum evitetur*.[24]

Se a Constituição organiza o Brasil segundo o modelo republicano, no qual todo poder político acarreta uma responsabilidade equivalente; se ela estabelece, em especial, a responsabilidade do Presidente da República por atos anticonstitucionais (art. 85), é claramente repudiável, como desarrazoada, toda leitura e aplicação do texto, conducente à impunidade daquele alto agente político.

Foi essa, em última análise, a razão que levou o Professor Laurence Tribe, da Universidade de Harvard, a pronunciar-se claramente contra a idéia de que um Presidente, acusado de crimes de responsabilidade, pudesse alcançar a imunidade com a renúncia ao cargo.[25] "Não obstante", escreveu ele, "cidadãos privados não estejam sujeitos a *impeachment*, a renúncia de um agente público não lhe dá imunidade por atos cometidos no exercício do cargo. O Congresso poderia querer prosseguir no processo de *impeachment*, depois que o acusado renunciou ao cargo, a fim de privar o renunciante de todas as vantagens de aposentadoria, comprometidas pelo fato do *impeachment* ou da condenação; ou para firmar a lição da má conduta do agente público, sob a forma de um claro precedente; ou então, simplesmente, para tornar evidente ao público, para o futuro, que o afastamento do renunciante de seu cargo foi o resultado não de uma injusta perseguição, mas antes do modo pelo qual ele abusou de sua posição oficial".

Imaginemos, por exemplo, a hipótese nada cerebrina de que o Presidente da República, na qualidade de responsável último pela condução da política externa do País (Constituição, art. 84 — VII e VIII), venha a "celebrar tratados, convenções ou ajustes que comprometam a dignidade da Nação", ou chegue a "violar tratados legitimamente feitos com nações estrangeiras". Tais fatos são previstos como crimes de responsabilidade no art. 5º., alíneas 6 e 11 da Lei n. 1.079, de 1950. Mas nenhuma outra lei em vigor os considera como crimes.

Admitamos que, depois de aberto o processo por crime de responsabilidade, com a aceitação da denúncia, o Presidente venha a renunciar. Pergunta-se: — É razoável sacrificar-se a dignidade nacional à pura *logica argumentandi*, para sustentar-se que essa oportuna renúncia outorga ao Presidente criminoso completa imunidade penal?

Suponhamos outra situação, igualmente plausível. O Presidente e um de seus Ministros de Estado são denunciados como co-réus do crime de responsabilidade, consistente em "proceder de modo incompatível com a dignidade, a honra e o decoro do cargo — crime esse, escusa lembrá-lo, de que foi julgado culpado o Impetrante. A denúncia é recebida, mas, no curso do processo, como manobra de autodefesa, o Presidente decide reconhecer publicamente a culpa de seu Ministro e o demite do cargo. O Ministro é, com isto, afastado definitivamente de suas funções. Qual seria o insano capaz de admitir que essa demissão ministerial teria o efeito indecoroso de exculpar o acusado, eximindo-o definitivamente de toda responsabilidade?

Brasília, 3 de junho de 1993

24. Jasão, em comentário à L. *si sic stipul.*, n.5, *de verb. oblig.*

25. *American Constituicional Law*, Mineola-Nova Iorque, The Foundation Press, 1978, p. 216.

PARECERES

EXECUÇÃO CONTRA ESTATAIS PRESTADORAS DE SERVIÇO PÚBLICO

EROS ROBERTO GRAU
Professor Titular da Faculdade de Direito da Universidade de S. Paulo

Encaminhou-me a Companhia de Saneamento do Paraná — SANEPAR a seguinte

Consulta

A Lei estadual 4.684, de 23 de janeiro de 1963, autorizou o Poder Executivo a constituir a Companhia de Saneamento do Paraná — SANEPAR, anteriormente denominada Companhia de Água e Esgoto do Paraná — AGEPAR, cujo objeto é a prestação dos serviços públicos de abastecimento de água potável e de esgotos, bem como a promoção do saneamento básico do Estado.

A Companhia de Saneamento do Paraná — SANEPAR, sociedade anônima, é controlada acionariamente pelo Estado do Paraná e vem prestando, regularmente, aqueles serviços.

Indaga-se: as eventuais execuções contra a Companhia de Saneamento do Paraná — SANEPAR devem ser processadas segundo rito estabelecido no artigo 730 do Código de Processo Civil, sendo os seus bens impenhoráveis?".

Parecer

1. A consulente encaminhou-me cópia de embargos a execução fiscal proposta pela União contra si (ela, SANEPAR, embargos que foram subscritos pelo eminente Professor Geraldo Ataliba.

Entendo irrepreensíveis essas razões de embargos.

A SANEPAR, como demonstrarei a seguir,

I — é uma empresa estatal prestadora de serviço público;

II — seus bens são impenhoráveis;

III — esses bens são objeto de relação de administração, que "domina e paralisa a de direito subjetivo";

IV — seu patrimônio não consubstancia propriedade resultante de acumulação de capital e invertida na acumulação de capital, porém patrimônio aplicado à realização do interesse público;

V — empresa estatal prestadora de serviço público, à qual se aplica o disposto no artigo 100 da Constituição da República Federativa do Brasil, somente poderá ela ser executada em razão de título decorrente de "*sentença judiciária*"

— isto é, após o regular processamento de ação ordinária, da qual resulte sentença eventualmente condenatória, e posteriormente a sua sujeição ao duplo grau de jurisdição.

2. Empresa estatal,[1] a SANEPAR, sociedade por ações, é dotada de *personalidade jurídica de direito privado*, integrada na Administração Indireta do Estado do Paraná. Ademais, é uma empresa estatal prestadora de serviço público.

3. A alusão a serviço público, aqui, quando tratamos do tema da penhorabilidade ou impenhorabilidade dos bens de empresa estatal, assume particular relevância, em especial diante do que dispõe o parágrafo 1º do artigo 173 da Constituição da República Federativa do Brasil.

Tenho reiteradamente insistido em que inexiste, em um primeiro momento, oposição entre *atividade econômica* e *serviço público*; pelo contrário, na segunda expressão está subsumida a primeira.

Em texto anterior[2] averbei:

"A prestação de *serviço público* está voltada à satisfação de necessidades, o que envolve a utilização de bens e serviços, recursos escassos. Daí podermos afirmar que o *serviço público* é um tipo de *atividade econômica.*

"*Serviço público* — dir-se-á mais — é o tipo de *atividade econômica* cujo desenvolvimento compete *preferencialmente* ao setor público. Não *exclusivamente*, note-se, visto que o setor privado presta serviço público em regime de concessão ou permissão.

"Desde aí poderemos também afirmar que o *serviço público* está para o setor público assim como a *atividade econômica* está para o setor privado".

Salientei, no próprio texto, o fato de, no trecho aqui transcrito, utilizar-me da expressão *atividade econômica* em distintos sentidos:

"Ao afirmar que *serviço público* é tipo de *atividade econômica*, a ela atribuí a significação de gênero no qual se inclui a *espécie, serviço público.*

"Ao afirmar que o *serviço público* está para o setor público assim como a *atividade econômica* está para o setor privado, a ela atribuí a significação de *espécie*".

Daí a verificação de que o *gênero* — *atividade econômica* — compreende duas *espécies*: o *serviço público* e a *atividade econômica.*

Estamos em condições, assim, de superar a ambigüidade que assume, no seio da linguagem jurídica e no bojo do texto constitucional, esta última expressão.

Para que, no entanto, se a supere, impõe-se qualificarmos a expressão, de modo que desde logo possamos identificar de uma banda as hipóteses nas quais ela conota *gênero*, de outra as hipóteses nas quais ela conota *espécie* do gênero. A seguinte convenção, então, tenho proposto: *atividade econômica em sentido amplo* conota *gênero; atividade econômica em sentido estrito*, a *espécie.*

4. Por certo que, no artigo 173 e seu § 1º., a expressão conota *atividade econômica em sentido estrito.*

Indica o texto constitucional, no artigo 173, *caput*, as hipóteses nas quais é permitida ao Estado a exploração direta de *atividade econômica em sentido estrito*. Trata-se, aqui, de atuação do Estado — isto é, da União, do Estado-membro e do Município — como agente econômico, em área da titularidade do setor privado. Insista-se em que *atividade econômica em sentido amplo* é território dividido em dois campos: o do *serviço público* e o da *atividade econômica em sentido estrito*. As hipóteses indica-

1. A respeito da expressão "empresa estatal", vide meu *A ordem econômica na Constituição de 1988* (*interpretação e crítica*), 2ª ed., Ed. RT, São Paulo, 1991, p. 145.

2. Meu *Direito, conceitos e normas jurídicas*, Ed. RT, São Paulo, 1988, p. 109.

das no artigo 173 do texto constitucional são aquelas nas quais é permitida a atuação da União, dos Estados-membros e dos Municípios neste segundo campo.

Da mesma forma, no parágrafo 1º do artigo 173 a expressão conota *atividade econômica em sentido estrito*: determina fiquem sujeitas ao regime próprio das empresas privadas, inclusive quanto às obrigações trabalhistas e tributárias, a empresa pública, a sociedade de economia mista e outras entidades que atuem no campo da *atividade econômica em sentido estrito*; o preceito, a toda evidência, não alcança empresa pública, sociedade de economia mista e entidades (estatais) que prestam *serviço público*.

5. Em outra ocasião, respondendo a consulta que me foi encaminhada a respeito da situação jurídica de empresa estatal municipal que desenvolve *atividade econômica em sentido estrito* — não sendo prestadora de *serviço público*, enfatizo — cogitei do tema da penhorabilidade dos bens das empresas estatais.

Observei, então:[3]

"Entende a doutrina, genericamente, que tais bens podem ser onerados, inclusive penhorados. Assim também a jurisprudência. E tal encontraria fundamento não apenas na circunstância de essas empresas serem dotadas de personalidade jurídica de direito privado, mas também em virtude da disposição contida no art. 242 da Lei 6.404/76, Lei das Sociedades por Ações: 'As companhias de economia mista não estão sujeitas a falência, mas os seus bens são penhoráveis e executáveis, e a pessoa jurídica que a controla responde subsidiariamente, pelas suas obrigações'.

"Entendo, porém, não possa ser respondida de modo singelo a questão relativa à penhorabilidade ou impenhorabilidade das empresas públicas e das empresas estatais.

"Sustento que as empresas públicas e as empresas estatais — inclusive as sociedes de economia mista — que desenvolvem *atividade econômica* não apenas tem penhoráveis os seus bens, mas também estão sujeitas a falência.

"No que tange ao acima transcrito art. 242 da Lei 6.404/76, tenho-o como inconstitucional, por violar o preceito expresso no § 2º do art. 170 do vigente texto constitucional: as sociedades de economia mista que desenvolvem *atividade econômica* hão de estar sujeitas às mesmas normas aplicáveis às empresas privadas. Entre estas, as que respeitam ao instituto de falência. Logo, não poderia a Lei 6.404/76, diante de que determina o preceito constitucional, excluir do processo de falência as sociedades de economia mista que desenvolvem *atividade econômica*.

"Já quanto a sua incidência sobre as sociedades de economia mista prestadoras de *serviço público*, visto que não albergadas pelo preceito contido no § 2º do art. 170 da Lei Maior — até porque não desenvolvem '*atividade econômica*' — tenho por compatível com a ordem constitucional a disposição inscrita no art. 242 da Lei 6.404/76.

"Apenas, no que tem de constitucional a disposição deste art. 242, ao permitir a indiscriminada penhorabilidade dos bens da sociedade de economia mista, entra em testilhas com os princípios da supremacia do interesse público e da continuidade do serviço público, que se desdobram no sentido de tornar indenes a penhora os bens afetados à prestação do serviço. Assim, o que o art. 242 da Lei 6.404/76 põe com uma mão, para evitar que os bens afetados à prestação do serviço caiam sob a gestão de um síndico, ainda que sob as regras do art. 201 e §§ do Dec.-lei 7.661/45, tira com a outra".

3. "Bens públicos — Convênio — Dívida da Fazenda", in *RDP* 79/106.

6. O texto que acima transcrevi[4] amolda-se, informando-a, à indagação que me faz a SANEPAR.

Nele afirmo que "as empresas públicas e as empresas estatais — inclusive as sociedades de economia mista — *que desenvolvem atividade econômica* não apenas têm penhoráveis os seus bens, mas também estão sujeitas a falência" (grifei).

Deveras, assim é: as empresas estatais são dotadas de personalidade jurídica de direito privado. Sendo assim, não gozam dos privilégios da Fazenda Pública.

Não obstante — e isso deixei bem vincado no texto acima transcrito — a circunstância de a empresa estatal prestar *serviço público* altera radicalmente essa assertiva. As empresas estatais que "não apenas tem penhoráveis os seus bens, mas também estão sujeitas a falência" são as que "desenvolvem atividade econômica" (em sentido estrito, evidentemente).

As demais, que prestam serviço público, *não estão sujeitas a falência e seus bens são impenhoráveis.*[5]

7. Atua, aqui, a força normativa dos princípios da supremacia do interesse público e da continuidade do serviço público.

Define-se, o direito, enquanto sistema, como uma ordem axiológica ou teleológica de princípios gerais.[6]

A respeito dos *princípios* detive-me, longamente, em outra ocasião,[7] observando, então, que as *regras* são concreções dos *princípios*. Assim, entre princípios e regras uma especial relação se estabelece: *princípio*, segundo Antoine Jeammaud,[8] é "norme occupant dans la hiérarchie une place qui fait obstacle à la *validité* d'autres régles" (grifei).

Os princípios da *supremacia do interesse público* e da *continuidade do serviço público* determinam, no caso, a interpretação/aplicação[9] das regras, afirmando a impenhorabilidade dos bens da empresa estatal que preste *serviço público*.

8. Daí a conclusão, inequívoca, de que são impenhoráveis os bens da SANEPAR, empresa estatal prestadora de *serviço público*, aplicados a essa prestação.

Desejo deixar esse ponto bem vincado.

Observa, com a clareza habitual, Ruy Cirne Lima:[10] "A relação jurídica, na qual os bens de domínio público e do patrimônio administrativo se inserem como objeto, é a *relação de administração*" (grifei).

E a *relação de administração*, ensina ainda Cirne Lima,[11] "domina e paralisa a de direito subjetivo".

Por isso as coisas de uso público são inalienáveis, significando, a sua inalienabilidade, "que não é juridicamente possível distraí-las do uso público a que se encontram vinculadas, sem alteração da

4. No texto refiro-me a "empresas públicas", "sociedades de economia mista" e "empresas estatais", ainda que a derradeira expressão seja mais ampla, denotando também a primeira e a segunda.

5. No STF, a decisão firmada no RE 100.433 (*RTJ* 113/786-8).

6. Cf. Canaris, *Pensamento sistemático e conceito de sistema na ciência do direito*, trad. de A. Menezes Cordeiro, Fundação Calouste Gulbenkian, Lisboa, 1989, p. 77.

7. Vide meu *A ordem econômica na Constituição de 1988* (*interpretação e crítica*), cit., p. 92 e ss.

8. "Les principes dans le droit français du travail", in *Droit Social* 9/10, set./out. 1982, p. 620.

9. Interpretação e aplicação não se realizam autonomamente. O intérprete discerne o sentido do texto a partir e em virtude de um determinado caso dado; a interpretação do direito consiste em concretar a lei em cada caso, isto é, na sua aplicação. Assim, existe uma equação entre interpretação e aplicação: não estamos, aqui, diante de dois momentos distintos, porém frente a uma só operação. Interpretação e aplicação se superpõem.

10. *Princípios de Direito Administrativo*, 5ª ed., Ed. RT, São Paulo, 1982, p. 77.

11. Ob. cit., p. 53.

ordem jurídica ou, seja, sem que lei autorize a desvinculação".[12]

E, mais, ensina ainda o mestre gaúcho: "... a distinção entre os bens do domínio público e os do patrimônio administrativo é de caráter puramente quantitativo",[13] pois "são os bens de uso comum, ou do domínio público, o serviço mesmo prestado ao público pela administração", ao passo que "os bens do patrimônio administrativo são meramente instrumentos de execução dos serviços públicos".[14]

Vê-se nitidamente, assim, que os bens integrados no patrimônio de entidades estatais, inclusive empresas estatais, necessários à continuidade da prestação de serviço público (= instrumentos de execução dos serviços públicos), são bens públicos que se inserem como objeto de relação de administração.

Isto é: esses bens são objeto de relação que "domina e paralisa a de direito subjetivo".

Note-se bem: a entidade estatal os detém não sob regime privado, mas — em razão do *interesse público* que confere razão de ser à entidade, quando prestadora de *serviço público* — em regime jurídico especial, que excede ao da mera propriedade: eles se encontram vinculados à realização do *interesse público*.[15]

Reduzindo a amplitude das ponderações extraídas da lição de Ruy Cirne Lima, para aplicá-las às empresas estatais prestadoras de *serviço público*, qual a SANEPAR, veremos que estas são dotadas de patrimônio peculiar e especificamente destinado à realização do *interesse público* — ou seja, vinculado à realização do *interesse público*.

Daí porque tenho insistido, reiteradamente, em que a busca de lucro é incompatível com a *função* (dever-poder) dessas empresas; seus eventuais resultados positivos de balanço, não se os pode identificar com o lucro perseguido pelas empresas privadas e mesmo pelas entidades da Administração que empreendam *atividade econômica em sentido estrito*. Seu patrimônio não consubstancia propriedade resultante de acumulação de capital e invertida na acumulação de capital, porém *patrimônio aplicado à realização do interesse público*, repito.

Por isso os bens integrados nesse patrimônio, sendo inalienáveis, são *impenhoráveis*.

Em conseqüência, e mercê, ainda, da força normativa dos princípios da *supremacia do interesse público* e da *continuidade do serviço público*, essas empresas estatais não podem ficar sujeitas a execução pelo rito dos artigos 646 e seguintes do Código de Processo Civil, que coloca em risco a realização do *interesse público*.[16]

Isso importa em que apenas possam elas ser executadas em razão de título jurídico que habilite a execução, por seus credores, contra a Fazenda Pública.

12. Ob. cit., p. 54.
13. Ob. cit., p. 78.
14. Ob. cit., p. 77.
15. Vide ainda Cirne Lima, ob. cit., p. 75.

16. A contribuição da doutrina italiana ao discernimento do exato sentido de *interesse público* é primorosa. Ensina Renato Alessi (*Principi di Diritto Amministrativo*, t. I, 4ª ed., Giuffrè, Milão, 1978, pp. 232/233) que os interesses públicos, coletivos, cuja satisfação deve ser perseguida pela Administração, não são — note-se — simplesmente o interesse da Administração enquanto aparato organizacional autônomo, porém aquele que é chamado interesse coletivo *primário*. Este é resultante do complexo dos interesses individuais prevalentes em determinada organização jurídica da coletividade, ao passo que o interesse do aparato organizacional que é a Administração, se pode ser concebido um interesse, desse aparato, unitariamente considerado, será simplesmente um dos interesses *secundários* que se fazem sentir no seio da coletividade e que podem ser realizados somente na medida em que coincidam, e nos limites dessa coincidência, com o interesse coletivo primário, é o *interesse público* enquanto interesse coletivo primário, evidentemente, que estou a referir.

Vale dizer, a teor do que dispõe o artigo 100 da Constituição da República Federativa do Brasil: título decorrente ("em virtude de") de "*sentença judiciária*".

9. Os princípios da *supremacia do interesse público* e da *continuidade do serviço público* — afirmei linhas acima — determinam, no caso, a interpretação/aplicação das regras, afirmando a impenhorabilidade dos bens da empresa estatal que preste *serviço público*.

Mas não apenas isso.

Conformam também o significado dos vocábulos "Fazenda Federal, Estadual ou Municipal" (= Fazenda Pública), no texto do artigo 100 da Constituição da República Federativa do Brasil, aos quais se não pode atribuir conotação estreita.

"Fazenda Federal, Estadual ou Municipal", no contexto desse artigo 100, conota também as autarquias, ainda que, em outro contexto,[17] aqueles vocábulos possam não incluí-las na sua intensão (intensão com *s*, relacionada a extensão).

Mas não, note-se bem, porque as autarquias sejam dotadas de personalidade jurídica de direito público, senão porque executam atividades típicas da administração pública[18] — por isso seus bens são inalienáveis e impenhoráveis.

Aqui, a incidência dos princípios determina a aplicação da regra (regra do artigo 100 da Constituição) não segundo e conforme a personalidade jurídica da entidade prestadora do *serviço público* (atividade típica da administração pública), porém em razão da *atividade* empreendida pela entidade.

10. A *atividade* empreendida pela empresa estatal prestadora de *serviço público* reclama não propriedade resultante de acumulação de capital e invertida na acumulação de capital, porém *patrimônio aplicado à realização do interesse público* — ainda outra vez repito.

Patrimônio que instrumente a execução do serviço público, necessário à continuidade da sua prestação.

Patrimônio objeto de relação de administração, relação que "domina e paralisa a de direito subjetivo": o titular de crédito pecuniário contra o titular desse patrimônio não há direito à execução, contra ele, pelo rito dos artigos 646 e seguintes do Código de Processo Civil, que coloca em risco a realização do *interesse público*.

Aqui a hora e vez de insistirmos no que tantas vezes tenho sustentado: não se interpreta o direito em tiras, aos pedaços, porém no seu todo, em sua globalidade.

E mais — não pecarei por demasia em redizê-lo — o direito consubstancia, enquanto sistema, uma ordem axiológica ou teleológica de princípios gerais, princípios que determinam e conformam a interpretação/aplicação das regras.

"Fazenda Federal, Estadual ou Municipal" (= Fazenda Pública), pois — e isso é nítido como a luz solar passando através de um cristal (bem polido) — no contexto do artigo 100 da Constituição da República Federativa do Brasil, conota também, além das autarquias, as empresas estatais que prestam serviço público.

11. Logo, porque estão elas alcançadas pelo que dispõe aquele artigo 100, a elas há de se aplicar a regra disposta no artigo 730 do Código de Processo Civil, atinente à execução por quantia certa contra a Fazenda Pública.

Impossível, juridicamente, a penhora dos bens dessas entidades, o título que há de permitir a execução contra elas há de decorrer, exclusivamente, de "sentença judiciária".

17. Vide meu *Direito, conceitos e normas jurídicas*, cit., p. 59.

18. Cf. Decreto-lei 200/67, artigo 5º, I.

A SANEPAR, pois — empresa estatal prestadora de *serviço público* — não pode ser executada senão após o regular processamento de ação ordinária, da qual resulte sentença eventualmente condenatória, e posteriormente a sua sujeição ao duplo grau de jurisdição.

12. Ao quesito proposto na consulta dou, portanto, a seguinte resposta:

Sim; na medida em que a ela se aplica a regra inscrita no artigo 100 da Constituição da República Federativa do Brasil, as eventuais execuções contra a Companhia de Saneamento do Paraná — SANEPAR devem ser processadas segundo o rito estabelecido no artigo 730 do Código de Processo Civil; os seus bens são impenhoráveis.

São Paulo, 17 de junho de 1994

PLEBISCITO — EC 2/92*

GILMAR F. MENDES
Procurador da República, Doutor pela Universidade de Münster (Alemanha)

Parecer

I — Súmula da questão Constitucional

Cuida-se de argüição de inconstitucionalidade da Emenda Constitucional n. 2, publicada no *Diário Oficial* de 1º de setembro de 1992, pelas razões seguintes:

1. a Constituição Federal outorgou ao Congresso Nacional competência para especificar os casos em que considera oportuna a realização de plebiscito (art. 49, XV). Excepcionalmente, houve por bem o constituinte originário estabelecer que a questão relativa à forma (república ou monarquia constitucional) e ao sistema de governo (parlamentarismo ou presidencialismo) haveria de ser decidida em plebiscito a ser realizado em 7 de setembro de 1993 (ADCT, art. 2º, *caput*);

2. ademais, previu o texto constitucional que a regulamentação do plebiscito deveria ser confiada ao Tribunal Superior Eleitoral (ADCT, art. 2º, § 2º);

3. resta evidenciado, assim, que a Constituição não quer que o Congresso Nacional convoque plebiscito para determinação da forma e sistema de governo e legisle sobre a matéria;

4. ao gravar com a cláusula de imutabilidade o princípio da separação de poderes (CF, art. 60, § 4º), pretendeu o constituinte consagrar uma vedação expressa ao constituinte derivado para imiscuir-se na matéria relativa à forma e ao sistema de governo;

5. reconhecer ao Congresso a faculdade de alterar a data do plebiscito seria reconhecer-lhe a faculdade de adiá-lo indefinidamente;

6. a indigitada emenda constitucional estabelece que "a forma e o sistema de governo definidos pelo plebiscito terão vigência em 1º de janeiro de 1995". Tem-se aqui manifesta usurpação de competência do poder soberano. Evidentemente, se o plebiscito concluir pelo parlamentarismo ou pela monarquia constitucional, dever-se-á proceder imediatamente à revisão constitucional nessa parte.

II — Análise da questão

1. Considerações preliminares

A presente argüição aborda aspectos dos mais complexos do controle de constitucionalidade.

* Parecer do Procurador da República na Ação Direta de Inconstitucionalidade n. 830, Relator Min. Moreira Alves; Autores: PSB-Partido Socialista Brasileiro e PDT-Partido Democrático Trabalhista.

Sem dúvida, a aferição da legitimidade de emenda constitucional em face das chamadas *cláusulas pétreas* ou *garantias de eternidade* e das normas relativas ao processo constitucional de revisão pode configurar um dos mais tormentosos temas do moderno direito constitucional.

O controle de constitucionalidade contempla o próprio direito de revisão reconhecido ao poder constituinte derivado.

Parece axiomático que as Constituições rígidas somente podem ser revistas com a observância dos ritos nelas prescritos. São exigências quanto ao *quorum*, à forma de votação, à imposição de *referendum* popular, ou de ratificação (Orlando Bitar, "A lei e a Constituição", in *Obras completas*, de Orlando Bitar, Brasília, Conselho Federal de Cultura, Brasília, 1978, vol. 2, p. 51).

Alguns textos consagram, igualmente, vedações circunstanciais à reforma da ordem constitucional. É o que estabelece também a Constituição brasileira de 1988, ao prever que "a Constituição não poderá ser emendada na vigência de intervenção federal, de estado de defesa e de estado de sítio" (art. 60, § 1º).

A Constituição imperial de 1824 vedava qualquer reforma antes de completados quatro anos de vigência (art. 174) (Cf., sobre o assunto, também, Löewenstein, *Teoría de la Constitución*, 2ª ed., Barcelona, pp. 188-9).

Não raras vezes, impõe o constituinte limites materiais expressos à eventual reforma da Lei Maior. Cuida-se das chamadas *cláusulas pétreas* ou das garantias de eternidade (*Ewigkeitsgarantien*), que limitam o poder de reforma sobre determinados objetos. Assim, a Constituição de 1891 vedava projetos tendentes a abolir a forma republicana federativa ou a igualdade de representação dos Estados no Senado (art. 90, § 4º). A Constituição de 1934 consagrava a imutabilidade do regime republicano (art. 178, § 5º), e a Carta Magna de 1946 reproduziu a cláusula pétrea adotada pelo Constituinte de 1891 (art. 217, § 6º). O texto de 1967/1969 não inovou na matéria (art. 47, § 1º). A Constituição de 1988 estabeleceu, no art. 60, § 4º, que não será objeto de deliberação a proposta de emenda tendente a abolir a forma federativa de Estado, o voto direto, secreto, universal e periódico, a separação dos Poderes e os direitos e garantias individuais (cf, sobre o assunto, no plano da teoria da Constituição, Jorge Miranda, *Manual de Direito Constitucional*, t. II, Coimbra, 1983, pp. 151 e ss.).

A Constituição americana contém cláusula que impõe a representação paritária dos Estados no Senado Federal (art. 5º). Todavia, segundo Löewenstein, nada impede a eliminação desse preceito (Löwenstein, *Teoría*, cit., p. 190).

2. Sobre a admissibilidade do controle de constitucionalidade da revisão

Nos Estados Unidos, a questão dos limites do poder de revisão deu ensejo à acirrada polêmica entre William L. Marbury e William L. Frierson.

O primeiro reconhecia a existência de limitações ao poder de revisão ("It is not conceivable that the people, when they conferred upon the legislatures of three fourths of the states the power to amend this Constitution, intended to authorize the adoption of any measures, under the guise of amendments, the effect of which would be to destroy, wholly or in part, any of the members of his perpetual Union") (William Marbury, "The limitations upon the amending power", *Harvard Law Review* 33(1/18):225).

Frierson objetava que ao Congresso, e não aos tribunais, competia verificar a necessidade de emendas ("As has been seen above, the Constitution committed to Congres, and not to Courts, the duty of determining what amendments were necessary'') (William Frierson, ''Amending the Constitution of the United States: a reply to Mr. Marbury'', *Harvard Law Review* 33(5):662).

Anteriormente, a *Supreme Court* havia declarado a constitucionalidade da 11ª Emenda, não se utilizando da escusa formulada pela *doctrine of the political questions* (Hollingsworth *vs.* Virginia, 3 Dall (3 US) 378. Cf. Segundo V. Linares Quintana, *Tratado de la ciencia del derecho constitucional argentino y comparado*, Buenos Aires, 1953, v. 2, p. 148).

Na decisão proferida, em 1871, no caso White *vs.* Hart, a Corte Suprema invocou a doutrina das questões políticas, eximindo-se de apreciar a validade da revisão (13 Wall (80 US) 646. Cf. Segundo V. Linares Quintana, *Tratado de la ciencia del derecho constitucional argentino y comparado*, cit., vol. 2, p. 149).

Em outras ocasiões, a Corte Suprema houve por bem declarar a constitucionalidade de emendas constitucionais (Dillon *vs.* Gloss, 256 US 368).

Todas as questões apreciadas versavam, fundamentalmente, sobre aspectos formais (*matters of procedure*), e, tal como observado por Linares Quintana, ''la jurisprudencia de los tribunales norteamericanos más reciente es en general favorable a la doctrina de que el examen y la decisión de la constitucionalidad de una reforma constitucional constituyen una cuestión judicial compreendida en la competencia de los tribunales'' (Segundo V. Linares Quintana, *Tratado*, cit., vol. 2, p. 151).

Somente em 1920, ao apreciar os *National Prohibition Cases*, ocupou-se a Suprema Corte de controvérsia relativa à inconstitucionalidade material da reforma (*matters of substance*), declarando a validade da 18ª Emenda (Rhode Island *vs.* Palmer, 253 US 350, 387, 389; National prohibition cases, 255 US 350. V. Segundo V. Linares Quintana, *Tratado*, cit., vol. 2, p. 151; Orlando Bitar, ''A lei e a Constituição'', in *Obras completas*, cit., vol. 2, pp. 52-3).

Também na discussão relativa à constitucionalidade da 19ª Emenda, o tema voltou a ser debatido (Lesser *vs.* Garnett, 258 US 130. Segundo V. Linares Quintana, *Tratado*, cit., vol. 2, p. 1.510).

Mais tarde, em 1939, a Corte Suprema escusou-se de decidir controvérsia constitucional sobre a validade de reforma constitucional relativas ao trabalho dos menores, sob a invocação da *doctrine of the political-questions* (Colemann *vs.* Miller, 307 US 433; Chandler *vs.* Wise, 307 US 474. Cf. Segundo V. Linares Quintana, *Tratado*, cit., pp. 150-1; Lester Bernhardt Orfield, *The amending of the Federal Constitution*, Chicago, Callaghan, 1942, p. 23).

Tais precedentes estão a indicar que, ante a ausência de expressa restrição ao poder de reforma e tendo em vista a não-identificação das limitações implícitas (*implied limitations*), a faculdade de revisão não provocou controvérsia relevante na Suprema Corte quanto à matéria. E, ainda assim, tem-se invocado a *doctrine of the political-questions*. ''El problema de normas constitucionales anticonstitucionales no ha surgido jamás en los Estados Unidos — anota Lowenstein — por lo menos en la Unión misma, y no sólo porque las enmiendas constitucionales sean de hecho tampoco frecuentes, sino porque una limitación impuesta al legislador constitucional es un fenómeno completamente extraño al pensamiento jurídico americano. Cuando la Supreme Court se vio obligada a enfrentarse con este problema — acrescenta o mestre — la cuestión de la conformidad constitucional fue tratada siempre como un assunto de tipo político y, por lo tanto, no justiciable'' (Löwenstein, *Teoría*, cit., p. 195. Cf. Segundo V. Linares Quintana, *Tratado*, cit., p. 153. Em sentido contrário, Orlando Bitar, ''A lei e a Constituição'', in *Obras completas*, cit., p. 53).

A Lei Fundamental de Bonn, de 1949, veda, expressamente, qualquer reforma constitucional que introduza alteração na ordem federativa, modifique a participação dos Estados no processo legislativo, ou suprima os princípios estabelecidos nos seus arts. 1º (intangibilidade da dignidade humana) e 20 (estado republicano, federal, democrático e social, divisão de poderes, regime representativo, princípio da legalidade). O direito de resistência (art. 20, § 4º), introduzido por emenda constitucional, não está coberto pela cláusula de intangibilidade (cf. Pieroth & Schlinck, *Grundrechte — Staatsrecht*, Heidelberg, C.F., Müller, 1987, p. 263).

No Direito alemão, parece não subsistir dúvida quanto à competência do *Bundesverfassungsgericht* para apreciar a constitucionalidade de eventual reforma, já do ponto de vista estritamente procedimental, já no tocante ao próprio conteúdo do preceito normativo (Otto Bachof, *Normas constitucionais inconstitucionais*?, p. 13).

O princípio insculpido no art. 79, III, da Lei Fundamental, parece autorizar, plenamente, esse entendimento, como demonstra Bachof, com exatidão: ''Isto resulta já do facto de a Lei Fundamental, no art. 79, n. 3, declarar inalteráveis alguns dos seus preceitos. Se por ventura, apesar disso, uma semelhante alteração — conscientemente ou mesmo não — intencionalmente, em conseqüência de uma errada avaliação do alcance da norma modificadora ou da declarada como imodificável — fosse aprovada e publicada na forma de uma lei de revisão da Constituição, a norma modificadora reivindicaria para si própria a qualidade de norma constitucional eficaz, e no entanto, simultaneamente, medida pela norma da Constituição até aí inalterável, seria inconstitucional. Não vejo nenhuma razão pela qual não deves-se poder recorrer-se ao Tribunal Constitucional Federal também num tal caso: do contrário, deixaria de exercer-se uma das suas mais essenciais funções como guarda da Constituição (...)'' (Otto Bachof, *Normas constitucionais inconstitucionais*?, cit., p. 13).

Em verdade, tal competência levou o *Bundesverfassungsgericht* a proferir uma de suas mais polêmicas decisões, relativa à constitucionalidade da emenda constitucional que legitimava escuta telefônica e a quebra do sigilo postal e telegráfico nos seguintes termos: ''Art. 10. (1) O sigilo da correspondência e das comunicações postais, telegráficas e telefônicas é inviolável. (2) Limitações só podem ser ordenadas com base numa lei. Se a limitação tiver por finalidade a ordem fundamental livre e democrática ou a existência e segurança da Federação ou de um Estado Federado, a lei pode determinar que a limitação não seja levada ao conhecimento do indivíduo atingido e que, em vez de se seguir a via judiciária, o controle seja efetuado por órgãos principais e auxiliares designados pela representação popular.'' ''Art.19. IV — Toda pessoa que tiver seus direitos violados pelo Poder Público poderá recorrer à via judicial. Se não se estabelecer outra competência, assegura-se o recurso à jurisdição ordinária. Mantém-se inalterado o artigo 10, II, 2ª parte''.

A Corte Constitucional, após enfatizar que a interpretação constitucional há de levar em conta os princípios elementares da constituição e que os direitos fundamentais comportam restrições em favor do bem-estar da coletividade e da defesa da ordem jurídica, assentou que o princípio da proporcionalidade (*Verhältnismässigkeitsprinzip*), considerado como derivação do postulado do Estado de Direito (*Rechtsstaatsprinzip*), exige que a lei consagre as limitações estritamente necessárias à tutela de bem jurídico constitucionalmente reconhecido (BVerfGE, 30:1(20)). Assim, a norma constitucional impugnada seria compatível com a Lei Fundamental, especialmente com a cláusula de intangibilidade prevista no seu art. 79, III, desde que admitida a comunicação do interessado, nos casos em que se excluísse a existência de ameaça à ordem democrática ou à integridade da União dos Estados, permitindo-se o recurso à via judicial (BVerfGE, 30:1(21)). A interpretação do preceito constitucional em consonância com o princípio da proporcionalidade (*Verhältnismässigkeit*) impunha a sua aplicação aos casos em que circunstâncias concretas denotassem uma conduta ofensiva à ordem constitucional (BVerfGE, 30:1(22)).

A decisão do *Bundesvrfassungsgericht*, proferida contra os votos de três (dos oito) juízes, que declaravam a inconstitucionalidade da emenda, provocou sérias e profundas controvérsias. Suscitaram-se acerbas críticas à utilização da interpretação conforme à Constituição (*Verfassungskonforme Auslegung*), na espécie, afirmando-se que essa prática feria o próprio direito de revisão constitucional, subordinado, exclusivamente, à *cláusula de imutabilidade* consagrada no art. 79, III, da Lei Fundamental (Karl-Oskar Schmittat, *Einführung in das Öffentliche Recht*, Hagen, Fernuniversität, 1981 (Kurseinheit; 4), pp. 32-3).

Também no Direito brasileiro não existe qualquer reserva ao controle de constitucionalidade de norma constitucional.

Na ampla reforma constitucional de 1925/1926 suscitou-se dúvida quanto à constitucionalidade do processo de revisão, em torno do art. 90 da Constituição de 1891, questionando-se: "se esta podia se fazer pendente estado de sítio; se as proposições seriam aprovadas por dois terços dos presentes (Carlos Maximiliano) ou da totalidade dos membros de cada Câmara (Barbalho) e, enfim, se o rito exigido pelo artigo 90 se referia só ao Projeto em globo ou às emendas que lhe fossem apresentadas" (Bitar, "A lei e a Constituição", in *Obras completas*, cit., p. 530).

O Supremo Tribunal Federal, por maioria de votos, declarou a constitucionalidade da revisão, reconhecendo, assim, a sua competência para aferir a compatibilidade da lei de revisão com o Texto Magno (HC 18.178, de 27.9.1926, *RF*, 47:748). Na oportunidade, o eminente Viveiros de Castro anotou que nenhuma das emendas "foi aprovada pela maioria exigida pelo art. 90 da Constituição Federal; nenhuma delas poderá incorporar-se à Constituição" (HC 18.178, de 27.9.1926, *RF*, 47:759).

E ainda mais afirmativo quanto à plena legitimidade do controle do poder de revisão parece ser o voto proferido pelo Ministro Guimarães Natal, tal como se depreende da seguinte passagem: "(...) não tendo a reforma obedecido, em sua elaboração, as acauteladoras exigências da Constituição, e sido votada em estado de sítio, em regimen de arbitrio e prepotencia, sem contraste não poderá subsistir contra ella, discutida e approvada, numa situação da mais ampla liberdade de critica, sob a fiscalisação do povo, pelos seus legitimos orgãos de manifestação — a tribuna e a imprensa livres.

"A proposta da reforma da Constituição não poderia ser aceita porque offende o preceito constitucional do paragrapho 4º do art. 90, que veda serem admittidos projectos tendentes a abolir a forma republicana federativa ou a igualdade da representação dos Estados, no Senado" (HC 18.178, de 27.9.1926, *RF*, 47:771).

Em tempos mais recentes, o Supremo Tribunal Federal, ao julgar o MS 20.257 (Relator Min. Moreira Alves), ressaltou que, quando "a vedação constitucional se dirige ao próprio processamento da lei ou da emenda (...), a inconstitucionalidade (...) já existe antes de o projeto ou de a proposta se transformarem em lei ou em emenda constitucional, porque o próprio processamento já desrespeita, frontalmente, a Constituição'' (*RTJ*, 99(3):1.040).

3. *Cláusulas pétreas: natureza e significado*

Uma concepção conseqüente da idéia de soberania popular deveria admitir que a Constituição poderia ser alterada a qualquer tempo por decisão do povo ou de seus representantes (Maunz-Dürig, Kommentar zum Grundgesetz, art. 79, III, n. 21. Evidentemente, tal entendimento levaria a uma instabilidade da Constituição, a despeito das cautelas formais estabelecidas para uma eventual mudança. Resta evidenciado aqui a permanente contradição entre o poder constituinte originário, que outorga ao povo o direito de alterar a Constituição, e a vocação de permanência desta, que repugna mudanças substanciais (cf., sobre o assunto, Jorge Miranda, *Manual*, vol. II, pp. 151 e ss.).

Do prisma teórico, a questão foi seriamente contemplada por Carl Schmitt, no seu *Verfassungslehre* (Doutrina Constitucional). A problemática assentar-se-ia, segundo Schmitt, na distinção entre constituinte (*Verfassungsgeber = Schöpfer der Verfassung*) e legislador constituinte (*Verfassungsgezetsgeber = Gesetzgeber über die Verfassung*). Schmitt enfatizava que a modificação de uma constituição não se confunde com sua abolição, acrescentando com base no exemplo colhido do art. 2º da Lei Constitucional francesa, de 14 de agosto de 1884 (''La forme rèpublicaine du Government ne peut faire l'objet d'une proposition de revision''): ''Se una determinata modifica della costituzione è vietata da un' espressa disposizione legislativa costituzionale, si tratta solo di una conferma di questa distinzione di revisione e abolizione della costituzione'' (*Dottrina della costituzione*, trad. de Antonio Caracciolo, Milão, 1984, p. 148).

Portanto, para Schmitt não se fazia mister que a Constituição declarasse a imutabilidade de determinados princípios. É que a revisão não poderia, de modo algum, afetar a *continuidade* e a *identidade* da Constituição: ''I limiti del potere di revisione dalle costituzione risultano dal concetto esattamente inteso di revisione. Un potere di 'modificare la costituzione', concesso con normativa legislativa costituzionale, significa che singole o più discipline legislativa costituzionali possono essere sostituite da altre, ma solo nel pressuposto che l'identitá e la continuitá della costituzione nella sua interezza rimangano garantite. Il potere di revisione della costituzione contiene quindi solo il potere — ferma restando la costituzione nelle disposizioni legislative costituzionali — di apportare modifiche, aggiunte, completamenti, cancellazioni, ecc., ma non il potere di dare una nuova costituzione, e nemmeno il potere di modificare, ampliare a sostituire il fondamento proprio di questa competenza alle revisioni della costituzione, overossia modificare l'art. 76 cost con il procedimento dell'art. 76 così che modifiche legislative costituzionali vengano fatte con un'ordinaria votazione di maggioranza del Reichstag'' (*Dottrina della costituzione*, p. 145).

E, adiante, explicitava Schmitt essa idéia: ''la modifica della costituzione non è un'abolizione. Anche se rimane garantito il potere costituente, non potrebbe essere posta per mezzo dell'art. 76 cost. un'altra decisione politica in luogo delle decisioni politiche fonamentali, che formano la costituzione (a diferenzza della disciplina legislativa costituzionale), il diritto elettorale democratico non potrebbe essere sostituito secondo l'art. 76 con un sistema dei Soviet; gli elementi federalistici, che ancora oggi sonno contenuti nella costituzione del Reich, non possono essere aboliti semplicemente ex art. 76 cost. in un modo tale per cui d'un sol colpo il Reich tedesco venga transformato per mezzo di una 'legge che modifica la costituzione' in uno Stato unitario. 'E quindi impossibile non solo politicamente, ma anche dal punto di vista del diritto costituzionale cancellare la Baviera semplicemente 'per mezzo del'art. 76 cost.' o contro la sua voluntá dichiarare la Prussia Land del Reich. Nemmeno la posizione del presidente potrebbe essere trasformata con una 'revisione' dell'art. 1 comma 1 o 41 const. in quella di un monarca. Le decisioni politiche fondamentali della costituzione sono materia del potere costituente del popolo tedesco e no spettano alla competenza delle istanze competenti per le revisioni e le modifiche legislative costituzionali. Modifiche simili producono un cambiamento della costituzione, non una sua revisione'' (*Dottrina della costituzione*, p. 147).

Vê-se, assim, que não só os princípios gravados, eventualmente, com a *cláusula de imutabilidade*, mas também outras disposições — inclusive aquelas relativas ao processo de revisão constitucional — não poderiam ser alterados sem afetar a *identidade* e a *continuidade* da Constituição. A alteração de elementos essenciais da Constituição configuraria, assim, não uma simples revisão, mas, verdadeiramente, a sua própria supressão (cf., também, Bryde, *Verfassungsentwicklung*, p. 233).

A concepção de Schmitt relativiza um pouco o valor exclusivo da declaração do constituinte originário sobre a imutabilidade de determinados princípios ou disposições, atribuindo-lhe quase conteúdo declaratório.

Tais cláusulas devem impedir, todavia, não só a supressão da ordem constitucional (BVerfGE, 30:1(24)), mas também qualquer reforma que altere os elementos fundamentais de sua identidade histórica (Hesse, *Grundzüge des Verfassungsrechts der Bundesrepublik Deutschland*, 1982, cit., p. 262). É verdade que importantes autores consideram risíveis os resultados práticos de tais cláusulas, diante de sua falta de eficácia em face de eventos históricos como os golpes e as revoluções (cf. Löewenstein, *Teoría*, cit., p. 192).

Isto não deve impedir, porém, que o constituinte e os órgãos constitucionais procurem evitar a ocorrência de tais golpes. Certo é que tais proibições dirigidas ao poder de revisão constituem um dos instrumentos de proteção da Constituição (Bryde, *Verfassungsentwicklung*, Baden-Baden, 1982, p. 227).

Bryde destaca que as idéias de *limites materiais de revisão e cláusulas pétreas* expressamente consagradas na Constituição podem estar muito próximas. Se o constituinte considerou determinados elementos de sua obra tão fundamentais que os gravou com cláusulas de imutabilidade, é legítimo supor que nelas foram contemplados os princípios fundamentais (Bryde, *Verfassungsentwicklung*, p. 236). Nesse sentido, a disposição contida no art. 79, III, da Lei Fundamental, poderia ser considerada, em grande parte, de caráter declaratório.

Em qualquer hipótese, os limites do poder de revisão não se restringem, necessariamente, aos casos expressamente elencados nas *garantias de eternidade*. Tal como observado por Bryde, a decisão sobre a imutabilidade de determinado princípio não significa que outros postulados fundamentais estejam submetidos ao poder de revisão (Bryde, *Verfassungsentwicklung*, p. 237).

O efetivo significado dessas cláusulas de imutabilidade na práxis constitucional não está imune a controvérsias. Se se entender que elas contêm uma ''proibição de ruptura de determinados princípios constitucionais'' (*Verfassungsprinzipiendurchbrechungsverbot*), tem-se de admitir que o seu significado é bem mais amplo do que uma proibição de revolução ou de destruição da própria Constituição (*Revolutions — und Verfassungsbeseitigungsverbot*). É que, nesse caso, a proibição atinge emendas constitucionais que, sem suprimir princípios fundamentais, acabam por lesá-los topicamente, deflagrando um processo de erosão da própria Constituição (Bryde, *Verfassungsentwicklung*, p. 242).

Como referido, a Corte constitucional alemã foi confrontada com esta questão na controvérsia sobre a constitucionalidade de emenda que introduzia restrição à inviolabilidade do sigilo da correspondência e das comunicações telefônicas e telegráficas, à revelia do eventual atingido, vedando, nesses casos, o recurso ao Poder Judiciário (Lei Fundamental, art. 10, II, c/c o art. 19, IV). A questão foi submetida ao *Bundesverfassungsgericht*, em processo de controle abstrato, pelo Governo do Estado de Hessen, e em recurso constitucional (*Verfassungsbeschwerde*), formulado, dentre outros, por advogados e juízes, sob a alegação de que a restrição à garantia judicial (arts. 10, § 2º, e 19, § 4º) não se mostrava compatível com o princípio do Estado de Direito (*Rechtsstaatsprinzip*).

Nessa decisão do *Bundesverfassungsgericht*, de 1970, sustentou-se que a disposição contida no art. 79, III, da Lei Fundamental, visa a impedir que "a ordem constitucional vigente seja destruída, na sua substância ou nos seus fundamentos, mediante a utilização de mecanismos formais, permitindo a posterior legalização de regime totalitário" (BVerfGE, 30:1(24); BVerfGE, 34:9(19); Hesse, *Grundzüge des Verfassungsrechts*, cit., pp. 262-4).

Essa interpretação minimalista das garantias de eternidade foi amplamente criticada na doutrina, uma vez que, na prática, o Tribunal acabou por consagrar uma atitude demissionária, que retira quase toda a eficácia daquelas disposições. A propósito dessa decisão, vale registrar a observação de Bryde: "Enquanto a ordem constitititucional subsistir, não será necessário que o *Bundesverfassungsgericht* suspenda decisões dos órgãos de representação popular tomadas por 2/3 de votos. Já não terá relevância a opinião do Tribunal numa situação política em que princípios fundamentais contidos no art. 79, III sejam derrogados" (Bryde, *Verfassungsentwicklung*, p. 240).

Não há dúvida, outrossim, de que a tese que vislumbra nas garantias de eternidade uma "proibição de ruptura de determinados princípios constitucionais" (*Verfassungsprinzipiendurchbrechungverbot*) não parece merecer reparos do prisma estritamente teórico. Não se cuida de uma autovinculação (*Selbstbindung*) do constituinte, até porque esta somente poderia ser admitida no caso de identidade entre o constituinte e o legislador constituinte ou, em outros termos, entre o detentor do poder constituinte originário e derivado. Ao revés, é a distinção entre os poderes constituintes originário e derivado que permite afirmar a legitimidade do estabelecimento dessa proibição (Bryde, *Verfassungsentwicklung*, p. 242).

Não se pode negar, porém, que a aplicação ortodoxa dessas cláusulas, ao invés de assegurar a continuidade do sistema constitucional, pode antecipar a sua ruptura, permitindo que o desenvolvimento constitucional se realize fora de eventual camisa de força do regime da imutabilidade.

4. Outras limitações implícitas

Na linha da argumentação desenvolvida por Carl Schmitt, a doutrina constitucional alemã admite que o princípio de continuidade e identidade da Constituição não protege apenas os princípios contemplados pelas garantias de eternidade. Afirma-se, quase sem contestação, que também a cláusula de eternidade é insuscetível de alteração. Tal como realçado por Mauz, "constitui imperativo de uma norma de lógica (Normlogik) que, além dos princípios declarados intocáveis, também a própria cláusula pétrea que declara a imutabilidade deve ser considerada intangível" (Maunz-Dürig, *Kommentar zum Grundgesetz*, vol. III, art. 79, n. 50). Frustra-se, assim, a possibilidade de o legislador constituinte proceder à dupla revisão, eliminando a cláusula pétrea e, posteriormente, os princípios por ela protegidos.

Na mesma linha de raciocínio, afirma Konrad Hesse que a proteção de imutabilidade há de abranger o próprio art. 79 na sua substância (*wesentlicher Bestandteil*) (*Grundzüge des Verfassungsrechts der Bundesrepublik Deutschland*, 1988, p. 265). Em outros termos, seria ilegítima não só a supressão da cláusula pétrea, como também a alteração significativa de pressupostos relativos à maioria qualificada contida no art. 79, II, da Lei Fundamental (Hesse, *Grundzüge*, p. 265).

Com uma fundamentação diferenciada, afirma Bryde que devem ser consideradas intangíveis as próprias garantias de eternidade se se entender que elas não só asseguram ou protegem a identidade da Constituição, mas também integram essa identidade (Gegen dic Änderbarkeit des Art. 79, III durch den verfassungsändernden Gesetzgeber würde es jedoch sprechen, wenn man diese Vorschrift nicht nur als Schutz der Identität der Verfassung, sondern selbst als Teil dieser Identität anzusehen hätte) (Bryde, *Verfassungsenwicklung*, p. 251).

Também no que concerne às disposições relativas ao processo de revisão constitucional, desenvolve Bryde uma fundamentação diferenciada para admitir a impossibilidade de alteração que implique maior facilidade de aprovação de emenda constitucional, como se pode ler na seguinte passagem de sua obra: "Indaga-se se o legislador constituinte estaria legitimado a proceder à atualização do processo constituinte que poderia colocar em perigo as limitações a ele impostas pelo art. 79, III. Suscita-se, pois, questão relativa à admissibilidade de alteração do processo de revisão constitucional. A resposta a essa questão há de ser obtida da vinculação do legislador constituinte à identidade da Constituição, uma vez que a organização da revisão é significativa para a conformação concreta da Constituição. Isto não deve significar uma servil imutabilidade do art. 79, mas sim vinculação a seu núcleo essencial. (...) Também o postulado estabelecido no art. 79, II, pertinente à rigidez da Constituição, é intangível, tal como resulta do art. 79, III (garantias de eternidade) c/c art. 20, III (vinculação do legislador). Em outros termos, os pressupostos do art. 79, II, que já se encontram em patamares toleráveis no que toca à facilidade de revisão, não podem ser tornados ainda mais flexíveis" (Bryde, *Verfassungsentwicklung*, p. 249).

Portanto, essas colocações levam a admitir que o princípio da imutabilidade das cláusulas pétreas se estende às suas próprias disposições e ao processo de revisão constitucional.

Assim, poder-se-ia, afirmar, entre nós, que são imutáveis não só os princípios protegidos pelo art. 60, § 4º., como também as próprias disposições do art. 60, § 4º e os demais preceitos do art. 60 que estabelecem os limites do poder de reforma. Ter-se-ia de admitir, ademais, que pelo menos o processo especial de revisão previsto no art. 3º do Ato das Disposições Transitórias seria, na sua essência, insuscetível de alteração.

Acentue-se que há um forte conteúdo metafórico na afirmação sobre a imutabilidade das cláusulas pétreas ou dos chamados limites implícitos. Eles comportam mudanças que não alterem o seu significado. Evidentemente, para os fins da verificação de eventual lesão a esses limites, a análise há de ser de índole jurídica e não física. Daí ressaltarem Maunz e Dürig, nos seus comentários, que as alterações da expressão literal do texto não são abrangidas pelo *bloqueio* do art. 79, III (Blosse Wortlautänderungen der art. 1 und 20 werden von der "Grundsatzsperre" des art. 79 III von vornherein nicht erfasst) (Maunz-Dürig, *Kommentar zum Grundgesetz*, art. 79, III, n. 38).

5. A Constituição de 1988 e a reforma constitucional

A Constituição de 1988 consagra a seguinte cláusula pétrea, no seu art. 60, § 4º.:

"Não será objeto de deliberação a proposta de emenda tendente a abolir:

"I — a forma federativa de Estado;

"II — o voto direto, secreto, universal e periódico;

"III — a separação dos Poderes;

"IV — os direitos e garantias individuais".

No § 2º do art. 60, prevê-se que a proposta de emenda será discutida e votada em cada Casa do Congresso Nacional, em dois turnos, considerando-se aprovada se obtiver, em ambos, três quintos dos votos dos respectivos membros.

Por outro lado, o Ato das Disposições Constitucionais Transitórias estabelece, no seu art. 3º., *verbis*: "A revisão constitucional será realizada após cinco anos, contados da promulgação da Constituição, pelo voto da maioria absoluta dos membros do Congresso Nacional, em sessão unicameral".

O art. 2º. do Ato das Disposições Transitórias dispõe: "Art. 2º.. No dia 7 de setembro de 1993 o eleitorado definirá, através de plebiscito, a forma (república ou monarquia constitucional) e o sistema de governo (parlamentarismo ou presidencialismo) que devem vigorar no País".

A Emenda Constitucional n. 2, de 25 de agosto de 1992, estabeleceu que o plebiscito de que trata o art. 2º. do Ato das Disposições Constitucionais Transitórias deverá ser realizado no dia 21 de abril de 1993, estabelecendo que a forma e o sistema de governo definidos pelo plebiscito terão vigência em 1º. de janeiro de 1995.

A primeira questão que se coloca diz respeito ao modelo de revisão previsto no Ato das Disposições Transitórias. Ter-se-ia aqui uma decisão do constituinte originário de, eventualmente, superar a própria identidade da Constituição, autorizando-se, excepcionalmente, o constituinte derivado inclusive a proceder à *revisão total* da Constituição? Ou cuidar-se-ia ainda de uma revisão parcial, mesmo que especialíssima, pois não submetida ao modelo do art. 60, § 3º.?

Se for afirmativa a resposta à primeira questão, ter-se-á a possibilidade de substituir toda a Constituição por uma outra no âmbito do processo de revisão.

Do prisma conceitual já não se cuidaria de uma revisão, mas, efetivamente, de um legítimo processo constituinte.

Se se entender, todavia, que se trata de uma revisão parcial, ainda que ampla, não há dúvida de que os pressupostos relativos às cláusulas pétreas, previstas no art. 60, § 4º., aplicam-se também a esse processo especial de reforma.

Como referido, as *cláusulas pétreas* ou as *garantias de eternidade* não asseguram, de forma infalível, a continuidade ou permanência de determinada ordem constitucional nem excluem a possibilidade de que essa ordem contenha uma cláusula de transição para outro regime ou modelo. A própria Constituição alemã de 1949 prevê, no seu art. 146, a possibilidade de dissolução da ordem fundada pela Lei Fundamental de Bonn em decorrência de decisão a ser tomada após o processo de reunificação.

Em outros termos, o limite da revisão não reside, necessariamente, na fronteira entre a legitimidade e revolução (Bryde, *Verfassungsentwicklung*, p. 233).

É possível, pois, proceder à transição de uma Constituição para outra em um processo ordenado e sem quebra da legitimidade.

Por isso, observa Bryde que se pode substituir a tradicional dicotomia entre poder constituinte originário e poder de revisão por uma fórmula tricotômica, que conceba a revisão total como modelo intermediário.

Convém registrar, a propósito, o seu magistério: "A substituição da democracia parlamentar, na França, por um sistema presidencial-parlamentar misto, em 1958, não representou uma revolução se se entender esta expressão não só no seu sentido natural, mas também no sentido de uma diferenciação entre o desenvolvimento legítimo e ilegítimo da comunidade. Isso significa que nós podemos substituir a tradicional dicotomia entre processo constituinte originário (*verfahrensungebundener pouvoir constituant*) e o processo de revisão (*verfasster Revisionsgewalt*) por um modelo tricotômico no qual a possibilidade da legítima substituição da ordem constitucional por outra (revisão total: *Totalrevision*) seja contemplada como uma forma intermediária. A revisão total pode ser disciplinada juridicamente, de modo a ampliar os limites dos métodos ordenados e regulados de desenvolvimento constitucional (*Verfassungesentwicklung*) à custa da 'Revolução'.

"Esse problema foi resolvido de forma particularmente feliz em algumas constituições estrangeiras, que distinguem expressamente a revisão parcial da revisão total. Isto se aplica, *v.g.*, à Constituição suíça (arts. 118-123) e à Constituição austríaca (art. 44). Além disso, os pressupostos da revisão total são mais restritivos do que aqueles aplicáveis à revisão parcial. Tal fato resulta mais evidente na Constituição austríaca, que exige um referendo para a revisão total (Gesamtänderung) (art. 44, II). Portanto, não se afigura possível uma revisão total sem a participação do titular do poder constituinte. A Constituição suíça exige a participação do povo e de seus representantes tanto para a revisão parcial, quanto para a revisão total. (...) Se nesse processo se der a substituição de uma Constituição por outra, já não se terá, certamente, do ponto de vista conceitual, simples revisão constitucional, mas, tendo em vista a identidade entre o titular do poder constituinte originário e derivado, dever-se-á considerar tal processo como legítimo processo constituinte sob a roupagem de um processo de revisão" (Bryde, *Verfassungsentwicklung*, p. 234).

Mais recentemente, a Constituição espanhola de 1978 consagrou expressa previsão de revisão total nos seguintes termos: "Art. 168. 1 — Quando for proposta a revisão total da Constituição ou uma revisão parcial que afete o título preliminar, a seção I do capítulo II do título I ou o título II, proceder-se-á à aprovação do princípio da revisão por maioria de dois terços de cada Câmara e à dissolução das Cortes. 2 — As Cortes que vierem a ser eleitas deverão ratificar a decisão e proceder ao estudo do novo texto constitucional, que deverá ser aprovado por maioria de dois terços de ambas as Câmaras. 3 — Aprovada a reforma pelas Cortes Gerais, será submetida a referendo para ratificação".

Parece constituir, portanto, apanágio do processo de revisão total da Constituição não só a fixação de procedimento mais restritivo, em relação ao processo de emenda, como também a necessidade de participação do efetivo titular do poder constituinte, o povo.

A formulação contida nos artigos 2º e 3º das Disposições Transitórias não autoriza supor tenha o constituinte pretendido permitir a reforma total da ordem constitucional ou até mesmo a sua substituição no processo de revisão. Já a utilização do termo ''revisão'' parece indicar — não obstante a relativa ambigüidade da expressão — que se não cuida aqui de um novo processo constituinte.

Embora o constituinte tenha condicionado a mudança da forma e do sistema de governo à aprovação plebiscitária (ADCT, art. 2º), é certo que se trata de manifestação popular específica, tópica, que pareceu indispensável para a efetivação de possível mudança de elementos essenciais da Constituição.

Se pretendesse submeter a Constituição a uma revisão total, teria o constituinte, certamente, recorrido à aprovação popular prévia ou posterior (plebiscito ou referendo), tal como verificado em relação à forma e ao sistema de governo.

Pode-se afirmar, outrossim, que, ao excluir da proteção das cláusulas pétreas o regime republicano, parece ter entendido o constituinte serem intangíveis os princípios básicos contidos nessas *garantias de eternidade*. Embora a mudança da forma de governo seja de tal ordem substancial que implica mesmo uma alteração da *identidade da Constituinção*, no sentido de Schmitt, não há dúvida de que essa possibilidade foi expressamente contemplada pelo constituinte, que, por isso, houve por bem retirar o regime republicano da proteção da *cláusula pétrea*.

Se dogmaticamente correta essa colação, afigura-se lícito admitir que o constituinte brasileiro criou uma nova categoria de revisão — *a revisão ampla* —, que, embora diferenciada da emenda constitucional pura e simples, não se confunde a com a *revisão total*, por estar vinculada a limites materiais expressos.

Feitas essas colocações e afirmada a vigência das cláusulas pétreas também para o processo especial de revisão previsto no art. 3º do ADCT, cumpre examinar a alegação de ofensa ao princípio da divisão de poderes formulada na presente ação direta.

6. Da alegação de ofensa ao princípio da divisão de poderes

Sustentam os autores que a Emenda Constitucional n. 2, de 1992, afrontaria o princípio da divisão de poderes, devendo, por isso, ser declarada inconstitucional em face da cláusula pétrea contida no art. 60, § 4º, da Constituição.

Segundo afirmam, a forma e o sistema de governo estão tão vinculados à idéia de separação de poderes que se afigura inadmissível a intervenção, nesse âmbito, do poder constituinte derivado. É o que lê na seguinte passagem da inicial: ''Quem diz forma e sistema de governo, diz distribuição e separação de poderes. Essa é a matéria cuja normatização a lei magna brasileira interditou aos poderes constituídos. Estes não receberam qualquer competência para, alterando o que decorre da lei básica, editar normas sobre forma e sistema de governo''.

Efetivamente, a questão do sistema e da forma de Governo envolve aspectos relacionados com o princípio da separação e da independência dos poderes.

Sobre esse tema manifestou-se o Supremo Tribunal na Representação (interventiva) n. 94, da relatoria do Ministro Castro Nunes. Cuidava-se de argüição de inconstitucionalidade contra dispositivos da Constituição estadual do Rio Grande do Sul que consagrara disposições pertinentes a um sistema parlamentar de Governo.

Após enfatizar que o modelo de divisão de poderes vigente no plano era vinculante para os estados-membros, afirmou o eminente magistrado, no seu elucidativo pronunciamento:

"Na verdade, o princípio da separação dos poderes, cuja independência está pressuposta na Constituição, não comporta o regimen parlamentar ou qualquer de suas assemelhações. Se o comportasse, seria por igual admissível no jogo de poderes da União. Porquanto o princípio, antes de ser inscrito como regra orgânica dos Estados, inscreve-se no mecanismo dos poderes da União, art. 36: 'São poderes da União o Legislativo, o Executivo e o Judiciário, independentes e harmônicos entre si'.

"Se a vida da relação de Executivo e do Legislativo não pode ser posta em termos diversos dos estruturados na Constituição, não estando ao alcance do Congresso modificá-los por uma lei para estabelecer alguma fórmula de mais íntima penetração, é desde logo inconcebível que possam fazê-lo os Estados, mesmo em função constituinte, a que se dirige, precipuamente, a menção daquele princípio na enumeração do n. VII" (Representação n. 94, Relator Min. Castro Nunes, in *Archivo Judiciario*, 85, p. 31 (40).

E, adiante, explicitava essa orientação: "Quando a Constituição declara que os poderes são entre si independentes supõe o Executivo, constituído por essa forma e não repartido entre o Presidente e o Ministério, como órgão coletivo ou o Governador e o Secretariado" (in *Archivo Judiciario*, 85, pp. 31 (41)).

Embora não se possa negar que a modificação da forma e sistema de governo, abstratamente considerada, afeta o princípio da separação de poderes, parece imperativo reconhecer, também, que eventuais modificações relacionadas a esses aspectos foram expressamente contempladas pelo constituinte originário, ao estabelecer a disposição do art. 2º das Disposições Transitórias. Tem-se, pois, aqui uma expressa ressalva à aplicação da cláusula pétrea relativa à separação de Poderes.

Poder-se-ia argumentar que o constituinte outorgou expressamente ao detentor do poder de revisão o especial poder de rever inclusive esta cláusula pétrea. Daí a necessidade de que restassem intocadas as disposições contidas nos artigos 2º e 3º do ADCT.

Essa argumentação não pode ser acolhida. O fato de o constituinte ter retirado das *garantias de eternidade* a república demonstra, de forma inequívoca, que, embora especial, a revisão prevista no art. 3º das Disposições Transitórias não se confundia com um novo processo constituinte. Cuida-se, ainda, de uma reforma que, por isso, deveria guardar observância dos princípios protegidos pela garantia de eternidade prevista no art. 60, § 4º.

Não se afigura impossível, pois, compatibilizarem-se as disposições contidas no art. 60, § 4º, do corpo permanente da Constituição, e nos artigos 2º e 3º do ADCT, se se entender que o constituinte, *ab initio*, pretendeu deixar em aberto a questão da forma e do sistema de governo, a ser decidida quando da realização do plebiscito e concretizada no âmbito do processo de revisão previsto no art. 3º das Disposições Transitórias.

Problema de inegável relevo é o referente aos eventuais efeitos da mudança eventualmente realizada na Constituição Federal, admitida, *v.g.*, a aprovação do Parlamentarismo, em relação aos sistemas constitucionais das unidades federadas e a estrutura orgânica dos municípios. Se se considerar que o sistema de governo adotado no plano federal vincula os Estados e Municípios, ter-se-á a introdução de um sistema parlamentar de governo por força da eficácia irradiante do novo modelo federal.

Todavia, essa questão, que é de extrema complexidade e delicadeza, não tem relevância para a decisão da ação direta submetida ao Supremo Tribunal Federal.

Assim, cumpre acentuar tão-somente que a emenda constitucional referida não afetou o princípio de divisão de poderes protegido pela cláusula pétrea do art. 60, § 4º. Ressalte-se, ainda, que a argumentação acima expendida não retira o valor e o significado do princípio da divisão de poderes para a ordem constitucional, especialmente para a relação entre o Judiciário e os Poderes Legislativo e Executivo.

Portanto, a relativização do referido princípio é *tópica*, pois circunscrita à eventual mudança da forma e do sistema de governo, *temporária*, porquanto relacionada com o processo especial de revisão, estando intimamente vinculada a uma *decisão direta da soberania popular*.

7. A Emenda Constitucional n. 2 e as limitações implícitas

Como observado, dificilmente o problema suscitado com a promulgação da Emenda Constitucional n. 2 será resolvido com a aplicação direta das cláusulas pétreas ou das garantias de eternidade consagradas no art. 60, § 4º, da Constituição.

Sabe-se, porém, que, se adotarmos a concepção teórica de Schmitt sobre a identidade e continuidade da forma do Estado e da Constituição, teremos de admitir que a *imutabilidade* imanta não apenas os princípios gravados com a cláusula pétrea, estendendo-se, também, à própria norma consagradora dessas *garantias de eternidade* e às disposições relativas ao processo de reforma e de revisão constitucional.

Nessa linha de entendimento, seria lícito sustentar que, ao modificar a data do plebiscito, teria o constituinte alterado elemento essencial de identidade da Constituição, pertinente ao processo de revisão, atuando, assim, de modo contrário à Constituição.

Não se coloca em dúvida aqui que as *disposições básicas* sobre o processo de reforma e de revisão constitucional são cláusulas essenciais à continuidade e à identidade da Constituição, afigurando-se, por isso, insuscetíveis de alteração.

Assim, eventual proposta com o escopo de tornar mais flexível o processo de reforma constitucional previsto no art. 60, da Constituição, deveria ser fulminada com a declaração de inconstitucionalidade. Idêntico destino haveria de ter proposição destinada a tornar ainda menos rígido o processo de revisão previsto no art. 3º do Ato das Disposições Transitórias.

Resta, porém, a indagação referente à legitimidade da Emenda Constitucional que antecipou para abril de 1993 o plebiscito sobre a forma e o sistema de governo, cuja realização estava prevista inicialmente para 7 de setembro de 1973 (ADCT, art. 2º).

O constituinte de 1988 atribuiu tal importância à decisão sobre a forma e o sistema de governo que houve por bem submetê-la à aprovação do titular efetivo do poder constituinte. Cuida-se, pois, de uma *decisão fundamental* que depende, na sua essência, de deliberação do povo em plebiscito especialmente organizado.

Assim, se o constituinte derivado procedesse à supressão dessa *decisão* ou se a adulterasse de tal modo a desfigurar o seu significado, pareceria inevitável o reconhecimento da ilegitimidade dessa conduta. Ao suprimir a cláusula sobre mudança da forma e do sistema de governo, o constituinte derivado estaria alterando uma *decisão fundamental* do constituinte que assegura a possibilidade de transição de um modelo substancialmente diverso para outro sem quebra de continuidade da Constituição.

Em suma, a supressão dessa cláusula conteria uma decisão contrária à possibilidade jurídica de alteração da forma e do sistema de Governo. É que, ressalvada a utilização desse processo especial previsto nos artigos 2º e 3º do ADCT, o modelo republicano-presidencial — modelo que expressa a identidade e a continuidade da Constituição — não se afigura, em princípio, suscetível de alteração mediante simples atuação do poder constituinte derivado.

O próprio texto constitucional não deixa dúvida de que a forma republicana integra sua identidade, pois, não obstante a disposição do art. 2º do ADCT e da não referência à forma republicana de governo no âmbito das cláusulas pétreas, preservou a forma republicana como um dos princípios sensíveis que deve ser observado pelos Estados-membros na sua organização (art. 34, VII, *a*).

Não obstante, é de indagar-se se a simples antecipação da data do plebiscito já deveria ser considerada ofensiva a uma limitação implícita imposta ao legislador constituinte (constituinte derivado).

Essa questão toca um dos temas delicados da hermenêutica constitucional, que é, exatamente, o problema da interpretação das cláusulas pétreas e das limitações implícitas ao poder de revisão.

Não só a formulação ampla dessas cláusulas, mas também a possibilidade de que por meio de uma *interpretação compreensiva* diferentes disposições constitucionais possam (ou devam) ser imantadas com a garantia de imutabilidade têm levado doutrina e jurisprudência a advertir contra o perigo de um congelamento do sistema constitucional, que, ao invés de contribuir para continuidade da ordem constitucional, acabaria por antecipar a sua ruptura.

Como referido, na controvérsia relativa à legitimidade da emenda constitucional que estabelecia restrições ao sigilo postal, telegráfico e telefônico (Lei Fundamental, art. 10), o *Bundesverfassungsgericht* deixou assente que, como as *garantias de eternidade* são excepcionais, não devem elas ser interpretadas de modo a impedir que o legislador constituinte introduza modificações que sejam imanentes ao sistema jurídico (Die mit der Formulierung des art. 79 Abs. 3 verbundene Einschränkung der Bindung des verfassungsändernden Gesetzgebers muss bei der Auslegung um so ernster genommen werden, als es sich um eine Ausnahmevorschrift handelt, die jedenfalls nicht dazu führen darf, dass der Gesetzgeber gehindert wird, durch verfassungsänderndes Gesetz auch elementare Verfassungsgrundsätze systemimmanent zu modifizieren) (BVerfGE 30, 1 (25).

Isto faz com que a doutina procure um caminho adequado entre posições que levam à redução extrema do significado dessas cláusulas (*Minimalisierung*) ou ao congelamento do sistema constitucional (*Zementierung*) (Bryde, *Verfassungsentwicklung*, p. 245).

Doutrinadores eméritos chegam mesmo a admitir a possibilidade de revisão das próprias cláusulas expressas de imutabilidade. É o que lê, *v.g.*, na seguinte passagem de Jorge Miranda: "Repetimos: as normas de limites expressos não são lógica e juridicamente necessárias, necessários são os limites; não são normas superiores, superiores apenas podem ser, na medida em que circunscrevem o âmbito de revisão como revisão, os princípios aos quais se reportam. Como tais — e sem com isto afectar, minimamente que seja, nem o valor dos princípios constitucionais, nem o valor ou a eficácia dessas normas na sua função instrumental ou de garantia — elas são revisíveis do mesmo modo que quaisquer outras normas, passíveis de emenda, aditamento ou eliminação e até podem vir a ser suprimidas através de revisão. Não são elas próprias limites materiais" (*Manual de Direito Constitucional*, t. II, Coimbra, 1982, p. 181).

As palavras do eminente constitucionalista português devem ser recebidas com alguma reserva, uma vez que a revisão de determinada disposição constitucional traz ínsita, as mais das vezes, a alteração do princípio que lhe dá embasamento.

Não se pode negar que a fixação de um catálogo de cláusulas imutáveis parece contraditar as abordagens teóricas que pretendem fundamentar os limites da revisão constitucional, tendo em vista a índole marcadamente anti-positivista dessas diferentes concepções.

É certo que também Carl Schmitt viu com ceticismo a possibilidade de se estabelecer, com êxito, um catálogo de princípios imutáveis, pois, tal como observou ironicamente, isto pareceria uma lista de bens impenhoráveis diante do juiz de execução (*Katalog umpfändbarer Sachen für einen Gerichtsvollzieher*) (Schmitt, Carl, apud Bryde, *Verfassungsentwicklung*, p. 237).

Vislumbra-se, pois, aqui a possibilidade ou mesmo a configuração de um conflito entre a Constituição enquanto ''decisão'' e determinadas disposições constitucionais (cf., sobre o assunto, Bryde, *Verfassungsentwicklung*, p. 236), ou, se quisermos, entre o direito de mudar a Constituição e a exigência de continuidade e estabilidade da ordem constitucional (cf., a propósito, Inocêncio Mártires Coelho, ''Os limites da revisão constitucional'', in *Arquivos do Ministério da Justiça*, n. 178, 1991, p. 5 (6)).

O que interessa efetivamente, aqui, é adotar uma interpretação que assegure o necessário equilíbrio entre estabilidade e desenvolvimento, que evite tanto a dissolução da ordem constitucional, quanto o congelamento da ordem jurídica, que poderá levar a uma ruptura (cf., sobre o assunto, Gilmar Ferreira Mendes, *Controle de Constitucionalidade*, 1990, p. 5).

Essa parece ter sido a orientação que norteou o Supremo Tribunal Federal na decisão do Mandado de Segurança n. 20.257 (Relator Min. Moreira Alves). No referido precedente, restou assentado que o fato de determinada emenda afetar aspectos relacionados com o conteúdo de princípios protegidos pelas cláusulas pétreas não se afigurava suficiente para acoimá-la de inconstitucional.

Cuidava-se de proposta de emenda que prorrogava o mandato dos Prefeitos, Vice-Prefeitos e Vereadores, para fazê-los coincidir com os mandatos federais e que, segundo sustentado pelos impetrantes, afrontava o princípio republicano.

A propósito, observou o Ministro Moreira Alves: ''A emenda constitucional, em causa, não viola, evidentemente, a República, que pressupõe a temporariedade dos mandatos eletivos. De feito, prorrogar mandato de dois para quatro anos, tendo em vista a conveniência da coincidência de mandatos nos vários níveis da Federação, não implica introdução dos princípios de que os mandatos não mais são temporários, nem envolve, indiretamente, sua adoção de fato, como sustentam os impetrantes, sob a alegação de que, a admitir-se qualquer prorrogação, ínfima que fosse, estar-se-ia a admitir a prorrogação por vinte, trinta ou mais anos. Julga-se à vista do fato concreto, e não de suposição que, se vier a concretizar-se, merecerá, então, julgamento para aferir-se da existência, ou não, de fraude à proibição constitucional'' (*RTJ* 99, pp. 1.040-1.041).

Portanto, para configurar lesão a uma limitação constitucional expressa não basta que se constate ter a norma promulgada pelo exercente do poder constituinte derivado afetado aspectos de determinado princípio. Faz-se mister que se configure, efetivamente, uma lesão a elemento essencial do princípio protegido. Assim, eventual emenda constitucional que conferisse nova conformação a direito fundamental, submetendo-o, *v.g.*, a uma restrição legal, não prevista originariamente, não parece afetar, em princípio, a garantia de eternidade que veda emendas constitucionais tendentes a abolir os direitos individuais.

Não se pode negar que o tema dificilmente comporta afirmações apodíticas ou a formulação de regras abstratas aplicáveis a todas as hipóteses.

Ao revés, no juízo de ponderação, assaz difícil em casos de colisão de princípios constitucionais, há de se considerar se a alteração constitucional afeta, tão-somente, aspectos ou posições marginais (*Randpositionen*) da norma ou princípio considerado insuscetível de alteração ou se, de fato, diz respeito com o própro núbleo da disposição protegida (*Kernbereich*) (BVerfGE 28, 243 (262)).

No caso em apreço, embora não se discuta a natureza essencial da decisão do constituinte sobre a realização do plebiscito para os fins de eventual mudança da forma e do sistema de governo, dentro de determinado prazo, parece altamente questionável a tentativa de vislumbrar na data fixada para sua realização (7 de setembro de 1993) um elemento essencial dessa decisão.

Essencial, nessa decisão do constituinte, é a própria definição do plebiscito e a conseqüência que se lhe atribuiu de produzir profunda alteração no próprio sistema constitucional com a possível adoção da forma de governo monárquica e do sistema parlamentarista de governo. A realização do plebiscito um pouco mais cedo ou um pouco mais tarde não altera, na substância, a decisão fundamental consagrada no art. 2º do ADCT.

Da mesma forma, não assume maior relevo, no juízo de constitucionalidade, o papel maior ou menor que se conferiu ao Tribunal Superior Eleitoral.

Trata-se de elementos de caráter processual-instrumental e, por isso mesmo, necessários, mas não fundamentais na acepção acima esposada.

Sem dúvida, outra poderia ser a conclusão se a proposição tivesse por escopo suprimir a consulta plebiscitária e, eventualmente, o processo de revisão dela decorrente, pois, nesse caso, tal como ressaltado, estar-se-ia adulterando uma *decisão fundamental* do constituinte que, dada a relevância da questão, entendeu que ela haveria de ser definida pelo detentor efetivo do poder constituinte.

Nem se pode afirmar, como fazem os requerentes, que "reconhecer ao Congresso a faculdade de alterar a data do plebiscito seria reconhecer-lhe a faculdade de adiá-lo indefinidamente".

Se, efetivamente, se constatasse que o escopo da emenda constitucional era elidir a realização do plebiscito, outro haveria de ser o juízo a propósito. Mas, tal como já assentou o Supremo Tribunal Federal, tais questões hão de ser contempladas "à vista do fato concreto, e não de suposição que, se vier a concretizar-se, merecerá, então, julgamento para aferir-se da existência, ou não, de fraude à proibição constitucional" (*RTJ* 99, pp. 1.040-1.041).

Ressalte-se, pois, que a ponderação entre os princípios em conflito — o relativo à mutabilidade da Constituição e aqueloutro, pertinente à imutabilidade de determinadas disposições — não permite afirmar que, ao proceder às alterações contidas na Emenda Constitucional n. 2, de 1992, tenha o poder constituinte derivado afrontado decisão fundamental do constituinte originário.

Mais uma vez impende ressaltar que imutabilidade de que a doutrina cogita é de *índole jurídica* — e, por isso, comporta interpretações — e não de *natureza física*. Fica evidente, assim, que uma disposição constitucional gravada com as *garantias de eternidade* podem sofrer alteração formal sem qualquer prejuízo para o seu conteúdo.

Nesses termos, afigura-se manifesta a improcedência da presente ação direta.

Brasília, 8 de fevereiro de 1993

PARECERES

REGIME JURÍDICO ÚNICO — INCLUSÃO, SEM CONCURSO, DE SERVIDORES CELETISTAS

SÉRGIO SÉRVULO DA CUNHA
Advogado em Santos (SP)

1. Regime jurídico único

A Constituição da República, em seu art. 39, obrigou as entidades federativas a instituir regime jurídico único para os servidores da administração pública direta, das autarquias, e das fundações públicas.

A aplicação dessa regra tem levantado, dentre outros problemas, o seguinte: é constitucional a norma municipal que, independentemente de concurso, inclua no regime único servidores celetistas admitidos anteriormente à Constituição de 1988?

Várias opiniões dão resposta negativa a essa pergunta, invocando o disposto no art. 37, II, da Lei Magna: ''a investidura em cargo ou emprego público depende de aprovação prévia em concurso público de provas ou de provas e títulos, ressalvadas as nomeações para cargo em comissão declarado em lei de livre nomeação e exoneração''.

Entendo ser afirmativa a resposta: o município pode, independentemente de concurso, incluir no regime único servidores celetistas admitidos anteriormente à Constituição de 1988. E, para demonstrá-la, empenho-me como segue:

2. Regime estatutário

Há, em nosso direito, a tradição de designar-se, como ''estatuto'', a lei geral concernente ao funcionalismo público; assim, o estatuto dos funcionários públicos da União, e, em seus respectivos níveis e âmbito, os vários estatutos pertinentes ao funcionalismo estadual e municipal. No direito pátrio, a mulher casada, o advogado, o menor de idade, têm seu estatuto. Estatuto é também o termo com que se designa a regra particular de uma associação civil, ou sindicato (o que, em Roma, corresponde à *lex colegii*).

Durante a Idade Média estabeleceu-se uma certa oposição entre ''estatuto'' e ''lei'', na medida em que se entendia como obrigatória apenas a norma posta pelo rei e pelo papa; o termo ''estatuto'', indicativo de uma certa autonomia, passou entretanto a compaginar-se com a lei na medida em que estatutos particulares vinham a ser reconhecidos ou outorgados pelo poder real. Desse ponto de vista há certa sinonímia entre estatuto, carta de foral, e carta colonial.

Ninguém aproximou-se tanto da noção que temos hoje de estatuto quanto

John Salmond: "uma condição pessoal imposta a um homem pelo direito independentemente de seu consentimento, por oposição à condição que ele pode adquirir por si mesmo voluntariamente" (v. *Archives de Philosophie du Droit*, XIII/143).

Modernamente, a noção de estatuto opõe-se à de contrato, segundo a conhecida distinção de Sumner Maine. Na obra "Ancient Law", esse historiador e sociólogo, assinalando a dissolução gradual da dependência familiar, sustenta que a evolução das sociedades procede do estatuto para o contrato.

Daí que, ao definir a relação estatutária, os administrativistas apontam, como sua principal característica, o fato de que a administração, mediante lei, pode alterá-la unilateralmente.

3. *Regime estatutário e Direito adquirido*

Essa noção de relação estatutária parece chocar-se com uma outra, que abriga cânone das garantias individuais: a noção de direito adquirido.

A noção de direito adquirido, em Direito Constitucional, associa-se à de irretroatividade da lei. Diz o art. 5º., XXXVI, da Constituição Brasileira: "a lei não prejudicará o direito adquirido, o ato jurídico perfeito e a coisa julgada". E, a seu turno, o art. 6º da Lei de Introdução ao Código Civil: "a lei em vigor terá efeito imediato e geral, respeitados o ato jurídico perfeito, o direito adquirido e a coisa julgada. (...) § 2º. Consideram-se adquiridos assim os direitos que o seu titular, ou alguém por ele, possa exercer, como aqueles cujo começo do exercício tenha termo prefixo, ou condição preestabelecida inalterável, a arbítrio de outrem".

Ninguém, entre nós, estudou os direitos adquiridos quanto Pontes de Miranda. Pontes critica a pretensão de se definir, em lei, o direito adquirido, pois "é pelo conhecimento das regras do direito substancial que se sabe se um direito foi adquirido ou não" (*Comentários à Constituição* de 1967, p. 66); e subordina a controvérsia ao conceito de força imediata da lei: "A ciência do direito intertemporal tem de partir de pesquisa assaz delicada: a da linha que divide o efeito normal e o efeito anormal da lei nova. É indagação sutil de pontos do tempo. Quer-se saber, no plano do direito intertemporal, o que é passado e o que é presente (...) O efeito retroativo, que invade o passado, usurpa o domínio de lei que já incidiu; é efeito de hoje, riscando, cancelando, o efeito pretérito: o hoje contra o ontem, o voltar no tempo, a reversão na dimensão fisicamente irreversível" (idem, pp. 72/73).

Os direitos, assim, não são eternos; definem-se segundo a lei do tempo respectivo, incidente sobre os fatos dos quais eles nasceram. Sobre os fatos do passado (*facta praeterita*, fatos consumados, atos jurídicos perfeitos), incidem as leis do passado; sobre os fatos do presente, incidem as leis do presente. Retroagir significa invadir, com lei do presente, a dimensão do passado.

A situação do servidor perante a lei nova foi sintetizada em voto do Ministro Antonio Neder (STF, Agr. Instr. 53.498, *RDA* 117/112), com apoio em Ruy Cirne Lima (*Princípios de Direito Adm. Brasileiro*, 3ª ed., p. 168): "A investidura do funcionário não subjetiva, de um golpe, todos os direitos que o direito objetivo lhe enuncia. Pela investidura, o indivíduo adquire, antes de tudo, o *status* de funcionário, mero requisito para que se lhe tornem aplicáveis aquelas disposições do direito objetivo, à proporção que se verificarem os demais pressupostos de sua aplicação. Daí decorre que, assim o Estatuto dos Funcionários Públicos como o Direito dos Servidores Públicos são suscetíveis de alterações, por via legislativa, ainda quanto às situações vigentes. A lei poderá, portanto, em princípio, reduzir vencimentos; truncar ou modificar qualquer carreira administrativa; prescrever deveres novos; impor encargos antes dispensados, etc. A alteração acaso introduzida, salvo exceções definidas, terá aplicação imediata. Os funcionários, que o forem, ao tempo da lei nova, *salvo garantias constitucionais, ou situações já subjetivadas*, ficar-lhe-ão sujeitos às disposições" (grifo meu).

4. Cargo. Emprego público. Investidura

Diz o art. 37, II, da Constituição Brasileira que "a *investidura* em *cargo* ou *emprego* público depende de aprovação prévia em concurso público..." (grifo meu).

O conceito de cargo público é preciso, não obstante a variedade de definições, oferecidas por inúmeros autores. Nos termos da Lei 8.112, de 11.12.90, "cargo público é o conjunto de atribuições e responsabilidades, previstas na estrutura organizacional, que devem ser cometidas a um servidor" (art. 3º). A noção fornecida por Celso Antônio Bandeira de Mello é mais trabalhada: "cargo é a denominação dada à mais simples unidade de poderes e deveres estatais a serem expressos por um agente. É pois um complexo (ou um ponto, ou um termo) unitário e indivisível de competências, criado por lei, com número certo e designação própria concernente a funções da organização central do Estado, suas autarquias e fundações públicas" (*Regime Constitucional dos Servidores*, Ed. RT, p. 28).

Como se vê, um cargo público é indissociável da idéia de um servidor, que o ocupa, chegando-se, por isso, a falar em "direito ao cargo", por parte de seu "titular". Esse direito ao cargo ressalta com maior visibilidade ao se tratar de cargo efetivo. Na verdade, efetivo é o cargo — quando permanente — e não o funcionário que o ocupa (v. Hely Lopes Meirelles, *Direito Administrativo Brasileiro*, 5ª ed., p. 408).

Também é conhecido o conceito de investidura, ato complexo que compreende, segundo uns, a nomeação (ou outra forma de provimento) e a posse; e, segundo outros, a nomeação (ou outra forma de provimento) mais a posse e o exercício. Para o art. 7º da Lei 8.112/90, "a investidura em cargo público ocorrerá com a posse".

Esta é, porém, a primeira das nossas Constituições que fala em "emprego" público, termo sobre cujo significado ainda não se demoraram os estudiosos. Há razões históricas para isso visto que o regime estatutário faz parte de nossa tradição, havendo sempre existido, do ponto de vista legal, apenas "cargos", mas não "empregos" públicos. Após a Ordenação de 1967, o termo "cargo" passou a designar genericamente tanto o "cargo" quanto o que hoje se denomina "emprego" público.

Foi a Ordenação de 1967 que rompeu aquela tradição, ao dispor, em seu art. 104: "Aplica-se a legislação trabalhista aos servidores admitidos temporariamente para obras, ou contratados para funções de natureza técnica ou especializada". Não obstante a alteração dessa regra pela Ordenação de 1969 (art. 106), prosseguiu em todos os níveis da administração a contratação de servidores, aos quais se aplicava a legislação trabalhista. Até que a Constituição de 1988, em vigor, consagrou a denominação "emprego" público, como análogo a "cargo".

A possibilidade de se estabelecer relação de emprego — e não relação estatutária — entre o servidor e a administração, deu lugar naturalmente a uma certa correspondência ou simetría entre as duas estratificações.[1] Tanto assim

1. Comentando a Lei 6.185, de 11.12.74, dizia o consultor do Cepam, Eurípedes Clóvis de Paula: "Possibilitado o engajamento pelo regime tra-

que — à semelhança do que faz o art. 3º da Lei 8.112/90 — é possível definir-se o emprego público como "o conjunto de atribuições e responsabilidades, previstas na estrutura organizacional, que devem ser cometidas a um servidor". Essa "unidade de poderes e deveres" (Celso Antônio Bandeira de Mello) é ontologicamente idêntica quer se trate de cargo, ou de emprego; o que determina a denominação a lhe ser dada é uma externalidade, ou característica extrínseca: o tipo de relação (estatutária, ou trabalhista) que se estabelece entre seu ocupante e a administração.

5. *Efetividade. Estabilidade. Concurso público*

O cargo efetivo se define hoje, legalmente, por oposição ao cargo de confiança (ou em comissão) — v. art. 9º da Lei 8.112/90. Este é de livre nomeação e exoneração; naquele, a investidura depende de aprovação prévia em concurso público de provas ou de provas e títulos (art. 37, II, da Constituição).

Adquire-se efetividade com a investidura em cargo efetivo. Ou seja, a efetividade não é condição pessoal do servidor, mas situação que lhe é comunicada pela natureza do cargo. Sendo o cargo efetivo, seu titular só poderá ser afastado segundo as hipóteses previstas em lei. Seu estado não é instável ou provisório como o dos exercentes de funções de confiança, que podem ser afastados *ad nutum*". Assim, a efetividade não confere necessariamente a estabilidade, embora possa existir entre o cargo e seu titular um liame, decorrente da lei, que dificulta seu afastamento. Já estabilidade significa inadmissibilidade de dispensa, podendo ser absoluta ou relativa, por tempo certo ou por prazo indeterminado. Há estabilidade relativa quando a continuidade do servidor no cargo ou emprego não depende da discricionariedade de seus superiores hierárquicos, mas da ocorrência ou não, na vida funcional, de fatos objetivos previstos na lei.

A afinidade — em alguns casos superposição — entre esses dois conceitos, suscita não pouca confusão ou polêmica, de que é exemplo o repertório dos debates judiciais na vigência da Ordenação de 1967-1969.[2] Para o esclarecimento da matéria não contribuem termos imprecisos tais como "efetivação", cujo emprego deveria ser evitado em linguagem técnica. "Efetivação" — efeito de investidura em cargo efetivo — é termo inócuo, que as admissões em massa de servidores precários — contratados, extranumerários ou interinos — pôs em circulação com o sentido de "acesso a cargo efetivo".

A Constituição de 1934 foi a primeira, entre nós, a dedicar uma seção inteira ao funcionalismo público. Ela fazia obrigatório o concurso "de provas ou títulos" para a primeira investidura nos postos de carreira. A Constituição de

balhista no serviço público federal, está todavia insculpida na norma advertência que as contratações ficarão adstritas aos cargos do Plano de Classificação com o vencimento correspondente, significando isto que o emprego terá o mesmo dimensionamento de deveres do cargo público com as mesmas atribuições funcionais além de salário idêntico. O emprego refletirá as responsabilidades de um cargo já criado no Plano de Classificação da União conforme sistema estabelecido pela Lei federal 5.645, sendo nesse caso o servidor admitido um empregado público, ainda que com as atribuições de um cargo. O vínculo que o liga à administração é contratual e não estatutário" ("Criação de empregos na administração municipal", *RDP*, 63, p. 209, jul./set. 1982).

2. O art. 177 da Ordenação de 1967, em seu § 2º, dispusera: "São estáveis os atuais servidores da União, dos Estados e dos Municípios, da administração centralizada ou autárquica, que, à data da promulgação desta Constituição, contém, pelo menos, cinco anos de serviço público". Com base nesse artigo, inúmeros servidores pleitearam "efetivação". Veja-se Raimundo Nonato Fernandes, "A estabilidade na disposição transitória da Constituição", *RDA* 174, p. 239 e ss.

1946 manteve o preceito, ampliando a exigência de concurso para "a primeira investidura em cargo de carreira e em outros que a lei determinar". Foi somente com a Ordenação de 1967 que se materializou em forma precisa, suficientemente abrangente, o princípio de igual acessibilidade aos cargos públicos: "a nomeação para cargo público exige aprovação prévia em concurso público de provas ou de provas e títulos" (art. 97, § 1º). A Ordenação de 1969, entretanto, regrediu no tempo: "A primeira investidura em cargo público dependerá de aprovação prévia em concurso público de provas ou de provas e títulos, *salvo os casos indicados em lei*" (art. 97, § 1º, grifo meu).

A exceção foi imprudente. De sorte que a Constituinte de 1988 deparou-se com massa de servidores não concursados, estatutários ou celetistas. Em seu corpo, a nova lei fundamental voltou a consagrar, na formulação a mais precisa e rígida que já alcançamos, o princípio de igual acessibilidade aos cargos públicos: "a investidura em cargo ou emprego público depende de aprovação prévia em concurso público de provas ou provas e títulos, ressalvadas as nomeações para cargo em comissão declarado em lei de livre nomeação e exoneração" (art. 37, II). Esta é a regra que incide a partir de sua promulgação. No tocante aos atos pretéritos, e considerando-se que face à constituição não existe direito adquirido, a nova Carta poderia, em tese, ter declarado nulas as nomeações sem concurso, efetuadas na vigência da Ordenação de 1967-1969, ou poderia determinar que os nomeados fossem submetidos a concurso, sob pena de perda do cargo ou emprego. Não o fez, todavia, ressalvado o disposto no art. 18 do Ato das Disposições Constitucionais Transitórias: "Ficam extintos os efeitos jurídicos de qualquer ato legislativo ou administrativo, lavrado a partir da instalação da Assembléia Nacional Constituinte, que tenha por objeto a concessão de estabilidade a servidor admitido sem concurso público, da administração direta ou indireta, inclusive das fundações instituídas e mantidas pelo Poder Público". Com isso, a Constituição auto-limitou seu poder de retroagir, no tocante a direitos dos servidores; decidiu purgar o passado até um limite de tempo: a data de instalação da Constituinte.

No que diz respeito aos demais servidores — investidos em cargos ou empregos públicos sob a Ordenação de 1967-1969 — a nova Constituição poderia ter silenciado, sem, com isso, alterar sua situação; mas preferindo não deixar dúvidas, e à semelhança das cartas de 1946 e 1967, criou benefício de estabilidade em favor dos servidores com mais de cinco anos de exercício (art. 19 do ADCT).

A enunciação acima — que acompanha desde a Constituição de 1934 até a de 1988 — evidencia que, na tradição recente, a investidura em cargo público, salvo exceções, tem tido como requisito a aprovação em concurso público. A causa final do concurso, a razão pela qual se faz, é a investidura em cargo ou emprego público. Não se pode dizer, destarte, que o objetivo do concurso é a "efetivação" em cargo público, mesmo porque pode haver concurso para investidura em cargo não-efetivo, ou em emprego público.

6. Regime jurídico único e concurso público

Inexiste qualquer incompatibilidade, ou antinomia, entre a regra constitucional que determina haja aprovação em concurso para a investidura em cargo ou emprego público (art. 37) e a regra do art. 39: "A União, os Estados, o Distrito Federal e os Municípios instituirão, no âmbito de sua competência, regime jurídico único e planos de carreira para os servidores da administração pública direta, das autarquias e das fundações públicas".

Por sua vez, o art. 24 do ADCT assim dispôs: "A União, os Estados, o Distrito Federal e os Municípios editarão leis que estabeleçam critérios *para a compatibilização de seus quadros* ao disposto no art. 39 da Constituição e à reforma administrativa dela decorrente, no prazo de dezoito meses, contados da sua promulgação" (grifo meu).

O regime jurídico único, assim, não se deve instaurar, paulatinamente, apenas com relação aos funcionários admitidos já sob a nova Carta, ou que venham a ser admitidos. Ele deve apanhar a massa dos funcionários dos quadros já existentes, mediante sua compatibilização. Objetivo da reforma é suprimir as disparidades existentes, uniformizando o tratamento legal dos servidores, o que significa, mediante a escolha de um só regime dentre os possíveis, reduzir à disciplina de suas normas aqueles que se achavam subordinados a outras.

No momento de se instaurar, mediante lei, o r.j.u., apresenta-se o seguinte problema: caso o r.j.u. venha a ser estatutário, como normatizar a integração, a esse regime, dos servidores com vínculo trabalhista? Alguns têm dito — sem atentar ao problema de direito intertemporal — que esses servidores, investidos na vigência da Ordenação de 1967-1969, devem ser submetidos a concurso, para que possam continuar no exercício das respectivas funções.

Mas parece evidente que o legislador municipal — para que possa instaurar o r.j.u. — está autorizado:

a) a dispensar os servidores celetistas não-estáveis, caso seja de seu interesse;

b) a transformar empregos em cargos, caso opte por regime estatutário;

c) a transformar cargos em empregos, caso opte por regime trabalhista.

A Constituição manda que se crie r.j.u. A regra que o faça deve ser geral, contemplando todas as categorias de servidores. Caso haja interesse da Administração, o *conjunto* dos servidores celetistas não estáveis, admitidos anteriormente à Constituição, pode ser dispensado; o ato de reforma administrativa também pode suprimir todos esses respectivos empregos. Não há, aí, violação a direito adquirido. O ato de reforma também pode transformar tais empregos em cargos; nesse caso seus ocupantes, já investidos nos empregos, passarão automaticamente de celetistas a estatutários, sem necessidade de prestar qualquer concurso. Seria inconstitucional a reforma se, transformando os empregos em cargos, obrigasse seus ocupantes, sob pena de dispensa, a prestar concurso.

Admitamos, para argumentar, que a lei nova, a ser elaborada pelo Município, possa exigir do servidor a aprovação em concurso, para nova investidura em cargo ou emprego que já ocupa, ou em que se transforme aquele que já ocupa.

Como o mesmo cargo ou emprego não pode ter dois ocupantes, isso significa: *a*) a duplicação do cargo ou emprego; ou *b*) a colocação em disponibilidade do ocupante mal sucedido no concurso; ou *c*) sua dispensa. Qualquer dessas soluções não se encontra, induvidosamente, na *mens Constitutionis*.

Alguns, para demonstrar a necessidade de se submeter esses servidores a concurso, têm invocado o art. 19, § 1º, do ADCT: "O tempo de serviço dos servidores referidos neste artigo será contado como título quando se submeterem a concurso para fins de efetivação, na forma da lei".

A lembrança parece inadequada, a começar do fato de que "os servidores referidos neste artigo" são tão só e exatamente os que o ADCT, mediante esse mesmo artigo, considerou estáveis.

É impossível obter um entendimento sistemático do art. 19, § 1º do ADCT com eixo no termo "efetivação". Compare-se essa regra, por exemplo, com o art. 41 da Constituição, que conferiu à estabilidade praticamente todos os efeitos da efetividade. Como "efetivar" quem já goza de efetividade? O que faz o art. 19, § 1º do ADCT é criar vantagem: a contagem como título, em eventual concurso, do tempo de serviço prestado por aqueles servidores. E não pode ser tido como obrigando tais servidores à prestação de concurso.

Entender de outro modo essa norma conduz a situações embaraçosas. O prof. Raimundo Nonato Fernandes, por exemplo, é constrangido a ver, na "estabilidade" referida nesse artigo, algo diferente da "estabilidade" referida no art. 41 da Constituição (*RDA* 174/239, trab. cit.); já o Dr. Sérgio Araújo Nunes, assessor do IBAM, é levado a dizer que o concurso previsto no art. 19, § 1º, do ADCT "não deve ser confundido com aquele a que se refere o inciso II do art. 37 da parte permanente da Constituição, o qual é público, ou seja, é para investidura em cargo, emprego ou função daqueles que pretendem entrar para o serviço público e não para os que nele já se encontram" ("Regime jurídico de trabalho na administração pública", *Revista de Administração Municipal* 38, n. 200, p. 36, jul./set. 1991).

É lamentável a esbórnia que, sob a Ordenação de 1967-1969, criou-se no funcionalismo público; é discutível a solução dada, pela Constituição de 1988, à situação que encontrou; mas nossos sentimentos com respeito a essa solução não têm o condão de alterá-la. O art. 19, § 1º, do ADCT — na esteira dos artigos assemelhados das Cartas de 1946 e 1967 — contém regra que beneficia servidores públicos, concedendo-lhes estabilidade; seria paradoxal extrair-se, de regra protetiva, a conclusão de que está surprimindo direitos adquiridos.

Setembro de 1993

ESTUDOS & COMENTÁRIOS

O STF E O QUINTO CONSTITUCIONAL

PAULO BROSSARD

O Supremo Tribunal Federal vem de decidir questão de alta relevância para o Estado de São Paulo. Em 1951, por iniciativa do seu Tribunal de Justiça, São Paulo criou o primeiro Tribunal de Alçada do país, como o facultava a Constituição de 1946. E como um quinto dos tribunais devia e deve ser preenchido por advogados e membros do Ministério Público, o Tribunal paulista, segundo o testemunho do saudoso Ministro Alckmin, examinando as soluções possíveis para resolver o problema relativo à possível promoção dos juízes do quinto do Alçada para o Tribunal de Justiça, entendeu que eles podiam ascender a este, conservando, para esse fim, a sua origem profissional. O critério primava pela simplicidade e se não tivesse outro mérito teria o de preservar, sempre, em ambos os tribunais, o quinto reservado a advogados e membros do Ministério Público e os quatro quintos destinados aos juízes de carreira. E assim foi feito e praticado, sem solução de continuidade, e a contento geral. A norma veio a ser inserta na Constituição paulista de 1989, § 3º do artigo 63, "as vagas dessa natureza ocorridas no Tribunal de Justiça serão providas com integrantes dos Tribunais de Alçada, pertencentes à mesma classe, pelos critérios de antiguidade e merecimento alternadamente, observado o disposto no art. 60". A norma se ampara, visivelmente, no inciso III do artigo 93 da Constituição Federal, "o acesso aos tribunais de segundo grau far-se-á por antiguidade e merecimento, alternadamente, apurados na última instância ou, onde houver, no Tribunal de Alçada, quando se tratar de promoção para o Tribunal de Justiça, de acordo com o inciso II e a classe de origem". Contra o disposto no § 3º do artigo 63 da Constituição de São Paulo o ilustre Conselho Federal da Ordem dos Advogados do Brasil ajuizou no STF ação direta de inconstitucionalidade, alegando que ele ofendia o artigo 94 da Constituição, segundo o qual "um quinto dos lugares dos Tribunais Regionais Federais, dos Tribunais dos Estados, do Distrito Federal e Territórios será composto de membros do Ministério Público, com mais de dez anos de carreira, e de advogados de notório saber jurídico e de reputação ilibada, com mais de dez anos de efetiva atividade profissional, indicados em lista sêxtupla pelos órgãos de representação das respectivas classes". A ação, que tomou o n. 813, por 7 votos contra 4, relator o Ministro Carlos Velloso, foi julgada improcedente.

A ementa do julgado está assim formulada: "I — Os juízes do quinto constitucional, nos Tribunais de Alçada, conservam, para promoção ao Tribunal de Justiça, a classe advinda da origem (CF, art. 93, III). Isto quer dizer que as vagas dessa natureza, ocorridas no Tribunal de Justiça, serão providas com integrantes dos tribunais de Alçada, pertencentes à mesma classe, pelos critérios de antiguidade e merecimento, alternadamente. Nos Estados, pois, em que houver Tribunal de Alçada, não haverá listas sêxtuplas para o Tribunal de Justiça, dado que o ingresso neste, pelo quinto constitucional, ocorrerá naquela Corte, vale dizer, no Tribunal de Alçada. II — Interpretação harmônica do disposto no art. 93, III, e art. 94, da Constituição Federal. III — Constitucionalidade do § 3º do art. 63 da Constituição do Estado de São Paulo. IV — Ação direta de inconstitucionalidade julgada improcedente".

Desse modo, o Estado de São Paulo continuará a proceder como vinha procedendo desde 1951, quando da criação do primeiro Tribunal de Alçada do país, mantida uma orientação que tem dado resultados satisfatórios, se não bons, em mais de quarenta anos.

O julgado do Supremo Tribunal Federal na ADIN 813 sugere se faça o registro das várias decisões tomadas a respeito, de 1972 a 1994. Se não estou em erro elas se distribuem em quatro momentos decisivos.

I — A controvérsia chegou ao Tribunal em 1972, quando o então Procurador Geral da República e atual decano do Supremo, Ministro Moreira Alves, ajuizou duas representações, impugnando preceito do Código de Organização Judiciária do Rio Grande do Sul e Resolução do Tribunal de Justiça de Minas Gerais; ambas as normas impugnadas, inspiradas no precedente paulista de 1951, estabeleciam que advogados e membros do Ministério Público nomeados para o quinto do Tribunal de Alçada não ficavam impedidos de ascender ao Tribunal de Justiça, por merecimento, nas vagas reservadas ao quinto, conservando, para esse efeito, a qualidade profissional originária, de advogados e procuradores, que permitiram chegassem ao Alçada. Em 13.12.72, por 8 a 2, na Rep. 871, do RGSul, Relator o Min. Antônio Neder, *RTJ* 67-630, e por 8 a 3, na Rep. 881, de Minas Gerais, Relator o Min. Djaci Falcão, *RTJ* 66-631, o STF a ambas julgou improcedentes.

II — Ocorre que em março de 1979 foi promulgada a Lei Complementar n. 35, Lei Orgânica da Magistratura, cujo § 4º do artigo 100 consagrou a orientação minoritária no Supremo Tribunal Federal, dispondo que "os juízes que integram os Tribunais de Alçada somente concorrerão às vagas dos Tribunais de Justiça correspondentes à classe dos magistrados". Embora a LOMAN devesse entrar em vigor quatro dias depois, por maioria, 7 a 4, a interpretação por ela adotada veio a prevalecer na Representação 1006, Relator Min. Leitão de Abreu, acórdão de 10.5.79, *RTJ* 92-460, cuja ementa reproduz o texto legal. Dos quatro votos vencidos, dois foram explícitos em declarar que a lei ainda não estava em vigor e por isso deixavam de considerá-la. Passaram-se quatro anos e meio e no julgamento do RE 188.554, Relator o Min. Rafael Mayer, acórdão de 18.11.83, foi mantida a solução da

LOMAN, *RTJ* 113-1.264. O Min. Muñoz submeteu-se então à interpretação acolhida pela lei, p. 1.272. Outros cinco anos, quase, transcorreram e, no julgamento do RE 108.571, acórdão de 12.8.88, Relator o Min. Néri da Silveira, *DJ* 23.9.88, Ementário 1.516-5, no mesmo sentido foi a decisão do Supremo.

III — Já sob a Constituição de 88, o Conselho Federal da OAB ajuizou as ações diretas 27 e 29, impugnando a constitucionalidade de assentos regimentais dos Tribunais do Paraná e do Rio Grande do Sul, que voltavam a permitir o acesso do quinto do Alçada para o quinto do Tribunal de Justiça, inspirados no que a Constituição consignara no inciso II do seu artigo 93, "o acesso aos tribunais de segundo grau far-se-á por antiguidade e merecimento, alternadamente, apurados na última entrância ou, onde houver, no Tribunal de Alçada, quando se tratar de promoção para o Tribunal de Justiça, de acordo com o inciso II e a classe de origem". Foram seus Relatores, respectivamente, os Mins. Célio Borja e Aldir Passarinho. Por 7 a 4, o Supremo julgou procedentes ambas as ações, *RTJ* 132-945 e 132-483. Aos dois julgados foram opostos embargos, Relatores os Mins. Aldir Passarinho e Marco Aurélio. Por acórdãos de 17.12.90, o STF os rejeitou; contudo, a divisão foi maior, 5 a 5, mas o voto divergente de ambas as correntes, que concluía pela impossibilidade dos juízes do Alçada integrantes do quinto chegaram ao Tribunal de Justiça, porque ocupantes dos cargos isolados, deu maioria à que se conservava fiel à orientação anterior, espelhada na LOMAN, *RTJ* 134-963 e 133-955.

IV — Passados cinco anos e meio, ainda pelo Conselho Federal da OAB, foi aforada a ação direta 813, desta vez arguindo a inconstitucionalidade do § 3º do art. 63, da Constituição paulista, *verbis*, "as vagas dessa natureza (do quinto) ocorridas no Tribunal de Justiça serão providas com integrantes dos Tribunais de Alçada, pertencentes à mesma classe, pelos critérios de antiguidade e merecimento alternadamente, observado o disposto no art. 60". Por acórdão de 9.6.94, Relator o Min. Carlos Velloso, a ação direta de inconstitucionalidade foi julgada improcedente, contribuindo para a formação da maioria o voto do Min. Marco Aurélio, que permanecera insulado nas ações 27 e 29. Com este julgado, o STF voltou à orientação adotada em 1972, ao julgar as Representações 879 e 881.

Respeitáveis argumentos vêm sendo desenvolvidos na defesa de uma e outra tese, que, fundamentalmente, se distinguem no seguinte: enquanto uma corrente entende que o advogado e o procurador, ao ingressarem no quinto do Alçada, perdem sua qualidade profissional originária e passam a ser juízes e só juízes, deixando de satisfazer a exigência prevista no artigo 94 da lei maior, a outra sustenta que, para o efeito de promoção ao Tribunal de Justiça, e com o fito de manter incólumes o quinto dos "classistas" e os quatro quintos dos juízes de carreira, eles não perdem a qualificação originária, apurada no momento do ingresso no quinto do Alçada, atendida ainda a finalidade do preceito constitucional de fazer presente nos tribunais o saber de experiência feito adquirido no exercício da advocacia e do Ministério Público, experiência que se não apaga com a passagem pelo Alçada; esta solução invoca em seu favor o disposto no inciso III do artigo 93 da Constituição.

Em síntese apertada, esta a linha das decisões do STF em relação à controvertida matéria e às razões de divergência entre as duas correntes, até agora não pacificadas.

ESTUDOS & COMENTÁRIOS

LEGALIDADE, LEGITIMIDADE E CORRUPÇÃO EM CAMPANHAS ELEITORAIS

MONICA HERMAN SALEM CAGGIANO
Professora Livre-Docente de Direito Constitucional da Faculdade de Direito da Universidade de S. Paulo

Introdução

Partindo do princípio de que o momento eleitoral consagra a efetiva e concreta participação do cidadão no processo político, viabilizando-lhe a escolha dos representantes, daqueles que — por uma opção política manifestada pelo corpo de eleitores — irão tomar as decisões fundamentais ou, na lição do gênio imortal de Montesquieu, "discuter les affaires publiques",[1] irretorquível se afigura a relevância desse instante de reflexão e de exteriorização de preferências e vontades políticas e, de certo, inquestionável e impositiva a necessidade de dotá-lo de instrumentos adequados, assecuratórios de que os resultados venham a traduzir, com a máxima fidelidade possível, o quadro social subjacente, enfim garanta a sinceridade da expressão eleitoral.

É de se notar que, em ambientes democráticos, pautados na expectativa do atingimento de graus máximos de participação e oposição,[2] o processo eleitoral alcança sua legitimidade na medida em que espelha com perfeição as expectativas da comunidade social chamada a se pronunciar e da multifária variedade de grupos sociais que compõem. Isto, em última análise, implica em que a operação eleitoral somente poderá ter o seu coroamento com êxito se contemplar, no resultado final, uma adequada integração entre corpo eleitoral (representados/governados) e os candidatos vitoriosos (representantes/governantes).

Tais assertivas, em princípio, aceitariam o rótulo de simplórias, em razão do seu conteúdo, à primeira vista, de extrema banalidade. Porém, se é certo que,

1. É a célebre observação de Montesquieu no sentido de que o homem comum não tem capacidade para discutir os negócios públicos, mas que, por outro lado, está ele apto a escolher quem melhor possa fixar as decisões políticas. *Do Espírito das Leis*, Liv. 11°, Cap. VI, trad. de Leôncio Martins Rodrigues, S. Paulo, Difusão Européia do Livro, 1962.

2. Em ambientes democráticos afigura-se insuficiente a presença do elemento participação. Esse, dissociado do fator oposição, poderá conduzir ao populismo; e mais, quando comandado pela mobilização das massas, traduz tática característica dos regimes totalitários. Assim, a garantia das práticas democráticas implica na presença de dois elementos: *participação e oposição*, componentes indispensáveis para o coroamento da democracia. Monica Herman Salem Caggiano, "A Oposição na Democracia Contemporânea. O Papel da Oposição", tese de livre-docência apresentada e defendida na Faculdade de Direito da Universidade de S. Paulo, 1993.

dentre as fórmulas já praticadas na designação de governantes,[3] a receita eleitoral se afigurou a mais afeiçoada ao ideal democrático participativo, certo é, também, que da manipulação dos diversos ingredientes que ingressam na sua elaboração, podem advir conseqüências adversas, efeitos colaterais extremamente perniciosos por desfigurar os resultados afastando-os das expectativas democráticas.

São, esses, os fatores poluentes. São práticas contaminadoras que se inserem no segmento da patologia eleitoral, configurando um quadro de anormalidade e excepcionalidade que, a seu turno, é merecedor de tratamento apropriado, com vistas ao saneamento do processo eleitoral, a sua preservação como operação apta a indigitar os governantes e momento de participação — pelo voto — dos cidadãos no polo diretivo dos negócios públicos.

É nesse campo patológico que se aloja o fenômeno da corrupção.

1. O fenômeno corrupção-conceito

De início, parece-nos recomendável registrar que a idéia de corrupção não traduz privilégio doméstico, como fazem crer as manchetes da nossa imprensa. Também não constitui elemento *novo*, invenção do século XX e sequer é estigma próprio e privativo do panorama político. Na realidade vem ela acompanhando a própria evolução do mundo, afigurando-se merecedora até de um capítulo a parte na História da Humanidade. A própria Bíblia não a ignorava. É de extrema perspicácia e sensibilidade a passagem em que o livro sagrado recomenda: "Não receberás dádiva, porque a dádiva cega aos que a vêm e perverte as palavras justas" (Exodo, XXIII-8).

De outra parte, enraizada no Império turco a tradição da propina; ao menos os povos que já viveram sob sua dominação não esqueceram da praxe do "plocon", a integrar o manual das boas maneiras e clássica permanece a expressão: "que venha, mas que venha com o presente (plocon)". E a elegante França, conhecida como produtora e exportadora de teorias político-constitucionais, não deixa de ofertar exemplos ilustrativos da poderosa força do fenômeno corrupção. Célebre, assumindo até a conotação de clássico, o escândalo do Panamá a atingir a IIIª República francesa, evento amplamente analisado por Maurice Barre, cuja obra serviu de respaldo às observações lançadas por Fred Kupferman no seu estudo sobre "La Corruption dans la République".[4] Não há, também, que minimizar o acervo norte-americano às *unsavory tales of political money*, que deflagrou um sistema, em constante processo de aperfeiçoamento, direcionado a impedir sua proliferação.[5]

Pois bem, embora antigo e há longo tempo conhecido o fenômeno, escassos os estudos e tímida a literatura girando em seu redor. Talvez em virtude do

3. Em verdade, muitas são as fórmulas engendradas e conhecidas para a designação dos governantes. A força, a hereditariedade, as crenças de cunho religioso, o sorteio — configuram todos mecanismos que já dominaram o cenário da tomada do poder político. Monica Herman Salem Caggiano, *Sistemas Eleitorais X Representação Política*, Brasília, Gráfica do Senado Federal, 1989, p. 109.

4. Kupferman, Fred, "La Corruption dans la République", in *Pouvoirs*, n. 31, 1984, Paris, PUF.

5. Alexander, Herbert E., no seu "Money in Politics", *Public Affairs Press*, Washington, DC, 1972, arrola uma série de exemplos ilustrativos do repertório das repulsivas histórias acerca do dinheiro em ambiente político, envolvendo violações legais, ausência de controles adequados, enfim abusos decorrentes dos métodos tradicionais de financiamento de campanhas políticas, quadro que culminou com o episódio "Watergate". Esse provocou uma onda reformista, a exigir a implantação de um tratamento mais adequado, por via de legislação eficaz.

seu perfil de extraordinariedade, a rigor datante das preocupações do cotidiano; talvez, em face da penosidade da tarefa de se indicar um tratamento terapêutico adequado a obter respostas satisfatórias. Certo, porém, que a realidade descortina uma posição refratária e de quase inércia diante da problemática.

Com efeito, as primeiras dificuldades emergem diante da própria questão conceitual. Como definir o fenômeno, já que noções com as quais mantém evidente vizinhança e que o complementam, a exemplo de concussão, tráfico de influência, prevaricação, propina, etc. reivindicam sistematicamente sua individualidade e originalidade.

Entre nós, o Prof. Manoel Gonçalves Ferreira Filho, em palestras proferidas sobre o tema, associa o sentido genérico do elemento corrupção a *tudo o que for condenável* e frisa o sentido metafórico do vocábulo, designando *a podridão interna de um fruto que vez ou outra arrebenta*.

De fato, a noção de corrupção tem por conteúdo um desvio, uma derrapagem do padrão moral da comunidade, podendo conduzir à deterioração desse padrão.

Nessa trilha, porém numa ótica circunscrita à legalidade, a observação de Philippe Ardant, no sentido de alinhar à idéia de corrupção *as situações e os meios de pressão ilícita e oculta utilizados para a obtenção de resultados que os procedimentos legais não garantem*.[6]

Em suma, acolhendo-se uma visão mais larga, o termo corrupção indica quaisquer ações praticadas de forma camuflada, a partir de uma zona de penumbra, à margem das linhas comportamentais norteadas pela lei e pela moral, com vistas à obtenção de vantagens individuais ou em prol de um grupo, inatingíveis pelas vias ordinárias.

6. Ardant, Philippe, "La Corruption", in *Pouvoirs*, n. 31, 1984, Paris, PUF.

E, sob esse específico enfoque, de amplo espectro, forçoso reconhecer a presença da corrupção em todos os escaninhos que a vasta teia de relações sociais desvenda. Sob nuanças e coloridos diferenciados, o fenômeno atua nos mais variados setores da atividade humana, tanto no campo empresarial, como no político, em esferas privada e pública.

1.1 Corrupção e seus tipos

A evidente flexibilidade do elemento corrupção e seu potencial mutante, que lhe assegura aclimatação a distintas situações, conduzem a uma vasta possibilidade classificatória, na conformidade de suas múltiplas manifestações e atendendo à perspectiva do analista.

Num primeiro plano, parece-nos oportuno distinguir as modalidades de que pode se revestir a corrupção em face do *locus* que a acolhe, identificando-se: *a*) a corrupção praticada no âmbito da esfera governamental; *b*) a corrupção praticada fora da área governamental.

No que toca a primeira das categorias, pouco há a se alinhavar, refletindo tal modalidade condutas que, em menor ou maior grau, se apresentem contrárias às boas práticas governamentais, as quais devem perseguir metas identificadas com o interesse público. Alberga tal categoria situações a envolver servidores públicos atuando, no exercício de suas funções, em proveito próprio, de seus amigos e familiares, ensejando a incidência em figuras penais (crimes funcionais) ou ilícitos administrativos.

Nesse escaninho, porém, posiciona-se, também, a atuação dos Administradores públicos (agentes políticos) acobertada sob a aparência de legalidade; se adentra aqui nos domínios do desvio do poder, do abuso do poder a albergar atos, muitas vezes veiculados até por lei, os quais, todavia, estampam o perseguimento de interesses estranhos aos fins púbicos, movidos por motivos de inimizade pessoal, perseguição política, etc. Ilustrativa, sob esse aspecto a desapropriação da Casa Matarazzo, na Avenida Paulista, em São Paulo, promovida na gestão Luiza Erundina (PMSP-1989/1992), decreto contestado em esfera judicial, vindo a ser nulificado em razão de ter sido reconhecido o vício do desvio de poder na sua edição.

De maior interesse, no entanto, afigura-se a segunda das hipóteses acima arroladas: a corrupção praticada em espaço não governamental, porquanto essa tem efeitos infiltrantes, podendo contaminar o setor público, comportando, destarte, desdobramentos a demandar maior atenção por parte do analista. Nesse terreno é que se depara o estudioso com a possibilidade mais complexa da *corrupção bi-setorial*, a envolver a cooperação de indivíduos de ambos os setores: público e privado; a abarcar, na visão do professor de Ciências Políticas do Saint Joseph's College, Indiana, EUA, David Osterfeld: *o suborno a burocratas; o suborno do Judiciário; o suborno dos políticos*.[7]

Sob a ótica da *intensidade* do mecanismo utilizado na produção da atividade corruptora, interessante o modelo classificatório apresentado pelo Prof. Manoel Gonçalves Ferreira Filho em palestras proferidas sobre o tema. Nesse diapasão aponta o mestre: — o suborno; o favorecimento; o solapamento.

Nova possibilidade classificatória é vislumbrada se o enfoque da análise fixar *a qualidade dos efeitos* produzidos pela atividade timbrada pela corrupção. É que as conseqüências, via de regra nocivas e prejudiciais ao corpo social, por vezes, podem assumir contornos favoráveis e vetoriais do desenvolvimento.

Nessa linha, inovadores e, de certa forma corajosos, os registros de David Osterfeld no sentido de acoplar o rótulo de benéfica à corrupção praticada, por exemplo, para a obtenção de licença de ambulante em países que apresentem mercado de trabalho deficitário e, portanto, altos índices de desemprego. Nessa hipótese, o ato conduziria a resultados benéficos, positivos, concorrendo, inclusive, para uma reorientação normativa, no sentido de adequar os textos regulamentadores à realidade social.

Daí a distinção entre: (*a*) corrupção de resultados positivos; (*b*) corrupção de resultados nocivos, configurando-se esta quando sua prática investir contra o desenvolvimento e o progresso da comunidade social, implicando numa trilha de deterioração das condições de vida e das regras de moral.

Aliás, aplicado referido critério à espécie *suborno aos políticos*, alcança-se, ainda na visão de David Osterfeld: (*a*) a corrupção de caráter expansivo; (*b*) a corrupção de caráter restritivo.[8]

A corrupção expansiva corresponderia a uma atuação que, conquanto afastada do quadro legal, viria a concorrer de forma a estimular o desenvolvimento, como elemento de incentivo a remodelações de cunho legislativo e acomodações às exigências de um novo quadro econômico e social.

Essa mesma idéia é compartilhada por Jeanne Becquart-Leclercq, em estudo que aborda os *Paradoxes de la corruption politique* e onde anota, a título de justificativa funcional da expansão das práticas de corrupção, o seu efeito de "óleo lubrificante da engrenagem" (*l'huile dans les rouages*). Isto porque, a sua dinâmica autoriza, não raras vezes, uma participação direta na esfera do poder e, de outra parte, agilizando o oferecimento de respostas governamentais

7. Osterfeld, David, "Corrupción y Desarrollo", in *Contribuciones* 2/92, a. IX, n. 2 (34), publicação trimestral da Konrad Adenauer Stiftung, Buenos Aires, Argentina, p. 163.

8. Idem, p. 174.

mais céleres e consentâneas com as expectativas sociais, contribuirá para o atingimento de índices mais elevados de eficiência administrativa.

Aliás, Jeanne Becquart-Leclercq oferece uma interessante visão classificatória do fenômeno corrupção, a partir *do critério funcional*. Nesse diapasão, arrola:

a) a corrupção atuando na consolidação de uma rede de relacionamento a assegurar à sociedade civil o acesso, muitas vezes bloqueado, ao mundo das decisões político-administrativas; uma rede de relações *de atuação discreta e sigilosa a franquear as fronteiras da legitimidade, senão da própria legalidade.*

b) a corrupção operando uma redistribuição de recursos públicos, por via paralela, contemplando grupos que, por meios legais, estariam excluídos. Nesse escaninho situam-se as contribuições reservadas a partidos políticos de sustentação governamental por entidades que firmam contratos com os governos. Essa espécie de atuação é, em verdade, amplamente detectada tanto em cenário americano como também no francês, onde inúmeros são os casos registrados pela literatura especializada.[9]

c) a corrupção atuando como "cimento" a fortalecer a solidariedade, tanto entre as elites políticas e econômicas, como, ainda, entre partidos políticos, atuação que, em geral, implica na possibilidade de, por exemplo, utilizar a máquina governamental para campanhas político-eleitorais. Nesse escaninho, ainda, a tradicional obrigação dos servidores públicos (notadamente daqueles que ocupam cargos de confiança, em comissão) de reverter em favor do partido vencedor, situacionista, uma percentagem de seus vencimentos, prática que nos Estados Unidos se tornou famosa com o célebre "2% Club" do Estado de Indiana, que impunha a todo trabalhador/empregado a contribuição em forma de taxa, para o maior partido local e aos funcionários públicos, contribuição similar para o partido governista.[10]

A corrupção restritiva, porém, investiria contra as liberdades públicas, obstando o progresso e reduzindo o crescimento social, atuando, destarte, de forma prejudicial, de inequívocos efeitos negativos.

1.2 Corrupção e anomia

Parece-nos relevante, a esse passo, uma reflexão acerca da possibilidade de irrupção de condutas corruptoras em ambientes desestruturados, marcados por processos de erosão da lei e da ordem. Este é o estado de anomia, caracterizado pela ausência de normas e cujos efeitos são discutidos por Ralf Dahrendorf no clássico *A lei e a Ordem*.[11]

A idéia de anomia, a designar um Estado em deterioração, caracterizado pela inobservância da ordem jurídica, pela impunidade, enfim por profunda crise a perturbar a sociedade, foi introduzida por Emile Durkheim, no célebre *Suicide*,[12] e desenvolvida no terreno das ciências sociais modernas, encontrando na obra de Dahrendorf uma das mais aprimoradas análises, sob a ótica liberal.

O estágio de anomia a atingir uma determinada sociedade, porém, implica

9. Ver nesse sentido os estudos de V.O. Key, a exemplo de *Politics, Parties & Pressure Groups*, NY, Thomas Crowell Company, e na França, onde por longo tempo a análise do fenômeno da corrupção não sensibilizou os juristas e analistas políticos, os trabalhos de tom jornalístico, a exemplo de Gros, 1936, Fournier et Legrand, 1975 e um número especial do *Esprit*, 1973.

10. Apud Becquart-Lecrecq, Jeanne, "Paradoxes de la Corruption Politique", in *Pouvoirs*, n. 31, 1984, Paris, PUF, p. 24.

11. Dahrendorf, Ralf, *A Lei e a Ordem*, trad. de Tamara D. Barile, São Paulo, Ed. Cadernos Liberais, Centro de Estudos Políticos e Sociais.

12. Durkheim, E., *Suicide*, Glencoe, Illinois, Free Press, 1951.

na falta de um quadro normativo que tenha implementado a condição de eficácia. Deriva, assim, de uma ruptura na estrutura social e produz o afastamento entre a norma posta e o grupo social, aniquilando aquela. Destarte, nesse panorama não há que se falar em corrupção. Esta implica no reconhecimento da existência de uma ordem legal, normativa, orientada por valores culturais, e, alinhando-se a essa ordem, uma outra, paralela, meramente operacional.

Diante desse panorama, é forçoso convir que o fenômeno da corrupção, quando elevado a potências máximas, poderá conduzir à anomia, uma plataforma de deterioração total; alcançado, todavia, esse momento, timbrado pelo vazio de normas, a corrupção, em face de sua própria dinâmica operatória, perde sua função, não encontra mais razão para o seu acionamento.

2. Corrupção no panorama político-eleitoral

O processo eleitoral, como já assinalado, envolve o exato momento de exteriorização da vontade política por parte dos cidadãos; configura cenário único, aliás, no âmbito do modelo representativo, a autorizar a participação direta do indivíduo no pólo das decisões políticas. Daí a exigência da sinceridade, de assepcia do voto para a sua validade e a legitimidade da própria operação seletiva. Daí as garantias a envolver esse instante, mecanismos criados no ensejo de bloquear todos os pontos por onde pudesse ocorrer a infiltração de comportamentos direcionados a desfigurar a vontade eleitoral.

De fato, muitos e variados são os fatores atuantes no sentido de produzir ingerências na livre manifestação das opções políticas. Fatores que, quando acionados à margem das linhas da legalidade e da moralidade, quando manipulados de molde a produzir desvios na exteriorização das preferências político-eleitorais, ingressam na esfera patológica dominada pela corrupção, onde emerge, como terreno facilmente impregnável, o campo do financiamento das campanhas político-eleitorais.

2.1 "Raising the money"

Hoje constitui quase que lugar comum afirmar que o dinheiro traduz "the mother's milk of politics". Irrecusável, pois, a notoriedade do tema trazido a debate e que versa sobre a possibilidade de manipulação dos recursos partidários e de campanhas político-eleitorais; cuida, enfim, do aspecto financeiro a envolver o momento eleitoral.

Nessa perspectiva, forçoso reconhecer que a atividade partidária, especialmente à vista das finalidades que se acopla ao partido, implica em vultosas despesas, quer para a manutenção das sedes e de seus funcionários, quer para a instalação de cursos e seminários de educação e preparo políticos, quer, ainda, para a eficaz concretização de suas funções, a envolver a constante divulgação do seu ideário, do seu programa, na conquista de espaço político e, afinal, do Poder. E, à medida em que se acentua a complexidade organizativa e a sofisticação das técnicas de *marketing* eleitoral, os recursos necessários ao custeio de sua atuação passam a exigir quantias cada vez mais volumosas, mormente nos períodos pré-eleitorais, quando a disputa pelo voto impõe a busca incontrolável de fontes de captação de receitas.

E, conquanto assegurem os analistas políticos, a exemplo de V.O. Key Jr. que contribuir para partidos políticos possa ser considerado quase *as honorable in motive as alms giving*,[13] a verdade é que as dádivas eleitorais e os gastos

13. Ob. cit., sup., p. 486.

políticos em razão de pleitos eletivos têm sido encarados com reserva, não só por força das dependências que possam originar, como, também, em face do iminente perigo de deterioração da vontade popular expressa através do voto.

O panorama não deixou de ser detectado pelos legisladores, bem assim pela literatura especializada que oferece trabalhos específicos, a exemplo dos estudos produzidos por Herbert E. Alexander, Roger-Gérard Schwartzemberg e Rainer Kraehe[14] onde se busca abordar a problemática sob óticas diferentes; em comum, porém, a preocupação com a indicação de soluções adequadas, no ensejo de preservar a democracia pelos partidos e impedir os perniciosos reflexos produzidos pela atividade financeira. Isto porque, ninguém ignora que o elevado custo das campanhas eleitorais,[15] alinhado à rigidez da linha normativa que ordinariamente se procura impor, obriga partidos e candidatos a lançarem mão de aportes marginais, socorrendo-se de fontes de captação camufladas para a obtenção das receitas necessárias.

Evidente que esse processo periférico e nocivo de captação de recursos não é privilégio nacional, embora vasto e grave seja o nosso repertório a envolver partidos e candidatos vitoriosos.[16] Em verdade, a presença da corrupção — ou seja de condutas desviadas da trilha da legalidade — é detectada em todas as partes e cada vez mais freqüentes as notícias acerca de escândalos envolvendo os financiamentos da atividade política ocupam os espaços da imprensa.

A título ilustrativo, basta lembrar o faturamento camuflado detectado na Espanha, por ocasião das eleições para o Legislativo, para o Parlamento Europeu e para a região autônoma de Galícia de 1989, canalizando-se em benefício do PSOE cerca de 1 400 milhões de pesetas por intermédio de serviços realizados em favor daquela agremiação nos três pleitos.[17]

Na França, não menos escandalosa foi a identificação, em 1991, de uma rede de financiamento, afastada da permissividade legal, instalada no âmbito do Partido Socialista de François Mitterand, rede essa operacionalizada pela URBA, um instituto de estudos da referida agremiação e que atuava em esquema de intermediação entre a Administração Pública e particulares que desejassem con-

14. Kraehe, Rainer, *La Financement des Partis Politiques*, Paris, PUF, 1972. Schwartzenberg, Roger-Gérard, *L'État Spectacle*, Paris, Flammarion, 1977.

15. O elevado custo das campanhas eleitorais vem a ser reafirmado na matéria publicada no jornal argentino *La Nacion*, de 23.1.94, registrando a proposta, formulada por projeto de lei, no sentido de se aumentar o volume de financiamento público dos partidos, passando de 1 para 2.50 pesos o valor por voto obtido.

16. Entre nós produziu intenso impacto o escândalo a envolver a figura do Presidente Fernando Collor de Mello, girando em torno de recursos ilegalmente captados no decorrer da campanha presidencial (cerca de US$ 100 milhões, conforme declarações do próprio tesoureiro, Paulo César Farias — *O Estado de S. Paulo*, ed. de 22.6.1993, p. 8) e de uma rede de corrupção organizada no âmbito do seu governo, quadro que veio a se alinhar às repulsivas histórias do repertório político doméstico e que culminou com a decretação do *impeachment* do Presidente Collor, em 1992.

Ainda, dignos de registro, os episódios a envolver corrupção na atuação dos parlamentares no que tange à feitura e aprovação do orçamento, dando ensejo à CPI do Orçamento que culminou com a renúncia de quatro deputados (João Alves, Genebaldo Correia, Manoel Moreira e Cid Carvalho) e a cassação de seis políticos, alguns de expressiva presença em cenário político, a exemplo do Deputado Ibsen Pinheiro, Deputada Raquel Cândido e do Deputado Carlos Benevides. (Nesse sentido as reportagens da revista *Veja*, em especial a edição de 15 de dezembro de 1993, que analisa o quadro e o envolvimento dos parlamentares e a reportagem "Balanço dos Julgamentos", no jornal *Folha de S. Paulo*, ed. de 1.9.94-1-4) bem assim, o episódio de pertinente à "aquisição" de parlamentares para, incorporando-se à bancada partidária, fortalecer a legenda, visando maior espaço publicitário por ocasião do pleito em aproximação (Reportagem da revista *Veja*, ed. de 5.1.1994).

17. In *El País*, julho de 1992.

tratar com o Estado, fazendo jus, pelo serviço, a uma porcentagem incidente sobre os valores afinal avençados.[18]

E em 1993, chamou a atenção do mundo uma operação de combate à corrupção nos meios políticos, deflagrada no Japão, diante dos episódios a envolver o governo do Primeiro Ministro Noboru Takeshita, pertinentes a favorecimentos especiais a empreiteiras e ao setor imobiliário, o que conduziu a uma imediata reação por parte da Keidanren (federação que reúne o empresariado japonês) no sentido de vedar quaisquer contribuições financeiras a partidos políticos, deixando o lastro de dois suicídios.[19]

Em terreno doméstico, o quadro avulta em grau mais alarmante, na medida em que, a par do elevado custo do voto, orçado em cerca de US$ 35.00, nos registros do Prof. Roberto Aguiar, não há como ignorar também as nossas condições econômicas; estas, por evidente, não comportam dispêndios tão extravagantes e muito menos o clima de dependência que acarretam.

Reflexo, portanto, desse panorama, o esforço da doutrina, da jurisprudência, da própria Justiça Eleitoral e de alguns parlamentares, no sentido de sanear esse território, reformulando o quadro normativo de molde a lhe oferecer um tratamento mais adequado à realidade e, portanto, apto a reduzir, a intimidar e a desmotivar a prática da corrupção.

As proposituras parlamentares, nessa trilha, a exemplo do Projeto de Lei de autoria do Senador Marco Maciel (Projeto de Lei do Senado n. 252, de 1991), pautado sobre um esquema de financiamento público, ao qual deveria se alinhar o financiamento privado, oriundo até de pessoas jurídicas (sistema de prática já consagrada, porém sem o beneplácito da lei), e um rigoroso mecanismo de controle das operações financeiras, informado pelo princípio da transparência, não foram merecedoras de apreciação mais célere e séria por parte do Congresso, como, ainda, não foram objeto de maior atenção as emendas revisionais que cuidavam do tema.

E, hoje, às vésperas de nova consulta eleitoral, sob a égide da Lei 8.713, de 30 de setembro de 1993, por mais uma vez presencia-se ao impacto da corrupção, atuando pela manipulação da nova figura legal introduzida: o bônus eleitoral, um papel que, à primeira vista, é absolutamente inofensivo, não passando de mero recibo de importâncias canalizadas em prol dos partidos, papel que, nas mãos do Partido Liberal, se transformou em valioso instrumento de lavagem de dinheiro, conforme notícia estampada no jornal *A Folha de São Paulo*, ed. de 9 de agosto de 1994, Especial-1.

2.2 Lei 8.713/93

Com efeito, buscou o legislador ordinário, ao disciplinar o pleito de 3 de outubro de 1994, adotar medidas que assegurassem a exteriorização da vontade eleitoral de forma sincera, evitando a ação dos denominados fatores poluentes e, principalmente, no campo do aprovisionamento e das despesas eleitorais, buscando obstar novas manifestações do fenômeno corrupção. Conquanto louvável o texto, em especial, pela introdução de regras mais consentâneas com as práticas já enraizadas em cenário político pré-eleitoral, a exemplo da possibilidade de captação de recursos financeiros no âmbito da esfera privada, das pessoas jurídicas, ainda não atende às reais necessidades desse momento tão relevante para o exercício da cidadania, oferecendo, ademais, brechas de flagrante primariedade a viabilizar a ação manipuladora a favorecer escusos interesses.

18. In *El País*, de 30.5.1991.

19. In *O Estado de S. Paulo*, ed. de 17.8.1993, p. 9-Internacional.

Contribuições de pessoas jurídicas

O mérito da medida legal reside no reconhecimento de que o volume mais significativo em termos de aportes de recursos nos momentos pré-eleitorais é oriundo das pessoas jurídicas. Aceitou o fato e, com a finalidade de vedar a circulação marginal desse numerário, ousou legalizar a modalidade, regulamentando-a (arts. 33 *in fine*) Introduziu limites, bem como um sistema de controle — esse aliás englobando todos os tipos de doação a campanhas — sistema que traz como novidade o ''bônus eleitoral'' (art. 40. Resolução do TSE de 28.4.94/proc. n. 14.306-Classe 10ª Distrito Federal).

O ''bônus eleitoral''

O ''bônus eleitoral'', na realidade, não passa de mero recibo, uma técnica de reforço da exigência de ampla transparência, no sentido de autorizar o conhecimento de ''quem financia a que partido ou candidato''. Acabou, porém, já no início da campanha, tendo desvirtuada a sua função, implicando, ademais, em peça burocratizante do processo e propícia a confusões em razão do seu próprio rótulo, que enseja uma expectativa irreal para o adquirente, a de encontrar-se na posse de um título de certo valor. Esse valor não existe; e mais que isso, o ''bônus'' sequer autoriza deduções de cunho tributário, fórmula abandonada pelo legislador.

O candidato pode promover arrecadação de fundos e despesas

A par dessa idéia inovadora, o diploma eleitoral de 1994 reconheceu, em prol do candidato, a possibilidade de processar individualmente as operações financeiras pertinentes à sua campanha, autorizando-lhe a atuação direta tanto na esfera de captação de recursos, como também naquela relativa aos dispêndios (art. 35). Cochilou, porém, o legislador no que toca à compatibilização dessa idéia com a outra das possibilidades, a já clássica regra, mantida no art. 33, que atribui tal tarefa aos partidos. A questão, pois, que se coloca de imediato, é a de quem afinal será responsável. E mais, essa bipolarização da responsabilidade pelo segmento financeiro da campanha eleitoral, à qual sequer foi acoplado o instituto da solidariedade, conduz, naturalmente, à idéia de diluição dessa mesma responsabilidade, possibilidade com a qual não se deparava no regime anterior.

Paradoxal, ainda nesse escaninho da responsabilidade, os dispositivos preconizados nos artigos 36 e 37 do referido documento legal. O primeiro coloca como facultativo para o candidato e obrigatório para o partido abrir conta bancária, o que induz à conclusão de que o candidato poderá realizar toda a movimentação financeira de sua campanha à margem de qualquer registro bancário, o que, no entanto, resta vedado para os partidos. Destarte, na hipótese de todos os candidatos promoverem sua própria campanha, a conta bancária da agremiação partidária será absolutamente inútil. No que concerne ao outro dos preceitos, indigitando o candidato como ''o único responsável pela veracidade das informações financeiras e contábeis referentes à sua campanha...'', questiona-se como se apresentará esse quadro, caso essa campanha tenha se realizado por intermédio do partido? Ainda assim o candidato será o único responsável? E mais, como coadunar tal regra com a idéia de responsabilidade bipolar contida no art. 33?

Contribuições pessoais de até 1.000 UFIRs

Por força da Lei 8.713/93 estréia, ainda, autorização especial para contribuições individuais até o valor máximo de um mil UFIRs (art. 48), na forma de gastos pessoais em apoio aos candidatos de preferência do ordenador da despesa, sem a necessidade de ver tais dispêndios reembolsados e nem contemplados pelo "bônus". Isto viabiliza a canalização de dinheiro para campanhas políticas sem qualquer necessidade de se prestar contas ou contabilizar tais despesas. Constitui essa possibilidade importante brecha a acomodar arrecadação e despesas irregulares, situação que não foi solucionada sequer pela Resolução do TSE de 28.6.94, expedida nos autos da consulta n. 14.404 — Classe 10ª — Relator: Min. Carlos Velloso, que laconicamente explicita: "o eleitor pode realizar gastos pessoais, em bens e serviços, em apoio a candidato de sua preferência, até um mil UFIRs, desde que esses gastos não sejam sujeitos a reembolso pelo candidato ou pelos comitês ou partidos".

A publicidade

O tópico publicidade, a seu turno reclama a atenção do intérprete. Isto porque, nesse campo, o legislador adotou posicionamentos mais restritivos, os quais no delineamento realizado pelo E. TSE (Resolução de 21.6.94/Proc. n. 14.234-Classe 10ª DF) ganharam contornos mais limitados ainda, notadamente em matéria de veiculação publicitária por meio de rádio e televisão, onde praticamente vedou o recurso às modernas técnicas a que hoje se têm acesso.

Na hipótese da propaganda transmitida pela televisão, no tradicional espaço do horário gratuito, a regra é a de absoluta austeridade, contendo as Instruções baixadas pela Justiça Eleitoral vedação expressa quanto a utilização de quaisquer artifícios técnicos, circunscrevendo o cenário ao estúdio de sua realização. Impede, assim, que se apresentem realizações políticas anteriores do candidato; veda que se ofereça ao telespectador/eleitor opiniões colhidas fora do estúdio; veda a participação de convidados. Enfim impõe a realização de programas estáticos, a concorrer, parecenos, para incrementar o desinteresse[20] que o público tem demonstrado em relação a tais transmissões.

Tal tratamento, além de transbordar, a nosso ver, da perspectiva legislativa que exige tão só a feitura do programa em estúdio e não em outros ambientes, sem vedar, contudo, a inserção de imagens reveladoras de momentos importantes da trajetória política do candidato, afigura-se extremamente propício a transgressões, incentivando candidatos e profissionais de marketing a idealizar outros caminhos para a veiculação publicitária, lançando mão até de práticas condenadas; porém, de espectro mais amplo quanto aos efeitos.

Conclusões

Das ponderações acima depreende-se que o critério restritivo, no que toca ao disciplinamento legal do campo pertinente às técnicas de arrecadação de recursos para campanhas político-eleitorais e aos respectivos gastos, em especial os publicitários, induzem à prática da corrupção para o atingimento dos próprios objetivos do empreendimento.

Inviabiliza, de um lado, a própria transparência que, a rigor, configura a garantia de que o eleitor tem ciência da fonte de financiamento de seus candidatos e do respectivo partido, e, de outro, investe contra o princípio da livre mani-

20. Consoante pesquisa publicada pelo jornal *Folha de S. Paulo*, em data de 2.7.1994, pp. 1-4, um terço de brasileiros não se interessa pela eleição presidencial, sendo que tal índice aumenta em relação ao pleito para o Senado Federal e para a Câmara dos Deputados. A grande maioria (87% dos entrevistados) sequer detém uma tímida idéia sobre qual seria o seu candidato preferido para a Câmara dos Deputados e Assembléias Legislativas.

festação do pensamento, cânone que, em terreno de candidatura, assegura àqueles que pleiteiam cargos eletivos amplas possibilidades de alcançar o maior contingente possível de eleitores, divulgando o seu programa e a sua plataforma eleitoral. Por isso é que o rigor excessivo da malha da lei já foi objeto de repúdio por parte da Suprema Corte norte-americana, no memorável caso Buckley *vs*. Valeo, restando assente que a postura implica *em ofensa* à *liberdade da palavra*, sob a tutela do Primeiro Aditamento à Constituição.

Por derradeiro, oportuno anotar que, embora aceitável a idéia de que esse quadro se afigura receptivo à corrupção expansiva, por provocar reformulações, não nos parece possa a corrupção, em campo eleitoral, vir a ser contemplada como fator benéfico, favorável ao desenvolvimento do ambiente. Isto porque, como acima enfatizado, o panorama das consultas eleitorais demanda assepcia para a legitimidade dos resultados; e essa característica é absolutamente inalcançável sob a influência do fator corrupção.

Daí porque, o que se procura enfatizar por intermédio desse estudo, a enfocar o fenômeno corrupção diante do panorama partidário-eleitoral, é a impositiva exigência de normação reguladora apropriada a evitar manipulações da vontade política; a resguardar a lisura das consultas eleitorais e imunizar o quadro partidário; tudo isso, porém, dentro de uma ótica realista e aclimatada ao terreno que se pretende regulamentar, evitando-se posicionamentos obstativos, exageradamente limitativos e próprios à infiltração dos mecanismos operatórios da corrupção.

O PODER JUDICIÁRIO EM SUAS RELAÇÕES EXTERNAS*

ROBERTO A. O. SANTOS
Professor da Faculdade de Direito da Universidade Federal do Pará

1. Pontos críticos do relacionamento externo

Numa discussão introdutória, mas o mais possível inclusiva, dos *pontos críticos* do relacionamento externo do grupo profissional da elite política que no Brasil designamos com exclusividade por "magistratura", eu proporia que considerássemos pelo menos quatro dimensões da sociedade organizada em regime democrático: a dimensão de "poder público", a de "soberania popular", a de "instituições sociais" e a de "pessoas naturais".

Esses pontos críticos de relacionamento constituem dinamismos vivenciados pela magistratura (ou dela requeridos) em incessante tensão, política e pessoal — pessoal, na medida em que se impõe subjetivamente aos juízes. Conforme a tabela abaixo, em cada "dimensão" atuam um ou mais pontos críticos. Na dimensão "poder público" está presente a todo momento a tensão da *independência e harmonia* entre os poderes do Estado; na dimensão "soberania popular" o ponto crítico se refere à *responsabilidade social do juiz* (para usar a expressão sugerida por Mauro Cappelletti) e que compreende o problema da responsabilidade civil e o da responsabilidade disciplinar; na dimensão das "instituições sociais" instalou-se a tensão entre *abertura* e auto-segregação dos juízes; e na das "pessoas naturais", a da *solidariedade* em face do impessoalismo.

Dimensão da sociedade organizada (democrática)	*Ponto crítico do relacionamento externo da magistratura*
Poder público	Independência e harmonia
Soberania popular	Responsabilidade social: — Civil — Disciplinar
Instituições sociais	Abertura: — Informação à comunidade — Iniciativa ética — Irradiação intelectual
Pessoas naturais	Solidariedade (contra o impessoalismo)

Examinemos brevemente cada ponto crítico no quadro da dimensão respectiva. Adiantemos que as distintas dimensões se interpenetram e que isso leva os pontos críticos a se implicarem e exigirem mutuamente.

* Exposição em painel do V Congresso Nacional dos Magistrados do Trabalho, 11-14 de maio de 1994, Porto Alegre.

2. Independência e harmonia entre os Poderes?

O nome *Poder Judiciário* recobre uma magistratura para operar em sociedades modernas, dentro de Estados weberianos — ao menos pretensamente, racionais. Essa magistratura se estruturou paulatinamente, ao impulso das práticas de "racionalização" do Processo e em resposta às necessidades da burguesia e do individualismo em ascensão.[1] Adquiriu a consistência de *burocracia*, isto é, um corpo de funcionários classicamente regido por normas, impessoal, especializado e que se auto-reconhecia na honra funcional. Conquanto "independente", ela precisa compor-se com o Legislativo e o Executivo num regime harmônico, que assegure formalmente a unidade do Estado.

Mas, embora a configuração política das burocracias judiciárias revista a forma ideal de "poder independente e harmônico" do Estado, sua inserção efetiva na estrutura da dominação estatal varia muito, conforme os condicionantes culturais e a *práxis* política de cada país. Isso determina diferenças consideráveis de independência no exercício do poder pelo Judiciário. Seria arbitrário traçar um *continuum* para refletir todas as gradações de inserção política da magistratura, de modo que um dos extremos represente a *inessencialidade*, e o outro a *alta prioridade*. Contudo, se ousássemos postular tal *cotinuum*, um exemplo que se aproximaria da *inessencialidade política* seria o modelo francês pós-revolucionário, no qual os juízes foram estrategicamente privados de interpretar a lei, proibidos de editar prejulgados e impedidos de exercer até meados do século XX (1958) o controle da constitucionalidade das leis.[2] Distante da supremacia, porém o mais próximo da *alta prioridade política*, seria o Judiciário norte-americano, que interpreta a Constituição, inventou e exerce generalizadamente o controle da constitucionalidade das leis e estatui suas próprias decisões como regras vinculantes.[3]

Em que parte do *continuum* antes imaginado deveríamos situar a magistratura brasileira? Desde a Constituição de 1891 — se não antes, como mostrou o jurista gaúcho Lenine Nequete em sua magnífica história do Judiciário nacional[4] — o Judiciário brasileiro é o guarda da Constituição, com o poder de declarar a nulidade de leis e atos governamentais (art. 59, § 1º, *b*). Creio, no entanto, que, em uma pesquisa de opinião pública, nossa magistratura seria situada a meio caminho entre o extremo da inessencialidade política e o da alta prio-

1. Max Weber, "Estado racional: direito e burocracia", em sua *História Geral da Economia*, trad. de Calógera A. Pajuaba, Ed. Mestre Jou, São Paulo, 1968, cap. 4, § 8.

2. A proibição dos prejulgados (*arrêts de règlement*) está expressa no art. 5º do Cód. Civil francês, "é proibido aos juízes pronunciar-se através de disposição geral e regulamentar sobre as causas que lhes são submetidas". Segundo o ponto de vista do direito francês, "se o juiz editasse um prejulgado, estaria se substituindo à vontade popular, à vontade do Executivo e do Legislativo, e isto é interditado pelo princípio da separação dos poderes". André Pouille, *Le pouvoir judiciaire et les tribunaux*, Masson, Paris, 1985, pp. 20, 26-27.

3. De fato, é no sentido exatamente oposto ao da lei francesa que funciona no direito norte-americano a doutrina do *stare decisis* (mantenha-se a decisão): considera-se válido para casos subseqüentes similares todo princípio reconhecido por decisão anterior sobre determinado caso. Lawrence Baum, *A Suprema Corte Americana*, trad. de Élcio Cerqueira, Forense Universitária, Rio de Janeiro, 1987. Ver também os valiosos trabalhos dos magistrados Adhemar Ferreira Maciel, Sidnei Agostinho Beneti, Ricardo Malheiros Fiuza, Nildo Nery dos Santos, Eládio Lecey, Fátima Nancy Andrighi e Ellen Gracie Northfleet, publicados com o nome de "Estudos sobre os Judiciários norte-americano e canadense", na obra coletiva coordenada por Sálvio de Figueiredo Teixeira, *O Judiciário e a Constituição*, Ed. Saraiva, São Paulo, 1994.

4. Lenine Nequete, *O Poder Judiciário no Brasil a partir da Independência*, Livraria Sulina Editora, Porto Alegre, 1973, 2 vols.

ridade. Dificilmente, segundo posso ver, a sociedade apoiaria uma demanda ou queixa dos juízes contra real ou suposta asfixia hierárquica, e mais facilmente exigiria novos mecanismos de prestação de contas do Judiciário.

3. Responsabilidade social

Isto nos leva à grave questão da *responsabilidade social dos juízes*, discutida, entre outros autores, por Mauro Cappelletti. A discussão abrange o problema que hoje tanto se debate no Brasil sob o título de "controle externo da magistratura" e que se refere à *responsabilidade disciplinar*. Mas compreende também a polêmica sobre *responsabilidade civil*.

O exercício do poder disciplinar sobre os juízes constitui matéria de extrema delicadeza, porque encerra o risco de deslizar até à lesão da autonomia intelectual dos magistrados. As restrições a tal poder devem, pois, ser claras quanto aos limites do objeto material da intervenção. Mas não se pode negá-lo, dado que seu fundamento último é a soberania popular.

Como diz Norberto Bobbio, os requisitos modernos da democracia se cruzaram com a doutrina medieval da soberania popular para gerar a teoria da divisão de poderes.[5] Desde então, uma das crenças democráticas básicas é a de que toda legitimação vem da outorga popular. Não há poder político que não derive do povo. Neste sentido, nos regimes em que os juízes não são eleitos pelo povo, com mandatos sujeitos à prestação de contas e à renovação periódica, instala-se um problema de legitimidade política. Quando, portanto, o povo institui um regime de concursos públicos para os magistrados, renunciando à temporariedade das funções em favor da vitaliciedade, nem por isso deve abrir mão da transparência do exercício, do acompanhamento e da disciplina. Nos Estados Unidos, há juízes não eleitos, vitalícios, mas estão sujeitos a controle do Senado, através de *impeachment*, além de aos controles internos do Judiciário federal.

Assim, mesmo que não houvesse a chamada "crise do Judiciário" brasileiro, estaria justificada a demanda de um controle sobre os juízes. Por outro lado, motivos ligados à herança do regime de Estado patrimonialista do Brasil colonial indicam a conveniência de não confinar a composição dos mecanismos de controle apenas a agentes do próprio Poder Judiciário. Desde que resguardada a absoluta independência intelectual dos juízes, a presença *minoritária* de membros do Congresso num órgão disciplinador — e especialmente de representantes do Ministério Público e da Ordem dos Advogados — não ofenderia o princípio da divisão de poderes e, portanto, uma "cláusula pétrea" da Constituição. No regime de freios e contrapesos das democracias liberais é prevista a participação excepcional de agentes de um poder na esfera de outro poder, sem criar desequilíbrios no sistema. Aliás, o que se vem chamando de controle "externo" não é, verdadeiramente, externo: na maioria das propostas, a concepção de um conselho nacional da magistratura se refere à presença *minoritária* de representantes do Ministério Público e da OAB, e em raros casos uma minoria de alguns membros provenientes do Legislativo.

O argumento de que a presença de profissionais estranhos à magistratura, especialmente do Legislativo, implicaria em subordinar a função dos juízes, que é "técnica", a avaliações "políticas", subentende o preconceito isolacionista e profissionalista. Toda função social desempenhada na esfera do Estado é neces-

5. Bobbio, N., Matteucci, N. & Pasquino, G., *Dicionário de Política*, trad. de João Ferreira *et alii*, Edit. UnB, 3ª ed., 1991, verbete "democracia".

sariamente política, por mais especializados ou "técnicos" que sejam os requisitos de exercício. Não há pois que desqualificar o trabalho político em favor do trabalho técnico — do mesmo modo que o sacrifício dos requisitos técnicos em "benefício" do político aponta para o desastre. Em geral, a insistência nesse ponto é tributária do velho mito da sublimidade do juiz, que ingenuamente imagina o juiz acima da sociedade.

Não parece, porém, que se deva reeditar a participação popular direta no controle dos juízes. A Constituição Política do Império do Brasil, de 1824, dispunha: "Por suborno, peita, peculato e concussão, haverá contra eles a ação popular, que poderá ser intentada dentro de ano e dia pelo próprio queixoso ou por qualquer do povo, guardada a ordem do processo estabelecido na lei" (art. 157).

Na sociedade contemporânea, o desenvolvimento das grandes empresas gerou poder econômico tamanho, que seria claramente imprudente expor os juízes à vingança ou ameaça de represálias sob a forma de ação popular. Esta observação prudente serve também para a responsabilidade civil regressiva do magistrado por negligência, dolo ou fraude. Deve-se desenvolver o disposto a este respeito no Código de Processo Civil (art. 133) e acrescentar norma idêntica para os juízes criminais, mas não estender a titularidade a quem não demonstrar legítimo interesse.

4. *Abertura*

O terceiro ponto crítico se refere ao requisito da abertura institucional do Poder Judiciário como um todo e dos juízes em particular, em face das demais instituições sociais. Por *abertura* entendo o oposto de isolacionismo e de corporativismo. Trata-se de impelir à magistratura à plena disponibilidade para além do *individualismo* que informou suas origens mas além, igualmente, das tentações *anarco-autonomistas*, do tipo a que cedeu, por exemplo, a magistratura italiana há algum tempo atrás.[6]

Superar o isolacionismo requer, primeiro, o *atendimento do dever de informar*. Informar sobre a administração, sobre os orçamentos, sobre os vencimentos, sobre as estatísticas do movimento judiciário, o andamento dos processos. Contactos moderados, mutuamente respeitosos e *nunca estrelistas* com a imprensa e a mídia em geral são um modo de atingir o público e de se auto-mostrar ao povo — o qual tem direito às informações. Informar pela mídia é uma prática moralmente muito mais difícil do que amiúde se pensa: o poder nutre sempre a ambição de expandir-se e se inclina à manipulação da massa, uma das formas mais abjetas de esmagamento da cidadania.

Requer também a *iniciativa ética na sociedade* — não, para campanhas irresponsáveis de caça às bruxas, mas para o trabalho paciente e corajoso de aperfeiçoamento das instituições do País. Aqui, certa dose de ativismo não-corporativista

6. "É verdade que (...) historicamente os sistemas de controle, atuantes principalmente dentro da categoria, têm dado resultado negativo. Tais sistemas são característicos das magistraturas de tipo *corporativo*, fechadas e hierárquicas, e não do tipo *responsive*, ou seja (sempre nos limites inderrogáveis de uma substancial independência), abertas e sensíveis às pressões da comunidade. Mas temo muito que a abolição, ou a substancial atenuação dos controles internos na Itália (...) teria levado a um modelo que, de um lado, permanece socialmente fechado, mais que socialmente responsabilizado ou *responsive*, e de outro lado é do tipo — digo, naturalmente com uma ponta de exagero — anárquico-individualista, além de gerontocrático (...). De resto, foram muitas as propostas construtivas, assaz razoáveis, apresentadas na Itália para melhorar o intolerável sistema atual". Mauro Cappelletti, *Juízes irresponsáveis*?, trad. de C. A. Álvaro de Oliveira, Fabris Editor, Porto Alegre, 1989, p. 11 (com primeira versão em 1982). As outras referências a esse autor foram extraídas da mesma obra.

das associações de classe pode ser importante — desde que não se exerça com prejuízo das responsabilidades legais e regulares do cargo.[7]

A irradiação intelectual está associada a este trabalho, como também à própria execução técnica do ofício de julgar. Essa irradiação se acha hoje implicada numa instituição para-judiciária, que são as escolas de magistrados.[8] E aqui abro destaque para uma observação especial: no passado, a crença popular e as nossas crenças profissionais acreditavam demasiado nos órgãos disciplinares. Sim, eles são necessários e indispensáveis. Mas a base do seu método é a intenção repressiva ou preventivo-repressiva, uma concepção, de qualquer modo, pré-freudiana. No entanto, o potencial das escolas, se levado a todas as conseqüências, oferece muito maior possibilidade de eficácia e transformação social, do que os órgãos disciplinares, internos, externos ou mistos. Sonhemos, porém, com escolas de juízes que constituam o *coração* da magistratura, capazes de reelaborarem o pensamento crítico ao lado do técnico, preparando maior inserção e relevância política para juízes reeducados tecnicamente e mais disponíveis socialmente.

Ainda quanto à abertura, é preciso não se equivocar, pensando que a solução da chamada "crise do Judiciário", ou do "controle do Judiciário", ou ainda da "democratização do Judiciário", reside, por exemplo, na eleição direta para os cargos diretivos da instituição. O poder soberano pertence ao povo. Ele, o povo, pode distribuir os poderes e organizar as respectivas instituições. Uma vez esgotado o trabalho de constituição do Estado no sentido ascendente — de baixo para cima — não podem os ocupantes das funções públicas inverter o movimento e começar o trabalho de repartição de poderes no sentido descendente, de modo que assembléias profissionais autônomo-corporativas (Cappelletti) passem a exercer o mando administrativo. A experiência da universidade brasileira nesta direção originou um melancólico resultado desagregador, pondo em grande risco a continuidade do trabalho científico e do ensino genuinamente superior no País.

Os juízes não têm autoridade para instaurar tribunais e investir presidentes. Não representam o povo e, portanto, decretar em regimento que cabe a eles individualmente, ou à sua corporação profissional, "eleger" presidentes e corregedores judiciais constituiria usurpação, individual ou profissional. Se nossa crença na democracia direta, em vez da representativa, é tão grande quanto faz supor a premissa das propostas de eleição direta, o modelo correto é que *o povo* (todas as profissões, toda a cidadania) eleja os presidentes e corregedores da Justiça.

5. Solidariedade

Finalmente, o ponto crítico da solidariedade refere-se em especial às pes-

7. Seria triste vir a escutar dos magistrados brasileiros crítica similar à que em 1982 Gustavo Zagrebelsky dirigiu à magistratura italiana: "Na pretensão de total independência perante os aparelhos do Estado e de substancial irresponsabilidade perante os usuários, parece-se ser possível vislumbrar a contradição de quem quer ser considerado, ao mesmo tempo, funcionário e profissional liberal e valer-se das vantagens das duas posições, sem assumir os encargos respectivos: como funcionário, deseja ser 'protegido' nas suas relações com o público; como profissional liberal, não quer dependência hierárquica ou de aparelho". Apud M. Cappelletti, ob. e loc. cit.

8. Sobre escolas de magistratura, v. Carlos Mário da Silva Velloso, *Problemas e soluções na prestação da justiça*, e Sálvio de Figueiredo Teixeira, *A escola judicial*, ambos na obra coletiva cit. na nota 3; e Roberto A. O. Santos, "Bases para a instalação de um curso de formação e aperfeiçoamento de magistrados do Pará e Amapá", na *Revista do Tribunal do Trabalho da 8ª Região*, Belém, ano 19, v. 36, jan./jun. 1986, pp. 97-105.

soas com quem a magistratura entra em contacto. Partes e testemunhas se situam num grupo preferencial, como também advogados e membros do MP. A atividade de julgar é necessariamente formalizante e tem algo de cênico ou dramatúrgico. O juiz move-se entre modelos e representações jurídicas — conceitos — numa palavra, abstrações. Convém, todavia, não esquecer que a função social de julgar, como todas as funções sociais, existe em última análise para a pessoa humana concreta. A sociedade democrática é uma sociedade de pessoas humanas e para elas existe. Trabalhar para a sociedade significa trabalhar para uma multidão de pessoas concretas, e não para abstrações. Isso nos convida a reintroduzir a dimensão do humano concreto na atividade judiciária.

Sem esse traço profundo de solidariedade e reconhecimento, o trabalho de julgar se automatizaria definitivamente e perderia para sempre todo o encanto.

MINISTÉRIO PÚBLICO E DEFESA DE DIREITOS INDIVIDUAIS HOMOGÊNEOS

TEORI ALBINO ZAVASCKI
Professor de Direito Processual Civil na Faculdade de Direito da Universidade Federal do Rio Grande do Sul, Juiz do Tribunal Regional Federal da 4ª Região

I — Introdução. II — Hipóteses de legitimação previstas em lei. III — Embasamento constitucional. IV — Outros direitos individuais homogêneos. V — Conclusões.

I — Introdução

1.1 O Código de Proteção e Defesa do Consumidor (Lei 8.078, de 11.9.90), ao tratar da defesa dos interesses e direitos dos consumidores em juízo, estabeleceu que ela será exercida em forma de "defesa coletiva" quando se tratar de interesses ou direitos difusos, de interesses ou direitos coletivos e de interesses ou direitos individuais homogêneos (art. 81, § único). Interesses ou direitos difusos foram ali definidos como "os transindividuais, de natureza indivisível, de que sejam titulares pessoas indeterminadas e ligadas por circunstâncias de fato"; os coletivos como sendo "os transindividuais de natureza indivisível de que seja titular grupo, categoria ou classe de pessoas ligadas entre si ou com a parte contrária por uma relação jurídica-base"; e os individuais homogêneos foram definidos, simplesmente, como sendo "os decorrentes de origem comum".

1.2 Do ponto de vista objetivo, assemelham-se os interesses difusos aos coletivos: ambos são indivisíveis, não podendo ser satisfeitos nem lesados senão em forma que afete a todos os possíveis titulares, difusa ou coletivamente considerados. O que os diferencia são seus aspectos subjetivos: embora ambos sejam transindividuais, a indeterminação dos sujeitos titulares é absoluta quando se trata de interesses difusos, mas é relativa em se tratando de interesses coletivos. É que nos difusos, a ligação entre os titulares decorre de mera circunstância de fato, enquanto que os titulares dos interesses coletivos têm a ligá-los, entre si ou com o obrigado, uma relação jurídica-base. Tal forma de ligação relativiza a indeterminação dos sujeitos, tornando possível identificá-los por grupos, classes ou categorias. Nos dois casos, entretanto, os interesses são transindividuais e indivisíveis. Diferentemente é o que ocorre com os chamados "interesses ou direitos individuais homogênos". Estes são divisíveis e individualizáveis e têm titularidade determinada. Constituem, portanto, direitos subjetivos na acepção tradicional, com identificabilidade do sujeito, determinação do objeto e adequado elo de ligação entre eles. Decorrendo, ademais, de relações de consumo, têm, sem dúvida, natureza disponível. Sua homogeneidade com outros direitos da mesma natureza, determinada pela origem comum, dá ensejo à defesa de todos em forma coletiva, mediante ação proposta, em regime de substituição processual, por um dos órgãos ou entidades para tanto legitimados concorrentemente no art. 82. Tal legitimação recai, em primeiro lugar, no Ministério Público.

1.3 Além da prevista no Código do Consumidor, há outras hipóteses de legitimação do Ministério Público para defender, em forma coletiva, direitos de natureza individual: a da Lei 7.913, de 7.12.89, para propor ação civil pública de responsabilidade por danos causados aos investidores no mercado de valores mobiliários e a do art. 46, da Lei 6.024, de 13.3.74, para propor ação de responsabilidade pelos prejuízos causados aos credores por ex-administradores de instituições financeiras em liquidação ou falência. Nas três hipóteses — danos decorrentes de relações de consumo, de investimentos em valores mobiliários e de operações com instituições financeiras — os direitos lesados são por natureza individuais, divisíveis e disponíveis. Há, ademais, a referência a interesses e direitos individuais, constante do atual art. 21, da Lei 7.347, de 24.7.85 (introduzido pelo art. 117, da Lei 8.078/90) que teria tido, ao que parece, o propósito de estender a todos os direitos individuais homogêneos, o mesmo regime a que se sujeitam os direitos decorrentes das relações de consumo, inclusive, portanto, no que tange à legitimação do Ministério Público para defendê-los coletivamente.

1.4 Pois bem, como compatibilizar a legitimação para defesa daqueles direitos individuais, com a natureza e as finalidades do Ministério Público, instituição destinada à defesa de interesses sociais ou individuais indisponíveis (CF, art. 127), eis o primeiro tema deste estudo. Examinar-se-á, em segundo lugar, em que condições e em que limite poderá o Ministério Público atuar em defesa de outros direitos individuais de natureza homogênea, nas hipóteses em que não há legitimação expressa em norma infraconstitucional.

II — Hipóteses de legitimação previstas em lei

2.1 A legitimação do Ministério Público para defender, em juízo, direitos individuais homogêneos, que tenham como origem relações de consumo, está prevista no art. 82, I, do Código de Proteção e Defesa do Consumidor. A ação civil coletiva de responsabilidade pelos danos individualmente sofridos "será proposta em nome próprio e no interesse das vítimas ou seus sucessores" (art. 91). Trata-se, pois, de hipótese típica de legitimação extraordinária, em forma de substituição processual. Os titulares do direito não serão sequer indicados ou qualificados individualmente na inicial, mas simplesmente chamados por edital a intervir como litisconsortes, se assim o desejarem (art. 94). É que o objeto da ação, mais que obter a satisfação do direito pessoal e individual das vítimas, consiste em perseguir seja fixado o valor total dos danos causados. É importante assinalar esse detalhe: os objetivos perseguidos são visualizados não propriamente pela ótica individual e pessoal de cada prejudicado, e sim pela perspectiva global, coletiva, impessoal. Não é por outra razão, também, que "em caso de procedência do pedido, a condenação será genérica, fixando a responsabilidade do réu pelos danos causados" (art. 95). Condenação "genérica" (sem especificar prejuízos particularmente considerados) "fixando a responsabilidade do réu pelos danos causados" (e não os prejuízos específicos e individuais dos lesados). Caberá aos próprios titulares do direito, depois, promover a liquidação e a execução pelo dano individualmente sofrido (art. 97). Haverá, portanto, em tema de legitimação, substancial alteração de natureza por ocasião da execução da sentença, já que para esta, será indispensável a iniciativa do próprio titular do direito. Mesmo quando proposta em forma coletiva (art. 98), a execução, nestes casos, deverá se dar em litisconsórcio ativo, já que, aqui sim, busca-se satisfazer direitos individualmente considerados, direitos esses disponíveis e, mesmo, passíveis de renúncia ou perda (art. 100). A propositura da ação de liquidação ou de execução dependerá, portanto, de iniciativa do próprio interessado, ou de sua expressa autorização. Ao contrário do que ocorre com a ação coletiva de conhecimento — que pode ser proposta por terceiros legitimados como substitutos processuais — a execução será proposta ou pelo próprio titular ou, quando por terceiros, em forma de representação e não de substituição, como demonstrou Ada Pellegrini Grinover.[1]

2.2 Mas não é esta a primeira, nem é a única hipótese de legitimação do Ministério Público para defesa judicial coletiva de interesses ou direitos individuais. O Código do Consumidor, sob este aspecto, não criou novidade alguma, a não ser a de conceituar o que chamou de direitos individuais homogêneos. Na verdade, nosso direito positivo já contemplava outras hipóteses de legitimação do Ministério Público para defesa de direitos dessa natureza. É o caso, por exemplo, da Lei 7.913, de 7.12.89, que "dispõe sobre a ação civil pública de responsabilidade por danos causados aos investidores no mercado de valores mobiliários". Lá se prevê a legitimação do Ministério Público para adotar "as medidas judiciais necessárias para evitar prejuízos ou obter ressarcimento de danos causados aos titulares de valores mobiliários e aos investidores do mercado...". Legitimação, portanto, para atuar em busca de tutela cautelar e ressarcitória de direitos individuais, divisíveis e disponíveis, decorrentes de origem comum. Vale dizer: típicos direitos individuais homogêneos. Detalhe importante: as importâncias da condenação "reverterão aos investidores lesados, na proporção de seu prejuízo" (art. 2.º), mas caberá a cada investidor, individualmente, habilitar-se para o recebimento do quinhão que lhe couber (art. 2.º, § 1.º). A atuação do Ministério Público será, portanto, na condição de substituto processual do conjunto dos investidores e, embora isso não conste de modo expresso na lei, a sentença condenatória terá, aqui também, caráter genérico e impessoal.

2.3 Outra hipótese legal de ação civil pública, promovida pelo Ministério Público, em defesa de direitos individuais homogêneos, — embora, evidentemente, sem essa denominação — é ainda mais antiga. Trata-se da ação destinada a apurar a responsabilidade de ex-administradores de instituições financeiras em regime de intervenção ou liquidação extrajudicial, prevista nos artigos 45 a 49 da Lei 6.024, de 13.3.74. Sua propositura se dá nas hipóteses em que, após inquérito administrativo levado a cabo pelo Banco Central, ficar constatada existência de prejuízo, vale dizer, de passivo a descoberto, na instituição financeira. Constatado o prejuízo, o inquérito administrativo será "remetido pelo Banco Central do Brasil ao juiz da falência ou ao que for competente para decretá-la, o qual o fará com vista ao ór-

1. Grinover, Ada Pellegrini, *Código Brasileiro de Defesa do Consumidor*, Rio de Janeiro, Forense Universitária, 1992, p. 553.

gão do Ministério Público, que, em 8 (oito) dias, sob pena de responsabilidade, requererá o seqüestro dos bens dos ex-administradores, que não tenham sido atingidos pela indisponibilidade prevista no art. 36, quantos bastem para a efetivação da responsabilidade'' (art. 45). Efetivado o seqüestro, ou melhor, o arresto cautelar, terá o Ministério Público o prazo de trinta dias para propor a ação principal (art. 46, § único). "Passada em julgado a sentença que declarar a responsabilidade dos ex-administradores, o arresto e a indisponibilidade se convolarão em penhora, seguindo-se o processo de execução'', diz o art. 49. O resultado assim apurado ''será entregue ao interventor, ao liquidante ou ao síndico, conforme o caso, para rateio entre os credores da instituição'' (§ 1º, do art. 49). Caso a intervenção ou a liquidação extrajudicial venham a se encerrar no curso da ação ou da execução ''o interventor ou o liquidante, por ofício, dará conhecimento da ocorrência ao juiz, solicitando sua substituição como depositário dos bens arrestados ou penhorados, e fornecendo a relação nominal e respectivos saldos dos credores a serem, nesta hipótese, diretamente contemplados com o rateio previsto no § anterior'' (art. 49, § 2º). Não há dúvida, portanto, que se trata de ação civil pública, movida pelo Ministério Público (e, em caso de falência, pelo síndico — art. 47), como substituto processual dos credores da instituição financeira, buscando a condenação dos ex-administradores no pagamento de prejuízos causados. Os direitos defendidos são os dos credores, ou seja, são individuais, divisíveis e disponíveis, decorrentes de origem comum. Portanto, direitos individuais homogêneos. Aqui também o importante detalhe: a atuação do Ministério Público é no sentido de alcançar sentença condenatória genérica, pelo valor do prejuízo causado. A execução, por sua vez, será igualmente promovida pelo valor global. Não se leva em consideração, nem na ação de conhecimento, nem na execução, a situação individual e específica dos credores, os quais, para satisfação de seus direitos individualmente considerados, haverão de habilitar-se pessoalmente junto ao interventor ou ao liquidante ou ao juízo da execução, se for o caso.

2.4 O que há de comum nas hipóteses legais citadas é, portanto, a atuação do Ministério Público promovendo em nome próprio, mas como substituto processual, ações objetivando sentença condenatória genérica, para posterior satisfação de direitos individuais, divisíveis e disponíveis. Os direitos dos substituídos, em todas as hipóteses, são defendidos sempre globalmente, impessoalmente, coletivamente. Obtido o provimento judicial, genérica e globalmente proferido, encerra-se o papel do Ministério Público e tem início, se for o caso, a atuação dos titulares do direito individual, no sentido de obter a sua satisfação específica.

III — Embasamento constitucional

3.1 Tradicionalmente, a atuação do Poder Judiciário vinha marcada pela natureza individualística das questões e dos conflitos postos à sua resolução. A legitimidade *ad causam*, como regra, sempre dependeu do nexo de conformidade entre as partes da relação de direito material e as partes na relação processual. A substituição processual, mesmo na vigência do atual Código de Processo, foi admitida apenas como exceção (art. 6º). A atividade jurisdicional pressupunha, ademais, a afirmação da existência de um conflito, substancial e direto, entre sujeitos determinados. A sentença, operando como lei para estas partes perfeitamente identificadas, punha cabo, assim, em definitivo, a conflito bem localizado e limitado.

Esta versão tradicional certamente não tem como compassar-se com a evolução ocorrida no campo do direito de ação e, mais especificamente, no da legitimação. Hoje, a própria Constituição Federal assegura ação para defesa de interesses difusos e coletivos (art. 129, III), ou seja, para dirimir conflitos em que se envolvem, pelo menos de um lado, sujeitos indeterminados. Admite-se mandado de segurança coletivo "em defesa de interesses" dos membros ou associados da entidade impetrante (CF, art. 5º, LXX, *b*). Vale dizer: o direito de ação ganhou dimensão nova, constituindo-se instrumento não apenas para solução de conflitos particularizados, entre sujeitos bem identificados, cada qual em busca de afirmação de direitos subjetivos individuais. Hoje, a ação é também instrumento para solução de conflitos de massa, de amplas circunscrições, envolvendo figurantes nem sempre identificados, e onde se busca afirmar, não necessariamente direitos subjetivos particulares, mas interesses ampliados, vale dizer, direitos individuais projetados para uma dimensão impessoal, coletiva, comunitária. No campo da legitimação, a substituição processual já não é fenômeno excepcional, mas, pelo contrário, passou a constituir a forma normal de atuação nas ações coletivas.

3.2 Pois bem, neste novo contexto, ao Ministério Público, instituição permanente, essencial à função jurisdicional do Estado, a quem já cabia, por força de lei, intervir em todas as causas *em que há interesse público evidenciado pela natureza da lide ou qualidade da parte* (CPC, art. 82, III), foi cometida, entre outras, a incumbência constitucional de defesa dos *interesses sociais* (CF, art. 127).

3.3 "Interesse público", como consta do Código de Processo Civil e "interesses sociais", na dicção constitucional, são expressões com significado substancialmente equivalente. Poder-se-ia, genericamente, defini-los como "interesse cuja tutela, no âmbito de um determinado ordenamento jurídico é julgada como oportuna para o progresso material e moral da sociedade a cujo ordenamento jurídico corresponde", como o fez J. J. Calmon de Passos, referindo-se a interesses públicos.[2] Relacionam-se, assim, com situações, fatos, atos, bens e valores que, de alguma forma, concorrem para preservar a organização e o funcionamento da comunidade jurídica e politicamente considerada, ou para atender suas necessidades de bem-estar e desenvolvimento. É claro que estas definições não exaurem o conteúdo da expressão "interesses sociais", nem é intenção aqui exauri-lo. Inobstante, são suficientes para os limites da conclusão que, por ora, se busca atingir, a saber: a proteção dos consumidores e dos poupadores e investidores do mercado financeiro e de capitais constitui não apenas interesse individual do próprio lesado, mas interesse da sociedade como um todo. Trata-se, portanto, de interesse social.

3.4 Com efeito, é a própria Constituição que estabelece que a defesa dos consumidores é princípio fundamental da atividade econômica (CF, art. 170, V), razão pela qual deve ser promovida, inclusive pelo Estado, em forma obrigatória (CF, art. 5º, XXXII). Não se trata, obviamente, da proteção individual, pessoal, particular, desde ou daquele consumidor lesado, mas da proteção coletiva dos consumidores, considerada em sua dimensão comunitária e impessoal. O mesmo se diga em relação aos poupadores que investem seus recursos no mercado de valores mobiliários ou junto a instituições financeiras. Conquanto suas posições subjetivas individuais e particulares possam não ter relevância social, o certo é que quando consideradas em sua projeção coletiva passam a ter significado de ampliação transcendental, de resultado maior que a simples soma das

2. Passos, J. J. Calmon de. "Intervenção do Ministério Público nas causas a que se refere o art. 82, III, do CPC", *Revista Forense*, Rio de Janeiro, vol. 268, p. 55.

posições individuais. É de interesse social a defesa destes direitos individuais, não pelo significado particular de cada um, mas pelo que a lesão deles, globalmente considerada, representa em relação ao adequado funcionamento do sistema financeiro, que, como se sabe, deve sempre estar voltado às suas finalidades constitucionais de *promover o desenvolvimento equilibrado do País e de servir os interesses da coletividade* (CF, art. 192).

3.5 Não será difícil concluir, de todo o exposto, que a legitimação do Ministério Público para a defesa de "direitos individuais homogêneos" dos consumidores e dos investidores no mercado financeiro, estabelecida nas Leis 6.024/74, 7.913/89 e 8.078/90, é perfeitamente compatível com a sua incumbência constitucional de defender os interesses sociais, imposta pelo art. 127 da Carta de 1988. É de se anotar, mais uma vez, que esta legitimação, em todos os casos, tem em mira a obtenção de sentença genérica. A atuação do Ministério Público dá-se em forma de substituição processual e é pautada pelo trato impessoal e coletivo dos direitos subjetivos lesados. E é nesta dimensão, e somente nela, que a defesa de tais direitos individuais — divisíveis e disponíveis — pode ser promovida pelo Ministério Público sem ofensa à Constituição. Aliás, por esta mesma razão, não há como supor-se legítima, sob o enfoque constitucional, a atuação do Ministério Público na execução das sentenças, em benefício individual dos lesados. Ainda quando promovida coletivamente, como prevê o art. 98 da Lei 8.078/90, a execução da sentença — que foi genérica — será destinada à satisfação de pretensões particularmente consideradas. Há, aqui, litisconsórcio. A ação executiva dependerá de iniciativa dos lesados e será promovida, assim, em regime de representação e não de substituição processual. Ora, nesta dimensão pessoal, a defesa de direitos subjetivos individuais e disponíveis é expressamente vedada aos agentes do Ministério Público, a teor do que dispõe, a *contrario sensu*, o mesmo art. 127 da Constituição de 1988. Não se aplica, portanto, ao Ministério Público — sob pena de inconstitucionalidade evidente — o disposto no art. 98 do Código do Consumidor. Sem embargo, poderá ele, se for o caso, promover a execução da sentença nos termos do art. 100 da Lei, já que o produto de indenização, na hipótese, não será destinado à satisfação individual dos lesados, mas será revertido em favor de um Fundo, criado pelo art. 13 da Lei 7.347/85, onde será gerido e aplicado no interesse comunitário.

IV — Outros direitos individuais homogêneos

4.1 Questão mais delicada é a que diz respeito à letigimação do Ministério Público para promover ação em defesa de outros direitos individuais homogêneos que não os previstos, casuisticamente, pelo legislador ordinário. É que, para esse efeito, é inteiramente insuficiente a invocação isolada do Código do Consumidor (art. 117), que acrescentou o artigo 21 à Lei 7.347/85, a saber: "Art. 21. Aplicam-se à defesa dos direitos e interesses difusos, coletivos e individuais, no que for cabível, os dispositivos do Título III, da lei que instituiu o Código de Defesa do Consumidor". Realmente, a referência a direitos individuais soa desafinada no contexto da lei da ação civil pública, que se destina a reger unicamente direitos e interesses difusos e coletivos, como faz certo o seu art. 1º. De mais a mais, a simples menção a direitos individuais certamente não teria o condão de legitimar o Ministério Público a promover a defesa indiscriminada de qualquer direito individual, ainda que homogêneo, eis que há barreiras constitucionais a serem respeitadas, como anteriormente se fez ver. Assim, portanto, ante a insuficiência da legislação ordinária, a questão há de ser enfrentada e resolvida à luz da própria Constituição e, mais especificamente, mediante exame do grau de eficácia do seu artigo 127.

4.2 Segundo o preceito constitucional, incumbe ao Ministério Público, instituição permanente e essencial à função jurisdicional do Estado, "a defesa da ordem jurídica, do regime democrático e dos interesses sociais e individuais indisponíveis". Pergunta-se: o dispositivo contém carga de eficácia por si só suficiente para legitimar o Ministério Público a, se for o caso, exercer judicialmente a incumbência ali atribuída? A resposta, sem sombra de dúvida, é positiva, por várias razões. Antes de mais nada, é preciso não se esquecer que os preceitos constitucionais são preceitos obrigatórios, cuja observância e aplicação é dever de todos. A não ser que barreiras intransponíveis devidamente evidenciadas se anteponham, impõe-se a todos a imediata observância e aplicação das normas constitucionais, exaurindo-se delas todo o potencial de eficácia que seja possível. Esta obrigatoriedade — que parece tão óbvia — deve ser assim mesmo reiterada. Realmente, como observou Augustin Gordillo, "que a Constituição é suprema, ninguém discute; porém que seja imperativa, vale dizer, uma norma vigente obrigatoriamente aplicável em todo o momento, a toda circunstância e por todo o tribunal do País, é objeto de freqüentes dúvidas expressas ou implícitas".[3] Daí a insistente reiteração: como toda norma de direito, o preceito constitucional — e assim o art. 127, aqui examinado — é, essencialmente, um preceito que deve ser interpretado, aplicado e obedecido.

4.3 Dir-se-á, quem sabe, que o dispositivo em foco tem sua eficácia ou auto-aplicabilidade comprometida pelo enunciado demasiadamente genérico do seu comando, constituindo-se, por isso, mera norma de programação, dirigida ao legislador ordinário, à espera de complementação infraconstitucional. A argüição não procede. Mesmo quando genérica ou programática, a norma constitucional possui, em algum grau, eficácia e operatividade. "Não há norma constitucional alguma destituída de eficácia. Todas elas irradiam efeitos jurídicos, importando sempre numa inovação da ordem jurídica preexistente...", ensina José Afonso da Silva.[4] "De fato", observa Celso Antônio Bandeira de Mello, "não teria sentido que o constituinte enunciasse certas disposições apenas por desfastio ou por não sopitar seus sonhos, devaneios ou anelos políticos. A seriedade do ato constituinte impediria a suposição de que os investidos em tão alta missão, dela se servissem como simples válvula de escape para emoções antecipadamente condenadas, por seus próprios emissores, a permanecer no reino da fantasia. Até porque, se desfrutavam do supremo poder jurídico, seria ilógico que, desfrutando-o, houvessem renunciado a determinar, impositivamente, aquilo que consideraram desejável, conveniente, adequado".[5]

4.4 Por outro lado, deixar de observar a norma constitucional ao argumento de que não é auto-aplicável, porque carece de regulamentação infraconstitucional, implica atribuir ao Poder Legislativo a pecha de inconstitucionalidade por omissão. Isso é grave. É o mesmo que atribuir-lhe a inconstitucionalidade por ação, vale dizer, por ter aprovado lei inconstitucional. Ora, o reconhecimento, pelo Supremo Tribunal Federal, da

3. Gordillo, Agustin, *Princípios gerais de Direito Público*, trad. de Marco Aurélio Greco, São Paulo, Ed. RT, 1977, p. 95.

4. Silva, José Afonso da. *Auto-aplicabilidade das Normas Constitucionais*, São Paulo, Ed. RT, 1968, p. 75.

5. Mello, Celso Antônio Bandeira de. "Eficácia das Normas Constitucionais sobre Justiça Social", *RDP*, São Paulo, vols. 57/58, p. 238.

inconstitucionalidade por omissão (CF, art. 103, § 2º), por certo se dará com os mesmos cuidados hoje adotados no exame da inconstitucionalidade por ação, e assim expostos por Carlos Maximiliano: "Todas as presunções militam a favor da validade de um ato, legislativo ou executivo; portanto, se a incompetência, a falta de jurisdição ou a inconstitucionalidade, em geral, não estão acima de toda a dúvida razoável, interpreta-se e resolve-se pela manutenção do deliberado por qualquer dos três ramos em que se divide o Poder Público. Entre duas exegeses possíveis, prefere-se a que não infirme o ato de autoridade... Os tribunais só declaram a inconstitucionalidade de leis quando esta é evidente, não deixa margem à séria objeção em contrário. Portanto, se, entre duas interpretações mais ou menos defensáveis, entre duas correntes de idéias apoiadas por jurisconsultos de valor, o Congresso adotou uma, o seu ato prevalece. A bem da harmonia e do mútuo respeito que devem reinar entre os poderes federais (ou estaduais), o Judiciário só faz uso de sua prerrogativa quando o Congresso viola claramente ou deixa de aplicar o estatuto básico, e não quando opta apenas por determinada interpretação não de todo desarrazoada".[6] Portanto, parafraseando Carlos Maximiliano, deve-se entender que todas as presunções militam a favor da constitucionalidade da "omissão", vale dizer, a favor da auto-aplicabilidade dos preceitos constitucionais. Se a falta de condições de imediata aplicabilidade não estiver acima de toda a dúvida razoável, interpreta-se e resolve-se pela desnecessidade da ação legislativa. Entre duas exegeses possíveis, opta-se pela auto-aplicabilidade. O STF só declarará a inconstitucionalidade por omissão quando for evidente, sem margem de dúvida séria, a necessidade de norma regulamentar do preceito maior. Entre duas interpretações razoáveis, opta-se pela que afirme a ausência de inconstitucionalidade por omissão. A bem da harmonia e do mútuo respeito que devem reinar entre os poderes, o Judiciário só proclamará a omissão do Legislativo quando esta implicar claramente falta de cumprimento de sua missão constitucional.

4.5 No caso específico em exame, o preceito constitucional que confere ao Ministério Público a incumbência de promover a defesa dos interesses sociais (art. 127) é, em tudo, assemelhado ao preceito legal contido no art. 82, III, do CPC, que atribui ao Ministério Público a competência para intervir em todas as causas em que há interesse público. Muito se questionou a respeito da extensão de tal comando processual, mas jamais se duvidou de sua auto-aplicabilidade. A mesma atitude interpretativa se há de ter frente à norma constitucional do art. 127: pode-se questionar seu conteúdo, mas não sua suficiência e aptidão para gerar, desde logo, a eficácia que lhe é própria.

4.6 Partindo-se, assim, da premissa de que o art. 127 da CF é auto-suficiente, completo, apto a, desde logo, irradiar todos os efeitos, há de se concluir que o Ministério Público está constitucionalmente legitimado a utilizar-se de todos os instrumentos necessários ao adequado desempenho da incumbência, do poder/dever, de promover a defesa dos interesses sociais. Isto inclui, por certo, sua habilitação para manejar também os instrumentos processuais, se preciso for, de modo a que suas atribuições sejam exauridas às últimas conseqüências. Com efeito, seria inimaginável supor-se que o dever de defesa — imposto ao Ministério Público pelo Constituinte — fosse limitado a providências extrajudiciais. Em outras palavras: o artigo 127 da Carta Constitucional é, também, norma de legitimação.

6. Maximiliano, Carlos. *Hermenêutica e Aplicação do Direito*, 9ª ed., Rio de Janeiro, Forense, 1984, p. 307.

4.7 Posta a questão nestes termos, estar-se-á, agora, *mutatis mutandis*, diante das mesmas indagações que assaltam os intérpretes do art. 82, III, do CPC: o que se deve entender por "interesses sociais"? Utilizando a classificação de Karl Engish pode-se afirmar tratar-se de conceito indeterminado (= "cujo conteúdo e extensão são em larga medida incertos")[7] e normativo (= "carecido de um preenchimento valorativo")[8] cuja função "em boa parte é justamente permanecerem abertos às mudanças das valorações".[9] Por isso mesmo, a resposta à indagação, a exemplo do que ocorre com a expressão "interesse público", não comporta soluções de caráter genérico com significação unívoca, como demonstrou J. J. Calmon de Passos. Com efeito, "a individualização do interesse público não corre, de uma vez por todas, em um só momento, mas deriva da constante combinação de diversas influências, algumas das quais provêm da experiência passada, enquanto outras nascem da escolha que cada operador jurídico singular cumpre, *hic et nunc*, no exercício da função que lhe foi atribuída. Assim, a atividade para individualização dos interesses públicos é uma atividade de interpretação de atos e fatos e normas jurídicas (recepção dos interesses públicos fixados no curso da experiência jurídica anterior) e em parte é uma valoração direta da realidade pelo operador jurídico, atendidos os pressupostos ideológicos e sociais que o informam e à sociedade em que vive, submetidos à ação dos fatos novos, capazes de modificar juízos anteriormente irreversíveis".[10] A existência de interesses sociais a justificar a atuação do Ministério Público há de ser, portanto, investigada caso a caso, podendo, certamente, sofrer o crivo da parte adversa e, como toda a matéria referente à adequada legitimação da parte, ser objeto de apreciação pelo juiz.

4.8 Inobstante, no que interessa ao específico tema da atuação do Ministério Público, é possível, desde logo e à luz do próprio texto constitucional, descartar qualquer sinonímia entre "interesses sociais" e "interesses de entes públicos", já que, em relação a estes há vedação expressa de patrocínio pelos agentes ministeriais (CF, art. 129, IX). Interesses sociais, portanto, não são, simplesmente, interesses de entidades públicas e nem, por certo, interesses individuais ou de grupos isolados. No entanto, como se fez ver acima, há certos interesses individuais — de pessoas privadas e de pessoas públicas — que, quando visualizados em seu conjunto, em forma coletiva e impessoal, têm a força de transcender a esfera de interesses puramente individuais e passar a representar, mais que a soma de interesses dos respectivos titulares, verdadeiros interesses da comunidade como um todo. É o que ocorre com os direitos individuais homogêneos, antes mencionados, dos consumidores e dos poupadores, cuja defesa pelo Ministério Público tem expressa chancela em lei ordinária. Entretanto, outras hipóteses certamente poderão ocorrer. Assim, *v.g.*, se "todos têm direito ao meio ambiente ecologicamente equilibrado, bem de uso comum do povo e essencial à sadia qualidade de vida, impondo-se ao Poder Público e à coletividade o dever de defendê-lo e preservá-lo para as presentes e futuras gerações" (CF, art. 225); e se "as condutas e atividades consideradas lesivas ao meio ambiente sujeitarão os infratores, pessoas físicas ou jurídicas, a sanções penais e administrativas, independentemente da obrigação de reparar os danos causados" (CF, art. 225, § 3º) se é assim, parece evidente que a condenação dos responsáveis por aquelas con-

7. Engisch, Karl. *Introdução ao Pensamento Jurídico*, trad. de J. Batista Machado, 3ª ed., Lisboa, Fundação Calouste Gulbenkian, p. 173.
8. Engisch, Karl, ob. cit., p. 177.
9. Engisch, Karl, ob. cit., p. 198.
10. Passos, J. J. Calmon de, ob. cit., p. 56.

dutas, seja no que diz respeito à reparação dos danos difusamente causados, seja também no que diz com os danos causados diretamente a pessoas e aos seus bens, constitui interesse de toda a comunidade, já que se busca preservar o bem maior, que a todos diz respeito, que é o de preservar o direito à própria sobrevivência. Assim, no que se refere aos danos pessoais sofridos — verdadeiros direitos individuais homogêneos — a legitimação do Ministério Público para defendê-los é inegável, independentemente de previsão normativa ordinária, pois que albergada no próprio texto constitucional.

4.9 Em suma: ao Ministério Público não cabe, evidentemente, bater-se em defesa de direitos ou interesses individuais, ainda que, por terem origem comum, possam ser classificados como homogêneos. Interesses individuais homogêneos não são, necessariamente, interesses sociais. Entretanto, quando tais interesses individuais homogêneos, mais que a soma de situações particulares, possam ser qualificados como de interesse comunitário, nos termos acima enunciados, não há dúvida de que o Ministério Público estará legitimado a atuar. Identificada situação em que interesses sociais desta natureza careçam de defesa, será dever do Ministério Público promovê-la, utilizando-se, para tanto, dos instrumentos processuais compatíveis e apropriados. A previsão, em lei, de procedimento específico, caso a caso, é inteiramente desnecessária e não justifica a inércia, nem é empecilho para atendimento do dever constitucional. A propósito — e apenas para exemplificar com situações semelhantes, recentemente postas ao Judiciário — a falta de procedimento específico não impediu a impetração de mandado de segurança coletivo, nem de mandado de injunção, nem de ações de impugnação de mandato eletivo (CF, art. 14, § 10). Em todos estes casos, houve adequação de procedimentos, seja com emprego da analogia, seja com a adoção do procedimento ordinário, de modo a que o mandamento constitucional não resultasse comprometido. Nesta medida e neste contexto, faz sentido invocar-se o artigo 21, da Lei 7.347, de 24.7.85, que manda aplicar, na defesa dos direitos e interesses individuais, no que for cabível, os dispositivos do Título III da lei que instituiu o Código de Defesa do Consumidor.

V — Conclusões

5.1 O art. 127 da CF, que atribui ao Ministério Público a incumbência de promover a defesa dos interesses sociais, é preceito de eficácia plena, que confere inclusive legitimação para demandar em juízo.

5.2 Os interesses sociais, assim entendidos aqueles cuja tutela é importante para preservar a organização e o funcionamento da sociedade e para atender suas necessidades de bem-estar e desenvolvimento, não se confundem com os interesses das entidades públicas e nem, simplesmente, com o conjunto de interesses de pessoas ou de grupos, mesmo quando tenham origem comum.

5.3 Entretanto, há interesses individuais que, considerados em seu conjunto, passam a ter significado ampliado, de resultado maior que a simples soma das posições individuais, e cuja lesão compromete valores comunitários privilegiados pelo ordenamento jurídico. Tais interesses individuais, visualizados nesta dimensão coletiva, constituem interesses sociais para cuja defesa se legitima o Ministério Público.

5.4 A identificação destes interesses sociais compete tanto ao legislador (como ocorreu, *v.g.*, nas Leis 8.078/90, 7.913/89 e 6.024/74), como ao próprio Ministério Público, caso a caso, mediante o preenchimento valorativo do conceito, decorrente da interpretação de atos, fatos e normas jurídicas, e à luz dos valores e princípios consagrados no sistema jurídico, tudo sujeito ao crivo do Poder Judiciário, a quem caberá a palavra final sobre a adequada legitimação.

5.5 A atuação do Ministério Público em juízo, em defesa dos citados interesses, dar-se-á em forma de substituição processual e será pautada pelo trato impessoal e coletivo dos direitos lesados, visando, portanto, sentença de caráter genérico. Não é compatível com esta forma de atuação a execução específica da sentença, em representação do próprio lesado, nos moldes previstos no art. 98 do Código de Defesa do Consumidor.

5.6 À falta de procedimento específico previsto em lei, a defesa dos interesses sociais há de ser feita mediante utilização de procedimento analogicamente adequado, inclusive o previsto no Título III da Lei 8.078/90, ou do procedimento ordinário.

ESTUDOS & COMENTÁRIOS

OAB — ESTATUTO

Sustentação oral posterior ao voto do Relator — Sobre a Ação Direta de Inconstitucionalidade do art. 7º, IX, da Lei 8.906/94

ERASTO VILLA-VERDE FILHO
Advogado em Brasília e Procurador do Banco Central do Brasil

Das inovações provindas do novo Estatuto da Advocacia, a que representa o mais significativo avanço na ordem jurídica processual em vigor, lamentavelmente, teve sua eficácia suspensa por medida cautelar deferida pelo Supremo Tribunal Federal em Ação Direta de Inconstitucionalidade. Três são as disposições constitucionais que, segundo Sua Excelência, o Procurador-Geral da República, Dr. Aristides Junqueira Alvarenga, teriam sido afrontadas pelo inciso IX do art. 7º da Lei 8.906/94, que assegura aos advogados o direito de sustentar oralmente após o voto do relator: *a*) o inciso LV do art. 5º, segundo o qual "aos litigantes, em processo judicial ou administrativo, e aos acusados em geral são assegurados o contraditório e ampla defesa, com os meios e recursos a ele inerentes"; *b*) o inciso LVI do art. 5º, que estabelece a inadmissibilidade, no processo, das provas obtidas por meios ilícitos; e *c*) a alínea *a* do inciso I do art. 96, que diz ser competência privativa dos tribunais elaborar seus regimentos internos.

O dispositivo cuja declaração de inconstitucionalidade é postulada, antes de afrontar o art. 5º, LV, da Constituição, visa a conferir maior efetividade ao princípio do contraditório e da ampla defesa. Bem definidos, pelo relator, os pontos objeto de controvérsia e exteriorizada a tese que julga deva ser acolhida, os debates orais — que versarão sobre o voto, mas serão travados pelas partes — hão de ser muito mais objetivos, e a dialética processual terá maior amplitude.

Não procede o argumento de que se estabelecerá "o contraditório não em face das alegações da parte, mas do voto do relator". Recorrente e recorrido sustentarão oralmente e o contraditório será entabulado entre eles, como sempre ocorreu. A diferença — para melhor — é que o voto do relator será conhecido, e os advogados discutirão precisamente sobre as questões relevantes para o deslinde da demanda. Como qualquer decisão judicial, sujeita ao duplo grau de jurisdição e, portanto, a ser objeto de discussão pelas partes, nenhum óbice constitucional há que impeça seja o voto do relator oralmente debatido.

Ao contrário, quantos equívocos poderão ser desde logo evitados com a nova sistemática, que se adequa perfeitamente à estrutura dialética do processo, cujo fundamento Eduardo J. Couture ressaltou: "A justiça se serve da dialética porque o princípio da contradição é o que permite, por confrontação dos opostos, chegar à verdade" (in *Introdução ao Estudo do Processo Civil*, Ed. José Konfino, Rio de Janeiro, p. 66).

Quanto ao segundo dispositivo constitucional invocado, nem com muito esforço é possível observar qualquer vislumbre de contrariedade ao inciso LVI do art. 5º., segundo o qual são inadmissíveis, no processo, as provas obtidas por meios ilícitos. *Data venia*, o novo Estatuto, assim como o ab-rogado, também não autoriza a produção de prova mediante sustentação oral: difícil imaginar possa algum advogado tentar produzir prova da tribuna.

No que respeita ao art. 96, I, *a*, da Lei Maior, supostamente ofendido, sustenta-se que a matéria seria de natureza regimental, da competência privativa dos tribunais. Trata-se, na verdade, de tema de direito processual, sobre o qual compete privativamente à União legislar (CF, art. 22, I). Senão, veja-se o excelente estudo do Procurador de Justiça em São Paulo José Raimundo Gomes da Cruz: "Havendo dispositivo legal expresso sobre a matéria processual, como ocorre com a sustentação oral, de que tratamos, os regimentos internos não podem violar a legislação vigente" ("A sustentação oral em face dos arts. 554 e 565 do Código de Processo Civil", in *RF* 295/155).

Aliás, a própria disposição constitucional que outorga aos tribunais competência privativa para elaborar seus regimentos internos é clara ao definir a posição inferior que eles ocupam na hierarquia das normas, advertindo: "(...) com a observância das normas de processo e das garantias processuais das partes". Se sustentação oral fosse assunto da alçada regimental, qualquer tribunal poderia suprimir de seu regimento interno o direito do advogado de falar nas sessões de julgamento, caracterizando, assim, inaceitável contradição nos próprios termos: o *advogado sem palavra*. Eis a figura estropiada pretendida por Napoleão Bonaparte: "Je veux qu'un puisse couper la langue á un avocat qui s'en sert contre le gouvernement; l'avocat est un factieux, un artisan de crimes et de trahison" (apud Pinto Ferreira, *Comentários à Constituição Brasileira*, Saraiva, 1992, 5º. vol., p. 170).

O temor de que o dispositivo *subverta a ordem* que, tradicionalmente, por todos os tribunais, tem sido observada no exame dos feitos submetidos ao seu julgamento, como consta da decisão transcrita na inicial, proferida há quatro décadas passadas, já não faz sentido. Haverá de ser substituído pela coragem de mudar, pela convicção de que o direito processual precisa evoluir, modernizar-se. Longe de ser subversivo, mas realmente avançado, o direito à sustentação oral posterior ao voto do relator concretiza o preceito constitucional de que *o advogado é indispensável à administração da justiça*, nos termos do art. 133.

Brasília, 17 de agosto de 1994

ESTUDOS & COMENTÁRIOS

ADIN — O DIREITO DE PROPOSITURA DAS CONFEDERAÇÕES SINDICAIS E DAS ENTIDADES DE CLASSE DE ÂMBITO NACIONAL

GILMAR FERREIRA MENDES
Procurador da República, Mestre em Direito pela Universidade de Brasília e Doutor em Direito pela Universidade de Münster (RFA)

1. Introdução

Nos termos do art. 102, I, *a*, c/c art. 103, I, IX, da Constituição, compete ao Supremo Tribunal Federal decidir a ação direta de inconstitucionalidade proposta pelo Presidente da República, pela Mesa do Senado, pela Mesa da Câmara dos Deputados, pela Mesa de uma Assembléia Legislativa Estadual, por um Governador de Estado, pelo Procurador-Geral da República, pelo Conselho Federal da Ordem dos Advogados do Brasil ou por partido político com representação no Congresso Nacional ou por confederação sindical ou organização de classe de âmbito nacional.

As disposições do Regimento Interno do Supremo Tribunal Federal que disciplinavam o controle abstrato de normas, ainda sob o sistema da Constituição de 1967/69, continuam a ser aplicadas com base no princípio da continuidade, até que sobrevenha a legislação processual adequada.

O direito de propositura das confederações sindicais e das organizações de classe de âmbito nacional prepara significativas dificuldades práticas.

A existência de diferentes organizações destinadas à representação de determinadas profissões ou atividades e a não-existência de disciplina legal sobre o assunto torna indispensável que se examine, em cada caso, a legitimação dessas diferentes organizações. Causa dificuldade, sobretudo, a definição e a identificação das chamadas entidades de classe, uma vez que, até então, inexistia critério preciso que as diferençassem de outras organizações de defesa de diversos interesses. Por isso, está o Tribunal obrigado a verificar especificamente a qualificação dessa confederação sindical ou organização de classe organizada nacionalmente.[1]

2. Entidade de classe de âmbito nacional e Confederação Sindical: conceito

O conceito de entidade de classe de âmbito nacional abarca um grupo amplo e diferenciado de associações que não po-

1. Cf. ADIN n. 34, Rel. Min. Octávio Gallotti, *RTJ* 128, p. 481 e ADIN n. 43, Rel. Min. Sydney Sanches, *RTJ* 129, p. 959.

dem ser distinguidas de maneira simples. Essa questão tem ocupado o Tribunal praticamente desde a promulgação da Constituição de 1988.[2]

Na decisão de 5 de abril de 1989, tentou o Tribunal precisar o conceito de entidade de classe, ao explicitar que é apenas a associação de pessoas que em essência representa o interesse comum de uma determinada categoria.[3] Em contrapartida, os grupos formados circunstancialmente, como a associação de empregados de uma empresa, não poderiam ser classificados como organizações de classe nos termos do art. 103, IX, da Constituição.[4] "Não se pode considerar entidade de classe — diz o Tribunal — a sociedade formada meramente por pessoas físicas ou jurídicas que firmem sua assinatura em lista de adesão ou qualquer outro documento idôneo (...), ausente particularidade ou condição, objetiva ou subjetiva, que distingam sócios de não-associados".[5]

A idéia de um interesse comum essencial de diferentes categorias fornece base para distinção entre a organização de classe, nos termos do art. 103, IX, da Constituição, e outras associações ou organizações sociais. Dessa forma, deixou assente o Supremo Tribunal Federal que o constituinte decidiu por uma legitimação limitada, não permitindo que se convertesse o direito de propositura dessas organizações de classe em autêntica ação popular.[6]

Em outras decisões, deu o Supremo Tribunal Federal continuidade ao esforço de precisar o conceito de entidade de classe de âmbito nacional.

Segundo a orientação firmada pelo Supremo Tribunal Federal, não configuraria entidade de classe de âmbito nacional, para os efeitos do art. 103, IX, organização formada por associados pertencentes a categorias diversas.[7] Ou, tal como formulado pelo Tribunal, "não se configuram como entidades de classe aquelas instituições que são integradas por membros vinculados a extratos sociais, profissionais ou econômicos diversificados, cujos objetivos, individualmente considerados, revelam-se contrastantes".[8]

Da mesma forma, não se reconhece natureza de entidade de classe àquelas organizações que, "congregando pessoas jurídicas, apresentam-se como verdadeiras associações de associações", uma vez que, nesse caso, faltar-lhes-ia exatamente a qualidade de entidade de classe.[9]

Não se admite, igualmente, a legitimidade de pessoas jurídicas de direito privado, que reúnam, como membros integrantes, associações de natureza civil e organismos de caráter sindical, exatamente em decorrência desse hibridismo, porquanto "noção conceitual (de instituições de classe) reclama a participação, nelas, dos próprios indivíduos integrantes de determinada categoria, e não apenas das entidades privadas constituídas para representá-los".[10]

2. ADIN n. 34, Rel. Min. Octávio Gallotti, *RTJ* 128, p. 481 e ADIN n. 39, Rel. Min. Moreira Alves, *DJ* de 19.5.89.

3. ADIN n. 34, Rel. Min. Octávio Gallotti, *RTJ* 128, p. 481.

4. Cf. ADIN n. 79, Rel. Min. Celso de Mello, *DJ* de 10.9.89.

5. ADIN n. 52, Rel. Min. Célio Borja, *DJ* de 29.9.90, p. 9.721.

6. Cf. ADIN n. 79, Rel. Min. Celso de Mello, *DJ* de 10.9.89.

7. ADIN n. 57, Rel. Min. Ilmar Galvão, *DJ* de 13.12.91, p. 18.353 e ADIN n. 108, Rel. Min. Celso de Mello, *DJ* de 5.6.92, p. 8.426.

8. ADIN n. 108, Rel. Min. Celso de Mello, *DJ* de 5.6.92, p. 8.426.

9. ADIN n. 79, Rel. Min. Celso de Mello, *RDA* 188 (1992), pp. 144 (146).

10. ADIN n. 79, Rel. Min. Celso de Mello, *RDA* 188 (1992), pp. 144 (146); ADIN n. 108, Rel. Min. Celso de Mello, *DJ* de 5.6.92, p. 8.426; ADIN n. 433, Rel. Min. Moreira Alves, *DJ* de 22.11.91, p. 16.842; ADIN n. 505-7, Rel. Min. Moreira Alves, *DJ* de 2.8.91, p. 9.916; ADIN n. 511-1, Rel.

Afirmou-se, também, que "não constitui entidade de classe, para legitimar-se à ação direta de inconstitucionalidade (CF, art. 103, IX), associação civil (Associação Brasileira de Defesa do Cidadão), voltada à finalidade altruísta de promoção e defesa de aspirações cívicas de toda a cidadania".[11]

No conceito de entidade de classe na jurisprudência do Tribunal não se enquadra, igualmente, a associação que reúne, como associados, órgãos públicos, sem personalidade jurídica e categorias diferenciadas de servidores (*v.g.*, Associação Brasileira de Conselhos de Tribunal de Contas dos Municípios — Abraccom).[12]

Quanto ao caráter nacional da entidade, enfatiza-se que não basta simples declaração formal ou manifestação de intenção constante de seus atos constitutivos. Faz-se mister que, além de uma atuação transregional, tenha a entidade membros em pelo menos nove Estados da Federação, número que resulta da aplicação analógica da Lei Orgânica dos Partidos Políticos.[13]

Admitiu-se, inicialmente, a legitimação das federações, porquanto "entidades nacionais de classe".[14]

Essa orientação foi superada por outra, mais restritiva, passando-se a considerar que apenas as organizações sindicais, cuja estrutura vem disciplinada no art. 535 da CLT, são dotadas de direito de propositura.[15] Afasta-se, assim, a possibilidade de que associações, federações ou outras organizações de índole sindical assumam o lugar das confederações para os fins do art. 103, IX, da Constituição, que, segundo os termos dos arts. 533 e seguintes da CLT, devem estar organizadas com um mínimo de três federações.[16]

Simples associação sindical — Federação Nacional que reúne Sindicatos em cinco Estados — não teria legitimidade, segundo essa orientação, para propor ação direta de inconstitucionalidade.[17]

Mencione-se, ainda, que, segundo a jurisprudência do Supremo Tribunal, há de se exigir que o objeto da ação de inconstitucionalidade guarde *relação de pertinência* com a atividade de representação da confederação ou da entidade de classe de âmbito nacional.[18]

Min. Paulo Brossard, *DJ* de 15.5.92, p. 6.781; ADIN n. 530-8, Rel. Min. Moreira Alves, *DJ* de 22.11.91, p. 16.845; ADIN n. 704, Rel. Min. Carlos Velloso, *DJ* de 4.9.92, p. 14.089 e ADIN n. 705, Rel. Min. Celso de Mello, *DJ* de 6.4.92, p. 4.442.

11. ADIN n. 61, Rel. Min. Sepúlveda Pertence, *DJ* de 28.9.90, p. 10.222.

12. ADIN n. 67, Rel. Min. Moreira Alves, *DJ* de 15.6.90, p. 5.499.

13. ADIN n. 386, Rel. Min. Sydney Sanches, *DJ* de 28.6.91, p. 8.904 e ADIN n. 108, Rel. Min. Celso de Mello, *DJ* de 5.6.92, p. 8.427.

14. ADIN n. 209, Rel. Min. Sepúlveda Pertence, *DJ* de 7.3.91, p. 2.132.

15. ADIN n. 505, Rel. Min. Moreira Alves, *DJ* de 2.8.91, p. 9.916; ver, também, ADIN n. 569-3, Rel. Min. Sepúlveda Pertence, *DJ* de 3.9.91, p. 11.866; ADIN n. 713-1, Rel. Min. Octávio Gallotti, *DJ* de 10.4.92, p. 4.801; ADIN n. 731-9, Rel. Min. Ilmar Galvão, *DJ* de 8.5.92, p. 6.270; ADIN n. 744, Rel. Min. Sepúlveda Pertence, *DJ* de 8.9.92, p. 14.293-4; ADIN n. 744-1, Rel. Min. Sepúlveda Pertence, *DJ* de 8.9.92, p. 14.293-4; ADIN n. 745, Rel. Min. Carlos Velloso, *DJ* de 4.8.92, p. 11.417; ADIN n. 746, Rel. Min. Néri da Silveira, *DJ* de 17.8.92, p. 12.446 e ADIN n. 772, Rel. Min. Moreira Alves, *DJ* de 23.10.92, p. 18.780.

16. ADIN n. 17, Rel. Min. Sydney Sanches, *DJ* de 15.3.91, p. 2.643; ADIN n. 488, Rel. Min. Octávio Gallotti, *DJ* de 12.6.92, p. 9.028; ADIN n. 275, Rel. Min. Moreira Alves, *DJ* de 22.2.91, p. 1.258; ADIN n. 505, Rel. Min. Moreira Alves, *DJ* de 2.8.91, p. 9.916; ADIN n. 593, Rel. Min. Marco Aurélio, *DJ* de 9.10.91, p. 14.087 e ADIN n. 599, Rel. Min. Néri da Silveira, *DJ* de 15.5.92, p. 6.781.

17. ADIN n. 398, Rel. Min. Sydney Sanches, *DJ* de 28.6.91, p. 8.904.

18. Cf. ADIN n. 202, Rel. Min. Sepúlveda Pertence, *DJ* de 2.4.93, p. 5.612; ADIN n. 159, Rel. Min. Octávio Gallotti, *DJ* de 2.4.93, p. 5.611 e ADIN n. 893, Rel. Min. Carlos Velloso, *DJ* de 3.9.93, p. 17.743.

3. *Avaliação crítica*

A jurisprudência do Supremo Tribunal se, de um lado, revela o salutar propósito de concretizar o conceito de "entidade de classe de âmbito nacional" e de "confederação sindical", para os efeitos do art. 103, IX, da Constituição, deixa entrever, de outro, uma concepção assaz restritiva do direito de propositura dessas organizações.[19]

O esforço que o Tribunal desenvolve para restringir o direito de propositura dessas entidades não o isenta de dificuldades, levando-o, às vezes, a reconhecer a legitimidade de determinada organização, para negá-la num segundo momento. Foi o que ocorreu com a Federação Nacional das Associações dos Servidores da Justiça de Trabalho, que teve a sua legitimidade reconhecida na ADIN n. 37-3, relativa à Medida Provi-

19. À guisa de exemplos, mencione-se que, até abril de 1994, das 268 ações diretas propostas por confederações sindicais ou entidades de classe, as seguintes foram extintas, por ilegitimidade ativa do requerente (entidade de classe):

1) ADIN n. 17, Rel. Min. Sydney Sanches, *DJ* de 15.3.91, p. 2.643, proposta pela Federação Nacional dos Engenheiros;

2) ADIN n. 32-2, Rel. Min. Marco Aurélio, *DJ* de 3.8.90, p. 7.239; ADIN n. 36-5, Rel. Min. Paulo Brossard, *DJ* de 14.6.91, p. 8.081; ADIN n. 52, Rel. Min. Célio Borja, *DJ* de 20.9.90, p. 9.721; ADIN n. 61, Rel. Min. Sepúlveda Pertence, *DJ* de 28.9.90, p. 10.222 e ADIN n. 66, Rel. Min. Paulo Brossard, *DJ* de 14.6.91, p. 8.082, propostas pela Associação Brasileira de Defesa do Cidadão — ABRADEC;

3) ADIN n. 34, Rel. Min. Octávio Gallotti, *DJ* de 28.4.89, p. 6.293, proposta pela Associação dos Empregados da CAEEB — ASEC;

4) ADIN n. 39, Rel. Min. Moreira Alves, *DJ* de 19.5.89, p. 8.438, proposta pelo Sindicato dos Bancos do Estado do Rio de Janeiro;

5) ADIN n. 42, Rel. Min. Paulo Brossard, *DJ* de 23.3.90, p. 8.840, proposta pela Associação Brasileira das Companhias Abertas — ABRASCA;

6) ADIN n. 43, Rel. Min. Sydney Sanches, *DJ* de 19.5.89, p. 8.438, proposta pela Associação Comercial de Porto Alegre;

7) ADIN n. 57, Rel. Min. Ilmar Galvão, *DJ* de 13.12.91, p. 18.353 e ADIN n. 941, Rel. Min. Sydney Sanches, *DJ* de 9.11.93, p. 7.241, propostas pela Confederação das Associações Comerciais do Brasil — CACB;

8) ADIN n. 67, proposta pela Associação Brasileira de Conselhos e Tribunais de Contas dos Municípios — ABRACCOM;

9) ADIN n. 77, proposta pela Associação Brasileira de Consultores Tributários;

10) ADIN n. 79, Rel. Min. Celso de Mello, *DJ* de 5.6.92, p. 8.426 e ADIN n. 108, Rel. Min. Celso de Mello, *DJ* de 24.4.92, p. 5.374, propostas pela Associação Brasileira de Teleprodutores Independentes — ABTI e Conselho Interamericano de Comércio e Produção — CIPVP;

11) ADIN n. 107, Rel. Min. Célio Borja, *DJ* de 17.11.89, p. 17.185, proposta pela Associação Nacional das Empresas de Transporte de Passageiros Urbanos;

12) ADIN n. 159, Rel. Min. Octávio Gallotti, *DJ* de 2.4.93, p. 5.611, proposta pela Associação Nacional dos Procuradores do Estado — ANAPE;

13) ADIN n. 164, Rel. Min. Moreira Alves, *DJ* de 16.9.93, p. 18.843, proposta pela Confederação Nacional das Instituições Financeiras e outra;

14) ADIN n. 271, Rel. Min. Moreira Alves, *DJ* de 30.9.92, p. 16.630; ADIN n. 332, Rel. Min. Sepúlveda Pertence, *DJ* de 4.2.94, p. 926 e ADIN n. 335, Rel. Min. Néri da Silveira, *DJ* de 30.9.92, p. 16.630, propostas pela Central Única dos Trabalhadores;

15) ADIN n. 275, Rel. Min. Moreira Alves, *DJ* de 22.2.91, p. 1.258, proposta pelo Sindicato Nacional dos Taxistas;

16) ADIN n. 283, Rel. Min. Célio Borja, *DJ* de 12.6.90, p. 5.406, proposta pelo Sindicato dos Empregados no Comércio do Rio de Janeiro;

17) ADIN n. 334, Rel. Min. Moreira Alves, *DJ* de 6.9.93, p. 17.978, proposta pela Confederação Geral dos Trabalhadores — CGT;

18) ADIN n. 353, Rel. Min. Celso de Mello, *DJ* de 16.4.93, p. 6.429;

19) ADIN n. 360, Rel. Min. Moreira Alves, *DJ* de 1.10.90, p. 10.411, proposta pela Federação Nacional das Empresas de Serviços Técnicos de Informática e Similares — FENAINFO;

20) ADIN n. 364, Rel. Min. Sydney Sanches, *DJ* de 24.10.90, p. 11.805 e ADIN n. 378, Rel. Min. Sydney Sanches, *DJ* de 24.10.90, p. 11.805, propostas pelo Sindicato Nacional dos Docentes das Instituições de Ensino Superior — ANDES;

21) ADIN n. 386, Rel. Min. Sydney Sanches, *DJ* de 10.4.91, p. 4.021, proposta pela Associação Brasileira das Indústrias de Sucos — ABRASSUCOS;

22) ADIN n. 398, Rel. Min. Sydney Sanches, *DJ* de 28.6.91, p. 8.904, proposta pela Federação Nacional das Empresas de Seguros Privados e de Capitalização;

23) ADIN n. 433, Rel. Min. Moreira Alves, *DJ* de 22.11.92, p. 16.842; ADIN n. 526, Rel. Min. Sepúlveda Pertence, *DJ* de 3.2.92, p. 343 e ADIN n. 530, Rel. Min. Moreira Alves, *DJ* de 27.9.91, p. 13.323, propostas pela Federação Nacional dos Sindicatos e Associações de Trabalhadores da Justiça do Trabalho — FENASTRA — e outros;

24) ADIN n. 444, Rel. Min. Moreira Alves, *DJ* de 24.6.91, p. 8.596, proposta pela Confederação dos Servidores Públicos do Brasil;

25) ADIN n. 488, Rel. Min. Octávio Gallotti, *DJ* de 3.5.91, p. 5.459 e ADIN n. 599, Rel. Min. Néri da Silveira, *DJ* de 1.10.91, p. 15.458, propostas pela Federação Nacional dos Advogados;

26) ADIN n. 499, Rel. Min. Moreira Alves, *DJ* de 16.8.91, p. 10.782 e ADIN n. 505, Rel. Min. Moreira Alves, *DJ* de 27.6.91, p. 8.840, propostas pela Confederação Nacional dos Empregados nas Empresas de Geração, Transmissão e Distribuição de Eletricidade — Confeluz;

27) ADIN n. 501, Rel. Min. Moreira Alves, *DJ* de 27.5.91, p. 6.905, proposta pela Confederação Brasileira de Aposentados e Pensionistas;

28) ADIN n. 511, Rel. Min. Paulo Brossard, *DJ* de 8.4.92, p. 4.585, proposta pela Federação Nacional do Fisco Estadual — FENAFISCO;

29) ADIN n. 560, Rel. Min. Celso de Mello, *DJ* de 13.9.91, p. 12.491, proposta pela Ordem dos Empresários do Brasil;

30) ADIN n. 569, Rel. Min. Sepúlveda Pertence, *DJ* de 3.9.91, p. 11.866, proposta pela Federação Nacional dos Corretores de Imóveis;

31) ADIN n. 583, Rel. Min. Ilmar Galvão, *DJ* de 14.9.92, p. 14.911; ADIN n. 915, Rel. Min. Néri da Silveira, *DJ* de 8.4.94, p. 7.226 e ADIN n. 993, Rel. Min. Celso de Mello, *DJ* de 22.4.94, p. 8.941, propostas pela Federação das Associações dos Servidores Militares da Reserva Remunerada, Reformados e Pensionistas das Forças Armadas — ASMIR;

32) ADIN n. 591, Rel. Min. Moreira Alves, *DJ* de 5.11.91, p. 15.747, proposta pela União dos Auditores Fiscais do Tesouro Nacional — UNAFISCO;

33) ADIN n. 593, Rel. Min. Marco Aurélio, *DJ* de 9.10.91, p. 14.087, proposta pelo Sindicato das Empresas de Transporte Rodoviário Intermunicipal e Interestadual do Estado de Goiás e pelo Sindicato das Empresas de Transporte Coletivo Urbano de Passageiros de Goiânia;

34) ADIN n. 615, Rel. Min. Octávio Gallotti, *DJ* de 26.5.89, p. 8.942-3, proposta pela Confederação Nacional das Profissões Liberais;

35) ADIN n. 641, Rel. Min. Néri da Silveira, *DJ* de 16.12.91, p. 18.473, proposta pelo Conselho Federal de Farmácia;

36) ADIN n. 689, Rel. Min. Néri da Silveira, *DJ* de 27.3.92, p. 3.798, proposta pela Federação Nacional dos Farmacêuticos;

37) ADIN n. 705, Rel. Min. Celso de Mello, *DJ* de 6.4.92, p. 4.442 e ADIN n. 706, Rel. Min. Carlos Velloso, *DJ* de 24.4.92, p. 5.380, propostas pela Confederação dos Delegados de Polícia de Carreira — CONDEPOL;

38) ADIN n. 299, Rel. Min. Néri da Silveira, *DJ* de 27.6.91, p. 8.840 e ADIN n. 713, Rel. Min. Octávio Gallotti, *DJ* de 10.4.92, p. 4.801, propostas pela Federação Nacional dos Policiais Civis;

39) ADIN n. 731, Rel. Min. Ilmar Galvão, *DJ* de 8.5.92, p. 6.270, proposta pela Federação Nacional dos Agentes Lotéricos;

40) ADIN n. 744, Rel. Min. Sepúlveda Pertence, *DJ* de 8.9.92, p. 14.293 e ADIN n. 745, Rel. Min. Carlos Velloso, *DJ* de 4.8.92, p. 1.417, propostas pela Federação Nacional dos Servidores do Judiciário — FENAJUD;

41) ADIN n. 746, Rel. Min. Néri da Silveira, *DJ* de 2.4.93, p. 5.616;

42) ADIN n. 772, Rel. Min. Moreira Alves, *DJ* de 23.10.92, p. 18.780, proposta pela Federação Nacional dos Fiscais de Contribuições Previdenciárias — FENAFISP;

43) ADIN n. 808, Rel. Min. Ilmar Galvão, *DJ* de 10.1.92, p. 23.519, proposta pela Associação de Pensionistas das Forças Armadas;

44) ADIN n. 809, Rel. Min. Marco Aurélio, *DJ* de 16.4.93, p. 6.431, proposta pela União dos Auditores Fiscais do Tesouro Nacional;

45) ADIN n. 831, Rel. Min. Marco Aurélio, *DJ* de 25.6.93, p. 12.638, proposta pela Confederação Nacional da Pecuária;

46) ADIN n. 832, Rel. Min. Ilmar Galvão, *DJ* de 12.11.93, p. 24.022, proposta pela Associação do Ministério Público junto aos Tribunais de Contas;

47) ADIN n. 846, Rel. Min. Moreira Alves, *DJ* de 16.9.93, p. 18.843;

48) ADIN n. 853, Rel. Min. Moreira Alves, *DJ* de 1.7.93, p. 13.142, proposta pela Federação Brasileira de Sindicatos e Associações das Empresas de Asseio e Conservação;

49) ADIN n. 868, Rel. Min. Moreira Alves, *DJ* de 11.3.94, p. 4.111, proposta pela Federação Nacional dos Sindicatos das Empresas de Segurança, Vigilância e Transporte de Valores;

50) ADIN n. 894, Rel. Min. Néri da Silveira, *DJ* de 30.11.93, p. 25.981, proposta pela União Nacional dos Estudantes — UNE;

51) ADIN n. 900, Rel. Min. Sydney Sanches, *DJ* de 26.11.93, p. 25.514, proposta pela Associação Brasileira de Inquilinos;

52) ADIN n. 912, Rel. Min. Néri da Silveira, *DJ* de 20.8.93, p. 16.314, proposta pela Associação Brasileira dos Professores do Ensino Público — ABRAPEP;

53) ADIN n. 914, Rel. Min. Sydney Sanches, *DJ* de 11.3.94, p. 4.111, proposta pela Confede-

sória n. 44, de 30 de março de 1989, colhendo inclusive a liminar requerida, e, posteriormente, veio a ter a sua legitimidade infirmada nas ADINs ns. 433-6, 526 e 530.[20]

É difícil admitir a juridicidade da exigência quanto à representação da entidade em pelo menos nove Estados da Federação, como resultado da aplicação analógica da Lei Orgânica dos Partidos Políticos.

Ainda que se possa reclamar a fixação de um critério preciso sobre esses conceitos vagos — entidade de classe de âmbito nacional e confederação sindical —, não há dúvida de que eles devem ser fixados pelo legislador e não pelo Tribunal, no exercício de sua atividade jurisdicional. O recurso à analogia aqui é de duvidosa exatidão.

Mais problemática ainda se afigura a exigência de que haja uma *relação de pertinência* entre o objeto da ação e a atividade de representação da entidade de classe ou da confederação sindical.

Cuida-se de inequívoca restrição ao direito de propositura, que, em se tratando de processo de natureza objetiva, dificilmente poderia ser formulada até mesmo pelo legislador ordinário. A *relação de pertinência* assemelha-se muito ao estabelecimento de uma condição de ação — análoga, talvez, ao interesse de agir —, que não decorre dos expressos termos da Constituição e parece ser estranha à natureza do processo de controle de normas.

Por isso, a fixação de tal exigência parece ser defesa até mesmo ao legislador ordinário federal, no uso de sua competência específica.

Assinale-se que a necessidade de que se desenvolvam critérios que permitam identificar, precisamente, as entidades de classe de âmbito nacional não deve condicionar, todavia, o exercício do direito de propositura da ação por parte das organizações de classe à demonstração de um interesse de proteção específico, nem levar a uma radical adulteração do modelo de controle abstrato de normas. Consideração semelhante já seria defeituosa, porque em relação à proteção jurídica dessas organizações e à defesa dos interesses de seus membros, a Constitui-

ração Democrática dos Trabalhadores do Serviço Público Federal;

54) ADIN n. 920, Rel. Min. Francisco Rezek, *DJ* de 30.9.93, p. 20.064, proposta pelo Sindicato Nacional das Empresas de Táxi Aéreo — SNETA;

55) ADIN n. 923, Rel. Min. Sydney Sanches, *DJ* de 1.9.93, p. 17.450 e ADIN n. 998, Rel. Min. Paulo Brossard, *DJ* de 1.2.94, p. 1.503, propostas pela Confederação Nacional dos Trabalhadores na Saúde — CNTS;

56) ADIN n. 925, Rel. Min. Moreira Alves, *DJ* de 23.9.93, p. 9.468, proposta pela Federação Nacional dos Economistas;

57) ADIN n. 928, Rel. Min. Sydney Sanches, *DJ* de 8.10.93, p. 21.012, proposta pela Confederação Geral dos Trabalhadores;

58) ADIN n. 935, Rel. Min. Sydney Sanches, *DJ* de 8.10.93, p. 21.012, proposta pela Federação Nacional das Secretárias e Secretários;

59) ADIN n. 947, Rel. Min. Sydney Sanches, *DJ* de 22.10.93, p. 22.250, proposta pela Confederação Nacional dos Diretores Lojistas;

60) ADIN n. 967, Rel. Min. Celso de Mello, *DJ* de 8.4.93, p. 7.226, proposta pela Associação Brasileira de Indústria Gráfica — ABIGRAF;

61) ADIN n. 968, Rel. Min. Ilmar Galvão, *DJ* de 18.1.93, p. 24.517, proposta pela Federação Brasileira de Associações de Fiscais de Tributos Estaduais;

62) ADIN n. 974, Rel. Min. Néri da Silveira, *DJ* de 8.2.94, p. 269;

63) ADIN n. 976, Rel. Min. Carlos Velloso, *DJ* de 8.4.94, p. 7.228, proposta pela Associação de Engenheiros da Petrobrás — AEPET;

64) ADIN n. 989, Rel. Min. Ilmar Galvão, *DJ* de 23.3.93, p. 5.737, proposta pela Confederação dos Servidores Públicos do Brasil;

65) ADIN n. 995, Rel. Min. Sepúlveda Pertence, *DJ* de 1.2.94, p. 402, proposta pelo Sindicato dos Auditores Fiscais do Tesouro Nacional;

66) ADIN n. 1.006, Rel. Min. Sepúlveda Pertence, *DJ* de 25.3.94, p. 6.012, proposta pela Federação Nacional dos Servidores do Judiciário.

20. ADIN n. 433, Rel. Min. Moreira Alves, *DJ* de 20.3.92, p. 3.319-20; ADIN n. 526, Rel. Min. Sepúlveda Pertence, *DJ* de 5.3.93, p. 2.896 e ADIN n. 530, Rel. Min. Moreira Alves, *DJ* de 22.11.91, p. 16.845.

ção assegura o mandado de segurança coletivo (art. 5º., LXX, *b*), que pode ser utilizado pelos sindicatos ou organizações de classe ou associações existentes há pelo menos 1 (um) ano, também no interesse de seus membros.

Uma tal restrição ao direito de propositura não se deixa compatibilizar, igualmente, com a natureza do controle abstrato de normas e criaria uma injustificada diferenciação entre os entes ou órgãos autorizados a propor a ação, diferenciação esta que não encontra respaldo na Constituição.

Assim, o debate sobre o direito de propositura das entidades de classe, no âmbito do controle abstrato, não se deve situar no plano de uma interpretação mais ou menos restritiva sobre a conceituação legal e jurisprudencial dessas organizações. Deve-se indagar, isto sim, se o modelo concebido pelo constituinte de 1988 há de ser preservado ou se seria oportuno cogitar-se da própria reformulação desse modelo de ampla legitimação, com a supressão do direito de propor ação direta por parte dessas entidades.

Se considerarmos que somente as Confederações sindicais e entidades de classe propuseram, nos últimos cinco anos (1988-1994, abril), 268 ações diretas de inconstitucionalidade e que dessas (já) foram rejeitadas liminarmente, pelo menos, 81 ações,[21] as mais das vezes após intensa discussão sobre a sua caracterização como entidade de classe, teremos de constatar que, ao invés de contribuir para uma maior efetividade do controle abstrato, o exercício do direito de propositura da ação direta por esses entes tem servido para tumultuar, ainda mais, a já problemática situação do Supremo Tribunal Federal no que concerne à sobrecarga de trabalhos estatísticos.

21. Tais números não são definitivos, uma vez que alguns processos ainda pendem de julgamento.

Esse fator certamente tem contribuído para que se desenvolva o esforço constatado no sentido de se estabelecer uma conceituação dessas entidades que, se não impossibilita a propositura da ação, pelo menos a torna assaz difícil.[22] Certamente, tal prática pode levar à desnaturação do próprio processo de controle abstrato, no que concerne a essas entidades, como ressalta a necessidade de demonstrar a configuração de uma *relação de pertinência* entre a atividade da organização e o objeto da ação proposta.

22. Registre-se que, até abril de 1994, apenas as seguintes entidades de classe e confederações sindicais haviam logrado satisfazer as exigências estabelecidas pelo Tribunal quanto à legitimidade ''ad causam'':

1) Associação Brasileira de Shopping Centers — ABRASCE (ADIN n. 49, Rel. Min. Paulo Brossard, *DJ* de 13.9.91, p. 12.488);

2) Associação Brasileira da Indústria de Artigos e Equipamentos Médicos, Odontológicos, Hospitalares e de Laboratórios Ltda (ADIN n. 77, Rel. Min. Sepúlveda Pertence, *DJ* de 23.4.93, p. 6.918);

3) Associação dos Delegados de Polícia do Brasil (ADIN n. 146, Rel. Min. Paulo Brossard, *DJ* de 15.12.89, p. 18.343);

4) FENABAM — Federação Nacional dos Bancos (ADIN n. 140, Rel. Min. Marco Aurélio, *DJ* de 7.12.89, p. 18.000 e ADIN n. 166, Rel. Min. Sydney Sanches, *DJ* de 16.3.90, p. 1.868);

5) Confederação Nacional dos Trabalhadores em Empresas de Crédito — CONTEC (ADIN n. 195, Rel. Min. Célio Borja, *DJ* de 28.3.90, p. 2.234);

6) Associação Nacional dos Procuradores de Estado (ADIN n. 340, Rel. Min. Néri da Silveira, *DJ* de 21.10.92, p. 18.451);

7) Associação Nacional das Corretoras — ANCOR (ADIN n. 258, Rel. Min. Néri da Silveira, *DJ* de 28.2.92, p. 2.169);

8) Associação dos Magistrados Brasileiros — AMB (ADIN n. 134, Rel. Min. Paulo Brossard, *DJ* de 18.9.91, p. 12.488; ADIN n. 136, Rel. Min. Aldir Passarinho, *DJ* de 30.3.90, p. 2.339; ADIN n. 137, Rel. Min. Moreira Alves, *DJ* de 22.11.89, p. 17.374; ADIN n. 138, Rel. Min. Sydney Sanches, *DJ* de 16.11.90, p. 13.058; ADIN n. 202, Rel. Min. Sepúlveda Pertence, *DJ* de 2.4.93, p. 5.612; ADIN n. 305, Rel. Min. Paulo Brossard, *DJ* de 28.5.91, p. 7.029; ADIN n. 372, Rel. Min. Marco Aurélio, *DJ* de 9.11.90, p. 12.727; ADIN n. 396, Rel. Min. Paulo Brossard, *DJ* de 4.12.90, p. 14.373; ADIN

Embora seja certo que a outorga do direito de propositura a um único órgão acaba por restringir a possibilidade de impugnação de atos normativos, tal como já verificado entre nós, não se pode negar que a ampliação desmesurada desse direito acaba por provocar um excesso de trabalho sem maior proveito para a ordem e a segurança jurídicas.[23]

É de Kelsen a afirmação de que, embora a ação popular pudesse oferecer, talvez, a mais forte garantia para o bom desempenho da Corte enquanto guardiã da Constituição, não pareceria recomendável a adoção dessa fórmula sob pena de se colocar em risco o funcionamento razoável do órgão pela sobrecarga de trabalho e pela ameaça do perigo da litigância aventureira ou de má-fé.[24]

A análise rigorosa do modelo brasileiro de controle abstrato de normas parece revelar que, se ele padece de algum defeito, este não diz respeito a uma ex-

n. 965, Rel. Min. Paulo Brossard, *DJ* de 8.2.94, p. 1.270; ADIN n. 431, Rel. Min. Sydney Sanches, *DJ* de 7.5.93, p. 8.326; ADIN n. 450, 25.9.92, p. 16.182; ADIN n. 509, Rel. Min. Celso de Mello, *DJ* de 19.2.93, p. 2.031; ADIN n. 564, Rel. Min. Marco Aurélio, *DJ* de 25.10.91, p. 15.028; ADIN n. 570, Rel. Min. Moreira Alves, *DJ* de 29.11.91, p. 17.326; ADIN n. 679, Rel. Min. Francisco Rezek, *DJ* de 10.3.92, p. 2.638; ADIN n. 764, Rel. Min. Celso de Mello, *DJ* de 15.4.94, p. 8.060 e ADIN n. 893, Rel. Min. Carlos Velloso, *DJ* de 3.9.93, p. 17.743);

9) União Democrática Ruralista — UDR (ADIN n. 768, Rel. Min. Marco Aurélio, *DJ* de 13.11.92, p. 20.849; ADIN n. 835, Rel. Min. Carlos Velloso, *DJ* de 28.5.93, p. 10.383 e ADIN n. 886, Rel. Min. Marco Aurélio, *DJ* de 1.7.93, p. 13.142);

10) Confederação Nacional dos Trabalhadores Metalúrgicos (ADIN n. 414, Rel. Min. Sepúlveda Pertence, *DJ* de 2.4.93,p. 5.613);

11) Confederação Nacional da Agricultura — CNA (ADIN n. 156, Rel. Min. Néri da Silveira, *DJ* de 27.6.91 e ADIN n. 547, Rel. Min. Paulo Brossard, *DJ* de 22.5.92, p. 7.213);

12) Confederação Nacional das Profissões Liberais (ADIN n. 10, Rel. Min. Sepúlveda Pertence, distribuída em 7.12.88; ADIN n. 453, Rel. Min. Néri da Silveira, *DJ* de 2.4.93, p. 5.613; ADIN n. 616, Rel. Min. Octávio Gallotti, *DJ* de 25.10.91, p. 15.027 e ADIN n. 714, Rel. Min. Octávio Gallotti, *DJ* de 16.8.93, p. 15.913);

13) Confederação Nacional do Comércio — CNC (ADIN n. 337, Rel. Min. Paulo Brossard, *DJ* de 8.5.92, p. 6.264; ADIN n. 451, Rel. Min. Moreira Alves, *DJ* de 10.5.91, p. 5.929; ADIN n. 884, Rel. Min. Francisco Rezek, *DJ* de 19.10.93, p. 21.959 e ADIN n. 885, Rel. Min. Sepúlveda Pertence, *DJ* de 1.10.93, p. 20.212);

14) Confederação Nacional dos Transportes — CNT (ADIN n. 436, Rel. Min. Octávio Gallotti, *DJ* de 12.2.93 e ADIN n. 874, Rel. Min. Néri da Silveira, *DJ* de 20.8.93, p. 16.318);

15) Confederação Nacional da Indústria — CNI (ADIN n. 134, Rel. Min. Paulo Brossard, *DJ* de 13.9.91, p. 12.488; ADIN n. 173, Rel. Min. Moreira Alves, *DJ* de 27.4.90, p. 3.422; ADIN n. 312, Rel. Min. Moreira Alves, *DJ* de 14.9.90, p. 9.423; ADIN n. 365, Rel. Min. Celso de Mello, *DJ* de 15.3.91, p. 2.645; ADIN n. 403, Rel. Min. Sydney Sanches, *DJ* de 7.12.90, p. 14.637; ADIN n. 639, Rel. Min. Octávio Gallotti, *DJ* de 16.5.91, p. 6.289 e ADIN n. 836, Rel. Min. Francisco Rezek, *DJ* de 17.2.93, p. 185).

23. Kelsen, Hans, *Wesen und Entwicklung der Staatsgerichtsbarkeit*, VVDStRL, 5, p. 30 (74-75).

24. Kelsen, *Wesen und Entwicklung der Staatsgerichtsbarkeit*, VVDStRL, 5, p. 30 (74): "Da disciplina dessa questão depende, em primeira linha, a efetividade do exercício das funções de guardião da Constituição pelo Tribunal Constitucional. A mais forte das garantias haveria de ser a instituição de uma ação popular. O Tribunal ficaria compelido a examinar a questão constitucional sempre que qualquer do povo assim requeresse. Não há dúvida de que essa fórmula permitiria a pronta eliminação do direito ordinário incompatível com a Constituição. Não se pode, todavia, recomendar a adoção dessa solução, uma vez que ela propiciaria o perigo de uma sobrecarga do Tribunal por conta de impugnações voluntariosas ou má-fé". "Von der Regelung dieser Frage hängt in erster Linie das Ausmass ab, in dem das Verfassungsgericht seine Aufgabe als Garant der Verfassung zu erfüllen vermag. Die stärkste Garantie böte sicher die Zulassung einer actio popularis: Das Verfassungsgericht ist verpflichtet, auf jedermanns Antrag hin ein Verfahren zur Prüfung der Rechtsmässigkeit der seiner Judikatur unterworfenen Akte, also insbesondere der Gesetze und Verordnungen, einzuleiten. Dass auf diese Weise das rechtspolitische Interesse nach Beseitigung rechtswidriger Akte auf das radikalste befriedigt würde, steht ausser Zweifel. Allein dennoch kann eine solche Lösung des Problems nicht empfohlen werden. Die Möglichkeit mutwilliger Anfechtung, die Gefahr einer unerträglichen Überlastung des Verfassungsgerichts wäre zu gross".

cessiva restrição do direito de propositura.

A outorga de ampla legitimação aos partidos políticos com representação no Congresso Nacional, aos Governadores de Estado, às Mesas das Assembléias Legislativas, à Ordem dos Advogados do Brasil, ao Procurador-Geral da República, dentre outros, já seria suficiente para colocar o nosso sistema entre os mais benevolentes ou liberais no que tange à possibilidade de instauração do controle abstrato de normas.

Também de uma perspectiva rigorosamente prática, pode-se afirmar que dificilmente alguma questão constitucional relevante deixará de ser suscitada por um desses órgãos ou entes legitimados.

É legítimo concluir, portanto, que o legislador constituinte não cometeria nenhum ato censurável se deixasse de contemplar as confederações sindicais e entidades de classe de âmbito nacional dentre os entes detentores de direito de propositura da ação direta de inconstitucionalidade.

ESTUDOS & COMENTÁRIOS

FUNDAMENTOS DO DIREITO AMBIENTAL NO BRASIL[1]

ALVARO LUIZ VALERY MIRRA

Juiz de Direito do Estado de S. Paulo, Especialista em Direito Ambiental pela Faculdade de Direito da Universidade de Estrasburgo — França, ex-Estagiário do Conselho da Europa, na Divisão da Proteção e Gestão do Meio Ambiente

1. Introdução

O Direito Ambiental, como conjunto de normas jurídicas relativas à proteção do meio ambiente, é considerado pelos autores em geral como uma matéria complexa.

De fato, trata-se de uma disciplina que abrange de forma mais ou menos ampla todos os ramos tradicionais do Direito.[2] A doutrina autorizada, inclusive, costuma defini-lo, sugestivamente, como um "direito horizontal",[3] já que formado, ao mesmo tempo, por normas de direito constitucional, de direito administrativo, de direito processual, de direito civil, de direito penal, de direito internacional e até mesmo de direito do trabalho.[4]

Além disso, no Brasil, como de resto na maioria dos países, as normas jurídicas que no seu conjunto formam o Direito do Meio Ambiente se encontram dispersas em inúmeros textos legais, os quais apresentam conteúdo variado também.[5] Tal situação pode ser explicada pela circunstância de que esses diplomas legislativos foram surgindo paulatinamente ao longo dos anos, na medida em que evoluía a própria concepção de proteção do meio ambiente, inicialmente voltada à conservação isolada de certos elementos da natureza (florestas, flora

1. Texto de apoio da palestra proferida em 14 de março de 1994, na abertura da I Semana do Direito Ambiental, promovida pela Fundação Instituto de Ensino para Osasco (SP).

2. Michel Prieur, *Droit de l'Environnement*, 2ª ed., Paris, Dalloz, 1991, pp. 6 a 12; Paulo Affonso Leme Machado, *Direito Ambiental Brasileiro*, 4ª ed., São Paulo, Malheiros Editores, 1992, pp. 64 a 67; Helita Barreira Custódio, "A Questão Constitucional: propriedade, ordem econômica e dano ambiental — competência legislativa concorrente", in *Dano Ambiental — prevenção, reparação e repressão*, coord. Antônio Herman V. Benjamin, São Paulo, Ed. RT, 1993, p. 128; Paulo de Bessa Antunes, *Curso de Direito Ambiental*, Rio de Janeiro, Renovar, 1990, p. 51; Toshio Mukai, *Direito Ambiental Sistematizado*, Rio de Janeiro, Forense Universitária, 1992, p. 11; Vladimir Passos de Freitas, *Direito Administrativo e Meio Ambiente*, Curitiba, Juruá, 1993, p. 16.

3. Michel Prieur, ob. cit., p. 7; Paulo Affonso Leme Machado, ob. cit., p. 66.

4. Hoje em dia é comum falar-se na proteção do meio ambiente do trabalho.

5. Édis Milaré, "Processo Coletivo Ambiental", in *Dano Ambiental — prevenção, reparação e repressão*, cit., pp. 264 e 265; Carlos Gomes de Carvalho, *Introdução ao Direito Ambiental*, Cuiabá, Verde-Pantanal, 1990, pp. 94 a 115.

em geral, fauna, águas e solos), depois dirigida à preservação de ecossistemas (por intermédio da criação de parques e reservas e do combate à poluição nas mais variadas formas), e finalmente preocupada com o meio ambiente globalmente considerado, entendido não só como mero agregado dos elementos da natureza acima indicados, mas principalmente como o conjunto de relações, interações e interdependências que se estabelecem entre todos os seres vivos uns com os outros (incluindo o homem) e entre eles e o meio físico no qual vivem.

Por essa razão é que há na legislação textos que regulam aspectos eminentemente pontuais da defesa do meio ambiente (Código Florestal, Lei de Proteção à Fauna, Código de Águas), textos mais sofisticados mas ainda relacionados com setores específicos do meio ambiente (legislação sobre parques e áreas naturais, sobre controle da poluição, sobre atividades nucleares), e outros, ainda, mais recentes, que visam à proteção global do meio ambiente (como a Constituição Federal de 1988, a Lei da Política Nacional do Meio Ambiente — Lei Federal 6.938/81 — e certos documentos internacionais, como as Declarações das Nações Unidas de Estocolmo de 1972 sobre o Meio Ambiente Humano e do Rio de Janeiro de 1992 sobre Meio Ambiente e Desenvolvimento).

Esses fatores dificultam, sem dúvida, o conhecimento e a utilização de todo o instrumental legislativo do Direito Ambiental, levando à perplexidade o intérprete e o aplicador das normas jurídicas correspondentes, quando se defrontam com tamanha variedade de disposições legais.

Contudo, em que pese essa característica fragmentária da legislação ambiental entre nós, é ainda assim possível extrair desse conjunto de normas um sistema coerente e lógico. Aliás, exatamente em função dessa peculiaridade do Direito Ambiental brasileiro é que se torna verdadeiramente imperativa tal operação, como única maneira de se chegar a uma efetiva proteção do meio ambiente.

Um primeiro caminho que pode ser trilhado para se compreender em sua totalidade o sistema jurídico ambiental em vigor é precisamente a análise das regras e institutos que fundamentam a proteção jurídica do meio ambiente, ou, para utilizar uma fórmula sintética, "os fundamentos do Direito Ambiental". Daí a relevância do tema objeto desta exposição.

Os fundamentos do Direito Ambiental constituem as raízes, a base, o alicerce sobre os quais se assenta toda a estrutura das normas protetivas do meio ambiente. São regras básicas, princípios, conceitos, noções e institutos de ordem geral, cuja compreensão é fundamental para o correto entendimento e adequadas interpretação e aplicação de todo o corpo legislativo que forma o Direito do Meio Ambiente.

Cumpre observar, porém, desde logo, que o Direito Ambiental tem como traço principal ser um conjunto de normas com uma finalidade específica: a proteção do meio ambiente.[6] Todo o instrumental jurídico correspondente tem como objetivo claro, predeterminado e bem definido servir à defesa do meio ambiente.

Mas o que se entende por defesa do meio ambiente no mundo atual? Quais valores ambientais merecem ser protegidos? De que forma se concebe a proteção do meio ambiente hoje em dia?

Essas indagações são da maior relevância e devem ser respondidas como condição preliminar indispensável à análise propriamente dita do tema proposto. Isso porque somente com pleno conhecimento desses dados é que se poderá compreender a verdadeira importância do Direito Ambiental e fazer melhor uso

6. Michel Prieur, ob. cit., pp. 18 e 19; Paulo Affonso Leme Machado, ob. cit., pp. 64 a 67.

dos instrumentos legais existentes, em exata conformidade com a sua finalidade primordial.

Dessa forma, antes de ingressar no estudo dos aspectos eminentemente jurídicos dos Fundamentos do Direito Ambiental, impõe-se colocar, em seus devidos termos, a problemática ambiental tal como é efetivamente vista nos diversos países e, inclusive, no Brasil.

2. A problemática ambiental

A problemática ambiental pode ser resumida na seguinte contradição: o homem, como espécie biológica, é parte integrante do meio ambiente, tanto quanto qualquer outra espécie. No entanto, como ser cultural — que também é — ele tende a transformar o seu meio com o fim de satisfazer as suas necessidades biológicas e sociais. É essa contradição fundamental, portanto, que marca as relações do homem com o meio ambiente. Parte integrante da natureza, o homem tende, porém, a emancipar-se dela e a dominá-la.[7]

Como é de conhecimento generalizado, a história da humanidade pode ser analisada, entre outras, sob a ótica da crescente intervenção do homem no meio ambiente. Desde a descoberta do fogo pelos homens primitivos até o advento da sociedade tecnológica contemporânea, passando pela descoberta e pelo desenvolvimento da agricultura e pela criação das cidades nos pólos urbanos, tudo isso sempre acompanhado do aumento das populações, a humanidade foi progressivamente modificando o meio ambiente e interferindo na dinâmica dos sistemas naturais.[8]

É sabido também que o marco desse processo evolutivo é a Revolução Industrial e os avanços tecnológicos que dela decorreram a partir do século XIX.[9]

Isso porque até então as atividades humanas, embora transformadoras do meio ambiente, se exerciam de maneira harmônica com os sistemas naturais. O homem utilizava os recursos da natureza em quantidades compatíveis com a manutenção dos estoques existentes e com a capacidade de auto-regulação dos ecossistemas. Ao mesmo tempo, os resíduos despejados no ambiente eram, em sua grande maioria, de natureza orgânica e, assim, de fácil absorção pelo meio receptor. Pode-se dizer que havia uma relação de dependência do homem em face do meio ambiente. Na realidade, era o homem que se adaptava permanentemente ao seu meio.

Com a Revolução Industrial e o desenvolvimento de novas tecnologias, o homem foi ampliando o seu domínio sobre a natureza e se libertando da estreita dependência que ligava todas as espécies ao ambiente. E se até então era o homem que se adaptava às condições do seu meio, a partir daí ele passou a adaptar o meio ambiente às suas necessidades.

Ocorre, porém, que essa evolução se fez acompanhar de uma ampliação, em intensidade e extensão, dos impactos ambientais das atividades humanas. Houve aqui, na verdade, uma modificação quantitativa e qualitativa. De um lado, passou-se a utilizar grande quantidade de recursos naturais, sem qualquer preocupação com o esgotamento dos recursos não renováveis ou com a capacidade limitada de regeneração dos recursos renováveis. De outro lado, começou-se a despejar no meio ambiente substâncias

7. Pascal Acot, *História da Ecologia*, trad. Carlota Gomes, 2ª ed., Rio de Janeiro, Campus, pp. 127 a 158; Samuel Murgel Branco, *O Meio Ambiente em Debate*, São Paulo, Moderna, 1989, pp. 5 a 11.

8. François Ramade, *Eléments d'Ecologie — écologie appliquée*, 4ª ed., Paris, Ediscience Internationale, 1992, pp. 17 a 40; Samuel Murgel Branco, ob. cit., pp. 18 a 24.

9. François Ramade, ob. cit., pp. 23 e 24; Jean Dorst, *La Nature Dé-naturée*, Delachaux et Niestlé, 1965, pp. 128 e 129.

sintéticas resistentes à degradação natural, de difícil absorção pelo meio receptor sem prejuízos aos ecossistemas.

O problema é que os efeitos dessa degradação do meio ambiente só foram realmente sentidos um século mais tarde. Apenas na metade deste século é que se compreendeu a real dimensão da degradação ambiental promovida pelo homem, quando todos se deram conta da escassez crescente dos recursos naturais e do fenômeno das poluições da água, do ar e dos solos, circunstâncias essas que passaram a comprometer a própria produção industrial, o crescimento econômico dos países e a qualidade de vida das populações.

Observou-se também, por essa época, que os sistemas naturais ignoram por completo as fronteiras artificiais estabelecidas pelo homem entre as cidades e os países e que, em razão disso, a degradação ambiental causada no interior de um determinado Estado pode causar danos ao meio ambiente de países vizinhos e, ainda, ao meio ambiente global do planeta, pondo em risco até mesmo a sobrevivência da humanidade (basta lembrar a esse respeito os riscos das atividades nucleares).

Percebeu-se, então, que a civilização moderna — industrial, tecnológica — não era, no final das contas, completamente independente da natureza e que a preservação da qualidade ambiental exige o esforço conjunto de todos os indivíduos, dos governos e das diversas Nações.[10]

Essas conclusões foram possíveis graças à evolução dos estudos em ecologia, os quais permitiram compreender que existe uma estreita relação de interdependência entre todos os organismos vivos e o seu meio físico. E isso de tal maneira que cada um desses fatores influencia as propriedades dos demais, sendo fundamental manter o equilíbrio das espécies entre si e delas com o seu meio ambiente. Nesses termos, a ruptura desse equilíbrio não prejudica uma ou algumas espécies apenas, mas pode provocar uma reação em cadeia, suscetível, por sua vez, de levar à desorganização de todo o sistema que dá suporte à vida na Terra.[11]

Diante desse quadro, foram surgindo nos diversos países, ao longo dos anos, propostas dirigidas à solução do problema ambiental. Essas soluções apresentadas abrangem aspectos de natureza científica e política e podem ser divididas em duas correntes básicas e antagônicas.[12]

Em primeiro lugar, aquela que comporta a visão dos ecólogos e ecologistas. Essa corrente baseia-se numa certa idéia de sacralização da natureza — o meio ambiente como algo sagrado — e propõe preservar integralmente o que ainda resta dos sistemas naturais. Ela é fundada também no denominado "biologismo social", o qual pretende organizar as relações sociais com fundamento nas leis da natureza e nos princípios da ecologia, o que significa aplicar à organização da sociedade as mesmas regras que regem a organização dos ecossistemas.[13]

A principal crítica endereçada a essa corrente reside no fato dela propor uma solução simplista, sem levar em consideração a mais importante das características da espécie humana: a sua dimensão cultural. Observa-se nesse sentido que as formas específicas de sociabilidade, reprodução e interação com o ambiente fizeram com que a história do homem deixasse há muito tempo de ser parte da história das demais espécies, exigindo, por isso mesmo, análise e tratamento diversos.[14]

10. Samuel Murgel Branco, ob. cit., pp. 20 e 21.

11. Idem, pp. 18 a 24.

12. Pascal Acot, ob. cit., p. 158.

13. Idem, pp. 161 a 175.

14. Pascal Acot, ob. cit., pp. 157 e 158; César Benjamin, *Diálogo sobre Ecologia, Ciência e Política*, Rio de Janeiro, Nova Fronteira/Fórum

Além disso, considera-se que a submissão das sociedades humanas às "leis da natureza" pode ser perigosa, por fortalecer tendências totalitárias. Menciona-se freqüentemente, como exemplo, os riscos da admissão na ordem social de uma "seleção natural das espécies", tal como sistematizada por Darwin, com a conseqüente luta de todos contra todos pela ocupação de espaços, o prevalecimento dos mais fortes, a sobrevivência dos mais aptos ou mais capazes de adaptação e a extinção de determinadas espécies ou populações "mais fracas" ou "menos aptas".[15]

Em segundo lugar, tem-se a corrente oposta, a qual defende a chamada "gestão racional dos ecossistemas". Trata-se de uma estratégia que busca conciliar a utilização do meio ambiente e a exploração dos recursos naturais necessários ao desenvolvimento econômico dos povos com a proteção do meio ambiente.

Essa visão é considerada pelos críticos como excessivamente otimista. De acordo com os seus adversários, ela nada mais faz do que prolongar a tradição dominadora do homem sobre o meio ambiente, como senhor e possuidor absoluto da natureza e não implica, assim, como seria de se desejar, em uma mudança substancial de postura em face dos problemas ambientais existentes.[16]

É importante ressaltar que a divisão ora apresentada é tão-só uma versão simplificada do problema. Na realidade, tem predominado nos estudos e nas análises elaboradas nos diversos países uma combinação de ambas as correntes nas soluções propostas.[17]

Atualmente prevalece a tese do chamado "desenvolvimento sustentável"[18], que vem sendo construída ao longo dos últimos vinte anos no seio das Nações Unidas, desde a Conferência da ONU sobre Meio Ambiente Humano, realizada em Estocolmo em 1972. Essa proposta foi definitivamente consagrada na última Conferência das Nações Unidas, sobre Meio Ambiente e Desenvolvimento, ocorrida em 1992, no Rio de Janeiro. No documento final dessa Conferência — Declaração do Rio sobre Meio Ambiente e Desenvolvimento — ficou clara a preocupação e o compromisso dos países com a conservação da natureza e dos seus recursos, sem o abandono, porém, da visão antropocêntrica da gestão dos ecossistemas no interesse do desenvolvimento dos países e das populações.[19]

É bem verdade que essa solução apresentada para os problemas ambientais tem sido igualmente objeto de críticas, a mais contundente delas sendo aquela que denuncia a adulteração havida no conceito de "desenvolvimento sustentável". Segundo se alega, a concep-

de Ciência e Cultura da UFRJ, 1993, pp. 155 a 159 (trabalho baseado em debates travados entre vários cientistas durante o Fórum de Ciência e Cultura da Universidade Federal do Rio de Janeiro).

15. Pascal Acot, ob. cit., pp. 168 a 170. O autor cita em passagem específica Dominique Simonnet: "A história mostrou que toda justificativa da ordem social pelas leis da natureza servira ao totalitarismo (o nazismo prevaleceu-se da seleção natural!)".

16. Pascal Acot, ob. cit., p. 158.

17. Idem, pp. 176 e 177.

18. De acordo com o relatório da Comissão Mundial sobre Meio Ambiente e Desenvolvimento da ONU — documento preparatório da Conferëncia das Naçoes Unidas de 1992 a respeito do tema — denominado "Nosso Futuro Comum", o desenvolvimento sustentável é aquele que "atende as necessidades do presente sem comprometer a capacidade de as gerações futuras atenderem também as suas". Não se trata de "(...) um estado permanente de harmonia, mas um processo de mudança no qual a exploração dos recursos, a orientação dos investimentos, os rumos do desenvolvimento tecnológico e a mudança institucional estão de acordo com as necessidades atuais e futuras", in *Nosso Futuro Comum*, Comissão Mundial sobre Meio Ambiente e Desenvolvimento, Rio de Janeiro, Ed. FGV, 1988, pp. 9 e 10.

19. Princípio n. 1 da Declaração do Rio: "Os seres humanos estão no centro das preocupações com o desenvolvimento sustentável. Têm direito a uma vida saudável e produtiva, em harmonia com a natureza".

ção original de desenvolvimento sustentável buscava estabelecer uma nova sociedade, mais participativa, igualitária, solidária e integrada na natureza, baseada sobretudo em uma mudança nas estruturas de produção e consumo da civilização industrial. No entanto, ela acabou sendo reduzida a uma simples estratégia de tentativa de conciliação entre o crescimento econômico dos países e a preservação do meio ambiente. Manteve-se, portanto, intacto um modelo de desenvolvimento que privilegia o crescimento ilimitado, a expansão ilimitada das forças produtivas; exatamente o modelo apontado como o responsável pelo atual estágio de degradação ambiental no mundo.[20]

Seja como for, bem ou mal, essa é a visão que tem prevalecido nos últimos vinte anos e que, por isso, não pode ser ignorada. E tal concepção em vigor de desenvolvimento sustentável, se por um lado não é a ideal — e não é mesmo —, por outro lado significa um inegável avanço, ao menos por incorporar o argumento ecológico em sua noção de desenvolvimento e propor uma correção nos rumos do crescimento econômico atual, com redução do ritmo da exploração da natureza, bem como por demonstrar uma maior preocupação com o acesso eqüitativo das populações —

20. Sobre as variantes da concepção de desenvolvimento sustentável e suas principais críticas, ver a excelente análise de Selene Carvalho Herculano, no seu estudo intitulado ''Do desenvolvimento (in) suportável à sociedade feliz'', in *Ecologia, Ciência e Política*, coord. Mirian Goldenberg, Rio de Janeiro, Revan, 1992, pp. 9 a 48, especialmente pp. 11 e 26 a 30. A autora observa com propriedade a contradição do Relatório da Comissão Mundial sobre Meio Ambiente de Desenvolvimento (Relatório Brundtland), o qual, após admitir que as estratégias atuais de desenvolvimento são responsáveis pelo empobrecimento das populações e pela crise ecológica, propõe ao mesmo tempo, como solução, a aceleração do crescimento econômico. Merece transcrição o seguinte trecho de seu texto:

''É este 'modelo de desenvolvimento' que o Relatório Brundtland não apenas admite, como dá provas eloqüentes de que é insustentável e insuportável, sendo o responsável pelo progressivo empobrecimento de parcelas expressivas da população mundial: 'Muitas tendências de desenvolvimento resultam em número cada vez maior de pessoas pobres e vulneráveis, além de causarem danos ao meio ambiente' (Relatório Brundtland, 1988, p. 4). (...) Apesar dessas constatações, a premissa e a conclusão do Relatório Brundtland são de que o crescimento econômico deve ser assegurado e compatibilizado com a proteção ambiental e a distribuição eqüitativa de riquezas: 'A avaliação global dessa Comissão é que a economia internacional deve acelerar o crescimento mundial, respeitando porém as limitações ecológicas' (ob. cit., p. 97). A esta aceleração do crescimento mundial, tornada compatível com a proteção ambiental, o Relatório Brundtland denomina 'desenvolvimento sustentável' '' (ob. cit., pp. 24 e 25).

Da mesma forma, apontando o caráter conservador (mas não conservacionista) da noção vigente de desenvolvimento sustentável, encontramos Leonardo Boff, em *Ecologia, Mundialização, Espiritualidade*, São Paulo, Ática, 1993, pp. 26 a 36. Segundo ele, ''Para a modernidade, seja socialista, seja liberal-burguesa, a economia é a ciência do crescimento ilimitado ou, dito mais tecnicamente, da ilimitada expansão das forças produtivas. No final de cada ano, o país deve mostrar que cresceu mais do que no ano anterior. Desse imperativo nasceu o mito do desenvolvimento ilimitado, que domina como um pesadelo todas as sociedades, já há no mínimo quinhentos anos'' (p. 26). Mas, prossegue, ''(...) o desenvolvimento econômico não produz simultaneamente desenvolvimento social. Ao contrário, ele é feito à custa do desenvolvimento social'' (p. 27). ''Com as pressões da nova consciência, procura-se encontrar nas políticas desenvolvimentistas um equilíbrio entre as vantagens do progresso e os custos ecológicos. Não se renuncia ao paradigma moderno do desenvolvimento ilimitado, querido por si mesmo em que pesem suas contradições internas, suas assimetrias e oposições, suas divisões e antagonismos. Mas toma-se em conta o argumento ecológico. Evidentemente, nas atuais eco-políticas, não se trata de redefinir o desenvolvimento a partir da questão de base, lançada pela consciência ecológica. Portanto, trata-se sempre de projetar e implementar um desenvolvimento ecologicamente sustentado (...). Fica-se ainda na metáfora dominante, *do desenvolvimento sustentável.* (...) O que definitivamente conta é o desenvolvimento, mesmo à custa da desordem ecológica (...)'' (p. 28). ''(...) não se coloca a questão mais básica, que é de ordem social. Que tipo de sociedade queremos? Mais participativa, igualitária, solidária, capaz de combinar a fantasia com a razão analítica, a imaginação com a lógica, a técnica com a utopia, finalmente uma sociedade integrada na natureza?'' (p. 29).

tanto das gerações atuais quanto das gerações futuras — aos recursos naturais necessários à sua sobrevivência e a uma melhor qualidade de vida.[21]

Na pior das hipóteses, é um primeiro e importante passo na direção de uma sociedade mais igualitária, justa, solidária e feliz. Um primeiro movimento para uma vida mais digna para todos e não apenas uma vida suportável ou sofrível como aquela proporcionada pelas estratégias atuais de desenvolvimento, estas sim absolutamente insustentáveis.[22]

A idéia de "desenvolvimento sustentável" vigente, dessa forma, pode ser sintetizada nas seguintes diretrizes e proposições:

a) necessidade de conservação do meio ambiente, observados os princípios científicos e as leis naturais que regem a manutenção do equilíbrio dos ecossistemas, com atenção especial para as inter-relações entre os diversos elementos que compõem o meio ambiente (e entre esses elementos o homem).[23]

b) necessidade de compatibilização das estratégias de desenvolvimento com a proteção do meio ambiente. Ou seja: a defesa do meio ambiente como parte integrante do processo de desenvolvimento, este entendido não só no aspecto quantitativo de crescimento econômico, mas também no qualitativo, com atenção aos problemas sociais das gerações presentes e futuras.[24]

c) necessidade da adoção de medidas de prevenção de danos e de situações de riscos ambientais, dada a natureza das agressões ao meio ambiente, freqüentemente de difícil ou impossível reparação.[25]

d) necessidade de cooperação internacional em razão dos efeitos transfronteiriços e globais das atividades degradadoras do meio ambiente exercidas no âmbito das jurisdições nacionais.[26]

Essa é, portanto, a orientação dominante no mundo em relação à problemática ambiental. É importante enfatizar esses aspectos porque são os valores acima especificados que têm influenciado a elaboração da legislação ambiental nos diversos países e, inclusive, no Brasil, e são esses valores que devem, necessariamente, ser levados em consideração na análise e utilização do instrumental legislativo em vigor.

3. Fundamentos da proteção jurídica do meio ambiente

Como exposto anteriormente, o direito ambiental é tido como uma maté-

21. Leonardo Boff, ob. cit, p. 29. Como anotou Selene Carvalho Herculano, "A proposta do 'desenvolvimento sustentável', tal como vem ganhando corpo, é uma soma de mecanismos de ajustes em prol de um capitalismo *soft*. Que venha (antes isso que o capitalismo selvagem...)", ob. cit., p. 44.

22. De maneira mais crítica, Selene Carvalho Herculano avalia que o desenvolvimento sustentável deve ser "(...) visto não como uma nova sociedade, nova ordem econômica ou revolução ambiental, mas apenas como um conjunto de medidas paliativas, em prol do capitalismo verde. É um desenvolvimento suportável, medianamente bom, medianamente ruim, que dá para levar, que não resgata o ser humano da sua alienação diante de um sistema de produção formidável. Visto realisticamente, é um primeiro passo, no sentido de que talvez comecemos a escapar do insustentável, insuportável, em direção ao suportável e sofrível. Transformar o sofrível em bom, entretanto, é algo que foge ao escopo da economia" (ob. cit., p. 30). "(...) a idéia de construção de uma sociedade passada a limpo, igualitária e livre, justa e democrática, bonita e feliz, é algo muito mais amplo e não cabe dentro da expressão 'desenvolvimento isso' ou 'desenvolvimento aquilo', pois sai necessariamente do campo limitado da economia e entra no campo muito mais abrangente da filosofia. É sobretudo uma questão ética" (ob. cit., p. 44).

23. Princípios ns. 2 a 4 da Declaração de Estocolmo de 1972 e n. 1 da Declaração do Rio de 1992.

24. Princípios ns. 3 a 5 e 8 da Declaração do Rio de 1992.

25. Princípios ns. 14, 15 e 17 da Declaração do Rio de 1992.

26. Princípios ns. 2, 7, 9, 12, 18, 19 e 27 da Declaração do Rio de 1992.

ria complexa, entre outras razões por abranger todos os ramos tradicionais do Direito e por ter suas normas dispersas em inúmeras legislações esparsas. Tal peculiaridade dificulta ao mesmo tempo o conhecimento e o entendimento de seus principais dispositivos e a compreensão da harmonia e coerência do sistema jurídico subjacente a esse emaranhado de textos legais.

Servindo-nos de uma imagem bem ecológica, poderíamos dizer que o Direito Ambiental brasileiro corresponde a uma imensa "bacia hidrográfica". Esta "bacia" é integrada por um "rio principal", formado pela Constituição Federal, pela Lei da Política Nacional do Meio Ambiente (Lei Federal 6.938/81), pelas Constituições dos Estados e pelas Declarações Internacionais de Princípios de Estocolmo de 1972 (sobre Meio Ambiente Humano) e do Rio de Janeiro de 1992 (sobre Meio Ambiente e Desenvolvimento), e por seus "afluentes e subsistemas hidrográficos", formados pela legislação ambiental setorial (Código Florestal, Lei de Proteção à Fauna, Legislação sobre Poluições, Legislação sobre Atividades Nucleares, Legislação sobre Parques, Reservas etc.).

Como é próprio dessa modalidade de sistema, existe uma permanente interação e interdependência entre todos os elementos e entre todas as normas da "bacia", uns influenciando e condicionando os outros. Efetivamente, a proteção dos elementos setoriais — os "afluentes" — não pode estar desvinculada da proteção do meio ambiente globalmente considerado — o "rio principal" — e, conseqüentemente, não se pode dar apenas pela aplicação isolada da legislação setorial, sem a observância das disposições existentes na legislação mais ampla e genérica. Do mesmo modo, é certo também que a proteção do meio ambiente globalmente considerado (o "rio principal") não pode ser obtida sem a proteção dos elementos setoriais (os "afluentes"), com o respeito às normas a eles correspondentes.

Em termos concretos, tomemos como exemplo dois dos principais elementos setoriais do meio ambiente: a fauna e a flora. A proteção desses componentes do ambiente não é buscada propriamente em razão deles mesmos, individualmente considerados, mas sobretudo como elementos indispensáveis à preservação do meio ambiente como um todo, em função da qualidade da vida humana. Por via de conseqüência, a legislação específica a eles correspondente (Lei de Proteção à Fauna — Lei 5.197/67 e Código Florestal — Lei 4.771/65) não pode ser interpretada e aplicada em desconformidade ou sem levar em consideração as regras gerais da legislação ambiental global expressa na Constituição Federal, na Lei da Política Nacional do Meio Ambiente, na Constituição Estadual e nas Declarações Internacionais já referidas. De igual forma, ninguém ignora hoje em dia que a efetividade da proteção do meio ambiente como um todo pressupõe necessariamente a preservação e a conservação da fauna e da flora, imprescindíveis à manutenção do equilíbrio ecológico propício à vida. Disso resulta que a efetividade da legislação global e genérica sobre meio ambiente depende igualmente do integral respeito à Lei de Proteção à Fauna e ao Código Florestal. São, inegavelmente, aspectos indissociáveis de uma mesma realidade. Daí a idéia de integração entre todas essas normas jurídicas.

Assim, pode-se afirmar que para que se tenha uma adequada proteção do meio ambiente impõe-se a utilização de todo o instrumental legislativo em vigor, interpretado e aplicado de forma sistêmica, formando uma unidade lógica e coerente.

E conforme já visto também, um primeiro caminho para se conhecer e compreender a globalidade do sistema jurídico-ambiental e melhor utilizá-lo está precisamente na análise dos fundamentos do direito ambiental, base de toda a estrutura das normas protetivas do meio ambiente. Tais fundamentos são revelados por institutos, conceitos, regras e princípios gerais existentes no ordenamento jurídico, de compreensão obrigatória para o entendimento, a interpretação e a aplicação do corpo normativo que integra o Direito do Meio Ambiente.

Nessa nossa imagem do Direito Ambiental como uma grande "bacia hidrográfica", os fundamentos da proteção jurídica do meio ambiente integram certamente o "rio principal" e como tal irradiam seus dispositivos e exercem influência sobre os seus "afluentes", ou seja, sobre todas as demais normas setoriais do sistema, sem excluírem ou diminuírem, evidentemente, a reconhecida importância destas últimas.

Entre os fundamentos do Direito Ambiental devem ser destacados: o direito ao meio ambiente; a definição e o regime jurídico do meio ambiente e os princípios e objetivos da Política Nacional do Meio Ambiente.

3.1 O direito ao meio ambiente

A Constituição Federal de 1988, no *caput* do art. 225, estabeleceu que "todos têm direito ao meio ambiente ecologicamente equilibrado (...)", reconhecendo, assim, expressamente, o direito de todos ao meio ambiente.

Mas que espécie de direito é esse? Indiscutivelmente, é um direito fundamental da pessoa humana.

Essa consagração do direito fundamental ao meio ambiente entre nós é de extrema importância.

Em primeiro lugar, como forma de preservar a *vida e a dignidade das pessoas* — núcleo essencial dos direitos fundamentais[27] —, pois ninguém contesta hoje em dia que o atual quadro de destruição ambiental no mundo compromete a possibilidade de uma existência digna para a humanidade e põe em risco a própria vida humana.[28] O texto constitucional diz, inclusive, enfaticamente, que o meio ambiente é "essencial à sadia qualidade de vida" de todos.

Em segundo lugar, como fator de *transformação social*, já que, na lição de Fábio Konder Comparato,[29] a construção de um verdadeiro Estado Democrático de Direito — aspiração incontestável do constituinte de 1988 e de toda a sociedade — não se pode dar sem o respeito aos atributos essenciais da pessoa humana, expressos nos direitos fundamentais. Nesses termos, não se pode falar em verdadeira democracia no Brasil, sem que se garanta a preservação desse direito de todos ao meio ambiente.

Em conformidade com a doutrina autorizada, o direito ao meio ambiente é um *direito fundamental de terceira geração*,[30] incluído entre os chamados "direitos da solidariedade" ou "direitos dos povos". E como tal, o direito ao meio ambiente é ao mesmo tempo individual e coletivo e interessa a toda a humanidade. Por isso esse direito, para ser garantido, impõe o esforço conjunto do Estado, dos indivíduos, dos diversos setores da sociedade e das diversas Nações.[31]

27. Fábio Konder Comparato, "Os problemas fundamentais da sociedade brasileira e os direitos humanos", in *Para Viver a Democracia*, São Paulo, Brasiliense, 1989, p. 46.

28. João Ricardo W. Dornelles, *O que são direitos humanos*, São Paulo, Brasiliense, 1989, p. 36.

29. Fábio Konder Comparato, *Para Viver a Democracia*, cit., p. 9 (Introdução).

30. Fábio Konder Comparato, ob. cit., p. 44; Manoel Gonçalves Ferreira Filho, *Curso de Direito Constitucional*, 18ª ed., São Paulo, Saraiva, 1990, p. 252; João Ricardo W. Dornelles, ob. cit., pp. 32 a 36. Os direitos fundamentais da "primeira geração" correspondem às liberdades individuais, expressas nas Declarações do final do século XVIII, e os da "segunda geração", aos direitos sociais, postos em foco pela social-democracia européia em fins do século XIX.

31. João Ricardo W. Dornelles, ob. cit., p. 32.

Aliás, exatamente por depender dessa conjugação de esforços para a sua garantia é que o direito ao meio ambiente tem como conseqüência criar também *deveres* para todos; não só para o Estado como também para os indivíduos e os vários grupos sociais.[32] Ao contrário, portanto, do que se pensa freqüentemente em tema de direitos fundamentais,[33] as pretensões à proteção desse direito ao meio ambiente podem (e devem) ter como sujeito passivo não apenas o Poder Público como ainda os particulares. Não é por outra razão que a Constituição, no mesmo art. 225, *caput*, ao lado de consagrar o direito ao meio ambiente, impôs ao Poder Público e à coletividade o *dever* de defender e preservar o meio ambiente.

Como todo direito fundamental, o direito ao ambiente ecologicamente equilibrado é *indisponível*. Ressalte-se que essa indisponibilidade vem acentuada na Constituição Federal pelo fato de mencionar-se que a preservação do meio ambiente deve ser feita no interesse não só das presentes, como igualmente das futuras gerações. Estabeleceu-se, por via de conseqüência, um dever não apenas moral, como também jurídico e de natureza constitucional, para as gerações atuais de transmitir esse "patrimônio" ambiental às gerações que nos sucederem e nas melhores condições do ponto de vista do equilíbrio ecológico.

3.2 Definição legal de meio ambiente

Mas se, como acabamos de ver, todos têm direito ao meio ambiente, é importante definir o que se entende, afinal, por "meio ambiente".

A definição de meio ambiente vem expressa no art. 3º, I, da Lei 6.938/81 (Lei da Política Nacional do Meio Ambiente): "(...) o conjunto de condições, leis, influências e interações, de ordem fisíca, química e biológica, que permite, abriga e rege a vida em todas as suas formas".

Impõem-se dois comentários a respeito dessa definição.

Em primeiro lugar, o meio ambiente, nos termos da lei, não é um bem corpóreo. A Lei 6.938/81 não diz que o meio ambiente é o conjunto de bens formado pela água, pelo ar, pelo solo, pela fauna, pela flora etc., os quais são, estes sim, os elementos corpóreos que compõem o meio ambiente. Este, para a nossa legislação, é um conjunto de relações e interações que condiciona a vida em todas as suas formas. É, pois, essencialmente *incorpóreo* e *imaterial*.[34]

Os elementos corpóreos integrantes do meio ambiente têm um regime jurídico próprio e estão submetidos a uma legislação própria (a legislação setorial já indicada). Quando se fala na proteção da fauna, da flora, do ar, da água e do solo, não se busca propriamente a proteção desses elementos em si, mas deles como elementos indispensáveis à proteção do meio ambiente como bem imaterial, objeto último e principal visado pelo legislador. Assim, sem diminuir a importância da preservação dos elementos cor-

32. Alexandre Kiss, *Droit International de l'Environnement*, Paris, Pedone, 1989, p. 24; Michel Prieur, ob. cit., p. 135.

33. Fábio Konder Comparato, ob. cit., pp. 47 a 55.

34. É curioso notar que a doutrina em geral não tem dado a devida importância a essa distinção, para nós fundamental. Mesmo assim, algumas observações a esse respeito têm sido feitas, ainda que de forma breve, por Alexandre Kiss, em seus cursos na Universidade de Estrasburgo, na França, e, entre nós, por Alaôr Caffé Alves em palestras e cursos, Maria Sylvia Zanella Di Pietro, "Polícia do Meio Ambiente", in *Revista Forense*, vol. 317, p. 179 e Paulo de Bessa Antunes, ob. cit., p. 68. Mais recentemente, Antônio Herman Benjamin dedicou análise ao tema no trabalho "Função Ambiental", in *Dano Ambiental — prevenção, reparação e repressão*, cit., pp. 69 a 82.

póreos, deve-se atentar para o fato de que eles são vistos e considerados não em sua individualidade específica, mas como elos fundamentais de uma imensa cadeia, de uma grande teia que rege a vida de uma forma geral (o meio ambiente).

Observe-se que essa definição legal de meio ambiente está em perfeita consonância com a visão ecossistêmica mencionada anteriormente, muito mais preocupada com o equilíbrio entre as espécies e entre elas e seu meio, ou seja, aquela idéia de preservar as relações e as interações que as espécies estabelecem entre si e com o seu meio ambiente.

Em segundo lugar, deve ser ressaltada a amplitude da definição legal de meio ambiente. Tem-se entendido que meio ambiente, tal como conceituado na Lei 6.938/81, abrange tanto o meio ambiente *natural*, quanto o *cultural* e, ainda, o *urbano* (ou artificial).[35] Quando se fala em meio ambiente, significa meio ambiente em sentido amplo (*lato sensu*).

No tocante ao *patrimônio cultural*, aliás, abrangido na definição genérica de meio ambiente, é importante ressaltar uma especificidade que freqüentemente tem sido esquecida pelos autores. A defesa do meio ambiente cultural implica não só a preservação do meio físico (os monumentos de valor artístico, histórico, turístico ou paisagístico), como também da memória social e antropológica do homem,[36] isto é, das formas de expressão e dos modos de criar, fazer e viver das denominadas "comunidades tradicionais" (grupos formadores da sociedade brasileira ou participantes do processo civilizatório nacional, como os indígenas, os caiçaras, os caboclos etc.) — arts. 216 e 231 da CF.

3.3 Regime jurídico do meio ambiente

No que diz respeito ao regime jurídico aplicável, a Constituição de 1988 considera o meio ambiente um "bem de uso comum do povo". E o que significa essa noção de bem de uso comum do povo?

No caso do meio ambiente, significa que ele é um bem que pertence à coletividade. O meio ambiente pertence a todos os indivíduos da coletividade de forma indivisível, sendo, ainda, insuscetível de apropriação por quem quer que seja (o Estado ou os particulares). O Estado, em matéria de meio ambiente, atua como simples administrador de um bem que pertence à coletividade e não como proprietário desse bem. Deve, assim, geri-lo sempre com a participação direta da sociedade.[37] Por outras palavras, o Estado não exerce o monopólio da gestão do meio ambiente, muito embora esta seja uma das áreas de sua atuação (intervenção) necessária.

É importante observar, também, que se o meio ambiente é insuscetível de apropriação, o "uso" previsto na Constituição deve ser entendido não no sentido de utilização econômica, de consumo, mas no sentido de fruição, de gozo.[38] O que pode eventualmente ser utilizado economicamente, o que pode ser apropriado — e mesmo assim de acordo com limitações e critérios previstos em lei — são determinados elementos corpóreos do meio ambiente (p.ex.: as florestas, o solo, os rios, em alguns casos a

35. José Afonso da Silva, *Direito Urbanístico Brasileiro*, São Paulo, Ed. RT, 1981, p. 435; Édis Milaré, *A Ação Civil Pública na Nova Ordem Constitucional*, São Paulo, Saraiva, 1990, p. 25; Paulo Affonso Leme Machado, ob. cit., p. 66; Helita Barreira Custódio, ob. cit., pp. 126 e 127.

36. César Benjamin, ob. cit., p. 143, citando, entre outros, Gilberto Velho.

37. Alvaro Luiz Valery Mirra, "A Defesa do Meio Ambiente em Juízo — o papel das associações e problema dos resíduos nucleares e perigosos", in *Revista dos Tribunais* 654/40 a 46, São Paulo, Ed. RT, 1989; Maria Sylvia Zanella Di Pietro, ob. cit., p. 179; Antônio Herman Benjamin, *Função Ambiental*, cit., pp. 69 e ss.

38. Nesse sentido, também, Fábio José Feldmann e Maria Ester Mena Barreto Camino, "O Direito Ambiental: da teoria à prática", in *Revista Forense*, vol. 317, p. 94 e Antônio Herman Benjamin, *Função Ambiental*, cit., pp. 69 e ss.

fauna), mas, de qualquer forma, desde que isso não leve à apropriação individual (exclusiva) do meio ambiente como bem imaterial. Aqui torna-se evidente, a nosso ver, a relevância da distinção acima efetuada entre o meio ambiente-bem incorpóreo e os elementos corpóreos que o compõem.

3.4 Princípios e objetivos da Política Nacional do Meio Ambiente

Entre os fundamentos da proteção jurídica do meio ambiente devem ser destacados, ainda, os *princípios e objetivos da Política Nacional do Meio Ambiente*.

Como mencionado anteriormente, a proteção do meio ambiente exige um esforço conjunto do Estado, dos indivíduos, dos diferentes grupos sociais e das diversas Nações e deve ser efetivada por intermédio de um amplo programa de ação — uma abrangente política ambiental — elaborada e implementada pelos setores governamentais, com a participação direta da sociedade e com observância das diretrizes adotadas pelos países na órbita internacional.

No Brasil, as principais regras e diretrizes da política ambiental foram fixadas pela via legislativa e pela adesão do país a uma série de documentos internacionais relativos à matéria. Assim, essas normas passaram a integrar o nosso ordenamento jurídico e a fazer parte do sistema jurídico-ambiental brasileiro. Daí a razão da inclusão dos princípios e objetivos da Política Nacional do Meio Ambiente entre os fundamentos do Direito Ambiental, pois tais normas, *inseridas na legislação em vigor*, passaram a dirigir e a condicionar não somente a ação dos poderes públicos, como também a dos particulares. Tais diretrizes tornaram-se, por via de conseqüência, normas de conduta imponíveis a todos.

3.4.1 Princípios da PNMA

A relevância dos *princípios* em matéria de meio ambiente tem sido afirmada com insistência por Antônio Herman Benjamin. Segundo esse autor, com apoio na lição de Celso Antônio Bandeira de Mello, "princípio" é o mandamento nuclear de um determinado sistema. É o verdadeiro alicerce do sistema jurídico, como disposição fundamental que influencia e repercute sobre todas as demais normas do sistema.[39] Como ressalta Carlos Ari Sundfeld, o princípio é uma norma de hierarquia superior às demais regras jurídicas. Por isso se diz que conhecer os princípios do direito é condição essencial para aplicá-lo corretamente.[40]

De acordo uma vez mais com Carlos Ari Sundfeld, a compreensão dos princípios torna-se ainda mais essencial nas hipóteses daqueles sistemas jurídicos que, como o sistema jurídico-ambiental brasileiro, têm suas normas dispersas em legislações esparsas, elaboradas sem método. Nesses casos, prossegue o publicista, é exatamente por meio dos princípios que se consegue organizar mentalmente as regras existentes e extrair soluções coerentes com o ordenamento globalmente considerado.[41]

São, portanto, os princípios da Política Nacional do Meio Ambiente — como normas de ação pública e privada — que servem de critério para a exata compreensão e inteligência de todas as normas ambientais que compõem o sistema jurídico-ambiental.[42] Sua observância é,

39. Antônio Herman Benjamin, "A principiologia do estudo prévio de impacto ambiental e o controle da discricionariedade administrativa", in *Estudo Prévio de Impacto Ambiental*, São Paulo, Ed. RT, 1993, p. 101 (obra escrita em co-autoria com Édis Milaré).

40. Carlos Ari Sundfeld, *Fundamentos de Direito Público*, São Paulo, Malheiros Editores, 1992, p. 140.

41. Idem, p. 141.

42. Antônio Herman Benjamin, *A principiologia...*, cit., p. 101.

nesses termos, obrigatória não só para o Poder Público como também para os particulares.[43]

Mas de onde devem ser extraídos esses princípios da PNMA?

No caso do Direito Ambiental brasileiro, os princípios da PNMA são extraídos da Constituição Federal, da Lei 6.938/81 (Lei da Política Nacional do Meio Ambiente), das Constituições dos Estados e, segundo o nosso entendimento, igualmente das Declarações de Princípios adotadas por Organizações Internacionais em Conferências Internacionais, notadamente as Declarações de Estocolmo de 1972 sobre o Meio Ambiente Humano e do Rio de 1992 sobre Meio Ambiente e Desenvolvimento, elaboradas pela Organização das Nações Unidas.

Neste passo, impõe-se que nos antecipemos a uma objeção que poderia ser levantada no tocante à inclusão dos princípios adotados nessas Declarações Internacionais como integrantes do nosso ordenamento jurídico.

Costuma-se afirmar que essas Declarações de Princípios oriundas de Conferências Internacionais não estão incluídas entre as fontes tradicionais do Direito Internacional[44] e não são obrigatórias para os países-membros da Organização que as adotou; assertivas estas, aliás, rigorosamente corretas.[45] Diz-se também que em razão disso esses textos internacionais não têm aquela imperatividade jurídica própria dos tratados e convenções internacionais, não sendo, na terminologia do direito das gentes, *mandatórios*, o que é igualmente exato.[46]

Todavia, isso não quer dizer que essas declarações de princípios não têm nenhuma relevância jurídica. Não significa que elas não possam ser consideradas, senão como uma nova fonte do Direito Internacional, ao menos como uma nova técnica de criar regras jurídicas internacionais.[47] O fato de não serem mandatórias não pode levar à conclusão de que as declarações internacionais de princípios não exercem nenhuma influência na evolução, na interpretação e na aplicação do direito interno dos países-membros da Organização Internacional que as concebeu.

Em primeiro lugar, há que se considerar que um determinado Estado, ao aderir a uma Organização Internacional, o faz voluntariamente e por isso passa a aceitar um certo número de obrigações decorrentes de seu ingresso na entidade. Há, dessa forma, sempre um engajamento inicial do Estado aos fins e propósitos da Organização.[48] Assim, quando o Estado procede em conformidade com certa diretriz traçada pelos órgãos da entidade, na realidade ele nada mais está fazendo do que obedecer ao tratado constitutivo da Organização, sobretudo na hipótese em que ele participa da formulação dessa diretriz em uma Conferência Internacional.[49]

43. Idem.

44. De acordo com o art. 38 do Estatuto da Corte Internacional de Justiça, são fontes do Direito Internacional: as convenções internacionais; o costume internacional; os princípios gerais de direito reconhecidos pelas nações civilizadas; as decisões judiciárias e a doutrina, incluindo-se, ainda, a eqüidade.

45. Alexandre Kiss, ob. cit., pp. 49, 50 e 61 a 66; Antônio Augusto Cançado Trindade, *Princípios do Direito Internacional Contemporâneo*, Brasília, Ed. UnB, 1981, pp. 30 a 32; José Francisco Rezek, *Direito Internacional Público*, São Paulo, Saraiva, 1989, pp. 142 a 146 e Geraldo Eulálio do Nascimento e Silva, ''O Direito Ambiental Internacional'', in *Revista Forense*, vol. 317, p. 133.

46. Idem.

47. Alexandre Kiss, ob. cit., p. 62.

48. Alexandre Kiss, ob. cit., p. 63.

49. José Francisco Rezek contesta a validade desse argumento, pois, segundo entende, ''Por esse caminho seríamos levados a avançar progressivamente até a afirmativa de que mesmo o tratado não é fonte de direito internacional: em última análise, os Estados procedem à luz de quanto pactuaram, não por qualquer virtude mística do próprio texto convencional, mas por força do princípio 'pacta sunt servanda' (...)'', ob. cit., p. 143.

O Brasil, por exemplo, é membro da ONU e aderiu aos fins da entidade. Além disso, participou ativamente e até sediou a Conferência Internacional em que se adotou a Declaração Internacional sobre Meio Ambiente e Desenvolvimento de 1992, a qual, por seu turno, reafirmou todos os princípios da Declaração de Estocolmo de 1972. Em suma, o Brasil foi um dos responsáveis diretos pela formulação das diretrizes endereçadas a todos os países-membros da ONU, relativas à proteção do meio ambiente.

Nessas condições, nada mais lógico e natural que esses princípios adotados sejam efetivamente observados entre nós.

Em segundo lugar, não se pode negar a influência que as Declarações de Princípios exercem sobre as normas jurídicas, tanto no plano internacional, quanto no plano da ordem jurídica interna.[50]

Com efeito, dentro de uma visão tradicional, pode-se dizer com Alexandre Kiss[51] que toda formulação jurídica comporta dois momentos básicos: a) primeiro, aquele em que um determinado valor é reconhecido pela sociedade como digno de proteção; b) segundo, aquele em que as normas jurídicas intervêm para instrumentalizar a proteção desse novo valor reconhecido.

As declarações internacionais de princípios correspondem precisamente a esse primeiro momento da formulação jurídica exposto. Significam verdadeiros inventários de valores reconhecidos pela sociedade internacional como meritórios de proteção. E é importante salientar que, na prática, toda a formação das normas jurídicas subseqüentes, de direito internacional e de direito interno, passa então, normalmente, a levar em consideração tais princípios declarados.[52]

50. Antônio Augusto Cançado Trindade, ob. cit., p. 32; Alexandre Kiss, ob. cit., pp. 65 e 66.

51. Ob. cit., pp. 65 e 66.

52. Idem.

Tanto isso é verdade que no caso do direito brasileiro — como o testemunhou o Deputado Federal Fábio Feldmann, um dos constituintes de 1988 — a Constituição Federal, no capítulo sobre meio ambiente, acabou institucionalizando as principais teses consagradas em documentos internacionais adotados a partir da Conferência de Estocolmo de 1972.[53]

Devido a essa prática corrente tem-se observado, com inteira razão, que, mesmo não sendo obrigatórias, as declarações de princípios têm constituído importante método de cristalização de novos conceitos e princípios gerais.[54]

Nesses termos, parece-nos incontestável que, embora não mandatórios, os princípios emanados da Declaração de Estocolmo de 1972 sobre o Meio Ambiente Humano e da Declaração do Rio de 1992 sobre Meio Ambiente e Desenvolvimento são, na expressão de Antônio Augusto Cançado Trindade, *juridicamente relevantes* e não podem ser ignorados pelos países na ordem internacional, nem pelos legisladores, pelos administradores públicos e pelos tribunais na ordem interna.[55]

Entre os princípios da PNMA, inscritos na Constituição Federal, na Lei da Política Nacional do Meio Ambiente, na Constituição Estadual e nas Declarações de Estocolmo de 1972 e do Rio de 1992 merecem destaque:

a) A defesa do meio ambiente como princípio da ordem econômica (art. 171, VI, da CF; Princípio 4 da Declaração de Estocolmo de 1972; Princípios 3 e 4 da Declaração do Rio de 1992)

No dizer de Eros Roberto Grau, "O princípio da *defesa do meio ambiente*

53. Fábio José Feldmann e Maria Ester Mena Barreto Camino, ob. cit., p. 94.

54. Antônio Augusto Cançado Trindade, ob. cit., p. 30.

55. Idem, p. 32.

conforma a ordem econômica (mundo do ser), informando substancialmente os princípios da *garantia do desenvolvimento* e do *pleno emprego*. Além de objetivo, em si, é instrumento necessário — e indispensável — à realização do fim dessa ordem, o de *assegurar a todos existência digna*. Nutre também, ademais, os ditames da *justiça social* (...)''.[56]

Esse princípio reflete a essência da visão política dominante em relação à problemática ambiental, anteriormente analisada, consolidada na expressão ''desenvolvimento sustentável''. Procura-se, com isso, conciliar o exercício das atividades produtivas e do direito de propriedade, a exploração dos recursos naturais e o crescimento econômico (definido como desejável), com a proteção do meio ambiente. E deve ser conjugado com o princípio da submissão das atividades empresariais públicas e privadas às diretrizes da PNMA (art. 5º., parágrafo único, da Lei 6.938/81, art. 192, ''caput'', da Constituição Estadual, Princípios 8 e 16 da Declaração do Rio de 1992).

Como se vê, a proteção do meio ambiente configura um limite claro ao poder econômico, o qual se torna abusivo na medida em que se contrapõe a ela.

b) Princípio da participação popular na proteção do meio ambiente (art. 225, ''caput'', da CF; Princípio 10 da Declaração do Rio de 1992)

A participação popular na proteção do meio ambiente tem como fundamento genérico o art. 1º., parágrafo único, da Constituição Federal, o qual instituiu no país um regime de democracia semidireta, e, como fundamento específico, o art. 225, *caput*, da mesma Lei Fundamental, sendo, assim, decorrência do direito de todos ao meio ambiente ecologicamente equilibrado e do regime jurídico do ambiente, como bem de uso comum do povo. Portanto, a participação popular em geral e especificamente em matéria ambiental é da própria essência do regime democrático que se pretende seja instaurado no Brasil, garantida constitucionalmente.

Existem três meios básicos pelos quais a coletividade pode atuar, diretamente, na defesa do meio ambiente. Em primeiro lugar, pela participação nos *processos de criação do direito do meio ambiente*, com a iniciativa popular nos procedimentos legislativos federais, estaduais ou municipais (art. 61, *caput* e § 2º., da CF, e arts. 22, IV, e 24, § 3º., 1, da CE), a realização de referendos (art. 14, II, da CF e art. 24, § 3º., 2, da CE) e a atuação de representantes da coletividade em órgãos colegiados dotados de poderes normativos, como o Conselho Nacional do Meio Ambiente — CONAMA (art. 6º., II, da Lei 6.938/81, com redação dada pela Lei 7.804/89 e alterada pela Lei 8.028/90), o Conselho Estadual do Meio Ambiente — CONSEMA (art. 193, parágrafo único, *a*, c/c art. 294 da Constituição Estadual e Decreto 30.555/89) e os diversos Conselhos Municipais de Defesa do Meio Ambiente — CONDEMAs; todos eles compostos por representantes do poder público e de diversos segmentos da sociedade civil (representantes da indústria e comércio, da classe trabalhadora, da comunidade científica e de entidades ambientalistas). Em segundo lugar, pela participação direta na *formulação e na execução de políticas ambientais*, possível, atualmente, com a atuação de representantes da sociedade civil nos órgãos colegiados acima mencionados, responsáveis também pela formulação de diretrizes e pelo acompanhamento das políticas ambientais, bem como no momento da discussão dos estudos de impacto ambiental e respectivos relatórios em audiências públicas (art. 11, § 2º., da Resolução n. 1/86

56. Eros Roberto Grau, *A Ordem Econômica na Constituição de 1988* (*interpretação e crítica*), São Paulo, Ed. RT, 1990, pp. 255 a 257.

do CONAMA e art. 192, § 2º, da Constituição Estadual) e nas hipóteses da realização de plebiscitos (art. 14, I, da CF e art. 24, § 3º, 3, da CE). E em terceiro lugar, a coletividade pode atuar na defesa do meio ambiente *por intermédio do Poder Judiciário*, tendo à sua disposição inúmeros instrumentos processuais adequados, como a ação direta de inconstitucionalidade de leis e atos normativos (art. 103 da CF e art. 90 da CE), o mandado de injunção, o mandado de segurança coletivo, a ação popular e, o principal deles, a ação civil pública da Lei 7.347/85.[57]

É importante destacar, ainda, dentro desse tema, os dois pressupostos fundamentais da participação popular na proteção do meio ambiente: a informação e a educação. O primeiro deles vem expresso não só no *direito de todos terem acesso à informação* (art. 5º, XIV, XXXIII e XXXIV, da CF e art. 114 da CE; art. 6º, § 3º, c/c art. 17, § 2º do Decreto 88.351/83 e art. 15, I, do Decreto 88.351/83; art. 8º da Lei 7.347/85), como também no *dever de os poderes públicos informarem periodicamente a coletividade* (arts. 4º, V, 9º, X e XI, da Lei 6.938/81 e art. 193, V, da CE; art. 6º da Lei 7.347/85). No tocante à educação e à conscientização da coletividade, o direito positivo reconhece expressamente a sua importância, tanto na Constituição Federal (art. 225, § 1º, VI), quanto na Lei da Política Nacional do Meio Ambiente (art. 2º, X, da Lei 6.938/81) e na Constituição Estadual (art. 193, XV).

57. Sobre o tema da participação popular, em seus aspectos gerais, ver Fábio Konder Comparato, "A participação popular no exercício das funções públicas", in *Para Viver a Democracia*, cit., pp. 124 a 136. Especificamente em matéria de meio ambiente, nossa palestra "Aspectos Gerais da Participação Popular na Proteção do Meio Ambiente", proferida em 7 de junho de 1990 no "Ciclo de Estudos sobre Meio Ambiente", promovido pelo Centro de Estudos da Procuradoria-Geral do Município de São Paulo. Ainda: Édis Milaré, "A participação comunitária na tutela do ambiente", *Revista Forense*, vol. 317, pp. 79 a 87.

c) Princípio da avaliação prévia dos impactos ambientais das atividades de qualquer natureza (art. 225, § 1º, IV, da CF; art. 9º, III, da Lei 6.938/81; Princípio 17 da Declaração do Rio de 1992)

A avaliação de impactos ambientais é um dos princípios mais importantes do ordenamento jurídico ambiental. Ela é feita por meio do estudo de impacto ambiental (EIA) e seu respectivo relatório (RIMA) instrumentos estes regulamentados pela Resolução n. 1, de 23.1.1986 do CONAMA (Conselho Nacional do Meio Ambiente). Trata-se de um mecanismo de planejamento, na medida em que insere a obrigação de levar em consideração o meio ambiente antes da realização de atividades e da tomada de decisões que possam ter algum tipo de repercussão sobre a qualidade ambiental. Configura, antes de tudo, de acordo com Michel Prieur,[58] uma regra de bom senso: refletir antes de agir, para evitar degradações ambientais importantes.

Como tem sido destacado por Paulo Affonso Leme Machado, Édis Milaré e Antônio Herman Benjamin, esse princípio está intimamente ligado à idéia de prevenção de danos ao meio ambiente.[59]

d) Princípio da prevenção de danos e degradações ambientais (art. 225, *caput*, § 1º, IV, da CF; Princípio 1 da Declaração de Estocolmo de 1972; Princípios 3 e 15 da Declaração do Rio de 1992)

Esse princípio traduz a realidade — que se constata freqüentemente — segundo a qual os danos ambientais são em re-

58. *Droit de l'Environnement*, cit., p. 59.

59. Nesse sentido, Paulo Affonso Leme Machado, *Direito Ambiental Brasileiro*, cit., p. 131; Édis Milaré e Antônio Herman V. Benjamin, *Estudo Prévio de Impacto Ambiental*, cit., pp. 13 e 76.

gra de difícil ou impossível reparação.[60] Além disso, corresponde à exigência de que as gerações atuais assumam a responsabilidade que têm com a transmissão do "patrimônio" ambiental às gerações futuras.

Dentro desse tema da prevenção, é importante destacar uma das regras mais importantes — senão a mais importante — adotadas pela Conferência da ONU de 1992, expressa no Princípio n. 15 da Declaração do Rio sobre Meio Ambiente e Desenvolvimento: o *princípio da precaução*.

De acordo com esse princípio, sempre que houver perigo de dano grave ou irreversível, a falta de certeza científica absoluta não deverá ser utilizada como razão para se adiar a adoção de medidas eficazes para impedir a degradação do meio ambiente, sobretudo em função dos custos dessas medidas. Por outras palavras, mesmo que haja controvérsias no plano científico com relação aos efeitos nocivos de determinadas atividades sobre o meio ambiente, em atenção ao princípio da precaução, essas atividades deverão ser evitadas ou rigorosamente controladas.

A título de exemplo, pense-se no aquecimento da atmosfera previsto pelos cientistas em razão do aumento da quantidade de óxido de carbono emitido cotidianamente nos países. Não se conseguiu ainda determinar cientificamente, de maneira detalhada, os efeitos desse fenômeno sobre o clima, o nível dos oceanos e a agricultura, havendo somente suspeitas e preocupações — ainda que sérias, mas muitas vezes contestadas — quanto aos riscos e conseqüências de mudanças climáticas indesejáveis (aumento do nível do oceano pelo derretimento de gelos, capaz de levar à inundação de vastas áreas em diversos países; superveniência de secas em regiões até hoje úmidas, com escassez de água e empobrecimento dos solos, comprometedores da produção agrícola e alimentícia). No entanto, isso não afasta a necessidade de decidir e agir para reduzir drasticamente ou até pôr um fim à emissão de substâncias geradoras do crescente aquecimento da atmosfera, pois, como já avaliou o grupo de trabalho "Tecnologia, Crescimento e Emprego", do Ministério do Meio Ambiente da França — em relatório oficial apresentado aos Chefes de Estado e de Governo e aos representantes das Comunidades Européias em 1985 — as informações disponíveis atualmente permitem no mínimo antever que quando os efeitos das alterações climáticas temidas se manifestarem concretamente e se tiver então certeza absoluta da sua realidade, os processos nocivos por eles detonados serão já, nesse momento, irreversíveis.[61] Por isso a imperatividade da adoção desde logo de medidas preventivas.

e) Princípio da responsabilização civil, penal e administrativa das condutas e atividades lesivas ao meio ambiente (art. 225, § 3º, CF; art. 14, § 1º, da Lei 6.938/81; Princípio 13 da Declaração do Rio de 1992)

Acabamos de afirmar a importância da prevenção de danos ambientais, ante a natureza destes últimos, em regra de difícil e até mesmo, em alguns casos, impossível reparação. Todavia, tem-se observado também um certo fracasso no campo preventivo, ou melhor, uma cer-

60. Paulo Affonso Leme Machado, "Princípios Gerais de Direito Ambiental Internacional e a Política Ambiental Brasileira", in *Dano Ambiental — prevenção, reparação e repressão*, cit., p. 398.

61. Rapport sur l'Environnement — présenté aux sept chefs d'Etat et de Gouvernement et aux représentants des Communautés Européennes au Sommet de Bonn. Ministère de l'Environnement, Groupe de Travail Technologie, Croissance, Emploi. Centre d'Etudes des Systèmes et des Technologies Avancées (CESTA), Paris, La Documentation Française, 1985, pp. 14 e 15.

ta limitação ou incapacidade de as medidas estritamente preventivas manterem o equilíbrio ecológico do meio ambiente; seja em razão da tolerância da Administração e, muitas vezes, da legislação, face às agressões ambientais, seja devido à negligência e à imprudência humanas nesse setor, contra as quais nenhuma proteção acordada pelas leis e regulamentos pode ser inteiramente eficiente.

Dessa forma, sem negligenciar a extraordinária relevância da prevenção das degradações, é preciso admitir que um sistema completo de preservação e conservação do meio ambiente supõe necessariamente a responsabilização dos causadores de danos ambientais e da maneira mais ampla possível, envolvendo as esferas civil, penal e administrativa.

Note-se que essa amplitude pretendida encontra reflexo, por exemplo, na autonomia e independência entre os três sistemas de responsabilidade apontados, os quais poderão ser sempre utilizados cumulativamente, levando um poluidor, por um mesmo ato de poluição, a ser responsabilizado simultaneamente nas esferas civil, penal e administrativa;[62] na consagração da responsabilidade civil objetiva, isto é, independentemente da existência de culpa, do degradador pelos danos ambientais[63] e na responsabilização penal das pessoas jurídicas.[64]

f) Princípio da utilização racional dos recursos ambientais (art. 2º, II, da Lei 6.938/81; Princípios 3 e 5 da Declaração de Estocolmo de 1972; Princípio 8 da Declaração do Rio de 1992)

Ao estabelecermos linhas atrás a distinção entre meio ambiente, como conjunto de relações e interações que condiciona a vida em todas as suas formas (bem incorpóreo) e os elementos corpóreos que o compõem (flora, fauna, água, ar, solo etc.), deixamos consignado que somente estes últimos são passíveis de apropriação e utilização e mesmo assim limitadas por lei e condicionadas à preservação daquele, bem coletivo inapropriável. Tais elementos corpóreos são exatamente os denominados pela Lei 6.938/81 como *recursos ambientais*: atmosfera; águas interiores, superficiais e subterrâneas; estuários; mar territorial; solo; subsolo; elementos da biosfera; fauna e flora (art. 3º, V).

Como referido, a civilização industrial expandiu-se, fundamentalmente, consumindo, em ritmo acelerado, quantidades crescentes de recursos naturais. Aos poucos, porém, foi se descobrindo a existência de limites à exploração e à

62. O art. 225, § 3º, da Constituição Federal estabelece que as condutas e atividades lesivas ao meio ambiente sujeitarão os infratores a sanções *penais* e *administrativas*, independentemente da *obrigação de reparar os danos* causados. Já o art. 14 da Lei 6.938/81, após fixar sanções administrativas a serem impostas aos degradadores (incisos I a IV), prevê, em seu § 1º, a obrigatoriedade da reparação dos danos, "sem obstar a aplicação dessas penalidades".

63. O art. 14, § 1º, da Lei 6.938/81 dispõe que "(...) é o poluidor obrigado, *independentemente da existência de culpa*, a indenizar ou reparar os danos causados ao meio ambiente (...)".

64. Em que pese a abertura dada pela Constituição Federal, ao prever que "As condutas e atividades consideradas lesivas ao meio ambiente sujeitarão os infratores, *pessoas físicas ou jurídicas*, a *sanções penais* e administrativas, independentemente da obrigação de reparar os danos causados", a viabilidade de, por via legislativa, estabelecer-se a responsabilidade penal da pessoa jurídica é matéria ainda controvertida.

Admitem a responsabilização criminal da pessoa jurídica no direito brasileiro, entre outros, Gilberto Passos de Freitas ("A Tutela Penal do Meio Ambiente", in *Dano Ambiental — prevenção, reparação e repressão*, cit., pp. 314 e 315), Ivete Senise Ferreira ("O Direito Penal Ambiental"), in *Revista do Advogado* 35/57) e Paulo José da Costa Jr. ("Do Meio Ambiente", in *Direito Penal na Constituição*, São Paulo, Ed. RT, 1990, p. 242). Contrários a essa orientação são Luiz Vicente Cernichiaro ("Pessoa Jurídica", in *Direito Penal na Constituição*, cit., pp. 135 a 147) e Luiz Régis Prado (*Direito Penal Ambiental*, São Paulo, Ed. RT, 1992, pp. 77 a 93).

utilização desses recursos da biosfera, tanto dos renováveis quanto dos não renováveis. Em muitos setores, inclusive, o consumo dos recursos naturais começa já a dar mostras de ter atingido o limite de tolerabilidade de sua utilização, o que tem provocado temores quanto à possibilidade de seu esgotamento. São exemplos marcantes, notadamente, os recursos minerais (pela extração descontrolada de elementos de relativa raridade na natureza, como combustíveis fósseis, ouro, prata, platina, chumbo, estanho e manganês), os recursos hídricos (pela utilização excessiva das águas dos rios e dos lençóis freáticos e pelos despejos de resíduos e poluentes em lagos e cursos d'água), os solos (pela escassez de terras férteis e pelo mau rendimento dos solos, devidos à superexploração e à uniformização pela monocultura de extensas áreas agrícolas), a vegetação (pelos desmatamentos, incêndios e exploração intensiva) e a fauna (pela caça e destruição de biótopos e abrigos naturais).[65]

Essa situação atual, além de pôr em risco o equilíbrio ecológico, compromete, segundo se entende, de maneira perigosa, a produção de energia e alimentos, a própria expansão da atividade industrial e o desenvolvimento dos países. Assim, conforme analisado no relatório da Comissão Mundial sobre Meio Ambiente e Desenvolvimento da ONU, se antes a preocupação primordial era com os impactos do crescimento econômico sobre o meio ambiente, agora a preocupação se estende igualmente aos impactos do desgaste ecológico sobre as perspectivas econômicas das sociedades.[66]

Daí ver-se como imperativa a racionalização do uso dos recursos ambientais, como forma de assegurar sua perenidade e disposição permanente aos povos, condição de sobrevivência destes. Pretende-se, com isso, o término da exploração predatória da natureza, com mudanças não só no consumo em si dos recursos naturais (aspecto quantitativo), como também na forma de utilizá-los, sem levar ao seu esgotamento irreversível (aspecto qualitativo).

As bases da racionalidade na utilização econômica dos recursos da biosfera estão sintetizadas no Princípio n. 8 da Declaração do Rio sobre Meio Ambiente e Desenvolvimento de 1992: redução e eliminação de padrões insustentáveis de produção e consumo e promoção de políticas demográficas adequadas. Além disso, defende-se a imposição sistemática ao usuário desses recursos do pagamento de contribuições pecuniárias, como mecanismo de compensação pela utilização privada de elementos corpóreos integrantes de um bem de uso comum do povo.[67]

g) Princípio da proteção dos ecossistemas, com preservação de áreas representativas e ameaçadas de degradação, bem como recuperação de áreas já degradadas (art. 2º, IV, VIII e IX, da Lei 6.938/81; Princípios 2 e 4 da Declaração de Estocolmo de 1972)

De acordo com Eugene Odum, "Os organismos vivos e o seu meio não-vivo (abiótico) estão inseparavelmente inter-relacionados e interagem entre si. Chamamos de sistema ecológico ou *ecossistema* qualquer unidade (biossistema) que abranja todos os organismos que funcionam em conjunto (a comunidade biótica) numa dada área, interagindo com o ambiente físico de tal forma que um fluxo de energia produza estruturas bióticas claramente definidas e uma ciclagem

65. François Ramade, ob. cit., pp. 455 a 493.
66. *Nosso Futuro Comum*, cit., p. 5.
67. Antônio Herman V. Benjamin, "O princípio poluidor-pagador e a reparação do dano ambiental", in *Dano Ambiental — prevenção, reparação e repressão*, cit., pp. 226 a 236 e Paulo Affonso Leme Machado, *Princípios Gerais de Direito Ambiental Internacional...*, cit., pp. 403 e 404.

de materiais entre as partes vivas e não-vivas. O ecossistema é a unidade funcional básica na ecologia, pois inclui tanto os organismos quanto o ambiente abiótico; cada um destes fatores influencia as propriedades do outro e cada um é necessário para a manutenção da vida, como a conhecemos, na Terra.(...)''.[68]

Assim, o ecossistema, na explanação de Zysman Neiman, é o conjunto formado pelos elementos abióticos, como a água e os minerais, e os elementos bióticos, como as plantas, animais, bactérias e fungos, que num determinado meio fixam matéria e energia. Tais componentes dos ecossistemas mantêm entre si intrincadas relações de produção, consumo, decomposição e reciclagem de matérias e energia, em importantes teias alimentares que demoram milhões de anos para se formar e estão em contínuo processo de modificação. As alterações naturais nos ecossistemas ocorrem geralmente de forma muito lenta; sabe-se, inclusive, que mudanças bruscas em qualquer elo do sistema podem levar ao seu colapso total. Equilíbrio ecológico, portanto, é justamente a situação em que as populações de produtores, consumidores e decompositores mantêm-se em proporções ideais para que todos possam sobreviver e implica também uma relação ótima com o meio abiótico, do qual apenas os produtos essenciais são extraídos e as condições naturais permanecem inalteradas. Quanto mais complexo um determinado ecossistema, mais frágil e menos resistente a alterações ele se torna, já que comporta mais pontos de possíveis desequilíbrios.[69]

O homem integra também muitos ecossistemas e sua interferência deveria ser considerada, como expôs Mário Guimarães Ferri,[70] tão natural quanto a de qualquer outra espécie. Ocorre, porém, que em breve lapso de tempo o homem derruba e queima florestas e campos, drena brejos, inunda regiões secas, represa rios, polui a terra, a água e o ar; destrói o ambiente que existia e cria em seu lugar um outro ambiente que não é capaz de manter os mesmos equilíbrios antes existentes. Em alguns casos, é possível a superveniência de novos equilíbrios ecológicos,[71] mas em outros não.

A importância do conhecimento dos mecanismos de funcionamento dos ecossistemas, conforme Zysman Neiman, está precisamente em permitir ao homem saber os limites aceitáveis de sua intervenção no meio ambiente e da utilização dos recursos naturais. Cada ecossistema possui uma dinâmica própria, decorrente do seu processo evolutivo. Muitos deles não suportam qualquer tipo de alteração, nem se prestam à utilização pelo homem; outros, menos complexos, admitem a coexistência de atividades humanas sem comprometer o equilíbrio ecológico. Os primeiros devem ser preservados e recuperados (se já degradados) para garantir a sobrevivência do planeta; os outros podem, de forma controlada, ser utilizados em benefício das populações.[72]

h) Princípio do respeito à identidade, cultura e interesses das comunidades tradicionais e grupos formadores da sociedade brasileira (art. 216 da CF; Princípio 22 da Declaração do Rio de 1992)

Tem sido ressaltado ultimamente que não apenas os sistemas biológicos como também todos os grupos humanos foram e continuam sendo afetados pelo processo de desenvolvimento da socie-

68. *Ecologia*, trad. Christopher J. Tribe, Rio de Janeiro, Guanabara, 1988, p. 9.

69. Zysman Neiman, *Era Verde? Ecossistemas brasileiros ameaçados*, 6ª ed., São Paulo, Atual, 1989, pp. 7 a 9.

70. Mário Guimarães Ferri, *Ecologia Geral*, Belo Horizonte, Itatiaia, 1980, pp. 20 e 70.

71. Idem, p. 70.

72. Zysman Neiman, ob. cit., p. 10.

dade moderna, com a conseqüente perda de centenas de idiomas e outras manifestações culturais, as quais são consideradas tão irrecuperáveis quanto as espécies biológica extintas.[73] Como relatou a Comissão Mundial sobre Meio Ambiente e Desenvolvimento:

"Os processos do desenvolvimento geralmente fazem com que as comunidades locais se integrem gradualmente numa estrutura social e econômica mais ampla. Mas algumas comunidades — os chamados povos indígenas ou tribais — permanecem isoladas devido a fatores tais como barreiras físicas à comunicação ou diferenças marcantes de práticas sociais e culturais. Tais grupos são encontrados na América do Norte, na Austrália, na bacia Amazônica, na América Central, nas florestas e montanhas da Ásia, nos desertos do norte da África e em outros lugares.

"Seu isolamento resultou na preservação de um modo de vida tradicional em íntima harmonia com o ambiente natural. A própria sobrevivência desses povos dependeu de sua consciência e adaptação ecológicas.(...)

"À medida que o desenvolvimento organizado vai chegando às regiões remotas, esses grupos ficam menos isolados. Muitos vivem em áreas ricas em recursos naturais valiosos que os planejadores e 'desenvolvimentistas' desejam explorar; e essa exploração conturba o meio ambiente local a ponto de pôr em risco os modos de vida tradicionais. As mudanças legais e institucionais que acompanham o desenvolvimento organizado contribuem para aumentar a pressão.

"A interação cada vez maior com o mundo está tornando esses grupos mais vulneráveis, já que muitas vezes são deixados à margem dos processos de desenvolvimento econômico. A discriminação social, as barreiras culturais e a exclusão desses povos dos processos políticos nacionais deixam-nos vulneráveis e sujeitos à exploração. Muitos grupos perdem suas terras e ficam marginalizados, e suas práticas tradicionais desaparecem. Tornam-se vítimas do que poderia ser chamado de extinção cultural.

"Tais comunidades são depositárias de um vasto acervo de conhecimentos e experiências tradicionais, que liga a humanidade a suas origens ancestrais. Seu desaparecimento constitui uma perda para a sociedade, que teria muito a aprender com suas técnicas tradicionais de lidar com sistemas ecológicos muito complexos. É de uma terrível ironia que, à medida que o desenvolvimento formal vá atingindo mais intensamente as florestas tropicais, os desertos e outros ambientes isolados, tenda a destruir as únicas culturas que se mostraram capazes de lidar bem com esses ambientes.

"(...)

"O ponto de partida para uma política justa e humana em relação a esses grupos é o reconhecimento e a proteção de seus direitos tradicionais à terra e a outros recursos nos quais se apóia seu modo de vida — direitos que eles podem definir em termos que não se enquadram nos sistemas legais regulares. As próprias instituições desses grupos para regulamentar direitos e obrigações são fundamentais para a manutenção da harmonia com a natureza e da consciência ambiental característica do modo de vida tradicional. Por isso, o reconhecimento dos direitos tradicionais deve se associar a medidas de proteção das instituições locais que enfatizam a responsabilidade no uso dos recursos. Faz parte também desse reconhecimento dar voz ativa às comunidades locais nas decisões referentes ao uso dos recursos das áreas onde vivem.(...)".[74]

73. Gilberto Velho, "Globalização *vs.* Diversidade cultural", *apud* César Benjamin, ob. cit., pp. 142 e 143, nota 201 (p. 183).

74. *Nosso Futuro Comum*, cit., pp. 125 a 127.

Impõe-se destacar nessa matéria que os constituintes de 1988 estiveram atentos aos interesses das comunidades tradicionais. De fato, estabeleceu-se a proteção das manifestações das culturas populares, indígenas e afro-brasileiras e de outros grupos participantes do processo civilizatório nacional; instituíram-se como "patrimônio cultural brasileiro" os bens de natureza material e imaterial referentes à identidade, à ação e à memória dos diferentes grupos formadores da sociedade brasileira, incluindo suas formas de expressão, seus modos de criar, fazer e viver, suas criações científicas, artísticas e tecnológicas (arts. 215 e 216 da CF).

Especificamente com relação à problemática indígena, previu-se todo um capítulo na Constituição, em que se assegurou o direito dos índios à manutenção de sua organização social, costumes, crenças, línguas e tradições, bem como à permanência e à participação na exploração dos recursos nas terras por eles tradicionalmente ocupadas. Ademais, reconheceu-se aos indígenas e às suas organizações legitimidade para agir em juízo na defesa de seus direitos e interesses, assegurada a intervenção do Ministério Público como fiscal da lei (arts. 231 e 232 da CF).

3.4.2 Objetivos da PNMA

Com relação aos objetivos da PNMA, deve ser observado que eles revelam a *finalidade* do legislador ao estabelecer as normas protetivas do meio ambiente e definem, conseqüentemente, o elemento de *legalidade* ou *ilegalidade* de toda e qualquer atividade que tenha repercussão sobre a qualidade ambiental. Como esclarece Celso Antônio Bandeira de Mello, "Em rigor, o princípio da finalidade não é uma decorrência do princípio da legalidade. É mais que isto: é uma inerência dele; está nele contido, pois corresponde à aplicação da lei tal qual é; ou seja, na conformidade de sua razão de ser, do objetivo em vista do qual foi editada (...)".[75]

Assim, toda interpretação e aplicação da legislação ambiental que não seja conforme à sua finalidade; todo exercício de atividades de qualquer natureza que contrarie os objetivos da PNMA; toda utilização dos instrumentos legais de proteção do meio ambiente em descompasso com a sua finalidade primordial implicarão em desvio de finalidade e configurarão inafastável ilegalidade. Como diz uma vez mais Celso Antônio Bandeira de Mello: "Quem desatende o fim legal, desatende a própria lei".[76]

Entre os objetivos da Política Nacional do Meio Ambiente previstos na legislação em vigor destacam-se:

a) A preservação e a restauração dos recursos ambientais e dos processos ecológicos essenciais das espécies e ecossistemas (art. 225, § 1º, da CF; art. 4º, VI, da Lei 6.938/81)

Se, como visto, um dos princípios da PNMA é a utilização racional dos recursos ambientais, para que isto se concretize torna-se indispensável a preservação e a restauração de tais recursos, como forma de assegurar sua capacidade permanente de atender as necessidades das populações e as exigências do crescimento econômico dos países. A conservação desses elementos, portanto, deve ser buscada pelas políticas ambientais a fim de viabilizar-se o pretendido desenvolvimento sustentável.

75. Celso Antônio Bandeira de Mello, *Elementos de Direito Administrativo*, 2ª ed., São Paulo, Ed. RT, 1991, pp. 61 a 64.

76. Idem, p. 62. "A finalidade legal é um elemento da própria lei, é justamente o fator que proporciona compreendê-la. Por isso não se pode conceber o princípio da legalidade sem encarecer a finalidade quer de tal princípio em si mesmo, quer das distintas leis em que se expressa" (p. 63).

Além disso, deve ser observado que a legislação vigente não se limitou a prever a proteção dos recursos naturais na sua dimensão utilitarista de bens de interesse econômico. A PNMA deve ir mais longe e perseguir igualmente a conservação dos processos ecológicos essenciais das espécies e ecossistemas, ou seja, de todo aquele conjunto de relações e interações que se estabelecem entre as espécies e entre elas e o seu meio, aquela imensa teia que condiciona a vida em todas as suas formas, independentemente do seu valor ou sua importância econômica imediata.

Completa o objetivo aqui discriminado, devendo ser analisado sob a mesma ótica, o dispositivo constitucional que fixa a obrigatoriedade de proteção da fauna e da flora, vedadas as práticas que coloquem em risco sua função ecológica e provoquem a extinção de espécies (art. 225, § 1º, VII, da CF).

b) A preservação da diversidade e da integridade do patrimônio genético do país (art. 225, § 1º, II, da CF)

A necessidade de preservação e conservação do patrimônio genético está relacionada com a questão da biodiversidade. Em ecologia, considera-se que quanto maior o número de espécies e de ligações entre elas, maior a tendência à manutenção do equilíbrio ecológico. Ecossistemas simplificados tendem a oscilar de forma mais violenta diante de perturbações, pois o número de seus componentes é menor e o ajuste entre eles, menos firme. São instáveis, já que podem ser afetados pela variação na quantidade de uma única espécie ou de algumas delas. Costuma-se dizer, inclusive, que a Terra como um todo deve ser vista como um imenso ecossistema, cuja saúde pode ser medida pela variedade de espécies que nele habitam.[77]

De acordo com César Benjamin, o conceito de biodiversidade inclui todos os produtos da evolução orgânica, em todos os níveis — de genes até ecossistemas completos, passando pelos organismos vivos. Todas as espécies, independentemente de sua utilidade imediata ou aparência, representam um conjunto único de genes, de extremo valor sob vários pontos. Para o homem, sobretudo, não há organismos verdadeiramente inúteis. Há, isto sim, organismos úteis em prazos mais curtos ou mais longos; o que hoje pode não ter utilidade, amanhã pode ser decisivo.[78]

Cada organismo tem, pelo menos, informações específicas a dar sobre o sistema biológico do qual participa e pode ajudar a elucidar aspectos variados do ecossistema e do processo evolutivo.

O advento da biotecnologia, por sua vez, vem reforçando a importância desses patrimônios genéticos no desenvolvimento econômico. A proteção do fundo genético animal e vegetal justifica-se, por exemplo, para fins de produção de alimentos e medicamentos.[79]

É importante frisar, todavia, que o desenvolvimento da biotecnologia, antes de reduzir, apenas aumentou a importância da manutenção dos estoques genéticos em estado natural. A preservação em laboratório de amostras de variedades de espécies é ainda um processo demorado, dispendioso e muito complexo, pois a manutenção da base genética exige a conservação não somente de espécimes de uma determinada espécie como também de populações numerosas de espécies vizinhas e seus habitats. Os denominados "centros de origem" de uma espécie são, em geral, áreas de grande diversidade biológica, difíceis na prática de serem reproduzidos artificialmente. Por isso, ao degradarem-se ecossistemas ainda vir-

77. César Benjamin, ob. cit., p. 56; François Ramade, ob. cit., pp. 498 a 501.

78. César Benjamin, ob. cit., p. 57.

79. César Benjamin, ob. cit., pp. 58 e 59; François Ramade, ob. cit., pp. 500 a 505.

gens destroem-se espécies em relação às quais pouco ou nenhum conhecimento se tem. Inúmeras espécies estão desaparecendo antes de serem identificadas e conhecidas, justamente no momento em que a ciência começa a aprender a explorar, em benefício do próprio homem, o fundo genético.[80]

Reduzir, portanto, ainda mais, a variabilidade biológica existente no planeta pode significar a privação das gerações atuais e futuras de potenciais insuspeitados, pois cada espécie extinta leva consigo características únicas, que jamais voltarão a ocorrer.[81]

c) A proteção especial de determinadas áreas naturais consideradas patrimônio nacional: Floresta Amazônica; Mata Atlântica; Serra do Mar; Pantanal Mato-Grossense; Zona Costeira (art. 225, § 4º, da CF)

A noção de *patrimônio nacional* é uma inovação trazida pela Constituição de 1988, no § 4º do art. 225, e não tem ainda contornos precisos, já que não foi objeto de regulamentação por lei infraconstitucional. São definidas como tal a Floresta Amazônica, a Mata Atlântica, a Serra do Mar, o Pantanal Mato-Grossense e a Zona Costeira.

Todas essas áreas naturais têm em comum o fato de situarem-se em territórios extensos que abrangem mais de uma unidade da federação e de representarem alguns dos últimos e mais importantes repositórios de vida selvagem do planeta. Em razão de sua diversidade biológica, esses espaços formam ecossistemas extremamente complexos e delicados, constituindo o grupo dos denominados *ecossistemas brasileiros ameaçados*. Exigem, dessa forma, proteção especial.[82]

Ao lado de sua relevância ecológica, são áreas também de enorme importância do ponto de vista social e econômico. Nelas habitam as já mencionadas *comunidades tradicionais* ou grupos formadores da sociedade brasileira (indígenas, caiçaras, caboclos etc.), protegidos pela Constituição Federal (arts. 216 e 231). Ademais, são áreas com grande potencial de exploração econômica, sobretudo quanto à utilização de recursos naturais (vegetais, animais e minerais), ao aproveitamento hidroenergético, à ocupação humana e à expansão urbana.[83]

Por tudo isso, na conservação e na gestão desses territórios aparecem inúmeros interesses, não raro antagônicos e conflitantes, que devem ser compatibilizados por intermédio da adoção de políticas adequadas.

É importante notar que a Constituição de 1988 não estabeleceu a intocabilidade das áreas consideradas patrimônio nacional. Ao contrário, previu-se expressamente a possibilidade de sua utilização. Todavia, essa utilização possível ficou — também expressamente — condicionada à preservação do meio ambiente; limite constitucional à gestão do território nesses locais e à exploração dos recursos naturais.

Tem-se discutido se a noção de patrimônio *nacional* tem conotação de afirmação da soberania brasileira em relação a esses espaços territoriais. Toshio Mukai entende que "(...) Tal expressão tem significado e relevância em relação a outros países ou organismos internacionais, no sentido de que aquelas regiões não podem sofrer interferências de grupos, países ou entidades externas, posto

80. César Benjamin, ob. cit., pp. 59 a 68; François Ramade, ob. cit., p. 503.

81. César Benjamin, ob. cit., p. 59.

82. Zysman Neiman, ob. cit., p. 10; *Dossiê Mata Atlântica — 1992*, São Paulo, Fundação SOS Mata Atlântica, 1992.

83. Idem.

que são consideradas patrimônio da Nação Brasileira''.[84] Diversamente, sustenta Fábio Feldmann que esses ecossistemas discriminados no texto constitucional, pela sua relevância do ponto de vista da proteção do meio ambiente global do planeta, além de nacionais, são igualmente patrimônio da humanidade.[85]

Seja como for — e aí Fábio Feldmann tem inteira razão —, mesmo admitindo-se que o constituinte pretendeu assegurar exclusividade de gestão dessas áreas ao Brasil — de toda conveniência, diga-se de passagem —, procurando afastar ingerências estrangeiras, *soberania* não pode ser entendida aqui em termos extremados, de um ''nacionalismo xenófobo'', o qual levaria a um isolamento do país nas questões ambientais. Em termos atuais, soberania nessa matéria deve ser considerada em conformidade com o Princípio n. 2 da Declaração do Rio sobre Meio Ambiente e Desenvolvimento de 1992, que repetiu o Princípio n. 21 da Declaração de Estocolmo sobre o Meio Ambiente Humano de 1972: ''Os Estados, de conformidade com a Carta das Nações Unidas e os princípios do direito internacional, têm o direito soberano de explorar seus próprios recursos segundo suas próprias políticas ambientais e de desenvolvimento, e a responsabilidade de velar para que as atividades realizadas dentro de sua jurisdição ou sob seu controle não causem danos ao meio ambiente de outros Estados ou a áreas situadas fora dos limites da jurisdição nacional''.

Em suma: exercício da soberania norteado pela idéia de cooperação internacional.

84. *Direito Ambiental Sistematizado*, cit., p. 23.

85. Esse posicionamento foi manifestado pelo autor em palestras e conferências, sem notícia de registro por escrito.

d) O controle das atividades potencial ou efetivamente poluidoras (art. 2º, V, da Lei 6.938/81)

O fenômeno da poluição ambiental é antigo, já que desde o seu aparecimento na terra o homem começou a poluir a biosfera. No entanto, durante muito tempo, em razão do pequeno desenvolvimento tecnológico e da reduzida importância quantitativa da população, a poluição permaneceu em níveis praticamente irrelevantes e mais ou menos localizada espacialmente. Foi, como visto anteriormente, com a crescente industrialização e urbanização, a partir do final do século XVIII e início do século XIX, que as emissões de substâncias de origem doméstica e industrial passaram a contaminar o ambiente, não só devido à quantidade de resíduos despejados na natureza, como também à natureza artificial e sintética (inorgânica) dos poluentes. Na realidade, a atividade humana gerou resíduos sem que houvesse preocupação correspondente do homem com a capacidade do ambiente de absorvê-los e com as formas de destruição ou reciclagem das substâncias. Assim, enquanto população e poluição aumentaram ininterruptamente, o poder autodepurador do meio natural seguiu evolução inversa e vem caminhando para a saturação ou neutralização completa.[86]

Hoje se reconhece o problema representado pelo comprometimento do meio ambiente em decorrência das atividades poluidoras. Contudo, como advertiu Günter Fellenberg,[87] há ainda divergências no que se refere às possibili-

86. François Ramade, ob. cit., pp. 61 e 62; Roger Dajoz, ''A poluição — o panorama das poluições'', in *Enciclopédia de Ecologia*, J.-P. Charbonneau *et alii*, São Paulo, EPU, 1979, p. 158; Günter Fellenberg, *Introdução aos problemas da poluição ambiental*, trad. Juergen Heinrich Maar, São Paulo, EPU, 1980, pp. 1 a 3.

87. Ob. cit., pp. 3 a 5.

dades e às formas de serem eliminados os perigos das poluições. Uma desintoxicação completa de todas as emissões ou despejos industriais é tão dispendiosa que sua aplicação generalizada tem sido considerada impraticável. Prefere-se, por isso, reduzir a produção em alguns ramos industriais para evitar maior poluição, o que, muitas vezes, provoca impasses ante as repercussões econômicas de tais decisões. Conseguiu-se, na verdade, até o presente, um único consenso: a necessidade de eliminar os poluentes mais tóxicos para a saúde humana e controlar a emissão dos demais a fim de preservar os sistemas naturais.

Dessa forma, o controle das atividades poluidoras, nos termos do entendimento dominante, encampado pela legislação em vigor, é calcado em métodos e técnicas capazes de impedir o lançamento de substâncias altamente tóxicas e de prevenir a emissão ou a concentração no ambiente de matérias insuscetíveis de serem naturalmente absorvidas pelo meio receptor. Isto é buscado, normalmente, por um lado, pela submissão das atividades efetivas ou potencialmente poluidoras ao processo de licenciamento ambiental, no qual se insere, em determinados casos, a obrigatoriedade de elaboração de estudo prévio de impacto ambiental, e, por outro lado, na fixação de padrões de emissão de substâncias, admissíveis para cada atividade, ou seja, a definição do quanto uma determinada atividade pode lançar em matérias ou energia no meio ambiente, bem como da quantidade a partir da qual a emissão passa a ser considerada poluente (limites de emissão).[88]

No tocante às atividades nucleares — como sabido, de enorme potencial poluidor —, o direito positivo brasileiro reforçou o sistema de controle de seu exercício. Além do sistema de licenciamento e prévia elaboração de estudo de impacto ambiental, tais atividades estão submetidas ao monopólio da União (permitidas apenas a concessão e a permissão a particulares das atividades que utilizem radioisótopos) e sujeitas ao controle e fiscalização do Congresso Nacional.[89]

e) A compatibilização do desenvolvimento econômico e social com a preservação da qualidade do meio ambiente e do equilíbrio ecológico (art. 4º, I, da Lei 6.938/81)

Este objetivo da PNMA é, na realidade, a própria síntese da noção vigente de *desenvolvimento sustentável*, antes examinada, como proposta de trabalho prevalente no mundo e consagrada definitivamente nas tantas vezes referida Conferência das Nações Unidas de 1992 — sobre Meio Ambiente e Desenvolvimento —, realizada no Rio de Janeiro. Pressupõe, como já vimos, a inclusão da proteção ambiental, não como aspecto isolado das políticas públicas, mas como parte integrante do processo global de desenvolvimento dos países.

Não se trata, repita-se, como observou Ignacy Sachs, de abandonar o crescimento econômico, mas sim de negar-lhe a estatura de um objetivo que suplante outros de igual relevo nas políticas de desenvolvimento, como a melhoria das condições sociais, culturais e ambientais das populações. Segundo o autor, "(...) O Produto Nacional Bruto *per capita* é

88. O licenciamento ambiental das atividades poluidoras está previsto nos arts. 9º, IV, e 10 da Lei Federal 6.938/81 e nos arts. 5º da Lei Estadual 997/76 e 57 do Decreto Estadual 8.468/76. A realização de estudo prévio de impacto ambiental dessas atividades vem regulamentada na Resolução 1/86 do Conselho Nacional do Meio Ambiente (CONAMA).

89. De acordo com o art. 21, XXIII, *a*, da CF, toda atividade nuclear em território nacional dependerá sempre de *aprovação* do Congresso Nacional. Em conformidade com o § 6º do art. 225 da CF: "As usinas que operem com reator nuclear deverão ter sua localização definida em *lei federal*, sem o que não poderão ser instaladas".

cada vez menos valorizado como o indicador de desenvolvimento e felicidade (...)''.[90] Em semelhante análise, Selene Carvalho Herculano constata que ''(...) Se a renda *per capita* já era um indicador pouco confiável, a taxa de crescimento do PIB (Produto Interno Bruto) hoje também é questionada: em 1990 o PNUD (Programa de Desenvolvimento das Nações Unidas) publicou seu Relatório sobre o Desenvolvimento Humano, no qual usa um novo índice — o IDH (Índice de Desenvolvimento Humano), para avaliar os diferentes estágios de desenvolvimento dos países-membros da ONU. Este índice combina o poder aquisitivo com a expectativa de vida e o índice de alfabetização (escolaridade) das pessoas, partindo da premissa de que a boa sociedade é aquela cujos cidadãos têm uma vida longa e saudável, educação e acesso aos recursos disponíveis''.[91]

Assim, sem se questionar — *hélas* — a estrutura do modelo de desenvolvimento adotado, procura-se por intermédio do objetivo em foco adequar as estratégias atuais de crescimento econômico às necessidades de conservação do ambiente e dos recursos naturais. Se isto é efetivamente suficiente como ponto de partida para a melhoria *generalizada* da qualidade de vida das gerações presentes e futuras, só o tempo dirá.

Todos esses objetivos acima elencados — nunca é demais insistir — são *fins previstos no direito positivo brasileiro* no tocante à política ambiental. Devem necessariamente ser perseguidos pela atuação do Poder Público e não podem, em hipótese alguma, ser frustrados pelas condutas e atividades dos particulares.

90. Ignacy Sachs, *Ecodesenvolvimento — crescer sem destruir*, trad. Eneida Araújo, São Paulo, Vértice, 1986, p. 132.

91. Selene Carvalho Herculano, ob. cit., p. 24.

4. Conclusão

Ao longo desta exposição procuramos esboçar o que consideramos *Os Fundamentos do Direito Ambiental no Brasil*, como base jurídica sobre a qual repousa todo o conjunto de normas protetivas do meio ambiente, de conhecimento e compreensão obrigatórios para a boa aplicação do Direito nessa área. Seguindo essa linha de entendimento, analisamos, como integrantes do alicerce, das raízes do Direito Ambiental, o direito ao meio ambiente, a definição legal e o regime jurídico do meio ambiente e os princípios e objetivos da Política Nacional do Meio Ambiente, política essa, segundo pensamos, diretamente influenciada pelas diretrizes estabelecidas em duas Conferências Internacionais sobre o tema, preparadas e coordenadas pela Organização das Nações Unidas.

Buscamos, também, mostrar o que se entende no mundo atual por proteção do meio ambiente. Tal aspecto é da maior relevância, pois revela o pano de fundo da elaboração do Direito Ambiental e os valores ambientais reconhecidos pela sociedade, na ordem internacional e na ordem interna, a serem levados em consideração na interpretação e aplicação das regras jurídicas correspondentes.

Por mais críticos que possam ser os doutrinadores em relação à legislação ambiental no Brasil, a verdade é que o direito brasileiro vem acompanhando de perto toda a evolução da problemática ambiental ocorrida no mundo e dando guarida aos anseios da coletividade nesse campo, notadamente pela criação de inúmeros instrumentos legais que servem à adequada proteção do ambiente. A própria existência de um sistema jurídico composto de normas globais e setoriais, de institutos, conceitos, noções e princípios específicos a essa matéria, formando um todo lógico e coerente, passível de ser conhecido e entendido em sua amplitude e abrangência — como acreditamos ter podido demonstrar — é prova eloqüente disso.

Sabemos, porém, que apesar da existência e do crescente aperfeiçoamento desse potente arsenal legislativo, a proteção do meio ambiente não tem sido tão eficiente nem tão efetiva como era de se esperar. Até porque, como já salientou Fábio Konder Comparato, "a cultura de um povo não se revoga pelo advento de um novo Direito".[92]

Em face dessa realidade, de fácil constatação, o que nos parece verdadeiramente urgente em termos atuais é uma tomada de consciência mais séria a respeito da enorme responsabilidade que pesa sobre todos nós pelo destino da nossa sociedade.

Como afirmou lucidamente Leonardo Boff, de todos os seres vivos só o ser humano se constitui num ser ético; só ele se faz responsável. Só o homem pode realizar-se ou frustrar-se, ser trágico ou feliz e junto com ele carregar o destino de todo o planeta. De todas as espécies, só a humana pode dizimar, destruir e pôr em perigo todo o sistema que dá suporte à vida na Terra. Mas, da mesma forma, só o ser humano pode entender as exigências do equilíbrio ecológico e em nome dele impor limites a seus desejos e ambições individuais e materiais, em prol de uma vida mais digna para todos.[93]

Resta esperar, portanto, que a discussão permanente e sistemática dos aspectos jurídicos da proteção do meio ambiente, como a que ora se realiza nesta I Semana do Direito Ambiental, sirva, senão para formar estudiosos nesse ramo do Direito, ao menos para despertar a consciência da responsabilidade que todos têm na preservação do ambiente são e ecologicamente equilibrado e da responsabilidade que principalmente os profissionais do direito têm na tarefa de contribuir para que o Direito do Meio Ambiente, há anos em vigor, seja finalmente aplicado entre nós.

92. Ob. cit., p. 48.

93. Ob. cit., pp. 35 e 36.

ESTUDOS & COMENTÁRIOS

MEDIDA LIMINAR EM AÇÃO DE INDENIZAÇÃO POR DESAPROPRIAÇÃO INDIRETA*

MARIA CRISTINA CERESER PEZZELLA E ANELISE BECKER
Mestrandas em Direito pela Universidade Federal do Rio Grande do Sul

Introdução. Parte I — Do dever de indenizar e da solução tradicional para o problema da desapropriação indireta: a) do dever de indenizar; b) da solução tradicional para o problema da desapropriação indireta. Parte II — Uma forma mais adequada de justiça material: do cabimento de medida liminar em ação de indenização por desapropriação indireta: a) das peculiaridades da desapropriação indireta; b) do cabimento de medida liminar em ação de indenização por desapropriação indireta; c) da fixação e pagamento do valor do depósito liminar. Conclusão.

Introdução

As atividades que o Estado contemporâneo vem desempenhando são muito superiores àquelas que desenvolvia num passado próximo. As experiências políticas que se sucederam à 1ª Guerra Mundial traduzem uma intenção comum de superar os pressupostos e as realizações do Estado liberal. As intervenções estatais decisivas, impelidas pelas necessidades da Guerra, longe de cessarem com o conflito, perpetuaram-se pelas exigências de reconstrução e, posteriormente, pela nova crise econômica e nova Guerra Mundial. Conseqüentemente, a sociedade transmudou-se em objeto suscetível e carente de uma estruturação a ser atuada pelo Estado, com vistas à realização da justiça social. Revelava-se o "Estado social" que, logo a seguir, preocupado com a direção e controle do processo produtivo, converter-se-ia em "Estado econômico", o qual encararia a esfera econômica como passível de ser moldada em função das exigências sociais e dos objetivos políticos por ele definidos.[1]

* A proposição aqui expressa foi encaminhada pelas autoras para a Revisão da Constituição Federal de 1988, tendo sido apresentada em 8 de dezembro de 1993 pelo Deputado Federal Adroaldo Streck, no sentido de que seja inserido, no artigo 5º do texto constitucional vigente, mais um inciso, imediatamente posterior ao que trata da desapropriação regular, de n. XXV, portanto, nos seguintes termos:

"Art. 5º (...)

"XXV — A desapropriação indireta ensejará o depósito liminar do equivalente em dinheiro ao valor do bem quando da propositura da ação de indenização".

1. Sobre o tema, ver especialmente Jorge Reis Novais, "Contributo para uma Teoria do Estado

Agigantado e responsável por diversas atividades essenciais à vida em sociedade,[2] o Estado contemporâneo, mais do que nunca, necessita de instrumentos que viabilizem a sua ação sistemática sobre o processo econômico e social.

Embora Ernest Forsthoff[3] propugne pela inviabilidade conceitual de um "Estado social de Direito", a verdade é que a nova dimensão de socialidade "não só não se apresenta em antinomia ao princípio do Estado de Direito, como é mesmo uma exigência deste".[4] O valor essencial do Estado de Direito, na sua gênese, é a tutela da dignidade da pessoa humana, que se procura garantir através da limitação jurídica do Estado. E, em função desse valor, tanto a legitimidade de um dado sistema de propriedade quanto a compatibilidade de uma particular intervenção do Estado devem ser aferidas de acordo com os quadros do Estado de Direito.[5] Assim, a compreensão do Estado social pressupõe, por definição, a preservação dos valores que, independentemente da circunstância histórica, individualizam o ideal do Estado de Direito. Nas condições atuais, assim como no século XIX, a exigência da racionalização de toda atividade estatal em função da garantia dos direitos fundamentais "traduz-se inevitavelmente na limitação jurídica do Estado e na jurisdicização das suas relações com os cidadãos, o que pressupõe a manutenção do núcleo essencial das técnicas jurídicas associadas ao aparecimento do Estado de Direito, desde a divisão de poderes ao princípio da legalidade da Administração e à tutela jurisdicional dos direitos individuais".[6]

Portanto, em que pese a intervenção estatal condicione restrições à liberdade contratual e ao direito de propriedade, complementando e corrigindo a caracterização liberal do Estado de Direito por meio da preocupação ética com o enquadramento social do indivíduo e sua conseqüente responsabilidade social,[7] guardou deste a prescrição de *ausência de invasões legítimas nas esferas individuais*. Desta deriva o *direito público subjetivo à legalidade dos atos administrativos*, que consiste no poder que tem o administrado de exigir que a Administração exerça sua atividade jurídica segundo as regras que lhe são impostas pelas leis e regulamentos.[8] Desta forma, as ilegalidades cometidas constituem não apenas violações do direito objetivo, como também de direitos subjetivos: violações de direitos subjetivos dos administrados à legalidade dos atos administrativos.[9] Em vista do tipo de interesse a que atende, a própria norma de direito público não é considerada em regra como fonte de direitos subjetivos, senão unicamente a partir da perspectiva do princípio da legalidade, ou seja, como limite externo às intervenções autoritárias da burocracia pública na sociedade civil.[10] Embora não visem a contemplar interesses individuais, mas da coletividade, criam, incidentalmente, benefícios ao particular. Até a obra de Georg Jellinek, isso era

de Direito", separata do vol. XXIX do *Boletim da Faculdade de Direito da Universidade de Coimbra*, 1987.

2. Forsthoff, citado por Jorge Reis Novais, ob. cit., p. 197, afirma que "o homem moderno, a quem foi subtraído o controlo da sua existência, não vive apenas *no Estado*, mas *do Estado*".

3. Apud Jorge Reis Novais, ob. cit., pp. 205 e ss.

4. Jorge Reis Novais, ob. cit., p. 211.

5. Idem, p. 210.

6. Idem, p. 212.

7. V. Ludwig Raizer, "O Futuro do Direito Privado", in *Revista da Procuradoria-Geral do Estado — RS* vol. 9, n. 25, Porto Alegre, 1979.

8. Roger Bonnard, *Précis de Droit Administratif*, Partie Générale, Recueil Sirey, Paris, 1935, p. 81.

9. Idem, p. 82.

10. Antonio Esteban Drake, *El Derecho Publico Subjetivo como Instrumentación Tecnica de las Libertades Publicas y el Problema de la Legitimacion Procesal*, Civitas, Madri, 1981, p. 29.

considerado mero reflexo de tal norma, não suscetível de proteção jurídica. A partir da obra deste, entretanto, passou-se a entender que tal norma cria então direito subjetivo público — abstraído do interesse material do indivíduo, como forma de estabelecer sua participação no restabelecimento da legalidade, pois caso a norma seja violada por ato administrativo ilegal, acarretando-lhe prejuízo, pode acionar o Poder Judiciário com vistas a restabelecer a situação afetada pelo referido ato.[11]

Premida por carências materiais ou mesmo agindo irresponsavelmente,[12] muitas vezes a Administração Pública realiza atos em desacordo com a legalidade. Exemplo que se multiplica nos dias atuais é o da *desapropriação indireta*,[13] onde o Estado viola o direito de propriedade, em nome de sua função social, sem que, no entanto, atenha-se às pautas legais previstas para tanto.

É certo que o direito de propriedade, absoluto, não existe. Na verdade, a propriedade privada é potencialmente pública, pois, uma vez necessária à satisfação do interesse público, pode vir o Estado a nela intervir, podendo até mesmo extingui-la por meio da desapropriação que, assim, torna-se "a forma conciliadora entre a garantia da propriedade individual e a função social dessa mesma propriedade, que exige usos compatíveis com o bem-estar da coletividade".[14] De todo modo, é imprescindível a atenção ao devido processo legal.

A Constituição brasileira de 1988 consagra o direito de propriedade como direito subjetivo *inviolável*, sujeito apenas, portanto, a exceções expressas. Na qualidade de *exceção*, a legalidade do procedimento desapropriatório implica estrita observância dos ditames legais a ele relativos que, de acordo com o artigo 5º, XXIV, da CF, incluem indenização justa e prévia.[15]

Quando da desapropriação indireta, a Administração Pública desrespeita as normas constitucionais e, sem o devido processo legal, priva totalmente o proprietário dos poderes inerentes a seu direito, o que constitui puro arbítrio, onde o particular prejudicado pelo próprio Estado, titular do monopólio da Justiça, resta totalmente desprotegido.

As soluções que tradicionalmente vem sendo apresentadas para este problema, relegado à indenização ordinária por ato ilícito, não se têm mostrado satisfatórias. A proposta ora apresentada, inédita na doutrina e jurisprudência, tem por finalidade a realização da justiça material de forma mais adequada.

11. Sobre o tema, v. Antonio Esteban Drake, ob. cit., que acrescenta: "A condição de existência da pretensão jurídica do particular é a coincidência do interesse público e privado e o reconhecimento desta coincidência pelo Estado, que então outorga ao destinatário da norma uma pretensão sobre a atividade estatal e um meio jurídico para obter sua satisfação", p. 32, tradução nossa.

12. Porque muitas vezes os administradores presentes confiam em que as conseqüências de seus atos recairão apenas sobre as futuras gestões.

13. Em que pese consagrada, a expressão é tida como imprópria, pois "toda desapropriação deve ser precedida de declaração expropriatória regular, na qual se indique o bem a ser desapropriado e se especifique a sua destinação pública ou de interesse social. Não há, nem pode haver desapropriação de fato, ou indireta" (Hely Lopes Meirelles, *Direito Administrativo Brasileiro*, Ed. RT, São Paulo, 1989, p. 498).

14. Hely Lopes Meirelles, ob. cit., p. 497.

15. Nem mesmo nos casos de "desapropriação-sanção" há exceção a esta regra. Embora a indenização não se dê em dinheiro, mas em títulos da dívida pública ou agrária, persiste a exigência expressa de previedade. No caso de área urbana não edificada ou subutilizada (CF 88, artigo 182, § 4º, III), o pagamento da indenização deve-se dar em títulos da dívida pública de emissão previamente aprovada pelo Senado Federal. Quando da desapropriação de imóvel rural que não esteja cumprindo a sua função social, para fins de reforma agrária, a CF prevê, no *caput* do artigo 184, prévia e justa indenização, embora em títulos da dívida agrária resgatáveis no prazo de até vinte anos.

Parte I — Do dever de indenizar e da solução tradicional para o problema da desapropriação indireta

a) Do dever de indenizar

Para realizar a transferência do patrimônio privado para o público, o Estado, e só o Estado,[16] dispõe do instituto da desapropriação, um mecanismo deveras especial, pelas vantagens que lhe traz, de vez que, compulsório, nele apenas se discute o valor da indenização.

Porque a propriedade é mais ampla do que os poderes a ela relativos — pois inclui o seu *valor* — por meio da desapropriação, pode-se vir a perder a condição de proprietário, no sentido de titular de tais poderes, mas jamais o seu valor. Por isso, é garantida a indenização. Com a desapropriação, o proprietário perde os poderes inerentes à propriedade, *mas não o seu valor*.

A matéria da indenização exige um equilíbrio delicado. Não se pode avançar muito pelo caminho da restrição pois, deste modo, atinge-se o princípio constitucional da isonomia, que exclui a possibilidade de sacrifício de um só para vantagem de todos. É, pois, este princípio o que dá o fundamento último da exigência de indenização.[17]

É certo que já se foi o tempo em que a indenização, face ao maior grau de individualismo presente na sociedade, cobria até mesmo um valor subjetivo que o objeto expropriado possuísse para seu proprietário.[18] Num segundo momento, garantia-se apenas o "valor de reaquisição", de vez que o expropriado não deveria experimentar nem uma perda nem um incremento de seu patrimônio.[19] Hoje, predominando um enfoque mais social, seu valor tem sido calculado até mesmo a menor em relação ao real valor do bem. Mas, ainda assim, o proprietário resta contemplado, sob pena de a desapropriação transmudar-se em confisco.[20]

Segundo a teoria do *particular sacrifício*, consagrada pela Alta Corte Administrativa Alemã, a expropriação ocorre quando o afetado é objeto de um ônus dele não exigível, quando se impõem limitações a um indivíduo que, *por sua gravidade e extensão implicam um sacrifício não exigível*.[21] Por isso, a finalidade da indenização é, precisamente, "compensar uma carga determinada imposta a um indivíduo ou grupo de indivíduos, e exigida pelo interesse geral, fazendo recair o dano sobre toda a coletividade".[22] Para que haja responsabilidade das coletividades públicas, é suficiente que o prejuízo imputável ao Estado rompa a igualdade dos cidadãos perante as *charges publiques*.[23]

16. No Direito português, por força de conceito bastante amplo de expropriação, há a possibilidade de expropriação por utilidade *particular*, cujo regime e natureza, no entanto, distinguem-na profundamente da chamada expropriação por utilidade *pública*, naturalmente, a única da qual nos ocuparemos, pois a primeira modalidade é desconhecida entre nós. V. Ascensão, *Direito Civil Reais*, Coimbra Ed., Coimbra, 1993, pp. 222 e ss. e 292 e ss.

17. Ascensão, ob. cit., p. 398.

18. Assim a Lei Prussiana de Expropriação forçosa, de 1874, conforme Ernest Forsthoff, *Tratado de Derecho*, Instituto de Estudios Politicos, Madri, 1958, p. 443.

19. Ernest Forsthoff, referindo-se à "indenização adequada" prevista pela Constituição de Weimar, ob. cit., p. 444.

20. Expressamente vedado na CF 88 em seu art. 150, IV.

21. Ernest Forsthoff, ob. cit., p. 441.

22. Idem, p. 452.

23. Na França, esta idéia traduz-se no princípio da *égalité devant les charges publiques*, o qual fornece a nota distintiva fundamental entre a responsabilidade civil dos particulares e a responsabilidade do Estado (Marcel Waline, *Traité Élémentaire de Droit Administratif*, Recueil Sirey, Paris, 1952, 6ª ed., p. 578). A responsabilidade da coletividade pública tem por objeto restabelecer entre os cidadãos a igualdade perante as cargas públicas

Instrumentalizando as determinações constitucionais pátrias, o procedimento legal da desapropriação, previsto no DL 3.365/41, entre outras disposições, estabelece que, não realizada amigavelmente a desapropriação, deve o Estado ingressar em juízo para promovê-la e, para que possa imitir-se provisória,[24] mas imediatamente, na posse do bem, deve obter o competente mandado judicial, mediante *depósito prévio do valor da indenização* (DL 3.365, art. 15 e seu § 1º).

Não obstante sua posição privilegiada, pois é o único a dispor da prerrogativa da desapropriação, o Estado muitas vezes ignora estas determinações legais, e parte para o puro e simples *esbulho*[25] da propriedade privada.

E estamos diante da *desapropriação indireta*.

b) Da solução tradicional para o problema da desapropriação indireta

Tradicionalmente, a defesa do administrado turbado tem sido restringida à utilização dos interditos possessórios[26] e, uma vez consumado o apossamento, acena-se-lhe apenas com a possibilidade de recuperar o valor do bem irregularmente expropriado através de ação ordinária de indenização por ato ilícito.[27]

As razões para tanto residem no fato de que a Lei de Desapropriações prevê o procedimento que *deve ser* seguido pelo Poder Público para promover a aquisição da propriedade. *Não estabelece*, entretanto, *as conseqüências para a sua inobservância*.[28]

E isto conduz a um resultado *profundamente injusto*: aquele cuja propriedade é regularmente desapropriada recebe seu valor previamente, enquanto que aquele que sofre sua perda de forma irregular — o que consiste em uma agravante — ver-se-á totalmente privado de seu valor, a menos que ingresse em juízo. Por conseqüência, tal situação culmina por ferir o princípio da isonomia, pois em ambos os casos há a extinção[29]

cada vez que esta seja rompida em detrimento de um deles, sendo que cada um é chamado a participar igualmente através do sistema fiscal. Se, além desta contribuição, um cidadão suporta uma carga suplementar, esta é injusta e deve ser anulada mediante uma indenização compensatória. Esta é a idéia que cada vez mais domina na jurisprudência do Conselho de Estado (idem, p. 579).

24. "Provisoriedade" esta que, no entanto, é bastante questionável, de vez que, em se tratando de ação de desapropriação, apenas será discutido o preço, não havendo, portanto, possibilidade, ao menos a princípio, de o Estado vir a perder a posse do bem desapropriado. Mais correto, parece-nos, no caso, falar mesmo em imissão imediata na posse do bem. Na desapropriação indireta o Estado imite-se, desde logo, na posse do bem, *manu militar* e, por conseguinte, sem qualquer depósito prévio.

25. A palavra "esbulho", em linguagem vulgar, tem uma conotação depreciativa. Empregamo-la em sentido jurídico.

26. A utilidade dos interditos possessórios contra as usurpações da propriedade privada pelas pessoas administrativas já era reconhecida no Direito romano (Ulpiano), conforme Ruy Cirne Lima, *Preparação à Dogmática Jurídica*, Sulina, Porto Alegre, 1958, p. 170. O mesmo autor (idem, ibidem) afirma que a posse é o único setor no qual a relação de administração e a relação de propriedade se excluem reciprocamente (i. é, aquela não paralisa esta), e aí, somente por incompossibilidade material (v. nota 27 infra).

27. V., por exemplo, Hely Lopes Meirelles, ob. cit., João Sento Sé, "Desapropriação Indireta", in *RDP* n. 15, jan./mar. 1971 e Carlos Ayres Britto e José Sérgio Monte Alegre, "Desapropriação Indireta — Inconstitucionalidade", in *RDP* n. 74, abr./jun. 1985, que, no entanto, propugnam pela invalidação judicial da desapropriação indireta, restituindo-se o bem a seu proprietário (v. nota 26 supra).

28. Conforme Almiro Régis do Couto e Silva, em comentário ao seminário sobre o tema apresentado na disciplina Teoria da Administração do Curso de Mestrado da Faculdade de Direito da UFRGS, em 17 de junho de 1993.

29. Ruy Cirne Lima, entretanto, afirma que a desapropriação indireta caracteriza-se, precisamente, pelo estabelecimento da dominialidade pública (relação de administração), sobre a proprie-

da propriedade, em um, porém, a indenização é anterior e noutro, precisamente naquele em que deu-se de modo ilícito, é em muito posterior.

Para reequiparar tais situações, ainda que apenas relativamente, sugere-se aqui a possibilidade de concessão de medida liminar na ação de indenização proposta pelo administrado cujo bem foi irregularmente apossado pelo Poder Público.

Esta solução, mais próxima da justiça material, funda-se nas graves peculiaridades da desapropriação indireta e surge da analogia com o instrumento do qual o Estado dispõe, dentro da *esfera legal*, para promover a transferência da propriedade privada[30] para o patrimônio público.

Parte II — Uma forma mais adequada de justiça material: do cabimento de medida liminar em ação de indenização por desapropriação indireta

a) Das peculiaridades da desapropriação indireta

A gravidade da desapropriação indireta, em primeiro lugar, situa-se no fato de que o próprio Estado, guardião da ordem jurídica, comete um esbulho.

dade privada (direito subjetivo) sem translação ou extinção desta. E por isso, não obstante o estabelecimento da dominialidade pública, a propriedade privada subjacente, embora insuscetível de uso e gozo, seria suscetível de alienação (ob. cit., p. 153 e nota 52, onde cita Waline). É certo que a propriedade (imobiliária) somente se translada ou extingue com a transcrição, mas se incabível a reivindicação (v. nota 27 supra), que sentido haverá no poder de alienação que, "juridicamente", se tanto, restaria ao proprietário? Faticamente, por meio da desapropriação indireta, extinguem-se todos os poderes inerentes à propriedade; resta apenas o seu valor.

30. Ou pública da entidade de grau inferior para o superior.

Em vista da especialidade da pessoa do Estado, a solução mais adequada para o sujeito passivo de uma relação de subordinação não é a fornecida pelo Direito privado, que regula relações entre iguais.[31] Já em 1873, na França, no *arrêt Blanco* fixavam-se as bases do princípio da autonomia da responsabilidade administrativa: "a responsabilidade que pode incumbir ao Estado pelos danos causados aos particulares por fato das pessoas que ele emprega no serviço público não pode ser regulada pelos princípios que são estabelecidos no Código Civil, para as relações de particular a particular. Esta responsabilidade não é geral nem absoluta; ela possui regras especiais que variam segundo as necessidades do serviço e a *necessidade de conciliar os direitos do Estado com os direitos privados*".[32] Os empreendimentos públicos normalmente ultrapassam em importância aqueles de simples particulares e, por conseqüência, os prejuízos que podem causar a terceiros são mais graves e até mesmo *desconhecidos* no direito civil.[33] É o que se dá na desapropriação indireta. Se a relação de administração que nela se forma paralisa o direito de propriedade de modo até mesmo a inviabilizar a reivindicação,[34] não é, certamente, a

31. Juridicamente, no mínimo.

32. Apud Waline, ob. cit., p. 576, tradução e grifo nosso.

33. Waline, ob. cit., p. 577, que refere o *affaire Chamboredon*, onde foi declarado que enquanto tratar-se de regular as relações entre um proprietário e o Estado, o Código Civil não se aplica por si só; suas disposições somente podem ser invocadas se o trabalho público não excede, por sua natureza e importância, o trabalho que poderia realizar um proprietário, no caso em tela, que invoca o art. 552 do Código Civil francês, sem se expôr a uma ação de indenização (idem, ibidem).

34. "Entre a relação da administração e o direito subjetivo, o contraste se opera diferentemente, segundo se trata do Direito Privado ou do Direito Público, particularmente do Direito Administrativo. No Direito Privado, o direito subjectivo paralisa a relação da administração; no Direito Público e no Direito Administrativo, a relação da administração paralisa o direito subjetivo. (...) No Di-

indenização ordinária por ato ilícito que qualquer particular deve satisfazer — defendida até hoje pela doutrina e pela jurisprudência nacionais — a solução mais aconselhável para o caso.

Assim, em razão da pessoa do agente, a Administração Pública, cerne de todo um ramo do Direito Público, o ato ilícito praticado não pode ser equiparado aos cometidos pelas pessoas de direito privado. É caso de responsabilidade patrimonial do Estado,[35] de responsabilidade administrativa autônoma, e há que invocar-se aqui um *direito público de indenização*.[36]

Trata-se de promover uma mudança de enfoque do tema. Na doutrina brasileira, a matéria em tela classifica-se no âmbito da perda da propriedade por força da interferência estatal. Isto conduz a um ilogismo: a desapropriação regular é objeto de profunda meditação, enquanto um outro tipo de intervenção, muito mais grave, pois, desta feita, absolutamente ilícita, é referida apenas *en passant*, restando submetida às normas de Direito privado. Se tal classificação fosse realizada nos moldes da doutrina alemã, que insere estas questões no capítulo do *dever de indenizar do Estado*, haveria realmente maior facilidade em sistematizar e desenvolver corretamente o tema da desapropriação indireta.

É imperativo que se passe a examinar com maior cuidado este problema. Sua solução há que ser, necessariamente, diversa da preconizada atualmente, pois não se pode continuar ignorando suas graves peculiaridades.

Quando do também denominado apossamento administrativo, o Estado furta-se ao ônus legal de promover a desapropriação dentro da legalidade. Isto significa, além do esbulho, o não-pagamento do valor da indenização na forma devida, ou seja, justa e *previamente* à perda da posse.[37] O Estado apenas a pagará se o proprietário esbulhado ingressar em juízo e, em conseqüência, muito depois de haver-se imitido — à força, ressalte-se — na posse do bem.

Contando com a inércia do proprietário, a Administração Pública ingressa na via de fato e transfere automaticamente ao primeiro, além do ônus de ingressar em juízo que, originária e legalmente, era seu, o de receber o valor da indenização apenas ao fim do processo, observado o precatório. Isto tudo embora seja a titular exclusiva da privilegiada prerrogativa da desapropriação e haja garantia constitucional expressa de justa e prévia indenização.

Não obstante a gravidade da desapropriação indireta, tanto a doutrina como a jurisprudência têm-se mostrado muito tímidas no tocante a suas conseqüências. Contentam-se nossos doutrina-

reito Público e no Direito Administrativo, a relação de administração se constitui, independentemente de direito subjectivo, próprio ou alheio, já existente sôbre o *objectum juris*, que ela vem a vincular'' (Ruy Cirne Lima, ob. cit., pp. 152 e 153). ''Pode-se dizer que, no Direito Administrativo, precisamente quanto aos bens, denota a relação de administração, de modo mais sinalado, o seu primado sobre o direito subjectivo, acaso coexistente sobre o mesmo objeto. (...) No Direito Administrativo, a relação de administração paralisa, inteiramente, o direito de propriedade, em quanto ao fim a que a coisa se vincula. *Os mesmos efeitos da reivindicação detêm-se ante* a cogência da vinculação administrativa. A reivindicação supõe normalmente uma coisa 'in commercio' e, pois que o uso público exclui o 'commercium', a reivindicação somente poderá operar os seus efeitos normais, *'si res non in usu publico... erit'*. *Não poderá haver restituição específica da coisa de uso público, e a reivindicação, nesse caso, terá de satisfazer-se com a estimação dela*'' (idem, pp. 166 e 167, grifos nossos).

35. CF 88, art. 37, § 6º.

36. V. Ernest Forsthoff, ob. cit., pp. 426 e ss.

37. ''A indenização é prévia, não à transferência da propriedade, mas à transferência da *posse*. A administração deve então, apesar de o efeito translativo da propriedade dever-se ao julgamento da expropriação, apressar-se em pagar o preço do imóvel para poder tomar posse dele'' (Waline, ob. cit., p. 446, tradução nossa).

dores e julgadores com as normas de direito civil atinentes à indenização ordinária por ato ilícito. No máximo, concedem ao usurpado juros compensatórios e correção monetária.[38] Jamais cogitam do ilogismo, da flagrante injustiça e ofensa ao princípio da igualdade que representa a demora no pagamento da indenização.

E esta complacência excessiva com os desmandos da Administração Pública culmina apenas por estimular-lhe cada vez mais a prática de tais atos. Em lugar de sofrer uma sanção pela ilicitude da desapropriação indireta, o Poder Público recebe um prêmio: a possibilidade de nem chegar a ser-lhe exigido o pagamento e, se por acaso o for, todos os benefícios da condição de réu,[39] acrescidos ainda do precatório.

Desta forma, o cabimento de medida liminar na ação de indenização por desapropriação indireta não somente conduz a uma solução mais justa face ao administrado, como também funciona como *medida intimidatória* com relação à Administração Pública, pois, pelo risco de vir a ser condenada liminarmente, veria diminuídas as ignóbeis vantagens do esbulho em que se traduz a desapropriação indireta.

b) Do cabimento de medida liminar em ação de indenização por desapropriação indireta

Embora a tendência doutrinária brasileira seja no sentido de considerar todas as liminares como cautelares, "temos de ter muito cuidado no examinar esses provimentos antecipatórios, ou liminares, porque alguns deles podem ser cautelares, enquanto outros não", como adverte Ovídio Araújo Baptista da Silva.[40] Demonstra o mestre gaúcho, que "o que define a cautelaridade é a ocorrência de jurisdicionalidade em medidas e ações de mera segurança, vale dizer, sem satisfatividade do direito subjetivo ou da pretensão assegurada".[41] O provimento liminar nem sempre é cautelar porque nele normalmente existe, já, um juízo condenatório e, portanto, satisfativo — não se está assegurando algo, mas *antecipando* a satisfação da pretensão da parte. As liminares ultrapassam a simples tutela cautelar, para constituir-se, desde logo, em prestação jurisdicional satisfativa e não simplesmente asseguratíva. A circunstância de ser provisória a decisão e tomada sem *plena cognitio* não a transforma em provimento cautelar.[42] Desta forma, coaduna-se, perfeitamente, com o procedimento ordinário de conhecimento.

No fundo, como mostra um dos mais eminentes filósofos contemporâneos, Hans-Georg Gadamer,[43] a aversão que a ciência processual tem por todas as formas de juízos fundados em simples verossimilhanças é fruto da herança cartesiana, com sua conhecida desconfiança contra toda e qualquer espécie de "pre-juízos", contra, portanto, a *autoridade* e a *tradição*. "Para o liberalismo que informa nossas instituições processuais, sua excelência o réu é colocado em um pedestal de onde não poderá ser retirado a não ser com base em juízos de 'certeza do direito'".[44]

38. V., por exemplo, RE n. 83.621, STF, Rel. Min. Cunha Peixoto, unânime, in *Revista de Direito Administrativo* vol. 128, abr./jun. 1977, pp. 388 e ss.; AR n. 1.136, Tribunal Pleno, STF, Rel. Min. Soares Muñoz, por maioria, in *Revista Trimestral de Jurisprudência* n. 106, nov. 1983, pp. 473 e ss.; AC n. 93.026, TFR, Rel. Min. Armando Rollemberg, unânime, in *Revista do Tribunal Federal de Recursos* n. 120, abr. 1985, pp. 185 e ss.

39. V. a seguir, Parte II, b.

40. "Medidas e Ações Cautelares", in *Revista Forense*, vol. 254, 1986, p. 97.

41. Idem, p. 108.

42. Idem, p. 89.

43. "Verdad y Metodo", apud Ovídio A. Baptista da Silva, "Decisões Interlocutórias e Sentenças Liminares", in *Revista de Processo* n. 61, 1991, p. 12.

44. Ovídio Araújo Baptista da Silva, "*Decisões Interlocutórias e Sentenças Liminares*", cit., p. 14.

Tratando-se de desapropriação indireta, quando a Administração Pública age de modo flagrantemente ilícito, é inconcebível que se privilegie a sua posição de ré porque, já dispondo da prerrogativa da desapropriação, furta-se às penosidades ínsitas a todo procedimento formal para ingressar no domínio das vias de fato e na comodidade do *consummatum est*, transferindo indevidamente ao impotente proprietário todo este ônus, quando a lei é clara no sentido de que a desapropriação não é auto-executória. Presente a plausibilidade do direito do demandante, e são raríssimos os casos de desapropriação indireta em que não haja pelo menos plausibilidade, há que decidir-se liminarmente, pois não há sentido em conservar a Administração Pública incólume, onerando-se cada vez mais (e *indevidamente*, repita-se), o proprietário esbulhado, em vista da desprezível possibilidade de êxito com que conta aquela, aliada à garantia constitucional de justa e prévia indenização de que este é titular.

A medida liminar em questão não tem caráter possessório, pois, em tal hipótese, a liminar seria de reintegração, o que não se pretende.[45] Requerida em ação de indenização, baseia-se na *garantia constitucional de indenização prévia* pela perda da propriedade.[46] Na desapropriação indireta, ocorre tal perda, com a agravante de ter sido completamente ignorado o procedimento legal previsto para tanto.[47] Se a exigência do depósito obrigatório, consignado pelo § 1º do art. 15 do DL 3.365/41, "foi criada à luz da perda econômica dos poderes relativos à propriedade",[48] por que não aplicá-la também em caso de desapropriação indireta? Se esta, indenizado ou não o proprietário, também é forma de "aquisição" de propriedade pelo Estado (embora ilícita), por que não atribuir-lhe, ainda que na falta de disposição legal expressa,[49] as regras consignadas para a desapropriação regular?

O depósito anterior ao apossamento, uma vez consumado este, faticamente não é mais possível. Deve ser efetuado, portanto, no momento mais próximo e, por isso, o *mínimo* que se pode fazer com vistas à correção de tamanha irregularidade é a determinação do depósito liminar do valor correspondente à indenização, sempre que presentes os requisitos relativos às medidas liminares, quando da propositura da ação reparatória.

Ao contrário do que se poderia pensar à primeira vista, tal idéia não encontra obstáculo na determinação do art. 100 da Constituição Federal, segundo o qual, à exceção dos créditos de natureza alimentícia, os pagamentos devidos pela Fazenda Pública em virtude de sentença judiciária far-se-ão exclusivamente na ordem cronológica de apresentação dos precatórios.

Tendo surgido a fim de evitar a protelação indefinida dos pagamentos vinculados a decisões judiciais, o próprio instituto do precatório deriva do *princípio da moralidade*, exigindo constantes "aperfeiçoamentos, visando completar a obra de moralização entre o erário e seus credores".[50]

Quando se diz que a concessão de medida liminar em caso de desapropria-

45. Mesmo porque a ação em tela é de *indenização*.

46. Isto exclui a incidência, no caso, do parágrafo único do art. 928 do CPC.

47. Na desapropriação indireta há uma desapropriação do ponto de vista material. Falta a esta desapropriação apenas o elemento formal (Waline, ob. cit., p. 452).

48. Assim afirmado, à unanimidade, em acórdão da 5ª Câmara do 2º Tribunal de Alçada Civil de São Paulo, in *Julgados do TACSP* n. 34, out./dez. 1975, p. 319.

49. O que não acarreta qualquer transtorno, de vez que é perfeitamente possível a aplicação de regras similares por meio da analogia.

50. Milton Flaks, "Precatório Judiciário na Constituição de 1988", in *Revista de Processo* n. 58, p. 89.

ção indireta funciona como *medida intimidatória* em relação à Administração Pública, nada mais se pretende do que mantê-la nos limites da moralidade pública. Conseqüentemente, se há verdadeira *convergência de objetivos* entre os institutos, concebê-los como antinômicos consistiria num ilogismo.

Supera-se o aparente choque entre as disposições constitucionais — uma garantindo indenização justa e *prévia* e outra determinando a observância do precatório — considerando-as como *princípios*, que de fato são, e não como normas — embora com elas se pareçam.

Esta distinção entre princípios e normas, proposta por Ronald Dworkin,[51] é fundamental, embora a forma de um *standard* nem sempre deixa claro se é uma norma ou princípio.[52] Na verdade, muitas vezes é o próprio julgador que deve distinguir se está diante de uma norma ou de um princípio. Estará frente a um princípio se, no contexto, outro princípio ou diretriz, dadas as circunstâncias, tiver o peso suficiente para permitir que se o limite.

As normas são ou não aplicáveis, na medida em que os fatos por elas previstos se realizem[53] e, se há conflito entre duas normas, uma delas não pode ser válida.[54]

Já os princípios operam diversamente. Nem mesmo os que mais se assemelham a normas estabelecem conseqüências jurídicas a serem seguidas automaticamente quando satisfeitas as condições previstas.[55] Antes, enunciam uma razão que milita em favor de uma orientação geral, mas que não exige uma decisão particular, eis que pode haver outros princípios que apontem em direção contrária e, em tal caso, é possível que aquele princípio não prevaleça, sem que isso signifique que deixa de ser um princípio do sistema jurídico, pois, num caso seguinte, quando tais considerações contrárias não existam ou tenham o mesmo peso, aquele princípio pode ser o decisivo.[56]

Percebe-se aqui, claramente, a dimensão de *peso* ou *importância* que caracteriza os princípios e que falta às normas.[57] Quando os princípios se interferem, como o que garante a indenização justa e *prévia* e o que determina a atenção ao precatório, impõe-se ao julgador a necessidade de considerar o peso relativo de cada um.[58]

A interferência entre depósito liminar e instituto do precatório é solucionada na medida em que se questiona se se deve atribuir maior *peso* a uma concepção estrita da idéia de precatório, exigindo sua observância, *qualquer que seja a origem dos créditos*, ou se, quando oriundos de prática de ato absolutamente ilícito por parte do Poder Público, não pode ser flexibilizado em favor de uma medida processual moralizadora e que vem a amenizar o sacrifício indevidamente sofrido pelo administrado.

Evidente que na desapropriação indireta, situação peculiar, deve-se atribuir maior importância à moralidade do próprio ato administrativo, que seria ainda mais comprometida por uma atenção cega à legalidade já tangenciada quando do apossamento administrativo. Se o fundamento último do instituto do precatório é a moralidade administrativa, inconcebível empregá-lo com vistas a *favorecer ainda mais a Administração*, quando, como na hipótese da desapropriação

51. *Los Derechos en Serio*, Ariel, Barcelona, 1989, capítulo II.
52. Ob. cit., p. 78.
53. Idem, p. 75.
54. Idem, p. 78.
55. Idem, p. 75.
56. Idem, pp. 76 e 77.
57. Idem, p. 77.
58. Mas, como não há medida exata para tanto, o juízo de que um é mais importante do que o outro freqüentemente gera controvérsia (Ronald Dworkin, ob. cit., p. 77).

indireta, pelas razões acima aduzidas, verifica-se flagrante infração tanto ao princípio da legalidade quanto ao da moralidade da Administração Pública.[59]

Desta forma, o pagamento liminar deve ser efetuado mediante crédito adicional, aberto para este fim, hipótese, aliás, prevista pela própria Constituição Federal, em seu artigo 100, *in fine*.

c) Da fixação do valor do depósito liminar

As alíneas do § 1º do artigo 15 do DL 3.365/41 fornecem os parâmetros para a determinação do depósito prévio à imissão na posse quando da desapropriação regular.

Entretanto, estabelecidos sob uma ótica tutelar do Estado, os valores obtidos a partir de tais parâmetros mostram-se insignificantes frente à realidade do valor do bem.

Há que invocar-se, aqui, a *noção de equivalência entre as prestações*, cuja fundamentação sistemática está no princípio da boa fé objetiva[60] e que, portanto, alcança o Direito Privado e o Público. Considerada a desapropriação como uma *venda forçada*,[61] torna-se possível aplicar-lhe, analogicamente, a idéia de *lesão* nos contratos.[62] Se um dos contratantes dá mais do que recebe, o contrato é vicioso porque infringe a eqüidade que nele deve reinar.[63] A lesão assenta sobre a desproporção entre as prestações, reveladora da exploração sofrida por um dos contratantes num contrato que não assenta sobre a idéia de especulação;[64] traduz-se, precisamente, na iniqüidade do negócio, a qual não se encontra na simples desproporção de valores, mas no abuso da situação da outra parte.[65] Enquanto triunfava o princípio da autonomia da vontade, a lesão no contrato não passava de conseqüência fatal da luta dos interesses. Tendo o legislador dado sua proteção aos incapazes e resguardado aqueles cujo consentimento é viciado, restava aos outros defenderem-se a si próprios: o perigo da lesão é o percalço da liberdade.[66] Ocorre que na desapropriação não há liberdade. Trata-se da aquisição *compulsória* da propriedade privada pelo Estado, revelando-se aí todo o *poder* deste. Esta é mais uma razão para que o Estado não explore a fraqueza do administrado impondo-lhe, como depósito prévio à tomada da posse do

59. A obediência estrita ao precatório somente seria razoável se anteriormente todos os requisitos legais houvessem sido atendidos — e pela própria Administração.

60. A aplicação do princípio da boa-fé objetiva independe de positivação, pois constitui "o resultado das necessidades éticas essenciais" cujo afastamento é vedado a qualquer sistema jurídico. V., entre nós, Clóvis Veríssimo do Couto e Silva, "O Princípio da Boa Fé no Direito Brasileiro e Português", in *Estudos de Direito Civil Brasileiro e Português*, Ed. RT, São Paulo, 1980. A boa fé objetiva é, essencialmente, um critério de reciprocidade, que deve ser observado mutuamente nas relações intersubjetivas. Reciprocidade, esta, em que se manifesta a solidariedade que liga os participantes de uma comunidade um ao outro e que explica como o critério da boa fé objetiva deve ter uma orientação bilateral (Emilio Betti, *Teoría General de las Obligaciones*, t. I, Ed. Revista de Derecho Privado, Madri, 1969).

61. Waline, ob. cit., p. 449.

62. Embora a aplicação de conceitos, noções e critérios privatísticos ao Direito Público tenha, de regra, mais dificultado do que auxiliado o progresso da ciência (v. Almiro Régis do Couto e Silva, "Princípios da Legalidade da Administração e da Segurança Jurídica no Estado de Direito Contemporâneo", in *Revista de Direito Público*, vol. 84, out./dez. 1987, p. 60), cremos que, neste caso, em vista de o instituto da lesão fundar-se na eqüidade, não há razão para, tendo sido apenas desenvolvido no âmbito privado, deixar de invocá-lo no público, atendidas as peculiaridades deste.

63. Georges Ripert, *A Regra Moral nas Obrigações Civis*, Saraiva, São Paulo, 1937, pp. 113 e 114, citando Pothier.

64. Ripert, ob. cit., p. 132.

65. Caio Mário da Silva Pereira, *Lesão nos Contratos*, Forense, Rio de Janeiro, 1993, p. 116, referindo Alberto Montel.

66. Ripert, ob. cit., p. 116.

bem deste, um valor ínfimo.[67] Se neste momento o administrado perde completamente a posse de seu bem, há que receber, em nome da eqüidade, um valor compatível com tal perda, sob pena de cristalizar-se aquela situação de desigualdade frente às cargas públicas que a indenização, mediante a sua distribuição na coletividade, visa a minorar.

Segundo a teoria do *particular sacrifício*,[68] a finalidade da indenização é compensar uma determinada carga imposta a um indivíduo, e exigida pelo interesse geral, de modo a fazer recair o dano sobre toda a coletividade. Se esta, a partir da imissão na posse pelo Poder Público já começa a fruir daquele bem, é injusto que o particular, já lesado em vista daquele particular sacrifício, receba apenas uma parcela irrisória frente ao todo que perdeu. Se deve haver a repartição do sacrifício, então que esta ocorra, e no momento em que se inicia a distribuição do benefício. O tempo também deve ser passível de tutela jurídica.[69]

Somado a isto, na hipótese de desapropriação indireta, a Administração, que já gozava do benefício, dentro de uma legalidade estrita, de imitir-se na posse do bem mediante o depósito de um valor relativamente baixo, ignora-o e simplesmente usurpa a propriedade privada. Mantendo-se os parâmetros do referido artigo 15 para a fixação do depósito quando da propositura da ação reparatória, estar-se-ia ainda mais uma vez *premiando* a Administração, em que pese a grave ilegalidade de seu ato.

Deve-se, por conseguinte, empregar paradigmas que traduzam um valor mais próximo do real para a fixação do montante deste depósito liminar, como, por exemplo o valor cadastral do imóvel para fins de lançamento do imposto territorial atualizado até a data da *efetivação* do depósito; valor atribuído ao bem por instituição financeira regularmente constituída para fins de garantia de mútuo; valor da última transação imobiliária do próprio bem ou de bem assemelhado transcrita no Registro de Imóveis, saliente-se, todos atualizados até a data da efetivação do depósito, e quaisquer outros critérios igualmente confiáveis e, especialmente em se tratando de bens móveis, anúncios classificados ou notas fiscais referentes a bens similares. Cabe ao julgador, frente a estes referenciais, verificar-lhes a lisura e, tomando-os por base, fixar o montante do depósito a ser liminarmente efetuado.

Ao depósito liminar segue-se o disposto no § 2º do artigo 33 do DL 3.365/41 e no artigo 5º do DL 1.075/70, os quais permitem o levantamento de 80 a 100% do valor depositado. Não se aplica à hipótese, entretanto, o artigo 34 do DL 3.365/41,[70] de vez que não há sentido em reabrir-se a discussão sobre o domínio, chamando-se, por editais, terceiros estranhos ao feito e exigindo-se certidões negativas de ônus reais e fiscais, já provados na inicial como pressuposto necessário à pretensão ao ressarcimento pela desapropriação indireta.[71] Se há

67. Se o Estado teve que intervir para que fosse mantida a equivalência entre as prestações nas relações privadas, como negar-se a aplicar o mesmo princípio de justiça comutativa às relações em que é parte?

68. V., supra, Parte I, a.

69. Esta idéia também se aplica aos casos de *desapropriação direta*. Na hipótese de depósito prévio de um valor irrisório, não há razoabilidade alguma em sujeitar-se o desapropriado à espera pelo complemento substancial do valor do bem já retirado de sua posse quando há garantia constitucional de indenização justa e prévia. Cabível, por conseguinte, o pedido de complementação imediata do valor, ainda no curso da ação expropriatória.

70. "O levantamento do preço será deferido mediante prova de propriedade, de quitação de dívidas feitas que recaiam sobre o bem expropriado e publicação de editais com o prazo de dez dias, para conhecimento de terceiros".

71. Joaquim de Almeida Baptista, "Da não aplicabilidade do art. 34 da Lei de Desapropriação (DL 3.365, de 31.6.41) às Ações de desapropriação indireta", in *Revista de Direito Público*, vol. 80, out./dez. 1986.

dúvida por parte da Administração, incumbe a esta o ônus da prova: não pode exigir da parte adversa a atualização da prova do domínio, nem novas certidões ou publicação de editais.[72]

Concluída esta fase, sucedem-se as cominações normais da responsabilidade por ato ilícito, com a condenação, *in fine*, do Estado ao pagamento de perdas e danos. Se no cálculo da indenização pela desapropriação legalmente realizada não são computados os prejuízos advindos da desapropriação, pois não há equiparação à responsabilidade patrimonial,[73] isto se deve ao fato de ser *lícito* o ato. Sendo, na desapropriação indireta, *ilícito*, é caso de responsabilidade patrimonial do Estado e a indenização deve ser o mais completa possível,[74] incluindo, portanto, perdas e danos.

72. Assim decidido pela 8ª Câmara Civil do TJSP, por votação unânime, no AI 53.077-2, em 16.12.1982 e em que foi relator o Des. Oliveira Andrade, citado por Joaquim de Almeida Baptista, art. cit., p. 122.

73. Ascensão, ob. cit., p. 397.

74. Hely Lopes Meirelles, citado por Luís Alberto Thompson Flores Lenz, em parecer publicado na *Revista dos Tribunais* vol. 652, fev. 1990, p. 238.

ESTUDOS & COMENTÁRIOS

OBRA INTELECTUAL NO DIREITO

EDUARDO S. PIMENTA e RUI CALDAS PIMENTA
Advogados em Belo Horizonte

Introdução — Estado e obra intelectual — Resoluções administrativas — Valores ilegais — Ação Civil Pública e obra intelectual — Valor artístico — Desapropriação de obra intelectual — Requisição civil e obra intelectual — Ação popular e obra intelectual — Conclusão — Bibliografia.

Introdução

O direito autoral surge na sua totalidade (direito autoral pessoal e patrimonial) logo com a criação da obra intelectual, isto é, no momento em que há exteriorização da obra intelectual, já há a constituição do direito patrimonial (uso, gozo e fruição), sendo a publicação desnecessária para a constituição do direito do autor, de tal forma que a Lei de direito autoral refere-se à hipótese de obras futuras (arts. 54 e 58, § 2º).

Assim, considerando que o direito autoral surge da obra intelectual, o Estado de direito deve garantir a liberdade de expressão, como a respeitabilidade do direito autoral, e sobretudo zelar pela manutenção dos valores morais e da ordem social.

Portanto, o Estado tem o dever de ter conhecimento do conteúdo de toda obra intelectual (novelas, livros, filmes etc.), não para limitar a liberdade de expressão, mas para direcionar as obras ao uso de cidadãos com um determinado esclarecimento psico-social, normatizando e fiscalizando o uso, gozo e fruição, restringindo a utilização da obra intelectual, ou dos direitos autorais.

Ressaltando que a obra intelectual é o *corpus mecanicus*, e a aquisição do *corpus mecanicus* (um exemplar) não implica na aquisição do direito autoral. Já a utilização da obra intelectual, ressalvadas as exceções citadas na Lei, relativas ao fim e à forma, implica na utilização dos direitos autorais.

O Dec. 1.825, de 20 de dezembro de 1907, ainda em vigor, dispôs sobre a remessa de obras impressas à Biblioteca Nacional; afirma no seu art. 1º que: "Os administradores de oficinas de tipografia ou gravura situadas no Distrito Federal e nos Estados são obrigados a remeter à Biblioteca Nacional do Rio de Janeiro um exemplar de cada obra que executarem", corroborando o disposto no art. 61 da Lei 5.250, de 9 de fevereiro de 1967, no qual: "Art. 61. Estão sujeitos à apreensão os impressos que:

"I — contiverem propaganda de guerra ou de preconceitos de raça ou de classe, bem como os que promoverem incitamento à subversão da ordem política e social.

"II — ofenderem a moral pública e os bons costumes (...)."

Estado e obra intelectual

A proteção dos direitos autorais é função e manifestação do poder de polícia do Estado, sob forma precisa de proteção dos direitos individuais. Portanto, sua normatização e regulamentação está exclusivamente afeta ao Estado, tanto na Constituição, quanto em leis especiais.

A função do poder de polícia do Estado não só reside no contexto de criar normas, mas sobretudo de conciliar os interesses individuais com os da coletividade.

Vale aqui recordarmos o conceito de poder de polícia dado pelo mestre D'Andrea Ferreira: "Poder de polícia é o conjunto de atribuições concedidas à Administração Pública para, em prol do interesse público ou social adequado, disciplinar e fiscalizar o exercício de poderes e faculdades inerentes aos direitos individuais, políticos e econômicos-sociais".[1]

Em suma, condicionar e restringir o uso e gozo de bens, atividades e direitos individuais.

O Conselho Nacional de Direito Autoral era um órgão do Poder da Administração Pública Federal, que tinha como atividade básica a consultoria, a fiscalização e a assistência, no que diz respeito aos direitos autorais e conexos (art. 116 da Lei Federal 5.988/73).

O referido diploma legal incumbiu as associações de titulares de direito de autor e dos que lhe são conexos, mediante as normas estabelecidas pelo órgão administrativo, de criarem um Escritório Central (ECAD) para arrecadar e distribuir os direitos relativos à utilização pública de obras intelectuais.

O Escritório Central de Arrecadação e Distribuição (ECAD) é um órgão privado, subordinado ao Conselho Nacional de Direito Autoral, a quem deve prestar relatório das atividades e contas dos valores recebidos, de acordo com a determinação da tabela aprovada pelo CNDA (art. 115, §§ 1º e 2º, art. 116, inc. VI).

Desta forma, o CNDA outorgava ao ECAD o poder para efetuar a cobrança dos direitos autorais oriundos da utilização da obra intelectual pelos respectivos usuários, conforme a tabela definida pelo próprio CNDA, bem como outorgava-lhe o poder de polícia, para intervir nos estabelecimentos, fiscalizando ou até interditando os espetáculos, enfim, condicionando e restringindo o uso dos direitos autorais.

O poder de polícia foi outorgado pelo CNDA ao ECAD, através da Resolução CNDA n. 19, de 14 de maio de 1980, que altera e consolida normas relativas à organização, funcionamento e fiscalização do Escritório Central de Arrecadação e Distribuição. A dita resolução alterou o estatuto do ECAD, aprovado pelo mesmo CNDA, como mencionado no art. 2º.

"Art. 2º Cabe ao ECAD autorizar a utilização de obras intelectuais, tanto em relação a direitos do autor como aos que lhe são conexos delas decorrentes, arrecadar e distribuir as retribuições oriundas dessas utilizações, com amplos poderes para atuar judicialmente ou extrajudicialmente em nome próprio para consecução de suas finalidades, cumprindo às Associações de Titulares de Direitos de Autor e dos que lhes são conexos a defesa destes direitos, tanto na esfera

1. D'Andrea Ferreira, *Direito Admnistrativo Didático*, p. 249.

moral quanto patrimonial, das obras de seus associados, mandantes ou representados, sem prejuízo das demais atividades de assistência social, estímulo à criação intelectual e outras que possam ser relacionadas nos seus estatutos, em benefício dos associados, respeitadas as normas estabelecidas pelo CNDA."

O Conselho Nacional de Direito Autoral tinha o ônus, dentre outros, de fiscalizar o ECAD, tendo também a responsabilidade de normatizar e fixar normas para unificação de preços e sistemas de cobrança e distribuição de direitos autorais (art. 117, incs. III e IV da Lei Federal 5.988/73).

O Conselho Nacional de Direito Autoral era um órgão do poder executivo, subordinado ao Ministério da Educação e Cultura (MEC), determinado tal subordinação, em último ato, pelo Dec. 93.629, de 28.11.86.

Entretanto, o Conselho Nacional de Direito Autoral foi extinto pelo Dec. 99.244/90, que reorganizou e dispôs sobre o funcionamento dos órgãos da Presidência da República e de seus Ministérios, excluindo o CNDA da estrutura do Ministério da Cultura, extinguindo-o de fato e direito.

Ora, havendo extinção do órgão estatal (CNDA) conciliador e normatizador dos direitos autorais, fica o órgão derivado (ECAD), órgão este privado, órfão de reconhecimento legal quanto ao poder de polícia a si outorgado.

Se o órgão derivado continuar a exercer os poderes delegados pelo órgão estatal, detectar-se-á um abuso de poder, por não haver fundamento legal ou por haver sido exercido acima dos limites fixados pela Lei.

Assim está o ECAD contrariando a lei de direitos autorais (Lei Federal 5.988/73), quando ele, não tendo competência legal para fixar valores pela utilização das obras intelectuais, fixa e até mesmo efetua sua cobrança.

Verifica-se um ilícito administrativo, em razão do ato praticado pelo ECAD, contrariar o direito apregoado em Lei Federal.

Não obstante, vem ainda o ECAD interditando diversos estabelecimentos que não concordam com a cobrança desses valores ilegais. Ora pelo instituto do interdito proibitório, ora pela interveniência da autoridade policial, conforme faculta a LDA.

Em consonância, a negativa de tal pagamento, em razão dos valores ilegais definidos pelo critério do ECAD, vem do dito órgão lavrando autos de infração por violação de direito autoral, e ameaçando a instauração do processo criminal por violação do art. 184 do Código Penal.

O ECAD não dispõe de autotutela do poder de disciplinar a executoriedade de restringir ou condicionar o uso e gozo de bens ou direitos, que "in casu", são os direitos autorais.

Resoluções administrativas

"Nas diversas espécies da Lei", artigo do Senador Franco Montoro, afirma: "Formalmente, lei e regulamento emanam de poderes distintos: a lei, do legislativo; o regulamento, do Executivo. No plano da Administração Pública, abaixo dos regulamentos, situam-se as portarias, resoluções, avisos, ordens internas, despachos e outros atos administrativos. No plano institucional os estatutos, regimentos, normas internas etc.".

Os atos administrativos do CNDA perdem a sua eficácia pelo implemento de condição resolutiva, isto porque a Constituição atual assegurou, nos termos da lei, o direito de fiscalização do aproveitamento econômico das obras intelectuais aos seus autores ou às associações que os representarem.

Perdem, portanto, a validade as portarias, as resoluções, e outros atos administrativos, por contrariar Lei Maior.

As associações se tornam mandatárias de seus associados, podendo representá-lo judicialmente ou extrajudicialmente; todavia se faz necessário a comprobatoriedade de que tal autor é realmente um associado daquela associação.

O Governo, através do Dec. 99.244, de 10 de maio de 1990, criou o Conselho Nacional de Política Cultural e o Departamento de Planejamento e Coordenação, com o objetivo aparente de substituir o CNDA; no entanto, os referidos órgãos não praticaram nenhum feito administrativo no sentido de normatização dos direitos autorais.

Assim sendo, o ECAD tinha personalidade jurídica por ter estatuto legalmente vigente; em razão da sua aprovação por ato administrativo do CNDA, a perdeu.

Não tendo atualmente mais a personalidade jurídica.

Por que a perdeu?

Os atos administrativos são extintos quando desaparece o seu elemento sujeito, autor do ato.

Afirma Maria Di Pietro que "sujeito é aquele quem a lei atribui competência para prática do ato".

Ressalta, ainda, a administrativista que "no direito civil, o sujeito tem que ter capacidade, ou seja, tem que ser titular de direitos e obrigações que possa exercer por si ou por terceiros.

No direito administrativo não basta a capacidade, é necessário também que o sujeito tenha competência.

Partindo-se da idéia de que só o ente com personalidade jurídica é titular de direitos e obrigações, pode-se dizer que no direito brasileiro quem tem capacidade para a prática de atos administrativos são as pessoas públicas políticas (União, Estado, Municípios e Distrito Federal)".[2]

Desta forma, o elemento — sujeito — autor do ato administrativo, que aprovou o Estatuto do Escritório Central de Arrecadação e Distribuição, foi extinto.

Cita a administrativista Di Pietro, Celso Antônio Bandeira de Mello, para quem um ato administrativo extingue-se, dentre outros motivos, pelo desaparecimento do sujeito.[3]

Conclui-se que com a extinção do sujeito — autor do ato administrativo que esboçou o Estatuto do ECAD — extingue-se também o referido ato administrativo.

Ficando o ECAD sem personalidade jurídica, não podendo praticar atos em geral, muito menos funcionar como associação.

Porém, o ECAD é uma associação, criado pela Lei Federal 5.988/73, art. 115, ainda em vigor, existindo portanto no seu sentido formal.

Não obstante o ECAD não ter personalidade jurídica, não existe no sentido material.

Assim, fica legado às associações que representam os criadores intelectuais a prerrogativa de fixar, cobrar os proventos relativos à utilização de obras intelectuais, por força da Lei Maior.

Valores ilegais

A Lei Federal 5.988/73 preceitua no seu art. 117 que: "Ao Conselho, além de outras atribuições que o Poder Executivo, mediante decreto, poderá outorgarlhe, incumbe: (...)

"IV — Fixar normas para a unificação dos preços e sistemas de cobrança e distribuição de direitos autorais."

O Conselho Nacional de Direito Autoral, enquanto existia, atuou normati-

2. Di Pietro, Maria Sylvia Zanella, *Direito Administrativo*, p. 155.

3. Ob. cit., p. 177.

zando e regulamentando as normas de preços e os sistemas de cobrança, através de atos administrativos.

Entretanto, como enfocado anteriormente, extinto o Conselho Nacional de Direito Autoral, foi extinto o sujeito, autor dos atos administrativos cujo conteúdo normatizava e regulava normas de preços, como também os sistemas de cobrança.

Logo não existe norma legal de definição de valores, nem sistemas de cobrança.

O Estado deixou que o mercado (autores das obras intelectuais e os usuários) por si só assentasse, definindo então o modo de arrecadação e o quanto a ser pago.

O preceito retrocitado da Lei Federal 5.988/73 foi implicitamente revogado, por contrariar a Lei Maior, em razão da quantia enunciada no seu art. 5º, inc. XXVII que: "aos autores pertencem o direito exclusivo de utilização, publicação ou reprodução de suas obras, transmissível aos herdeiros pelo tempo que a lei fixar"; e, em seguida, o inciso XXVIII que: "são assegurados nos termos da lei: b) o direito de fiscalização do aproveitamento econômico das obras que criarem ou de que participem aos criadores, aos intérpretes e às respectivas representações sindicais e associativas".

Onde conclui-se que só os autores das obras intelectuais podem definir os valores a serem pagos pelos usuários, quando da utilização de suas obras, ou a quem eles outorgarem tal ofício.

Assim, os proventos relativos à utilização dos direitos autorais, definidos pelo ECAD, são ilegais. Inicialmente, porque o ECAD não tem personalidade jurídica, não podendo sequer acionar terceiros (art. 20, § 2º, do Código Civil), muito menos definir valores a serem cobrados, visto que a norma anteriormente foi extinta, e a Constituição Federal garante essa prerrogativa exclusiva ao criador, intérprete, podendo ser extensiva à associação com personalidade jurídica, a partir da filiação do autor (art. 104 da LDA).

Ação Civil Pública e obra intelectual

A Lei 7.347/89 criou o instituto da ação civil pública, ampliando a prerrogativa de defesa dos interesses da comunidade pelo Ministério Público e pelas instituições sociais e definiu-a como sendo uma ação saneadora de responsabilidade por danos causados.

A ação civil pública tem por finalidade a defesa do patrimônio público, dos bens coletivos, dos direitos difusos (meio ambiente, consumidor, a bens e direitos de valor artístico, estético, histórico e paisagístico) e, via de conseqüência, a condenação dos responsáveis pelos danos causados ao mesmo patrimônio, fazendo a reparação em dinheiro, ou cumprimento da obrigação de fazer ou não fazer (arts. 1º e 3º), tendo assim assegurada a preservação das obras artísticas públicas e/ou as de interesse coletivo.

O referido diploma acrescentou ao art. 25, VI, § 2º, da Lei 5.988/73 o Ministério Público como defensor da integridade e genuidade da obra intelectual caída em domínio público, bem como àquelas cedidas ou doadas ao acervo público, pois são bens e direitos valorados pela arte, pertencentes ao patrimônio público.

A lei de direito autoral faculta a seu autor, a seus herdeiros, ou a seu representante legal o zelo sobre a sua obra intelectual. Agora também o representante do Ministério Público, para com as obras intelectuais do acervo público.

A propositura da ação civil pública poderá ser feita pelo Ministério Público (art. 5º), ficando a medida cautelar facultada sempre que se fizer necessário para evitar dano ao patrimônio público.

Qualquer pessoa poderá, e o servidor público deverá, provocar a iniciativa do Ministério Público, ministrando-lhe informações sobre os fatos à instauração do inquérito civil, que constituem objeto da ação civil e indicando-lhe os elementos de convicção que evidencie a aparência de um bom direito (art. 6º).

Compete também ao Ministério Público instaurar, sob sua presidência, inquérito civil quando não tiver em mãos a prova fática, ou requisitar documentos que servirá de fundamento para o ajuizamento da ação civil pública (art. 8º).

A recusa, o retardamento ou omissão de dados, serviços indispensáveis à propositura da ação civil, quando requisitados pelo Ministério Público, constitui crime punido com pena de reclusão de 1 a 3 anos mais multa (art. 10).

Considerado bem de valor artístico, por Lopes Neto e Zucheratto,[4] os valorados pela arte, ou seja, aqueles que tenham inserido qualquer manifestação criativa do espírito.

Em se tratando de bem artístico público ou de interesse coletivo (bem coletivo), gera uma difícil interpretação do que vem a ser valor artístico, o que nem sempre iguala com a interpretação do autor, do "marchand", do legislador ou de um perito.

Os bens e direitos de arte pertencentes ao domínio público tem sua preservação garantida pelos seus representantes sociais, o MP, a União, o Estado, o Município, a Autarquia, a Empresa Pública, a Fundação, a Sociedade de Economia Mista e as Associações (art. 5º da Lei 7.347/89).

Valor artístico

Toda obra intelectual tem o seu valor artístico, logo é uma arte com cunho personalíssimo exteriorizado pelo autor.

Entretanto, nem para o artista, nem para o admirador importa muito a forma material (*corpus mecanicus*) da arte, cujo conhecimento não pertence à ciência, mas sim à criação do espírito.

Fazer arte é comunicar esta criação do espírito. Admirá-la é compreender esta mensagem. Tal comunicação artística é chamada de expressão por alguns. A expressão não é somente a linguagem do artista, mas sim a soma da expressão com o valor material sobre o qual está a criação na qual reflete a exteriorização do espírito.

A arte é essencialmente a expressão própria da forma material, e não a expressão personalíssima do artista.

Determinar o *quantum* vale esta criação é determinar qual é o valor artístico.

Qual seria o significado da expressão: "valor artístico"?

Devido a sua complexidade não temos ainda precisa definição do seu alcance, para efeitos legislativos e para correta absorvição pelo judiciário, isto porque interpretaríamos o valor artístico pelo valor monetário da obra intelectual, ou pelo provento alcançado pela utilização daquela obra, ou pelo conteúdo da obra expressado pelo autor, ou pela avaliação de um técnico, ou pelo valor definido pelo autor da obra.

Desapropriação de obra intelectual

Os direitos autorais patrimoniais de uma obra intelectual é susceptível de desapropriação por utilidade pública. O que ocorrerá quando houver o desinteresse da reedição ou da divulgação da obra pelo autor, ou pelos detentores dos direitos patrimoniais, onde o governo indenize justa e previamente ao autor (art. 5º, letra *o*, do Dec.-lei 3.365/41, art. 5º, XXIV, da Constituição Federal).

4. Lopes Neto e Zucheratto, *A ação civil pública.*

O processo de desapropriação é regulado pelo Dec.-lei 3.365/41; é um processo administrativo que conglomera vários atos intermediários: declaração de utilidade da obra intelectual; avaliação; indenização (que se divide em duas fases da natureza declaratória, indicando a necessidade ou a utilidade pública, e em executório, a indenização é a transferência do domínio do bem expropriado).

Ao Poder Judiciário é vedado, no processo de desapropriação, decidir se se verificam ou não os casos de utilidade pública (art. 9º do Dec.-lei 3.365/41); entretanto o art. 20 admite a contestação de vício no processo judicial e na impugnação do preço, e abre margem para o desapropriado discutir qualquer outra questão por ação direta. Até porque a lei não poderá excluir da apreciação do Poder Judiciário qualquer lesão de direito (art. 5º, XXXV, da CF). Assim sendo, através de provocação do lesado, requerendo por ação própria a tutela jurisdicional, poderá o poder judiciário examinar o mérito do ato expropriatório.

Requisição civil e obra intelectual

A Constituição Federal estabelece no seu art. 5º, XXV, que: "no caso de iminente perigo público, a autoridade competente poderá usar de propriedade particular, assegurada ao proprietário indenização ulterior, se houver dano", instituiu-se o direito de requisição.

A requisição civil é uma forma de intervenção na propriedade particular pelo poder público, disposto no art. 591, parágrafo único do Código Civil, autorizada pela Constituição Federal e regulada pelo Dec.-lei 4.812, de 8.10.42 (decreto este revogado pelo Dec.-lei 8.090, de 15.10.45, sendo revalidado pelo Dec.-lei 8.158, de 3.11.45, tendo o art. 12 nova redação dada pelo Dec.-lei 5.451, de 30.4.43).

O referido art. 591 está capitulado na Seção VI — Da perda da propriedade de imóvel; entretanto o parágrafo único admite os casos excludentes, onde inclui-se a requisição civil de bens móveis e fungíveis. O art. 15 do Dec.-lei 4.812 define os bens e coisas sujeitas à requisição, além dos casos especiais previstos na própria lei.

A requisição civil visa evitar danos à vida, à saúde, aos bens coletivos e à manutenção da ordem e da moral da população civil (item 14 do art. 15 do referido Dec.-lei). O art. 20, III, da CF declina a competência privativa da União para legislar sobre as requisições civis e militares em caso de iminente perigo em tempo de guerra.

As requisições são feitas pelos Ministros do Exército, Marinha, Aeronáutica e Justiça, ou a quem os representem com poderes expressos, podendo ser extensivo por ato do Presidente da República a outros Ministros, a Governadores, que poderão requisitar a autoridade administrativa local, o Prefeito Municipal ou a qualquer cidadão desde que convidado pelo requisitante (art. 31, § 2º, e 12 do Dec.-lei 4.812/42, com redação dada pelo Dec.-lei 5.451, de 30.4.43).

O processo de requisição é de natureza administrativa, não dependendo de intervenção prévia do Poder Judiciário para sua execução, em função do ato ser de urgência, onde "a necessidade não respeita a lei", obedecidas as proporções e a responsabilidade do Estado.

A requisição será feita por escrito, em duas vias, assinadas pelo requisitante, por extenso e com clareza, com a declaração de posto, cargo, qualidade ou função que lhe confere o direito de fazê-la. O requisitante é obrigado a dar ao requisitado recibo das coisas entregues (arts. 8º, 9º e 13 do Dec.-lei 4.812/43). As requisições devem ser testemunhadas e podem ser reprimidas pela força se houver sonegação, fraude ou ocultação. A autoridade requisitante dará recibo das coisas requisitadas.

Themistocles B. Cavalcanti entende sê-la cabível somente em tempo de guerra ou de grave emergência;[5] no entanto, Hely Lopes Meirelles interpreta a sua admissibilidade em tempo de paz, desde que haja perigo público iminente,[6] isto é, grave emergência, que, segundo Robison Casseb, basta o estado de necessidade para que haja a requisição civil.[7]

A indenização na requisição civil, segundo o parágrafo único do art. 591 do CC, deve ser prévia; no entanto, habitualmente se dá posteriormente. Há casos em que a requisição é gratuita, conforme estabelecido pelo Código Eleitoral.

A obra intelectual pode ser objeto de requisição civil, desde que ela contribua para alterar a ordem e a moral da população civil. Assim sendo, a prerrogativa de requisição civil pode, por vezes, ter a roupagem de censura, sob o pretexto de que a mensagem contida na obra intelectual sirva de instigação para a desordem, ou sob o pretexto de ter um conteúdo imoral para a população. A requisição, nesse caso, retiraria a obra de circulação, ou a impediria de divulgação.

Diverge a requisição civil da censura de uma obra intelectual pela legalidade. Enquanto a requisição é constitucional, legal, aquela é inconstitucional (art. 5º, IX, da Constituição Federal), portanto ilegal; enquanto a requisição tem uma indenização paga "a posteriori", a censura só admite perdas e danos. Ambas não transferem o domínio.

Os juristas diferenciam a requisição civil da desapropriação por nem sempre haver a indenização naquela, e nesta ser sempre obrigatória; naquela a indenização é posterior, nesta é anterior; naquela não depende de ordem judicial para imissão de posse, nesta depende de decisão judicial; naquela o ato requisitante não faz domínio, nesta transfere-se o domínio.

Ação popular e obra intelectual

A ação popular tem por finalidade a defesa do interesse coletivo, regulamentada pela Lei 4.717, de 29.6.65. Seu objeto é a anulação de ato lesivo ao patrimônio público, ou de entidade que o Estado participe (art. 5º, LXXIII, da CF), seja ele de origem das pessoas de direito público ou privado (art. 3º da Lei 4.717/65), independente de ser o ato ilegítimo ou ilegal, cujo objetivo é a declaração, constitutivas ou condenatórias, conforme a finalidade a que se dirijam.

A obra intelectual pode ser lesiva ao patrimônio público, que com a publicidade ter-se-á dado auferimento ao público do conteúdo, pois incluirá no campo da cultura pública.

A infidelidade na tradução, os folhetos informativos que contenham informações errôneas, os livros de teor científico que defendem teses infundadas e a violação de direito autoral das obras de domínio público podem ser objetos da ação popular. Entendimento este, também, adotado pela legislação argentina (art. 83 da Lei 11.723), citado por Carlos Mouchet e Sigfrido Radaelli.[8]

O ato lesivo é aquele que acarreta em lesão. E lesão é sinônimo de dano, segundo Clovis Bevilaqua. Para Hely Lopes Meirelles, lesivo é o ato que desfalca o patrimônio artístico, cultural, cívico ou histórico da comunidade.

Constituem patrimônio cultural os bens de natureza material e imaterial, onde se incluem as criações científicas, ar-

5. Themistocles B. Cavalcanti, *Tratado de Direito Administrativo*, v. III, p. 75.

6. Hely Lopes Meirelles, *Direito Administrativo*, p. 596.

7. Robison Casseb, *A Desapropriação e a Intervenção na Propriedade*, p. 40.

8. Carlos Mouchet e Sigfrido Radaelli, *Los derechos del escritor y del artista*, p. 20.

tísticas e tecnológicas, competindo à União, Estado e Municípios a proteção, a destruição, a descaracterização e a evasão destas criações (art. 216, III, e art. 23, III e IV, da CF).

Salientamos que a criação, a expressão, a informação e a liberdade de pensamento não sofrerão qualquer restrição, desde que observadas as disposições da Constituição (art. 220).

A ação popular pode ser de autoria de qualquer cidadão (art. 5º., LXXIII, da CF), não valendo para tal ação o disposto no art. 76 do Código Civil, onde se apregoa ser necessário ter o legítimo interesse econômico ou moral para propor a ação.

Até porque o autor da ação popular não visa alcançar para si proveito ou benefício resultante da afirmação ou restabelecimento do direito postulado em juízo, mas a obtenção de resultados em prol da coletividade.

A competência jurisdicional será definida conforme a origem do ato lesivo, em razão da pessoa interessada no patrimônio lesado (art. 5º. da Lei 4.717/65).

Conclusão

O Estado dispõe da prerrogativa do poder de polícia, podendo restringir o uso, gozo e fruição da obra intelectual e do direito autoral.

Assim, torna-se o Estado responsável por toda influência que possa advir da utilização de uma obra intelectual, por quem não tem discernimento intelectual para inibir uma conduta anti-social.

Meios não o faltam (a desapropriação, a requisição) sem que se precise violar o preceito constitucional da liberdade de expressão.

A manutenção da ordem social e da preservação dos valores morais também é um dever do Ministério Público e do cidadão, tendo para tanto a prerrogativa da ação civil pública ou a ação popular.

Logo, não há como conceber a ausência da responsabilidade do Estado diante do aumento da criminalidade e da conduta anti-social de alguns membros da população, gerada pela utilização de uma obra intelectual, seja por qualquer veículo de comunicação (rádio, TV, jornais, livros etc.).

Junho de 1993

Bibliografia

Cavalcanti, Themistocles Brandão, *Tratado de Direito Administrativo*, v. III, Freitas Bastos, Rio, 1963.

Casseb, Robison, *A desapropriação e a intervenção na propriedade*, Saraiva, São Paulo, 1983.

D'Andrea Ferreira, Sergio, *Direito Administrativo Didático*, s/ed, Rio, 1979.

Di Pietro, Maria Sylvia Zanella, *Direito Administrativo*, Atlas, 3ª. ed., São Paulo, 1993.

Lopes Neto e Zucheratto, *A ação civil pública*, Saraiva, São Paulo, 1990.

Meirelles, Hely Lopes, *Direito Administrativo*, 8ª. ed., Ed. RT, São Paulo, 1981.

Mouchet, Carlos e Radaelli, Sigfrido, *Los derechos del escritor y del artista*, Ed. Sudamericana, Buenos Aires, 1957.

Pimenta, Eduardo S., *Dos crimes contra a propriedade intelectual*, monografia inédita, Belo Horizonte, 1992.

CONFERÊNCIAS & DEBATES

MEIO AMBIENTE E JUDICIÁRIO*

SYDNEY SANCHES

1. O tema que me foi confiado diz respeito ao Poder Judiciário e a tutela do meio ambiente.

2. De início, esclareço que não farei incursões pelo direito comparado.

Nem me deterei sobre conceitos e noções necessárias ao tratamento das questões relacionadas com o chamado "direito ambiental".

3. Na verdade, farei breve retrospecção sobre o ordenamento jurídico em vigor no Brasil, nos pontos que me parecem de maior interesse, buscando com isso simplesmente relembrar certas normas de direito material e processual que podem fundamentar e instrumentalizar a tutela jurisdicional pretendida.

Por fim, abordarei alguns aspectos relacionados com a atuação do Ministério Público, do Poder Judiciário e com a jurisprudência.

4. A Constituição Federal de 5 de outubro de 1988 deu especial destaque às questões relacionadas com o meio ambiente.

Assim é que, no Título VIII, dedicado à Ordem Social, destinou todo o Capítulo VI ao tratamento do "Meio Ambiente" (art. 225, seus incisos e parágrafos).

Mas cuidou do tema, também, ao enunciar os direitos e garantias individuais (ato lesivo — ação popular) (art. 5º, inc. LXXIII); ao cogitar da defesa do meio ambiente, como princípio da ordem econômica (art. 170, VI); ao estabelecer as competências políticas, administrativas e legislativas privativas, comuns ou concorrentes da União, dos Estados, do Distrito Federal e dos Municípios (arts. 21, 22, 23 e 24); ao se ocupar da atividade garimpeira (art. 174, § 3º); ao regu-

* Conferência do Ministro Sydney Sanches, do Supremo Tribunal Federal, sobre "O Poder Judiciário e a tutela do meio ambiente", proferida em seminário promovido pela Companhia Paulista de Força e Luz, em Campinas — SP, sob o título "Semana de Estudos Jurídicos Sobre o Meio Ambiente", realizado no período de 20 a 22 de junho de 1994.

lar as funções institucionais do Ministério Público (art. 129, III); ao fixar as atribuições do sistema único de saúde (art. 200, VIII); ao incluir no patrimônio cultural brasileiro os sítios ecológicos (art. 216, V).

5. Fiquemos, por ora, no Título VI, dedicado à Ordem Social, mais precisamente no Capítulo VI, destinado ao "Meio Ambiente".

5.1 Todos têm direito ao meio ambiente ecologicamente equilibrado, bem de uso comum do povo e essencial à sadia qualidade de vida, impondo-se ao Poder Público e à coletividade o dever de defendê-lo e preservá-lo para as presentes e futuras gerações.

É a regra do art. 225, a cujo cumprimento se dedica o § 1º., segundo o qual, para assegurar o direito ao meio ambiente, como conceituado no *caput*, incumbe ao Poder Público:

"(...)

"I — preservar e restaurar os processos ecológicos essenciais e prover o manejo ecológico das espécies e ecossistemas;

"II — preservar a diversidade e a integridade do patrimônio genético do País e fiscalizar as entidades dedicadas à pesquisa e manipulação de material genético;

"III — definir, em todas as unidades da Federação, espaços territoriais e seus componentes a serem especialmente protegidos, sendo a alteração e a supressão permitidas somente através de lei, vedada qualquer utilização que comprometa a integridade dos atributos que justifiquem sua proteção;

"IV — exigir, na forma da lei, para instalação de obra ou atividade potencialmente causadora de significativa degradação do meio ambiente, estudo prévio de impacto ambiental, a que se dará publicidade;

"V — controlar a produção, a comercialização e o emprego de técnicas, métodos e substâncias que comportem risco para a vida, a qualidade de vida e o meio ambiente;

"VI — promover a educação ambiental em todos os níveis de ensino e a conscientização pública para a preservação do meio ambiente;

"VII — proteger a fauna e a flora, vedadas, na forma da lei, as práticas que coloquem em risco sua função ecológica, provoquem a extinção de espécies ou submetam os animais a crueldade".

5.2 Os §§ 2º. e 6º. do art. 225 desdobram as regras de proteção ao direito ao meio ambiente ecologicamente equilibrado.

Assim, aquele que explorar recursos minerais fica obrigado a recuperar o meio ambiente degradado, de acordo com a solução técnica exigida pelo órgão público competente, na forma da lei (§ 2º.).

As condutas e atividades consideradas lesivas ao meio ambiente sujeitarão os infratores, pessoas físicas ou jurídicas, a sanções penais e administrativas, independentemente da obrigação de reparar os danos causados (§ 3º.).

A Floresta Amazônica brasileira, a Mata Atlântica, a Serra do Mar, o Pantanal Mato-Grossense e a Zona Costeira são patrimônio nacional, e sua utilização far-se-á, na forma da lei, dentro de condições que assegurem a preservação do meio ambiente, inclusive quanto ao uso dos recursos naturais (§ 4º.).

O § 5º. declara indisponíveis as terras devolutas ou arrecadadas pelos Estados, por ações discriminatórias, necessárias à proteção dos ecossistemas naturais.

E, conforme o § 6º., as usinas que operem com reator nuclear deverão ter sua localização definida em lei federal, sem o que não poderão ser instaladas.

6. O art. 21 da Constituição Federal fixa as competências políticas e administrativas da União, dentre elas, algumas que podem guardar, de perto, certa relação com as questões relativas ao meio ambiente, como, por exemplo:

"I — manter relações com Estados estrangeiros e participar de organizações internacionais; (...)

"VI — autorizar e fiscalizar a produção e o comércio de material bélico; (...)

"IX — elaborar e executar planos nacionais e regionais de ordenação do território e de desenvolvimento econômico e social; (...)

"XII — explorar, diretamente ou mediante autorização, concessão ou permissão:

"(...)

"b) os serviços e instalações de energia elétrica e o aproveitamento energético dos cursos de água, e articulação com os Estados onde se situam os potenciais hidroenergéticos;

"c) a navegação aérea, aeroespacial e a infra-estrutura aeroportuária;

"d) os serviços de transporte ferroviário e aquaviário entre portos brasileiros e fronteiras nacionais, ou que transponham os limites de Estado ou Território;

"e) os serviços de transporte rodoviário interestadual e internacional de passageiros;

"f) os postos marítimos, fluviais e lacustres;

"XIII — organizar e manter o Poder Judiciário, o Ministério Público e a Defensoria Pública do Distrito Federal e dos Territórios; (...)

"XVIII — planejar e promover a defesa permanente contra as calamidades públicas, especialmente as secas e as inundações;

"XIX — instituir sistema nacional de gerenciamento de recursos hídricos e definir critérios de outorga de direitos de seu uso;

"XX — instituir diretrizes para o desenvolvimento urbano, inclusive habitação, saneamento básico e transportes urbanos;

"XXI — estabelecer princípios e diretrizes para o sistema nacional de viação;

"XXII — executar os serviços de polícia marítima, aérea e de fronteira;

"XXIII — explorar os serviços e instalações nucleares de qualquer natureza e exercer monopólio estatal sobre a pesquisa, a lavra, o enriquecimento e reprocessamento, a industrialização e o comércio de minérios nucleares e seus derivados, atendidos os seguintes princípios e condições:

"a) toda atividade nuclear em território nacional somente será admitida para fins pacíficos e mediante aprovação do Congresso Nacional;

"b) sob regime de concessão ou permissão, é autorizada a utilização de radioisótopos para a pesquisa e usos medicinais, agrícolas, industriais e atividades análogas;

"c) a responsabilidade civil por danos nucleares independe da existência de culpa;

"XXIV — organizar, manter e executar a inspeção do trabalho;

"XXV — estabelecer as áreas e as condições para o exercício da atividade de garimpagem, em forma associativa".

7. Mas, além das competências políticas e administrativas da União, de que trata o art. 21, tem ela competências legislativas exclusivas, dentre as quais algumas que guardam correlação com o direito ambiental, como, por exemplo, sobre:

"I — direito civil, comercial, penal, processual, eleitoral, agrário, marítimo, aeronáutico, espacial e do trabalho; (...)

"IV — águas, energia; (...)

"VIII — comércio exterior e interestadual; (...)

"X — regime dos portos, navegação lacustre, fluvial, marítima, aérea e aeroespacial; (...)

"XII — jazidas, minas, outros recursos minerais e metalurgia; (...)

"XIV — populações indígenas; (...)

"XVI — (...) condições para o exercício das profissões;

"XVII — organização judiciária, do Ministério Público e da Defensoria Pública do Distrito Federal e dos Territórios, bem como organização administrativa destes; (...)

"XXII — competência da polícia federal e das polícias rodoviária e ferroviária federais; (...)

"XXVI — atividades nucleares de qualquer natureza (...)."

7.1 Conforme dispõe o parágrafo único do art. 22 da CF, lei complementar poderá autorizar os Estados a legislar sobre questões específicas das matérias relacionadas no art. 22.

7.2 É competência comum da União, dos Estados, do Distrito Federal e dos Municípics, a atividade política e administrativa, destinada a proteger o meio ambiente e combater a poluição em qualquer de suas formas (inciso VI do art. 23), preservar as florestas, a fauna e a flora (inciso VII).

Essa atividade política e administrativa, comum, diz respeito, também a outros temas, que se relacionam, igualmente, com os do meio ambiente, como, por exemplo, a voltada ao registro, acompanhamento e fiscalização de concessões de direitos de pesquisa e exploração de recursos hídricos e minerais em seus territórios.

7.3 O parágrafo único do art. 23 da CF atribui à Lei Complementar a fixação de normas para a cooperação entre a União e os Estados, o Distrito Federal e os Municípios, tendo em vista o equilíbrio do desenvolvimento e do bem-estar em âmbito nacional.

8. O art. 24 cuida da competência legislativa concorrente, da União, dos Estados, do Distrito Federal, sobre várias matérias.

Dentre elas, sobre florestas, caça, pesca, fauna, conservação da natureza, defesa do solo e dos recursos naturais, proteção do meio ambiente e controle da poluição (inciso VIII); responsabilidade por dano ao meio ambiente (inciso VIII).

8.1 O § 1º esclarece que, no âmbito da legislação concorrente, a competência da União limitar-se-á a estabelecer normas gerais, que, nos termos do 2º, não exclui a suplementar dos Estados.

O § 3º, por sua vez, dispõe que, inexistindo lei federal sobre normas gerais, os Estados exercerão a competência legislativa plena, para atender a suas peculiaridades. E o § 4º que a superveniência da lei federal sobre normas gerais suspende a eficácia da lei estadual, no que lhe for contrário.

9. Ao sistema único de saúde compete, além de outras atribuições, nos termos da lei, colaborar na proteção do meio ambiente, nele compreendido o do trabalho (inciso VII do art. 200).

10. Constituem patrimônio cultural brasileiro os bens de natureza material e imaterial, tomados individualmente ou em conjunto, portadores de referência à identidade, à ação, à memória dos diferentes grupos formadores da sociedade brasileira, nos quais se incluem, dentre outros, os conjuntos urbanos e sítios de valor ecológico (inciso V do art. 216 da CF).

11. Já no campo da tutela jurisdicional do meio ambiente, dispõe a Constituição, no Capítulo I do Título II, destinado aos "Direitos e Deveres Individuais e Coletivos" (art. 5º, inciso LXXIII): qualquer cidadão é parte legítima para propor ação popular que vise anular ato lesivo ao patrimônio público ou de entidade de que o Estado participe, à moralidade administrativa, ao *meio ambiente* e ao patrimônio histórico e cultural, ficando o autor, salvo comprovada má-fé, isento de custas judiciais e do ônus da sucumbência.

12. Passo agora a examinar algumas leis ou simples normas infraconstitucionais, anteriores ou posteriores à Constituição Federal de 5.10.1988, relacionadas com o tema aqui focalizado, e que, de alguma forma, cuidam do direito material à proteção do meio ambiente e de seu instrumental de acesso ao Judiciário.

13. Começo pelo Código Civil, que é de 1916, e, ao tratar dos direitos de vizinhança, coíbe o uso nocivo da propriedade, dizendo no art. 554 que o proprietário, ou inquilino, de um prédio tem o direito de impedir que o mau uso da propriedade vizinha possa prejudicar a segurança, o sossego e a saúde dos que o habitam.

Ao cuidar do direito de construir, diz, no art. 572, que o proprietário pode levantar em seu terreno as construções que lhe aprouver, salvo o direito dos vizinhos e os regulamentos administrativos.

O § 2º do art. 573 reza que os vãos, ou aberturas para luz, não prescrevem contra o vizinho, que, a todo o tempo, levantará, querendo, a sua casa, ou contramuro, ainda que lhes vede a claridade.

E o art. 578 exige: as estrebarias, currais, pocilgas, estrumeiras, e, em geral, as construções que incomodam ou prejudicam a vizinhança, guardarão a distância fixada nas posturas municipais e regulamentos de higiene.

O dono de um prédio, ameaçado pela construção de chaminés, fogões ou fornos, no contíguo, ainda que a parede seja comum, pode embargar a obra e exigir caução, contra os prejuízos possíveis. É o que estatui o art. 582.

Não é lícito encostar à parede-meia, ou à parede do vizinho, sem permissão sua, fornalhas, fornos de forja ou de fundição, aparelhos higiênicos, fossos, cano de esgoto, depósito de sal, ou de quaisquer substâncias corrosivas, ou suscetíveis de produzir infiltrações daninhas (art. 583).

Todo o proprietário é obrigado a consentir que entre no seu prédio, e dele temporariamente use, mediante prévio aviso, o vizinho, quando seja indispensável à reparação ou limpeza, construção e reconstrução de sua casa. Mas, se daí lhe provier dano, terá direito a ser indenizado (art. 587).

As demais disposições — diz o parágrafo único — aplicam-se aos casos de limpeza ou reparação dos esgotos, goteiras e aparelhos higiênicos, assim como dos poços e fontes já existentes.

14. O Código Penal, que é de 1942, ao tratar dos crimes contra a saúde pública, dentre outras hipóteses, comina pesadas penas a quem:

1) "causar epidemia, mediante a propagação de germes patogênicos" (art. 267);

2) "infringir determinação do poder público, destinada a impedir introdução ou propagação de doença contagiosa" (art. 268);

3) "deixar (o médico) de denunciar à autoridade pública doença cuja notificação é compulsória" (art. 269);

4) "envenenar água potável, de uso comum ou particular, ou substância alimentícia ou medicinal destinada a consumo" (art. 270); entregar a consumo ou ter em depósito, "para o fim de ser distribuída, a água ou a substância envenenada" (§ 1º do art. 270);

5) "corromper ou poluir água potável, de uso comum ou particular, tornando-a imprópria para o consumo ou nociva à saúde" (art. 271).

15. A Lei das Contravenções Penais, que é de 1941, prevê, no capítulo das referentes à incolumidade pública, a de arremessar ou derramar em via pública, ou em lugar de uso comum, ou de uso alheio, coisa que possa ofender, sujar ou molestar alguém (art. 37).

E no art. 38 a de provocar, abusivamente, emissão de fumaça, vapor ou gás, que possa ofender ou molestar alguém.

16. A Consolidação das Leis do Trabalho, que é de 1943, contém numerosas normas de proteção ao trabalhador, em seu ambiente de trabalho, seja sob o aspecto da higiene e da saúde, seja outorgando-lhe vantagens, em face da insalubridade ou periculosidade a que se submete.

17. A legislação de infortunística, que remonta, nos pontos mais relevantes, ao Dec.-lei 7.036, de 10.11.45, depois com profundas inovações, cuida, sob os mais diversos aspectos, de indenização ao operário vitimado por acidente-tipo ou por moléstia profissional, tudo em decorrência do ambiente do trabalho.

18. A Lei 4.717, de 29.6.65, que regula a ação popular, confere a qualquer cidadão legitimidade para pleitear a anulação ou a declaração de nulidade de atos lesivos ao patrimônio público, incluindo em seu conceito os bens e direitos de valor econômico, artístico, estético, histórico ou turístico, sem abordar, porém, todos os aspectos do meio ambiente.

Mas, como já ficou dito anteriormente, a Constituição Federal, no art. 5º., inciso LXXIII, admite ação popular, também quando se tratar de ato lesivo ao meio ambiente.

19. Normas esparsas de proteção ao meio-ambiente são encontradiças no Código de Águas (Dec.-lei 852, de 11.11.1938), no Código Florestal (Lei 4.771, de 15.9.1965), no Código de Caça (Lei 5.197, de 3.1.1967), no Código de Pesca (Dec.-lei 221, de 28.2.1967), no Código de Mineração (Dec.-lei 227, 28.2.1967), no Código Brasileiro do Ar (Aeroportos) (Lei 6.833, de 30.9.1980), em inúmeros diplomas legais federais e estaduais ou em normas municipais.

20. São também muito conhecidos os organismos de proteção ao meio ambiente, nos três níveis do poder público, relacionados com essa atividade protetora e regulados por normas específicas.

21. O Anteprojeto de Lei do Código Penal, em andamento no Ministério da Justiça, dedica o Título XIII aos "Crimes contra o meio ambiente".

No Capítulo I cuida da "Degradação ambiental".

Nas Seções I, II e III, da poluição da água, do ar e do solo; dos atentados contra a flora e a fauna; e também contra a paisagem.

E no Capítulo II do "Favorecimento aos crimes contra o meio ambiente".

No tratamento dos temas, contém avanços consideráveis.

22. Comportam referência, ainda, a Lei 6.938, de 31.8.1981, que dispôs sobre a Política Nacional do Meio Ambiente, seus fins e mecanismos de formulação e aplicação; a Lei 7.347, de 24.7.1985, que disciplina a ação civil pública de responsabilidade por danos ao meio ambiente, ao consumidor, a bens e direitos de valor artístico, estético, histórico, turístico e paisagístico; a Lei 7.679, de 23.11.1988, que dispõe sobre a proibição da pesca de espécies em períodos de reprodução; a Lei 7.802, de 11.7.1989, que dispõe sobre a pesquisa, a experimentação, a produção, a embalagem e rotulagem, o transporte, o armazenamento, a comercialização, a propaganda comercial, a utilização, a importação, a exportação, o destino final dos resíduos e embalagens, o registro, a classificação, o controle, a inspeção e a fiscalização de agrotóxicos, seus componentes e afins.

23. Todo esse vastíssimo material normativo constitucional e infraconstitucional, sugere a tutela do Poder Judiciário, quando adequadamente provocado.

24. Entre todos os diplomas legislativos infraconstitucionais, pretendo dar especial destaque à Lei 7.347 de 24.7.1985, alterada pela Lei 8.078, de 11.9.1990, e que disciplina a ação civil pública e cuida mais de perto da tutela jurisdicional do meio ambiente, que é o nosso tema.

É que, dentre outras coisas:

1) permitiu a propositura das ações nela previstas no foro do local onde ocorrer o dano, atribuindo ao respectivo juízo competência funcional para processar e julgar a causa (art. 2º);

2) admitiu que a ação civil pública objetive a condenação em dinheiro ou ao cumprimento de obrigação de fazer ou não fazer (art. 3º);

3) previu a possibilidade de ação cautelar para os fins nela considerados, inclusive para se evitar o dano ao meio ambiente, ao consumidor, aos bens e direitos de valor artístico, estético, histórico, turístico e paisagístico;

4) abriu, enormemente, o leque de legitimados ativos para a ação civil pública, principal e cautelar, ou seja: ao Ministério Público, à União, aos Estados e Municípios, às autarquias, empresas públicas, fundações, sociedades de economia mista; e até a associações constituídas há pelo menos um ano, nos termos da lei civil, e que incluam, entre suas finalidades institucionais, a proteção ao meio ambiente, ao consumidor, ao patrimônio artístico, estético, histórico, turístico e paisagístico (art. 5º, inc. I e II); ou a qualquer outro interesse difuso ou coletivo (acréscimo introduzido pelo art. 111 do Código de Defesa do Consumidor) (Lei 8.078, de 11.9.1990);

5) tornou obrigatória a intervenção do Ministério Público, como *custos legis*, em tais processos, quando neles não figurar como parte (§ 1º do art. 5º);

6) facultou ao Poder Público e a outras associações legitimadas habilitarem-se como litisconsortes de qualquer das partes (§ 2º);

7) impôs ao Ministério Público, ou a outro legitimado, assumir a titularidade ativa, em caso de desistência infundada ou abandono da ação por associação legitimada (§ 3º, com a redação dada pelo art. 112 do Código de Defesa do Consumidor, Lei 8.078/90);

8) permitiu ao juiz dispensar o requisito da pré-constituição, quando haja manifesto interesse social evidenciado pela dimensão ou característica do dano, ou pela relevância do bem jurídico a ser protegido (§ 4º do art. 5º da Lei 7.347/85, introduzido pelo art. 113 do CDC, Lei 8.078, de 11.9.1990);

9) admitiu o litisconsórcio facultativo entre os Ministérios Públicos da União, do Distrito Federal e dos Estados na defesa dos interesses e direitos de que cuida a lei (§ 5º do art. 5º da LACP, acrescentado pelo art. 113 do CDC) (este parágrafo foi vetado mas, por engano, a publicação oficial não o suprimiu);

10) deixou claro que os órgãos públicos legitimados poderão tomar dos interessados compromisso de ajustamento de sua conduta às exigências legais, mediante cominações, que terá eficácia de título executivo extrajudicial (este § 6º da LACP foi acrescentado pelo art. 113 do CDC e, embora vetado, não foi suprimido da publicação oficial);

11) outorgou a qualquer pessoa o direito e impôs ao servidor público o dever de provocar a iniciativa do Ministério Público, ministrando-lhe informações sobre fatos que constituam objeto da ação civil e indicando-lhe os elementos de convicção (art. 6º);

12) impôs aos juízes e tribunais, que, no exercício de suas funções, tiverem conhecimento de fatos ensejadores da propositura da ação civil pública, a remessa de peças ao Ministério Público para as providências cabíveis (art. 7º);

13) deixou claro que, na petição inicial, o autor poderá requerer às autoridades competentes as certidões e informações que julgar necessárias, a serem fornecidas no prazo de quinze dias (art. 8º);

14) conferiu ao Ministério Público o poder de instaurar, sob sua presidência, inquérito civil, ou requisitar, de qualquer organismo público ou particular, certidões, informações, exames e perícias, no prazo que assinalar, não inferior a dez dias úteis (§ 1º); no § 2º ressalvou a possibilidade de requisição judicial, em caso de sigilo legalmente protegido;

15) atribuiu ao Ministério Público o poder de promover arquivamento dos autos do inquérito civil ou as peças informativas, exigindo-lhe, porém, que o faça fundamentadamente, e apenas se se convencer da inexistência de fundamento para a propositura da ação civil (art. 9º);

16) submetem ao Conselho Superior do Ministério Público o exame e deliberação da promoção de arquivamento, permitindo que, até esse momento, as associações legitimadas apresentem razões escritas ou documentos, para anexação ao inquérito ou às peças informativas (§§ 2º e 3º);

17) conferiu ao Conselho o poder e o dever de designar outro órgão do Ministério Público para o ajuizamento, se vier a desacolher a promoção de arquivamento (§ 4º);

18) apenou com reclusão e multa a recusa, o retardamento ou a omissão de dados técnicos indispensáveis à propositura da ação civil, quando requisitados pelo Ministério Público (art. 10);

19) atribuiu ao Juiz, na ação que tenha por objeto o cumprimento de obrigação de fazer ou não fazer, o poder de determinar o cumprimento da prestação da atividade devida ou a cessação da atividade nociva, sob pena de execução específica, ou de cominação de multa diária, se esta for suficiente ou compatível, independentemente de requerimento do autor (art. 11);

20) previu a possibilidade de medida liminar, concedida pelo Juiz, com ou sem justificação prévia, em decisão sujeita a agravo (art. 12);

21) adotou, de certa forma, o princípio do art. 4º da Lei do Mandado de Segurança, ao dizer que: a requerimento de pessoa jurídica de direito público interessada, e para evitar grave lesão à ordem, à saúde, à segurança e à economia pública, poderá o Presidente do Tribunal, a que competir o conhecimento do respectivo recurso, suspender a execução da liminar, em decisão fundamentada, da qual caberá agravo para uma das turmas julgadoras (§ 1º do art. 12);

22) estabeleceu que a multa cominada liminarmente, embora só exigível do réu após o trânsito em julgado da decisão favorável ao autor, será devida, porém, desde o dia em que se houver configurado o descumprimento (§ 2º do art. 12);

23) previu a criação de um fundo gerido por Conselho Federal ou por Conselhos Estaduais, com participação do Ministério Público e de representantes da comunidade, resultante das condenações em dinheiro, por dano causado, e cujos recursos destinou à reconstituição dos bens lesados (art. 13);

24) admitiu a outorga, pelo Juiz, de efeito suspensivo aos recursos, para evitar dano irreparável à parte (art. 14);

25) deu ao Ministério Público o poder-dever de promover e aos demais legitimados facultou a execução da sentença condenatória, quando houver omissão da associação autora (art. 15 da LACP com a redação dada pelo CDC);

26) conferiu eficácia *erga omnes* à coisa julgada na ação civil pública, excetuando a hipótese de improcedência por insuficiência de provas e esclarecendo que, nesse caso, qualquer legitimado poderá repropô-la, com novas provas (art. 16);

27) responsabilizou solidariamente as associações autoras e os diretores responsáveis pela propositura da ação, em caso de litigância de má-fé, por honorários advocatícios e o décuplo das custas, sem prejuízo da responsabilidade por perdas e danos (art. 17 da LACP, com a redação dada pelo art. 115 do CDC);

28) dispensou o adiantamento de custas, emolumentos e honorários periciais e quaisquer outras despesas e afastou a possibilidade de condenação da associação autora, salvo comprovada má-fé, em honorários de advogado, custas e despesas processuais (art. 18 da LACP com a redação dada pelo art. 116 do CDC);

29) previu a aplicação subsidiária do Código de Processo Civil, naquilo em que não contrarie suas disposições (art. 19).

25. Enfim, a Lei 7.347, de 24.7.85, que, como se sabe, resultou do talento e do espírito público, colocados num primeiro anteprojeto, de Ada Pellegrini Grinover, Kazuo Watanabe, Cândido Rangel Dinamarco, Waldemar Mariz de Oliveira Júnior e, depois, no Ministério da Justiça, da atuação destacada de Édis Milaré, Antonio Augusto Mello de Camargo Ferraz e Nelson Nery Junior, deu o passo mais largo no ordenamento jurídico brasileiro, na instrumentalização da tutela jurisdicional ao meio ambiente, no que respeita aos interesses coletivos ou difusos.

26. Urge, agora, melhor aparelhar todos os legitimados à propositura da ação civil pública, propiciando-lhes meios e condições para o êxito da empreitada.

Urge que o interesse social fique atendido, sem prejuízo do progresso material, científico, tecnológico, ou de outra ordem, desde que não se firam os interesses maiores ligados à vida, à saúde, à segurança, à cultura, à estabilidade, enfim, à paz de toda a comunidade.

Para isso, é que também se espera do Congresso Nacional, por ocasião de emendas constitucionais uma preocupação maior, mais arrojada, com a autonomia política, orçamentária e administrativa do Poder Judiciário e do Ministério Público, para que consigam se organizar e atuar satisfatoriamente, a serviço da Justiça e do Povo, inclusive no que concerne à defesa do Meio Ambiente.

27. É indispensável também que os membros do Ministério Público — todos eles — se convençam de sua força na defesa da sociedade. E a exerçam, na medida da Constituição e das leis.

28. Mas é de todo imprescindível que os Juízes se compenetrem de que interesses coletivos são tão ou mais importantes que os individuais.

29. Quero dizer a todos, ainda, que, se já não faltam normas constitucionais e legais de proteção ao meio ambiente, seja no campo do direito material, seja na do processual, as quais, obviamente, poderão sempre merecer aprimoramentos e avanços, também não falta doutrina autorizada de ilustres juristas, nacionais e alienígenas, e de eminentes especialistas de direito ambiental, que serão referidos na Bibliografia adiante mencionada.

30. Quanto à jurisprudência sobre meio ambiente, devo referir-me a alguns julgados do Supremo Tribunal Federal:

1) sobre poluição do meio ambiente e competência da CETESB, como órgão estadual, para fiscalizar e controlar a aplicação das normas federais referentes à política ambiental, na esfera do Estado de São Paulo: RE n. 108.981; *RTJ* 139/259, 134/390, 127/225;

2) sobre agrotóxicos, biocidas e competência legislativa a respeito (*RTJ* 115/1.008, 117/28, 119/72, 16/42);

3) sobre proteção ambiental e competência legislativa sobre defesa e proteção da saúde e comércio exterior (*RTJ* 118/28);

4) sobre Proteção da Floresta da Serra do Mar (*RTJ* 118/900).

Todos esses julgamentos, ocorridos ao tempo, ainda, da CF de 1967 e EC n. 1/1969.

31. Já sob a vigência da Constituição de 1988, há julgados do Superior Tribunal de Justiça a respeito de temas do Meio Ambiente: *Revista do STJ* 37/539, 32/291, 51/92, 46/232, 48/412, 50/279, 30/194; *Ementário de Jurisprudência do STJ*, v. 7. p. 129, n. 302.

32. "Meio Ambiente nos Tribunais — Jurisprudência" é o título de um compêndio, editado pela Editora Esplanada, ADCOAS, organizado por Paulo César Ribeiro e Paulo Sérgio da Costa Lins, Jorge Franklin Salomão Brandão e Rômulo Gonçalves Rangel, com reprodução de julgados sobre competência concorrente, depósito de lixo, desflorestamento, direito de indústria, garimpo de ouro, herbicida, inexistência de dano, interdição de empresa, liminar, mineração, Ministério Público, poluição do ar, poluição de rio, preservação de oitizeiros, prova, responsabilidade objetiva, suspensão de obra, transferência de indústria, transporte marítimo, usina de lixo, valor econômico. Tudo relacionado ao direito ambiental.

33. A Associação Paulista do Ministério Público, pelas Edições APMP, Série "Cadernos Informativos", 1988, editou trabalho de Édis Milaré, Procurador de Justiça em São Paulo, sob o título "Curadoria do Meio Ambiente", que menciona casos concretos de ações civis públicas sobre:

"1) medida cautelar antecipatória de prova por danos ecológicos provocados ao canal e praias de Bertioga;

"2) medida cautelar antecipatória de prova e ação principal por danos à fauna ictiológica;

"3) ação civil pública ambiental por danos à fauna silvestre (Passarinhada do Embu);

"4) ação civil pública ambiental por danos à fauna silvestre;

"5) medida cautelar antecipatória de prova e ação principal por danos à fauna e flora marinhas;

"6) ação civil pública ambiental por danos causados ao solo e cursos d'água em virtude de lançamento de resíduos industriais tóxicos;

"7) ação civil pública ambiental por danos ao meio ambiente, à estética urbana e à paisagem;

"8) ação civil pública ambiental por danos ao ecossistema da Serra do Mar (região de Cubatão);

"9) ação civil pública ambiental por danos causados a ecossistemas de manguezal;

"10) medida cautelar antecipatória de prova para verificação das condições de equipamentos e procedimentos operacionais relativos ao transporte, carga e descarga, estocagem e manipulação de petróleo e seus derivados;

"11) ação civil pública ambiental por danos à reserva obrigatória da cobertura vegetal natural;

"12) ação civil pública ambiental por danos causados à vegetação natural de preservação permanente;

"13) ação civil pública ambiental por poluição sonora;

"14) ação civil pública ambiental visando ao fechamento de jardim zoológico irregularmente instalado;

"15) medida cautelar e ação civil pública principal visando à defesa e proteção de bem de valor histórico, arquitetônico e artístico;

"16) ação civil pública ambiental por danos causados ao patrimônio histórico-cultural;

"17) ação civil pública ambiental visando impedir a instalação de usinas de compostagem e incineração de lixo, por ausência de prévio estudo de impacto ambiental e localização em zona de uso desconforme;

"18) ação civil pública ambiental visando a impedir a instalação de usina de reciclagem e compostagem de lixo, por infração à lei de zoneamento;

"19) ação civil pública ambiental em virtude de deposição de lixo urbano em área de proteção ambiental (APA)".

34. Vê-se, pois, que, no Brasil, a proteção ao meio ambiente só não se tornará efetiva se os legitimados a defendê-lo não o fizerem adequadamente ou não estiverem devidamente aparelhados para isso. Ou, ainda, se o Poder Judiciário, com suas eternas deficiências de pessoal suficiente e qualificado, suas invencíveis insuficiências orçamentárias e administrativas, ou à falta de entusiasmo de seus membros e servidores, não puder responder, a tempo e a hora, aos reclamos da sociedade brasileira.

Normas constitucionais e legais é que não faltam.

35. Ao encerrar a exposição, quero renovar meu agradecimento à Ilustrada Presidência da Companhia Paulista de Força e Luz, bem como pelo convite, e apresentá-lo também a todos os presentes pela generosa atenção.

Muito obrigado.

Bibliografia

1. Mário Cicala, "*La Tutela dell'Ambiente*" *nel Diritto Amministrativo, Penale e Civile*, UTET, Torino.
2. Ugo Ruffolo, *Interessi colletivi o diffusi e tutela del consumatore*, Milão, Dott Giuffrè, 1985.
3. Mauro Cappelletti, "Tutela dos interesses difusos", *Ajuris*, março, 1985, p. 169.
4. José Carlos Barbosa Moreira, "Tutela jurisdicional dos interesses coletivos ou difusos", in *Temas de Direito Processual*, 3ª série, Saraiva, 1984.
5. Hely Lopes Meirelles, *Mandado de Segurança, Ação Popular, Ação Civil Pública, Mandado de Injunção e Habeas-Data*, 12ª ed. ampliada pela Constituição da República de 1988, Ed. RT, "Proteção Ambiental e Ação Civil Pública", *RT* 611/7, *RTFR* 145/79, *RF* 301/37, *Just.* 135/88.
6. José Afonso da Silva, *Direito Urbanístico Brasileiro*, Ed. RT, 1981.
7. Ada Pellegrini Grinover (Coord.), Antonio Magalhães Gomes Filho, Cândido Rangel Dinamarco, Fábio Nusdeo, Jackson Gouveia de Barros, José Carlos Barbosa Moreira, Kazuo Watanabe, Paulo Affonso Leme Machado, Renato Guimarães Jr., René Ariel Dotti, Tércio Sampaio Ferraz Jr., Waldemar Mariz de Oliveira Jr., Waldírio Bulgarelli e Weiss de Andrade, *A Tutela dos Interesses Difusos*, Série Estudos Jurídicos — 1, Ed. Max Limonad.
8. Ada Pellegrini Grinover, "Tutela Jurisdicional do Meio Ambiente", *Ajuris*, vol. 29; "A Tutela Jurisdicional dos Interesses Difusos", *Rev. da PGE — SP*, vol. 44; "Ações Coletivas para a Tutela do Meio Ambiente e dos Consumidores", Lei 7.347, de 24.7.85, *Ajuris* 36/7, e *RP* 44/113.
9. Paulo Affonso Leme Machado, *Direito Ambiental Brasileiro*, Ed. RT, 1982; — *Ação Civil Pública*, Ed. RT, 1986; "Ministério Público, Ambiente e Patrimônio Cultural", *Rev. de Inf. Leg.*, Brasília, n. 89.
10. Eros Roberto Grau, *Direito Urbano*, Ed. RT, 1983.
11. Adílson Abreu Dallari e Lúcia Valle Figueiredo, Coord. de *Temas de Direito Urbanístico*, Ed. RT, 1987.
12. Rodolfo de Camargo Mancuso, *Interesses Difusos — Conceito e Legitimação para Agir*, Ed. RT, 1988; "Tutela Judicial do Meio Ambiente: reconhecimento de legitimação para agir aos entes naturais?", *RP* 52/58.
13. Hugo Nigro Mazzilli, *A Defesa dos Interesses Difusos em Juízo*, Ed. RT, 1988.
14. Péricles Prade, *Conceito de Interesses Difusos*, 2ª ed., Ed. RT, 1987.
15. Toshio Mukai, "Aspectos Jurídicos da Proteção Ambiental no Brasil", *RDP*, jan./mar., 1985.
16. Édis Milaré, "Tutela Jurídica do Meio Ambiente", *RT* 605/20; "Tutela Jurisdicional do Ambiente", *RT* 676/48, *Just.* 157/55; "Legislação Ambiental e Participação Comunitária", *Just.* 152/23; "Curadoria do Meio Ambiente" — "Ações Civis Públicas Ambientais (casos concretos)", Ed. APMP, Série Cadernos Informativos, p. 83; — "Ação Civil Pública Ambiental — Instalação de usina de processamento de lixo em área densamente povoada" — "A Importância dos Estudos de Impacto Ambiental", *Just.* 141/16.

17. René Ariel Dotti, "A Atuação do Ministério Público na Proteção dos Interesses Difusos", *Rev. de Inf. Leg.*, Brasília, n. 90, abr./jun., 1986.

18. Voltaire de Lima Moraes, "A Ação Civil Pública e a Tutela do Meio Ambiente", *Ajuris*, 37/212.

19. Fábio Nusdeo, verbete "Ambiente", *Enciclopédia Saraiva*, vol. 6, p. 300.

20. Fábio Nusdeo, Cid Tomanik Pompeu, Fernando Sodero, René Ariel Dotti, verbete "Ecologia", *Enciclopédia Saraiva*, vol. 29, pp. 488 e ss.

21. Armando H. Dias Cabral, "Proteção Ambiental", *RDP*, SP, 9.4.48: 77-86, jul./dez., 1978, p. 77.

22. Antonio Augusto Mello de Camargo Ferraz, Édis Milaré e Nelson Nery Júnior, *A Ação Civil Pública e a Tutela Jurisdicional dos Interesses Difusos*, SP, Saraiva, 1984.

23. José Arthur Rios, "A Tutela do Ambiente: Dúvidas e Dificuldades", *Rev. de Inf. Leg.*, vol. 117, ano 30, jan./mar., 1993.

24. Diogo de Figueiredo Moreira Neto, "Constituição e Revisão" — "Temas de Direito Político e Constitucional", Forense, 1991.

25. Márcia Walquiria Batista dos Santos, "Meio Ambiente na Atualidade e o Exercício da Cidadania", *RT*, vol. 690, pp. 282-286.

26. Ives Gandra Martins, *VI — Proteger o Meio Ambiente e Combater a Poluição em Qualquer de Suas Formas* (Comentários à Constituição do Brasil), 3º vol., t. I, pp. 398-401, Saraiva, 1992.

27. Wladimir Passos de Freitas, *Direito Administrativo e Meio Ambiente*, Curitiba, Juruá, 1993; "O Magistrado e o Meio Ambiente", *RT* 659/29, *Ajuris* 51/55.

28. Ophir Filgueiras Cavalcante e Suzy Elisabeth Cavalcante Koury, "Direito Ambiental e a Questão Amazônica", dez. 1990.

29. José Cretella Júnior, *Comentários à Constituição Brasileira de 1988*, 2ª ed., 1993, vol. VIII, arts 170 a 232 (Ed. Forense Universitária).

30. Celso Ribeiro Bastos, Ives Gandra Martins, *Comentários à Constituição do Brasil* (*promulgada em 5.10.88*), 2º vol., arts. 5º a 17 (Saraiva, 1989).

31. Paulo César Ribeiro, Paulo Sérgio da Costa Lins e outros, *Meio Ambiente nos Tribunais — Jurisprudência*, (Ed. Esplanada, ADCOAS, 1ª ed., Rio, 1992).

32. Edésio Fernandes Jr., "Proteção Jurídica do Meio Ambiente", *RDP* 79/156.

33. Galeno Lacerda, "Ação Civil Pública e Meio Ambiente", *Ajuris* 43/7.

34. Álvaro Luiz Valery Mirra, "A Defesa do Meio Ambiente em Juízo — o papel das associações e o problema dos resíduos nucleares e perigosos", *RT* 645/40.

35. Lourenço Agostini de Andrade, "A Tutela ao Meio Ambiente e a Constituição", *Ajuris* 45/71.

36. Senado Federal, *Meio Ambiente — Legislação*, Subsecretaria de Edições Técnicas, 2ª ed. atualizada, 1991.

37. Toshio Mukai, *Direito Ambiental Sistematizado* 1ª ed., 1992, Ed. Forense Universitária, Biblioteca Jurídica.

REFLEXOS DA URV NO DIREITO ADMINISTRATIVO*

MARCOS JURUENA VILLELA SOUTO
Procurador do Estado do Rio de Janeiro e Professor de Direito Administrativo
da Universidade Estácio de Sá

1. Natureza da Norma. 2. Licitação. 3. Contratos em vigor. 4. Contratos de Concessão de Serviços Públicos. 5. Licitações do BACEN e da Casa da Moeda. 6. Vencimentos, Soldos, Salários e Tabelas de Funções de Confiança. 7. Orçamentos. 8. Conclusão.

1. Natureza da Norma

Ao editar a Medida Provisória 434, de 27.2.94, na seqüência de uma série de atos que envolveram, inclusive, emendas revisionais[1] à Constituição Federal, o Governo Federal pretendeu dar um plano decisivo na questão da estabilização econômica do País, sendo, pois, indispensável tratar da estabilidade da moeda. Em outras palavras, dentro de um contexto de normas de intervenção no domínio econômico, foi editada uma Lei sobre *moeda*, objetivando resgatar-lhe o significado.

Em apertada síntese, a moeda tem, basicamente, três funções, a saber: unidade de *troca*, unidade de *valor* (medida de valor) e reserva de *valor* (poupança). Destas três funções, o Cruzeiro Real, após sucessivas mudanças de denominação e subtração de zeros, conserva apenas a primeira, i.e., o poder liberatório. A inflação, levando ao aumento desordenado de preços, corroeu toda e qualquer possibilidade de ter, na moeda nacional, uma medida de valor, que passa a ser atendida por diversos índices, sendo a moeda americana o mais fiel à perda do poder aquisitivo. A poupança, quando feita no país, é calcada em ativos reais ou no próprio dólar americano.

Para resgatar a credibilidade da moeda, sem o trauma de um choque e sem repetir os erros anteriores, de simples mudança de nome, levando para a nova moeda toda uma cultura inflacionária e uma instabilidade de preços, é que foi instituída a Unidade Real de Valor, que conviverá com o Cruzeiro Real até que incorpore sua função de poder liberatório. Destarte, até a extinção do Cruzeiro Real, valerá ele como unidade de troca enquanto a URV servirá como medida de valor. Fracionam-se, então,

* Painel promovido pelo Centro de Estudos Jurídicos da Procuradoria-Geral do Estado do Rio de Janeiro, em 14.3.94.

1. Expressão de duvidosa constitucionalidade, eis que a doutrina considera o processo de Revisão Constitucional indivisível.

as funções da moeda até que seja emitido o Real.

Questionamentos houve acerca da inconstitucionalidade de serem lançadas duas moedas, o que, a despeito de não estar vedado no Texto Constitucional, não ocorre. A URV ainda não é moeda, mas tem parcela de suas funções e, por isso, integra o *sistema* monetário (funcionando, como é da essência de um sistema, em coordenação com o Cruzeiro Real — art. 1º, § 1º).

A URV também não é um mero indexador, mas, como o próprio nome já diz, uma unidade de valor, que *pode* servir como índice de correção monetária (art. 4º, § 2º).

Logo, sendo uma unidade de valor, integrante do sistema monetário, a legislação que a institui vem calcada no art. 22, VI, da Constituição Federal; é *privativa da União* e imperativa aos Estados e Municípios, tocando, nesse passo, em vários pontos que interessam ao Direito Administrativo, mais especialmente, no que concerne às licitações, contratos administrativos, concessões, vencimentos, soldos, pensões e orçamentos.

2. *Licitações*

2.1 *Abertura da licitação*

O art. 14 da Medida Provisória 434/94 estabelece o dever de as autoridades administrativas adotarem providências para que o contrato a ser firmado obedeça às limitações quanto à periodicidade e à forma das cláusulas de reajuste e revisão, admitida a sua celebração em cruzeiros reais, desde que haja previsão de aditamento para sua conversão em URV.

O dispositivo aplica-se às licitações "em andamento", expressão que já merece uma interpretação posto que o artigo 38 da Lei 8.666/93 considera iniciado o procedimento licitatório com a simples abertura do processo administrativo. Não parece ser esta a situação desejada pela norma, entendendo a maioria da doutrina que somente se considera aberta a licitação com a divulgação do instrumento convocatório. Destarte, o art. 14 da MP 434/94 aplica-se às licitações cujos editais já tenham sido publicados ou aos convites que já tenham sido expedidos.[2]

Se ainda não houve esta fase, o instrumento convocatório deverá solicitar propostas em URV, assim como a estimativa dos valores da contratação assim deve ser feita, já que sua celebração dar-se-á após a data prevista no art. 10, quando a adoção da medida passa a ser obrigatória para contratos com obrigações a serem satisfeitas em mais de trinta dias. Sendo inferior o prazo de cumprimento de obrigação, pode ser expresso em Cruzeiros Reais até o advento do Real.

2.2 *Divulgação do instrumento convocatório sem recebimento de propostas*

Se a licitação já está em andamento, com a divulgação do instrumento convocatório, mas ainda não houve recebimento de propostas, por uma questão de conveniência — evitando futura negociação — opina-se que nova convocação seja feita na nova unidade monetária.

Neste caso, a *reabertura* do prazo para adequação das propostas, e *não* a simples *complementação* deste prazo, sintoniza-se melhor com o princípio da competitividade. É que muitas empresas não se interessam em licitar em face dos

2. Nesse sentido afastou-se a aplicação do art. 121 de Lei 8.666/93, que dava ultratividade ao DL 2.300/86.

riscos de corrosão da prestação causada pelos constantes atrasos no pagamento (alimentados por inúmeras e descabidas negativas da atualização monetária de tais valores). Como a URV preserva o valor da moeda, outras empresas podem se motivar ao pleito.

2.3 Propostas já recebidas mas não abertas

Neste caso, abre-se a dúvida se há devolução ou conversão em URV dos valores propostos. Parece que o ideal seria a devolução para adequação ao novo padrão monetário, que poderá implicar numa vantagem ao Erário na redução da expectativa inflacionária contida nas propostas.

Deveria haver republicação do edital ou novo convite, inclusive com admissão de novos licitantes.

Se já houve habilitação, o artigo 43, § 6º., da Lei 8.666/93 veda desistências, o que poderia levar, como contra-argumento, à alegação de que, conhecidos os participantes, outros não deveriam ser admitidos sob pena de quebra da igualdade.

Remarque-se, porém, que a licitação tem por objetivo a competição. Logo, mantidos os mesmos licitantes, mas diante da situação superveniente (lei nova), a Administração poderá optar pela revogação do procedimento e abrir um novo (art. 49 da Lei 8.666/93 e verbete n. 473 da Súmula do Eg. STF). Aplica-se, pois, também ao processo administrativo, o princípio da economia processual, com reabertura do prazo, na forma do art. 21, § 4º., da Lei 8.666/93.

2.4 Propostas abertas mas não julgadas

Aí, sim, a devolução das propostas implicaria em grave violação ao princípio da igualdade, que tem no julgamento seu ápice.

Cabe ao Administrador, nesse momento, exercer seu poder discricionário acerca da conveniência em celebrar o contrato em Cruzeiros Reais — como faculta o art. 14 — ou em URV (excepciona-se, pois, o art. 10 quanto ao termo inicial dos contratos em URV).

Optando pela adoção da URV, à Administração cabe estabelecer o critério de conversão das propostas.

A princípio, pode-se concluir que bastaria transformar a proposta tomando-se por base o valor da URV na data do julgamento, ou na data da proposta. Isso, no entanto, seria legitimar a expectativa inflacionária naturalmente embutida na proposta (já que os pagamentos da Administração não são a vista, mas a prazo, não se caracterizando tal expectativa como superfaturamento). Ademais, a Lei, em momento algum, almejou a conversão pura e simples dos valores em Cruzeiros Reais para a URV. Sempre forçou a média. Vide, por exemplo, o art. 34, § 1º, que define como *abusivo* o preço em URV *acima* da média dos preços praticados entre setembro e dezembro de 1993.

Uma solução prática é converter os valores em URV, como apresentados, verificando sua compatibilidade com a realidade do mercado para a venda a vista. Se de acordo, não há óbices ao prosseguimento do feito. Do contrário, deve-se proceder na forma do art. 48, parágrafo único, da Lei 8.666/93.

Se persistir a inadequação, deve haver a desclassificação, bem como comunicação ao Ministro da Fazenda, na forma do art. 34, § 1º., e, eventualmente, à Secretaria de Direito Econômico, na forma da Lei 8.158/91.

2.5 Licitação homologada

A rigor, é licitação em andamento, posto que concluídos os atos previstos no art. 43, I a VI — salvo se houver representação, na forma do art. 109, II, da Lei 8.666/93, que implique na prática de novos atos no procedimento (a homologação não está relacionada no art. 109, I, como hipótese sujeita a recurso).

Entretanto, não parece que a norma tenha se preocupado em preservar as licitações em andamento e não as já concluídas (aguardando a contratação). Até porque, violaria um ato jurídico perfeito. Logo, se por um lado é de se admitir o contrato em Cruzeiros Reais, de outro ele fica condicionado às alterações para adequação aos termos da MP 434/94 quanto à periodicidade de reajuste e revisão, bem como aos indexadores.

Por outro lado, se há conveniência na celebração do contrato em URV, a Administração é livre para fixar as condições de conversão. Afinal, a licitação não gera direito à celebração do contrato, que fica sujeito à discricionariedade do Administrador, que pode, até, revogá-la para obter propostas em consonância com a nova realidade do mercado.

O § 1º do art. 15 nada mais fez que reconhecer a característica do contrato administrativo. Na lição de Hely Lopes Meirelles[3] "o que tipifica o contrato administrativo e o distingue do contrato privado é a participação da Administração na relação jurídica bilateral com *supremacia de poder para fixar as condições iniciais do ajuste*".

Nesse caso, é livre para converter ou não o valor em URV, bem como para escolher converter o valor pela média ou pela data da conversão. Nesta última hipótese, porém, pode estar violando o dever de probidade administrativa e eficiência financeira, posto que a Lei considera abusivo o preço acima da média do art. 34, § 1º. Neste caso, poderá ser responsabilizado na forma do art. 25, § 2º, da Lei 8.666/93, sem prejuízo de outras sanções.

Se o primeiro colocado não aceita, a Administração pode proceder na forma do art. 64, § 2º, da Lei 8.666/93 combinado com o art. 50, convocando os demais para aceitarem o contrato nas condições oferecidas ao vencedor, ou revogar a licitação.

A punição para o primeiro lugar é situação delicada e deve ser precedida do direito de defesa. Afinal, a MP 434/94 não obriga que seja acatada a *proposta* da Administração.

3. Contratos em vigor

O art. 15 determina que os contratos em vigor sejam adequados à nova unidade de valor, estabelecendo o seu § 1º que ao Poder Executivo caberá fixar os termos e condições da proposta de conversão. Neste caso, cada Poder Executivo dos entes federados deve baixar as normas para as suas respectivas Administrações. Não se trata, pois, de norma decorrente do poder regulamentar (privativo do Presidente da República) sobre Legislação Monetária (que excluiria a competência estadual e municipal); tanto que o § 2º, expressamente, comete tal competência aos Estados e Municípios. Não é demais lembrar que, se de poder regulamentar se tratasse, desnecessário seria o dispositivo, posto que expressamente previsto na Constituição — CF, art. 84, IV. Logo, o tema é de Direito Administrativo e não de Direito Monetário.

Não tendo sido especificada a autoridade encarregada de fixar estes termos e condições, até que haja um ato decorrente do Poder Hierárquico do Chefe do Poder Executivo — CF, art. 84, II — as demais autoridades administrativas podem baixar normas específicas para suas áreas de atuação. No âmbito estadual, como não houve (nem poderia haver) in-

3. Meirelles, Hely Lopes. *Licitações e Contratos Administrativos*, 9ª ed., São Paulo, Ed. RT, 1990, p. 174.

dicação do Poder Executivo, as entidades da Administração Indireta e Fundacional podem fixar tais critérios até que haja orientação diversa do Poder Executivo.

A Medida Provisória determina que haja a *proposta*, o que importa numa intenção de não admitir a conversão pura e simples dos valores de Cruzeiros Reais para URV. A idéia de um período intermediário entre a moeda em vigor e o Real foi estabelecer um prazo de negociação de obrigações, evitando o uso de "tablitas" ou "congelamentos", freqüentemente questionados por violarem, respectivamente, os arts. 5º., XXXVI (ato jurídico perfeito) e, 170, IV (princípio da livre concorrência), ambos da Constituição da República.

Os Estados e Municípios devem respeito à lei federal que introduz a nova unidade de valor; do contrário, sujeitam-se à intervenção — CF, arts. 34, VI, e 35, IV. Logo, ficam obrigados a formular uma *proposta*.

Como não foi exigido um ato *geral*, pode ser negociada a adequação individualmente, até que se disponha o contrário. Se o contratado não aceitar, deve ser obtido o *distrato*, nos termos do art. 79, II, da Lei 8.666/93. Do contrário, a solução é a *denúncia*, na forma do art. 79, I c/c 78, II, da Lei 8.666/93. Nesta última hipótese, dificilmente a Administração poderia escapar à indenização alegando o *fato do príncipe*, como fator de extinção do contrato de pleno direito (*resolução*), com fundamento no art. 54 da Lei 8.666/93. É que o *fato do príncipe* exige *coercitividade* da medida estatal, o que não ocorre, posto que a lei impõe, apenas, a obrigação de *revisão*, que, aliás, já está prevista no próprio art. 65, § 5º., da Lei de Licitações, tal como o art. 55, § 5º., do DL 2.300/86, para os contratos que ainda vigorarem por força do art. 121 da Lei 8.666/93.

A proposta deve abordar a forma de conversão para a URV e a nova metodologia para o reajustamento e revisão.

A conversão é obrigatória para contratos com pagamentos com mais de trinta dias (art. 10) e facultativa nos demais, lembrando que a MP 434/94 não desejou a conversão pura e simples de uma unidade monetária para a outra, buscando sempre forçar a média (vide, por exemplo, o art. 7, parágrafo único). Os contratos em Cruzeiros Reais (mormente os administrativos) trazem uma elevada expectativa inflacionária que não se deseja que contamine a nova moeda. A conversão pelo pico dos preços (que se elevaram em razão da insegurança que reinou no mercado antes da implantação da URV) pode ser caracterizada como abusiva (art. 34, parágrafo único), causando prejuízo ao Erário.

Cumpre mencionar a posição contrária adotada pelo Gabinete do Prefeito do Município do Rio de Janeiro,[4] no sentido de que o art. 10 da MP 434/94 tem aplicação restrita, uma vez que a obrigação pecuniária não nasce com o contrato, mas com o adimplemento da prestação da parte contrária. Destarte, caracterizado o adimplemento e oferecida a contraprestação em trinta dias, não haveria obrigatoriedade de conversão em URV.

Parece-nos, *data venia*, que a obrigação nasce com o contrato e pode ser paralisada (suspensa) pela Administração, por força da exceção do contrato não cumprido (CC, art. 1.092 c/c 54 da Lei 8.666/93). A conversão é, pois, obrigatória.

A *periodicidade do reajuste* é outro item da proposta e deve ser anual, iniciando-se um ano após a renegociação. Não cabem, pois, reajustes semestrais, trimestrais etc. alimentando a inflação. O poder aquisitivo da moeda já é mantido pela URV. Igualmente, repudiam-se os índices gerais de preços. O reajuste

4. Relato telefônico feito pelo eminente jurista e Procurador do Município Denis Borges Barbosa, lotado no Gabinete do Prefeito.

fica condicionado à variação *superior* do índice *setorial* de custo vinculado ao cumprimento do contrato.

O reajuste visa à atualização monetária enquanto que a *revisão*, também anual, é voltada para a realidade do mercado.

Trata-se de mecanismo de credibilidade da lei ante a realidade econômica. Não se está, utopicamente, acabando com a inflação, mas criando circunstâncias para atacá-la (não se repete, assim, o erro do Plano Cruzado, que fez com que os preços disparassem uma vez evidenciado o seu fracasso, sem nenhuma disciplina legal ou contratual que contivesse esses abusos).

A lei não vedou a revisão, porque isto caracterizaria violação ao Princípio da Autonomia da Vontade. O que não cabe é a *cláusula de revisão*. É o que Orlando Gomes denomina de *hardship clause*.[5]

4. *Contratos de concessão de serviços públicos*

Nestes, a conversão em URV é livre (art. 8º, I c/c 33), desde que pela *média*. Se o consumidor vai receber salários pela média (e os fornecedores assim vão pagar seus salários, bem como se relacionar com os seus fornecedores) o preço também deve ser convertido pela média, sendo certo que, uma vez convertido, o valor fica "congelado" em URV. Antes, é livre a fixação em Cruzeiros Reais, desde que não haja abuso (art. 34, § 1º).

5. *Licitações do BACEN e da Casa da Moeda*

A Constituição Federal, ao estabelecer a obrigatoriedade de preceder de licitação os contratos de todos os órgãos e entidades da Administração Pública e dos Poderes Legislativos e Judiciários, em todas as esferas federais, admitiu a exceção através de hipóteses definidas em *legislação* (CF, art. 37, XXI). Tal legislação está prevista no art. 22, XXVII, da Lei Maior, que comete à União o dever de estabelecer *normas gerais*.

Destarte, o constituinte desejou — e frisou — a necessidade de ato *normativo* emanado do Poder Legislativo, que pode até ser positivado através de Medida Provisória.

Entretanto, no caso do art. 4º, § 1º, da Medida Provisória 434/94, bem como na Medida Provisória 442/94, o que se tem é um ato *formalmente* legislativo mas *materialmente* administrativo, já que se trata de autorização casuística para contratar sem licitação, o que viola, pois, o comando constitucional, abrindo graves precedentes para que outros atos administrativos sejam editados com abuso da função legislativa excepcional do Poder Executivo.

Na hipótese em exame, contudo, os problemas ficam amenizados, posto que a autorização para a dispensa encontra amparo na Lei 8.666/93 e poderia ser alcançada por norma hierarquicamente inferior (decreto), já que a contratação é

5. Gomes, Orlando, *Novíssimas Questões de Direito Civil*, 2ª ed., São Paulo, Saraiva, 1988, pp. 187 e 188. "...uma cláusula que permite a revisão do contrato primitivo das obrigações. Não se trata de aplicação especial da teoria da imprevisão à qual alguns querem reconduzir a referida cláusula, no vezo condenável de transferir mecanicamente os institutos do armário civilístico clássico aos mais novos contratos comerciais. Trata-se de nova técnica para encontrar uma adequada reação à superveniência de que alterem a economia do contrato para manter (*sic*) (...) sob o controle das partes, uma série de controvérsias potenciais para assegurar a continuação em circunstâncias que, segundo os esquemas jurídicos tradicionais, poderiam levar à resolução do contrato (...) a característica e a novidade mais relevante da *hardship clause* reside nas conseqüências jurídicas decorrentes de sua dupla finalidade, a negativa, para evitar a dissolução do contrato, e a positiva, para renegociação das cláusulas nas quais se apresenta a ruptura do seu equilíbrio econômico (...) o contrato integral cede lugar ao contrato evolutivo".

urgente e as necessidades superam as possibilidades de atendimento pela Casa da Moeda.

Há, porém, o risco da manipulação de índices na livre escolha da entidade pelo BACEN, se se repetir a política eleitoreira do Plano Cruzado.

6. *Vencimentos, soldos, salários e tabelas de funções de confiança*

A fixação em URV é feita pela média dos últimos meses, tomando-se como base a URV do último dia do mês de competência, inclusive para os Poderes Legislativo e Judiciário, bem como para o Ministério Público.

A norma do art. 168 da Constituição Federal, que especifica a autonomia orçamentária dos três Poderes, não tem o condão de permitir o dia 20 de cada mês como data base de conversão dos respectivos salários.

A data mencionada no art. 168, CF, é para liberação de recursos orçamentários, em nada autorizando uma interpretação de que é data de pagamento de servidores, mas, ainda que o fosse, não poderia servir de amparo para mudança de um critério legal. Só os trabalhadores é que têm seus salários convertidos pela URV da data do efetivo pagamento, no que foram prejudicados aqueles que recebem no mês seguinte.

A norma vale para os servidores estaduais e municipais. Não há imposição de um índice federal a obrigações estaduais e municipais. Há uma lei sobre sistema monetário, que introduz uma nova medida de valor. Vale, pois, para todos os servidores públicos (já que, quando se quis, mencionou-se, expressamente, o servidor federal — vide, por exemplo, art. 21, § 7º).

A URV, embora possa assim ser usada (art. 4º, § 2º), não é índice de correção monetária, mas uma função da moeda (art. 1º e § 1º). Não viola, pois, a autonomia estadual e municipal.

O pessoal de empresas públicas e sociedades de economia mista fica sujeito às regras do art. 18 por força do que dispõe o art. 173, § 1º, CF, que submete tais entidades ao regime trabalhista das empresas privadas.

Situação que deve ser cuidada na fase da conversão é a que se refere ao pessoal das *fundações de direito privado* instituídas pelo Poder Público. Estas são espécies do gênero *fundações públicas*, que comportam, também, as fundações autárquicas (de direito *público*, ou autárquicas fundacionais). Estas últimas submetem-se ao art. 21 da MP 434/94 c/c 39, CF, enquanto as primeiras, ao art. 18 (dos trabalhadores em geral) tal como as empresas estatais.

De se lamentar, contudo, que o princípio da irredutibilidade dos salários leve em conta apenas o seu valor *nominal* (e não o *real*), o que não reflete qualquer garantia aos trabalhadores em geral. A tese vem da Economia e foi, no texto, no sentido de que o Estado só pode assegurar o valor nominal dos salários, cabendo a busca do valor real aos sindicatos e órgãos de negociação coletiva, em cada categoria. E isso a Lei teve o cuidado de não vedar. Aos servidores públicos, que não podem se valer de dissídios coletivos, só resta o direito de greve, ainda assim, em serviços não essenciais.

7. *Orçamentos*

Muito se criticou o art. 9º, por vedar a indexação do orçamento, levando a medida ao descrédito, posto que a União não estima seus gastos em URV e quer receber em UFIR.

A triste realidade, porém, é que os orçamentos se transformaram em peças de ficção, em que se superestima a receita para elevar a despesa. Neste caso, ao invés de atualizar em URV a inchada despesa, conserva-sem seu valor em Cruzeiros Reais para permitir um maior monitoramento.

Ademais, do ponto de vista jurídico, a norma do art. 9º pode ter cunho meramente declaratório, posto que o art. 165, § 9º, CF, estabelece que cabe à Lei *Complementar* dispor sobre a elaboração do orçamento, ou, quando muito, à Lei de *Diretrizes Orçamentárias*, conforme art. 165, § 2º, CF.

Remarque-se, por oportuno, que o Eg. STF, até recente voto do Min. Marco Aurélio,[6] não admitia precatórios indexados sob o argumento de que o orçamento também não o era.

Como o orçamento é em moeda corrente, para os contratos em URV recomenda-se o empenho por estimativa (Lei 4.320/64, art. 60, § 2º).

8. Conclusão

Eram estas, enfim, as breves observações iniciais sobre o novo sistema monetário do país, que, editado com base no art. 22, VII, CF, é privativo da União e obrigatório para Estados e Municípios.

É claro que, para garantia da estabilidade da moeda há necessidade, inicialmente, de efetuar o controle do déficit público (até a data da eficácia da MP 434/94 o orçamento de 1994 ainda não havia sido aprovado).

É preciso, ainda, disciplinar a emissão do Real, com o devido lastro e vedando emissões para financiar novos déficits. Daí a necessidade do Banco Central autônomo. Cabe, também, cobrar atuação do CADE e da Secretaria de Direito Econômico para coibir os abusos.

No mais, o plano não repete erros anteriores, sendo louvável a abertura de prazo para que os contratos sejam adequados à nova unidade, de acordo com a vontade das partes, assim devendo proceder a Administração Pública, sob pena de submeter-se, obrigatoriamente, aos critérios fixados por Lei para transformação dos Cruzeiros Reais em Reais.

Rio de Janeiro, 22 de março de 1994.

6. Agravo Regimental em Agravo de Instrumento n. 153.493-2-SP, *DJ* 25.2.94, ementário n. 1.734-2.

JURISPRUDÊNCIA

SUPREMO TRIBUNAL FEDERAL

Ementa: Responsabilidade civil do Estado. Dano decorrente de assalto por quadrilha de que fazia parte preso foragido vários meses antes.

A responsabilidade do Estado, embora objetiva por força do disposto no art. 107 da Emenda Constitucional 1/69 (e, atualmente, no § 6º do art. 37 da Carta Magna), não dispensa, obviamente, o requisito, também objetivo, do nexo de causalidade entre a ação ou a omissão atribuída a seus agentes e o dano causado a terceiros.

Em nosso sistema jurídico, como resulta do disposto no art. 1.060 do Código Civil, a teoria adotada quanto ao nexo de causalidade é a teoria do dano direto e imediato, também denominada teoria da interrupção do nexo causal. Não obstante aquele dispositivo da codificação civil diga respeito à impropriamente denominada responsabilidade contratual, aplica-se ele também à responsabilidade extracontratual, inclusive a objetiva, até por ser aquela que, sem quaisquer considerações de ordem subjetiva, afasta os inconvenientes das outras duas teorias existentes: a da equivalência das condições e a da causalidade adequada.

No caso, em face dos fatos tidos como certos pelo acórdão recorrido, e com base nos quais reconheceu ele o nexo de causalidade indispensável para o reconhecimento da responsabilidade objetiva constitucional, é inequívoco que o nexo de causalidade inexiste, e, portanto, não pode haver a incidência da responsabilidade prevista no art. 107 da Emenda Constitucional 1/69, a que corresponde o § 6º do art. 37 da atual Constituição. Com efeito, o dano decorrente do assalto por uma quadrilha de que participava um dos evadidos da prisão não foi o efeito necessário da omissão da autoridade pública que o acórdão recorrido teve como causa da fuga dele, mas resultou de concausas, como a formação da quadrilha, e o assalto ocorrido cerca de vinte e um meses após a evasão.

Recurso extraordinário conhecido e provido.

Recurso Extraordinário N. 130.764-1 — Paraná
Primeira Turma

Recorrentes: Estado do Paraná e Ministério Público do Estado do Paraná
Recorridos: H. Kaminski & Cia. Ltda. e outros
(*DOU*: 7.8.92)

ACÓRDÃO

Vistos, relatados e discutidos estes autos, acordam os Ministros da Primeira Turma do Supremo Tribunal Federal, na conformidade da ata do julgamento e das notas taquigráficas, por unanimidade de votos, em conhecer do recurso e lhe dar provimento.

Brasília, 12 de maio de 1992 — Moreira Alves (Presidente e Relator).

RELATÓRIO

O Senhor Ministro Moreira Alves: É este o teor do acórdão recorrido, prolatado em grau de embargos infringentes:

"Vistos, relatados e discutidos estes autos de Embargos Infringentes 26/89, de Curitiba, 3ª Vara da Fazenda Pública, em que é embargante o Estado do Paraná, figurando como embargados H. Kaminski & Cia. Ltda. e outros.

"1. Versa a espécie a respeito de ação de reparação de dano, promovida com fulcro nos arts. 107 da CF de 1967, 123 da CE, 15 e 159 do C. Civil, cujo pedido foi julgado procedente para o efeito de condenar o Estado do Paraná a pagar aos autores H. Kaminski & Cia. Ltda. e outros a quantia de Cz$ 68.549.762,63, a ser corrigida monetariamente desde o laudo, datado de 26.11.87, lucros cessantes, custas e honorários advocatícios fixados em 10% sobre o valor da condenação.

"Na apelação, a Terceira Câmara Cível negou provimento ao agravo retido e à apelação do Estado do Paraná e deu provimento parcial à remessa obrigatória e ao apelo dos vencedores para ajustar os honorários advocatícios a exegese do art. 20, § 4º, do CPC, e fixá-los em Cz$ 10.000.000,00, sujeitos a reajuste.

"O acórdão está sintetizado na seguinte ementa: 'Comprovado nos autos que bando de marginais, integrado por dois evadidos de prisões estaduais, penetrou hostilmente na residência de conhecida família curitibana, dominando-a completamente e conduzindo a esposa até o distante estabelecimento comercial, de onde se apossou de grande quantidade de jóias, levando o terror àquelas pessoas, agredindo o varão e causando elevado prejuízo, correta e acertada sentença que reconheceu a responsabilidade civil do Estado e o condenou a compor tais danos materiais. É que, consagrando a Carta Magna, a exemplo das anteriores, a teoria do risco integral (art. 37, § 6º), que se desdobra, modernamente, em o conhecido princípio do acidente administrativo. 'Basta comprovar a existência de uma falha objetiva do serviço público, ou o mau funcionamento deste, ou uma irregularidade anônima que importa em desvio da normalidade, para que fique estabelecida a responsabilidade do Estado e a conseqüente obrigação de indenizar' (Caio Mário da Silva Pereira, *Responsabilidade Civil do Estado*, Seleções Jurídicas, ADV, pp. 17 e ss.). De outra parte, nada há que se objetar ao ato de saneamento processual, atacado por recurso incidental, que repeliu a inépcia da peça exordial e excluiu da lide a parcela atinente a tributo estadual, sujeito a reexame administrativo. No que tange, todavia, à verba honorária, imposta ao vencido, há que ser ajustada a exegese do art. 20, § 4º, do digesto processual, que não a recomenda em percentual sobre a condenação, mas consoante apreciação eqüitativa do juiz'.

"Segundo os termos do voto vencido, que deu provimento à apelação e ao reexame necessário para julgar improcedente o pedido indenizatório com inversão do ônus da sucumbência, o Poder Público não deve responder, objetivamente, pelas ações de terceiros, como no caso dos autos. Sua responsabilidade só ocorrerá, nesse caso, se houver negligência do serviço. Por isso que 'o legislador pátrio entendeu essencial para haver a responsabilidade civil não só a imputabilidade como a necessidade do fato ser culposo, contrário ao direito. A culpabilidade é adotada no sentido mais abrangente, até o dolo'. 'Assim, quando o Estado não é o causador do dano, não pode ser responsabilizado objetivamente, por não existir a idéia de risco gerado em atividade por ele desenvolvida. O Estado só responde por ações que potencialmente tragam riscos aos administrados reparando os prejuízos decorrentes de ações ou omissões dos seus agentes nos encargos de suas atividades'.

"Com apoio nesse voto, sustenta o Estado do Paraná, em embargos infringentes, em resumo, que a Constituição distingue entre o dano causado por agentes administrativos e por terceiros e que a responsabilidade objetiva da Administração só ocorre no primeiro caso, observando-se no segundo caso o princípio geral da culpa civil. Isso porque, segundo o art. 37, § 6º, da CF de 1988, para que ocorra a responsabilidade do Poder Público é necessário que os danos tenham sido causados por seus agentes, nessa qualidade, a terceiros, o que inocorreu na espécie. Além disso, inexiste nexo de causalidade entre a omissão causadora do dano e este, porque não se provou que um dos fugitivos da prisão e autor do roubo fosse o chefe do bando, nem que a fuga dele tenha sido condição para a verificação do fato. Antes, pelo contrário, provado está que outra pessoa dirigiu o roubo.

"A Procuradoria-Geral de Justiça manifestou-se pelo recebimento dos embargos.

"2. Estabelecia a CF de 1967, em seu art. 107, que 'As pessoas jurídicas de direito público responderão pelos danos que seus funcionários, nessa qualidade, causarem a terceiros'. E de acordo com o respectivo parágrafo único, 'caberá ação regressiva contra o funcionário responsável, nos casos de culpa ou dolo'. A CF de 1988, no art. 37, § 6º, repetiu o mesmo princípio, tendo apenas tornado expresso o que estava implícito, ao referir-se também às pessoas jurídicas de direito privado prestadoras de serviços públicos, ao dispor que 'As pessoas jurídicas de direito público e as de direito privado prestadoras de serviços públicos responderão pelos danos que seus agentes, nessa qualidade, causarem a terceiros, assegurado o direito de regresso contra o responsável nos casos de dolo ou culpa'.

"Yussef Cahali, após examinar as diferentes teorias nas quais estaria baseado o texto constitucional e a opinião de autores como Amaro Cavalcanti, Clovis Bevilaqua, Aguiar Dias, Numa do Vale, Hely Lopes Meirelles, Manuel de Castro Cerqueira, Washington de Barros Monteiro, Pedro Lessa, Orosimbo Nonato, Filadelfo Azevedo, Paul Duez, Caio Mário e outros, anota: 'Desenganadamente, a *responsabilidade objetiva* da regra constitucional unânime em considerá-la *objetiva* — se basta com o reconhecimento do nexo de causalidade entre o procedimento comissivo ou omissivo da Administração Pública e o evento danoso verificado como conseqüência. E não se tem porque temer-se como 'brutal, pelas graves conseqüências que haveria de produzir' (Hely Lopes Meirelles, *Direito Administrativo*, p. 602), se aplicado o princípio da responsabilidade objetiva na sua inteireza, tal como estabelece a disposição constitucional. É que, deslocada a questão para o plano da causalidade, qualquer que seja a qualificação atribuída ao risco — risco integral, risco administrativo, risco proveito — aos tribunais se permite a exclusão ou atenuação daquela responsabilidade do Estado quando fatores outros, voluntários ou não, tiverem prevalecido ou concorrido como *causa* na verificação do *dano injusto*. Assim, *a*) o dano é injusto, e como tal sujeito ao ressarcimento pela Fazenda Pública, se tem como causa exclusiva a atividade, ainda que regular, da Administração; *b*) o dano deixa de qualificar-se juridicamente como injusto, e como tal não autoriza a indenização, se tem como causa exclusiva o fato da natureza ou do próprio prejudicado; *c*) o dano é injusto, mas sujeito à responsabilidade ressarcitória atenuada, se concorre com a atividade regular ou irregular da Administração, como causa, fato da natureza ou do próprio prejudicado. Desse modo, no pressuposto de que 'a Constituição Federal em tema de responsabilidade civil adotou a teoria do risco' (1ª Câmara Cível do TJSC, 21.7.77, *RT* 532/246), permite-se o reconhecimento da responsabilidade do Estado ainda que não se prove culpa ou falha da máquina administrativa'.

"E, a seguir, completando seu pensamento, arremata o ilustre Desembargador do Tribunal de Justiça de São Paulo e Professor de Direito Civil da Faculdade de Direito da Universidade do mesmo Estado: 'Mas será no exame das *causas do dano*, que se irá determinar os casos de exclusão ou atenuação da responsabilidade do Estado, excluída ou atenuada esta responsabilidade em função da ausência da causalidade ou da causalidade concorrente na verificação do dano injusto' (*Responsabilidade Civil do Estado*, 1982, n. 13).

"2.1 Posto isto, na espécie em exame o *evento danoso* está representado, como se viu, pelo prejuízo sofrido pelos autores-embargados em conseqüência do roubo de jóias praticado por bando armado contra a joalheria daqueles. Tratando-se de fato incontroverso, dispensam-se maiores considerações a respeito.

"2.2 No que concerne ao *nexo de causalidade*, verifica-se que um dos componentes do bando — Nicolau Verenicz — na qualidade de preso-condenado, fugiu, em 13.9.83, do Hospital de Guarapuava, para onde fora provisoriamente removido para suposto tratamento de saúde, tendo, cerca de 21 meses depois, em 21.6.85, participado da referida atividade criminosa.

"Sua fuga ocorreu, como é bem de ver, de defeito do sistema penitenciário estadual, configurada pela conduta negligente dos respectivos funcionários encarregados da guarda do preso. O fato deste encontrar-se recolhido temporariamente a uma casa de saúde não importava na redução da vigilância, sabido que se tratava de preso perigoso.

"O prejuízo sofrido pelos lesados apresenta conseqüência direta da conduta desses funcionários que, ao se descuidarem do seu dever de vigilância, deram causa a que o preso, tempos depois da fuga, se associasse a outros elementos igualmente perigosos e, na qualidade de mentor, líder ou chefe do bando, organizasse o roubo, fato este referido na denúncia criminal e confirmado na instrução.

"Estabelecido tal vínculo de causalidade entre a conduta do Poder Público e o dano, a conseqüência é o dever de indenizar.

"2.3 Argumenta-se que, não se tratando de dano produzido diretamente por funcionário, mas em razão da atividade de terceiros, dever-se-ia observar o princípio geral da culpa civil. O argumento, contudo, improcede, pois, segundo se viu, basta o prejuízo ligado à atividade ou omissão da Administração, que falhou não apenas na sua *missão de garantir a ordem pública*, como também e sobretudo porque a conduta culposa dos agentes do Estado resultou configurada pela *falha na missão de guarda do preso*, ou seja, por defeito do sistema penitenciário.

"2.4 Irrelevante também o fato de não terem sido identificados os funcionários encarregados da guarda, porque tal é atribuição da Administração e o que importa é a relação entre o ato e o serviço, ou que tenha ocorrido para o serviço ou durante este, no exercício das funções (cf. Themistocles Cavalcanti, *Tratado*, pp. 384-385).

"3. Diante do exposto, acordam os Desembargadores do Segundo Grupo de Câmaras Cíveis do Tribunal de Justiça do Estado do Paraná, por unanimidade de votos, em rejeitar os embargos infringentes (fls. 832/840).

Contra essa decisão o Estado do Paraná e o Ministério Público do mesmo Estado interpuseram recurso extraordinário, sendo ambos os recursos admitidos pelo seguinte despacho:

"1. Não conformados com o v. acórdão unânime de fls. 832/840, prolatado em grau de embargos infringentes e que traz ementa assim resumindo a hipótese, *verbis*: 'Responsabilidade civil do Estado. Roubo cometido por bando, cujo mentor era preso condenado e foragido. Procedência do pedido. Comprovada a participação de preso condenado, na qualidade de mentor do bando de ladrões, tempos depois da sua fuga de hospital onde estava provisoriamente recolhido, em roubo de joalheria, com a tirada de grande quantidade de jóias, em prejuízo dos respectivos proprietários, e configurado o nexo de causalidade entre a falha do sistema penitenciário e o evento danoso, impõe-se ao Estado a obrigação de indenizar (cf. *CF*, art. 37, § 6º.)', tanto o Estado do Paraná (fls. 842/848) como o Ministério Público (fls. 853/866), igualmente com apoio na alínea *a* do inc. III do art. 102 da Constituição Federal, interpõem tempestivos recursos extraordinários, nos quais, unissonamente, invocam ofensa ao § 6º. do art. 37 da Constituição Federal.

"2. Não é demasiado, a meu ver, passe a controvérsia sob o erudito crivo jurídico da nossa mais elevada Corte de Justiça.

"E assim concluo, diante da renomada doutrina angariada no recurso do órgão ministerial, principalmente a do festejado Hely Lopes Meirelles, segundo a qual o dispositivo constitucional em questão não responsabilizou objetivamente a Administração por atos danosos praticados por terceiros, subordinando-se a indenização, nesses atos estranhos à atividade funcional, à comprovação da culpa da Administração.

"E, quanto à questão da culpa, cuido pertinente a alegação do Ministério Público de que nela falou-se 'apenas *en passant*, sem que a mesma pudesse ser identificada, já que tal preocupação passara ao largo da análise feita no decisório increpado' (fls. 861).

"3. *Ex positis*, admito os recursos extraordinários interpostos.

"Publique-se; intime-se o MP e prossiga-se (fls. 872/873)."

À fls. 915/930, assim se manifesta a Procuradoria-Geral da República, em parecer da Dra. Helenira A. G. Caiado de Acioli:

"O Ministério Público do Estado do Paraná e o Estado do Paraná, irresignados com o v. acórdão da Eg. Primeira Câmara Cível do Tribunal de Justiça do Estado do Paraná, recorrem extraordinariamente, com fundamento na alínea *a*, do permissivo constitucional, alegando violação ao art. 37, § 6º., da atual Constituição Federal, que reproduziu a regra contida no art. 107 da precedente ordem constitucional.

"2. Trata-se de ação ordinária ajuizada por H. Kaminski & Cia. Ltda. e outros contra o Estado do Paraná, com fulcro nos arts. 107 da Emenda Constitucional 1, de 1969 e 123 da Constituição Estadual, 15 e 159 do Código Civil, visando à reparação de danos causados em decorrência de assalto à joalheria e a residência dos autores, praticado por bando armado, do qual fazia parte um elemento foragido de estabelecimento penal.

"3. A ação foi julgada procedente em primeira instância para o efeito de condenar o Estado do Paraná a pagar aos autores a quantia de Cz$ 68.549,63, a ser corrigida monetariamente desde o laudo, datado de 26.11.87, lucros cessantes, custas e honorários advocatícios fixados em 10% sobre o valor da condenação, sob o fundamento de que incumbia ao Estado o dever jurídico de vigilância de condenado e que, se assim o fizesse, 'se o mantivesse custodiado, não se teria dado o fato. Pela falha responde o réu' (fls. 591).

"4. Da sentença, ambas as partes apelaram: os autores pleiteando a extensão do ressarcimento aos objetos que foram roubados da residência e a elevação da verba honorária; o réu, preliminarmente, reportando-se ao agravo retido, requerendo a extinção do processo e, no mérito, a total reforma do *decisum*.

"5. A Eg. Terceira Câmara Cível, por maioria de votos, acolhendo a teoria do risco integral, negou provimento ao agravo retido e à apelação do Estado do Paraná e deu provimento parcial à remessa obrigatória e ao apelo dos autores, para fixar os honorários advocatícios em Cz$ 10.000.000,00, sujeitos a reajuste (fls. 689/705).

"6. Dessa decisão foram interpostos embargos infringentes pelo Estado do Paraná, rejeitados pelo Eg. Segundo Grupo de Câmaras Cíveis, que entendeu estar configurado o nexo de causalidade entre a falha do sistema penitenciário e o evento danoso (fls. 832/840).

"7. Os recursos são suscetíveis de conhecimento, visto que está em causa a interpretação a ser conferida ao art. 37, § 6º., da Constituição Federal, tema devidamente prequestionado, a respeito do qual decidiu o Eg. Tribunal *a quo* em acórdão que espelha a seguinte ementa:

"Responsabilidade Civil do Estado. Roubo cometido por bando, cujo mentor era preso condenado e foragido. Procedência do pedido.

"Comprovada a participação de preso condenado, na qualidade de mentor do bando de ladrões, tempos depois de sua fuga de hospital onde estava provisoriamente recolhido, em roubo de joalheria, com a tirada de grande quantidade de jóias, em prejuízo dos respectivos proprietários, e configurado o nexo de causalidade entre a falha do sistema penitenciário e o evento danoso, impõe-se ao Estado a obrigação de indenizar (cf. *CF*, art. 37, § 6º)."

"8. A responsabilidade civil objetiva do Estado decorre do texto constitucional que, seguindo a linha básica das Cartas anteriores (CF de 1946: art. 194 e parágrafo único; CF de 1967: art. 105, parágrafo único; EC 1/1969: art. 107, parágrafo único), dispõe no art. 37, § 6º, *in verbis*:

"As pessoas jurídicas de direito público e as de direito privado prestadoras de serviços públicos 'responderão pelos danos que seus agentes, nessa qualidade, causarem a terceiros, assegurado o direito de regresso contra o responsável nos casos de dolo ou culpa'.

"9. Tal dispositivo baseia-se na teoria do risco administrativo, ou da *faute du service* dos franceses (cf. Aguiar Dias, *Da Responsabilidade Civil*, vol. II, pp. 709-722, 8ª ed., 1987; e Hely Lopes Meirelles, *Direito Administrativo Brasileiro*, pp. 547-548, 16ª ed., 1988, Ed. RT).

"10. Inobstante o caráter objetivo, a responsabilidade civil do Estado, insculpida nesse artigo, não se aplica às cegas, admite abrandamentos, pois não acolheu a teoria do risco integral, como equivocadamente supôs o acórdão da Terceira Câmara Cível, pela qual a Administração estaria obrigada a indenizar todo e qualquer dano suportado por terceiros.

"11. Este Excelso Pretório, à luz da Constituição anterior, assentou:

"A responsabilidade objetiva, insculpida no art. 94 e seu parágrafo, da Constituição Federal de 1946, cujo texto foi repetido pelas Cartas de 1967 e 1969, arts. 105/07, respectivamente, não importa no reconhecimento do risco integral, mas temperado" (*RTJ* 55/50).

"12. *A contrariu sensu*, como destacou o eminente Min. Thompson Flores no precedente invocado, 'seria admitir a teoria do risco integral, forma radical que obrigaria a Administração a indenizar sempre, e que, pelo absurdo, levaria Jean Defroidmont a cognominar de brutal'.

"13. A questão enfrentada não é simples, haja vista a copiosa doutrina e jurisprudência que se formaram acerca do citado dispositivo constitucional. Embora a maioria tenha acolhido a teoria do risco administrativo, fê-lo com temperamento para evitar excessos ou injustiças.

"14. Em ações indenizatórias entre particulares, se vencido, o réu responde com os seus bens pessoais. Na espécie, o Estado vencido responde com patrimônio público e, neste caso, os encargos são repartidos igualmente entre todos os cidadãos, face aos princípios da solidariedade social e da igualdade dos encargos que dão suporte à doutrina do risco administrativo.

"15. Conforme Caio Tácito: 'Esse princípio de repartições das cargas públicas, ou da igualdade dos indivíduos diante das cargas públicas é usualmente indicado, no direito francês, como fundamento da responsabilidade sem falta, ou seja, de responsabilidade por risco. Tem sua origem no art. 13 da Declaração dos Direitos do Homem, de 1789. Não é, porém, absoluto nem geral. A compensação é limitada ao dano especial e anormal gerado pela atividade administrativa. Generalizar a noção a todo e qualquer prejuízo, decorrente do funcionamento do serviço público, seria a própria denegação da supremacia do interesse público e da destinação social da propriedade' (in *Direito Administrativo*, Saraiva, 1975, p. 362).

"16. No caso concreto, o exame dos pressupostos necessários à responsabilidade objetiva do Estado reconhecida no art. 37, § 6º, da Constituição vigente tem fundamental interesse na sua fixação.

"17. Infere-se do texto constitucional serem os seguintes os pressupostos da pretensão ressarcitória: a) evento danoso; b) nexo da causalidade material; c) a qualidade de agente público na prática do ato.

"18. Assim, não basta o dano, para a existência da obrigação de indenizar, mas a relação de causalidade, a causal *connexion*, laço ou relação direta de causa e efeito entre o fato gerador da responsabilidade e o dano (cf. José de Aguiar Dias, em obra já citada, vol. I/133), e encontra-se o funcionário no exercício da função pública, quando da causação do dano.

"19. Sem ligação entre o proceder do agente e dos resultados atingidos, não há nexo de causa e efeito, nem dano a reparar, como enfatiza Luiz da Cunha Gonçalves: 'Para se exigir a alguém a responsabilidade civil, não basta alegar e provar que ele praticou um fato ilícito e que outra pessoa sofreu um dano. É indispensável demonstrar que este dano foi efeito daquele fato ilícito, isto é, estabelecer entre os dois fatos a relação de causa e efeito' (in *Tratado de Direito Civil, em Comentário ao Código Civil Português*, vol. XII, t. II, Max Limonad, 1957, p. 560).

"20. Entender-se de outro modo, estaria sendo extravasado o limite da responsabilidade objetiva, imputando-se à Administração uma responsabilidade ressarcitória fora dos parâmetros da causalidade em afronta ao estatuído na Constituição Federal.

"21. Na hipótese dos autos o fato danoso foi praticado por um bando armado, do qual fazia parte um preso foragido. Portanto, além de cometido por terceiros, que não agiam na qualidade de agentes da Administração, não se estabeleceu o necessário nexo de causalidade entre a conduta dos assaltantes e a fuga de um deles, 21 meses antes, da penitenciária, ou melhor, do Hospital, onde estava provisoriamente recolhido.

"22. Supor que o assalto não teria se realizado se um dos meliantes estivesse preso é mera conjectura, ainda mais se não agiu sozinho, pois participaram do assalto outros 7 elementos tão ou mais perigosos do que ele.

"23. A fuga, considerando que o assalto foi praticado muitos meses depois, não constitui circunstância, sem a qual o dano não teria se verificado, mas mera coincidência entre o fato danoso e o procedimento do imputado responsável.

"24. Não se pode pretender estabelecer um liame, para efeito da responsabilidade civil do Estado, tal qual posto na Constituição, entre a conduta daqueles indivíduos e fatos remotos, porque neste esforço poder-se-ia discorrer, inutilmente para o desate da questão, não apenas sobre as falhas no sistema penitenciário, mas as falhas nos sistemas de educação, saúde, assistência familiar, segurança etc., para responsabilizar o Estado por todas as mazelas que assolam a sociedade. Dessa forma, estar-se-ia desnaturando o instituto da responsabilidade civil, impondo ao Estado uma obrigação incompatível com os limites traçados na Constituição, para efeito de sua responsabilização.

"25. A origem da violência não está em discussão; pretende-se apenas demonstrar que não é razoável que se impute ao Estado, para efeito de responsabilidade civil, o crime praticado, se não foi por ele diretamente causado, nem existe um liame de causalidade entre o dano e a suposta falha no sistema penitenciário, ainda mais quando não se sabe se tal falha existiu, já que presumida pelo acórdão recorrido.

"26. Não é suficiente que o dano coincida com a inexistência de uma falha ou de um risco para que se atribua ao autor daquela ou ao responsável por este a obrigação de reparar. A coincidência não implica em causalidade. É necessário que se estabeleça entre a falta e o dano uma relação de causa e efeito.

"27. Ao discorrer sobre as questões concernentes à causalidade, o Prof. Harm Peter Westermann (in *Código Civil Alemão, Direito das Obrigações, Parte Geral*, Fabris, Ed. 1983, p. 129) falta da causalidade fundamentadora e implementadora da responsabilidade e discute a validade do exacerbamento dessas formas de conduta, que podem dar nascimento a uma série infinita de causas e conseqüências.

"28. A teoria da equivalência ou concausa reclama no direito civil, como destacado naquela obra, disciplina específica na busca da responsabilidade, dos danos e resultados que podem efetivamente ser imputados ao agente, pois não é uma espiral infinita onde entre tudo há um liame e, portanto, responsabilidade.

"29. No exame das formas de conduta fundamentadoras da responsabilidade, salienta o Prof. Westermann: 'No ponto, deve-se examinar se o resultado ou o ato questionado deixaria de existir ou, respectivamente — com vista à abstenção —, se o resultado recriminado também seria sobrevindo quando se acrescentasse em pensamento a ação faltante. Trata-se, aqui, da teoria da equivalência que domina no Direito Penal e que, para o juízo causal do Direito Civil, igualmente forma o ponto de partida. Segundo ela, porém, cada evento tem uma cadeia infinita de causas e uma séria igualmente longa de conseqüências. Por conseguinte, a valorização há de ser feita na consonância com outros critérios, do Direito, para saber quais são os resultados e quais os danos que podem ser imputados ao agente ou, respectivamente, ao responsável por um evento. Como isso não pode ser feito com o auxílio do juízo sobre a legitimidade da ação — sob o ângulo da causa, um resultado recriminado pelo Direito pode também ser um agir legítimo —, deve-se encontrar um critério para a responsabilidade que faça uma graduação entre as diferentes causas naturais. Para tanto se esforçam diversas teorias. Elas têm em comum isso de que, no sentido de um juízo normativo, procuram uma delimitação da responsabilidade, querem apurar o limite até o qual pode, com justiça, ser exigida do autor de uma condição uma responsabilidade por suas conseqüências' (ob. cit., p. 130).

"30. José de Aguiar Dias, a propósito da indispensabilidade desse nexo causal na responsabilidade civil, faz a seguinte abordagem: 'Não há, porém, responsabilidade civil sem relação de causalidade entre o dano e a atividade do sujeito passivo da obrigação de reparar. Todos se entendem sobre a indispensabilidade desse nexo causal, mas é considerável a divergência quanto à colocação do problema quando é necessário designar, entre vários fatos, a qual deve ser atribuída a verdadeira função de causa. A solução tem sido perturbada pela atribuição do nome de causa a todos os fatos que intervêm no processo que antecede o evento danoso. A confusão parece advir da máxima de Bacon, segundo a qual, na apreciação da responsabilidade civil extracontratual, deve ser levada em conta a causa próxima e não as causas remotas. Daí a denominação de causa eficiente, causa adequada, causa próxima, causa determinada, causa relevante, causa indispensável *et f'en passe*... A multiplicidade de causas pode existir, todas elas concorrendo efetivamente para o dano. Não há, então, dificuldade em indicar os responsáveis, o que não acontece quando é preciso entre elas para ligar uma só ao dano. O excelente mestre mineiro, professor Wilson de Melo da Silva, tem em seu livro *Responsabilidade sem Culpa*, lapidar estudo sobre a matéria, no qual avulta o seu profundo conhecimento da ciência jurídica e das ciências filosóficas. Citando as teorias da equivalência das condições, da causalidade adequada e da interrupção do nexo causal, pronuncia-se pela da causa necessária, sentido que, acertada e magistralmente, atribui à máxima de Bacon, erradamente interpretada como de proximidade no tempo, em lugar de indispensabilidade na produção do dano. Assim, ainda que vários fatos se sucedam em cadeia, só se pode levar em conta, para atribuição da responsabilidade, aquele sem o qual o dano não se teria produzido. Causa não se confunde com culpabilidade, pelo que esta, sem revestir aquele caráter, é irrelevante para imposição da obrigação de reparar. Assim, só é causa aquele fato a que o dano se liga com força de necessidade. Se, numa sucessão de fatos, mesmo culposos, apenas um, podendo evitar a conseqüência danosa, interveio e correspondeu ao resultado, só ele é causa, construção que exclui a polêmica sobre a mais apropriada adjetivação. Se, ao contrário, todos ou alguns contribuíram para o evento, que não ocorreria se não houvesse a conjugação deles, esses devem ser considerados causas concorrentes ou concausas. E causas serão também os vários fatos, simultâneos ou sucessivos, se cada um produziu um resultado a ele ligado sem contribuição de outros' (ob. cit., vol. II, pp. 568-569).

"31. A dificuldade está em quando se deve considerar que a ação ou omissão de uma pessoa é realmente a causa de um prejuízo e o critério para se determinar esta circunstância, necessária para que o dano possa ser imputado ao seu autor.

"32. Agostinho Alvim, em minuciosa exposição a propósito das teorias sobre o nexo causal, concluiu que o nosso Código Civil adotou a do dano direto e imediato com a disposição expressa no art. 1.060 (in *Da Inexistência das Obrigações*, Ed. 1949, p. 327).

"33. Entretanto, qualquer que seja a teoria que se adote, não é plausível concluir-se que o prejuízo dos autores, resultante de assalto e roubo praticado por um bando de criminosos, constitua dano direto e imediato da fuga de um dos assaltantes da prisão 21 meses antes, conseqüência ou mesmo causa adequada da suposta falha no sistema de segurança dos presos, a cargo do Estado.

"34. A falta do estabelecimento de parâmetros adequados e a adoção da teoria do risco integral como dito anteriormente, poderia representar para o Estado a assunção de uma responsabilidade ilimitada que conduziria ao absurdo de torná-lo responsável por todos os eventos lesivos de que fossem vítimas os cidadãos, porque entre os deveres do Estado está o de zelar pela segurança deles.

"35. A jurisprudência do Supremo Tribunal Federal tem rejeitado a responsabilidade objetiva do Estado quando não demonstrado ou inexistente a causalidade entre a atividade do Estado e o dano. Assim, nos casos em que há culpa exclusiva da vítima, caso fortuito ou de força maior.

"36. A propósito vale registrar o voto proferido no RE 81.751-SP, Relator o eminente Min. Thompson Flores, que, considerando a tese sufragada no Tribunal *a quo*, reconheceu como de força maior — excludente da responsabilidade do Município —, o fato de resultarem os prejuízos reclamados pelo autor de chuvas torrenciais, dentro da melhor doutrina francesa e italiana (*RTJ* 78/243).

"37. Com apoio nos tratadistas franceses: Lauabdère Planiol e Ripert, Marcel Waline e Louis Rolland, o acórdão recorrido assentou que a 'inundação conseqüente de chuvas muito fortes escapam da responsabilidade da Administração Pública, sobretudo da Administração Municipal, porque são estranhas às suas atividades, ainda que fossem previsíveis, mas insuperáveis, ante a impossibilidade da Prefeitura evitar a enchente dos rios, e seu transbordamento, com trabalhos normais de defesa contra as inundações, no perímetro urbano, ou no território a ela sujeito, em face do extraordinário e incontrolável crescimento da metrópole paulista' (*RTJ* 78/244.5).

"38. Em oposição a essa tese se alegava que para o dano teria concorrido a omissão de Municipalidade, que deveria ter feito obras para evitar ou conter a força das águas. Entendeu entretanto, o referido acórdão, que não ocorria a relação necessária entre as excepcionais inundações que originaram o transbordamento do rio e a falta de serviço municipal e que os danos sofridos pela autora seriam resultantes de força maior.

"39. Não apenas naquele caso, como em outros, os Tribunais têm admitido a ocorrência de força maior ou de caso fortuito para afastar a responsabilidade objetiva.

"40. Esta Excelsa Corte, por mais de uma vez, entendeu que a morte de passageiro em decorrência de assalto no interior do transporte não gerava responsabilidade para o transportador, por ser ato de terceiro, equiparável ao caso fortuito (RE 88.407-RJ, Rel. Min. Décio Miranda, *RTJ* 96/1.201 e RE 109.223-8-RJ, Rel. Min. Djaci Falcão, *Lex* 97/229). Entendimento semelhante foi sufragado ao caso do passageiro atingido por um estilhaço de vidro, proveniente de uma pedra atirada por terceiro (RE 113.195-RJ, Rel. Min. Djaci Falcão, *RTJ* 126/1.081).

"41. No RE 88.407-RJ, em que se discutiu a responsabilidade civil do transportador por danos decorrentes da morte de passageiro em assalto a ônibus, não apenas se afastou a culpa presumida e o nexo causal com a aplicação da teoria da causalidade adequada, como se equiparou o ato de terceiro a caso fortuito para excluir a responsabilidade do transportador.

"42. Na hipótese *sub judice*, no questionamento do ato praticado por terceiros, cumpre assinalar que a Constituição não responsabilizou a Administração por esses atos. A indenização dos atos estranhos à atividade funcional, afora o caso fortuito ou força maior, subordina-se à comprovação da culpa da Administração.

"43. A propósito ensina Hely Lopes Meirelles: 'O que a Constituição em vigor distingue é o dano causado pelos agentes da Administração (servidores) dos danos ocasionados por atos de terceiros, ou por fenômenos da natureza. Observe-se que o art. 37, § 6º., só atribui responsabilidade objetiva à Administração pelos danos que seus agentes, nessa qualidade, causarem a terceiros. Por tanto, o legislador constituinte só cobriu o risco administrativo da atuação ou inação dos servidores públicos; não responsabilizou objetivamente a Administração por atos predatórios de terceiros, nem por fenômenos naturais que causam danos aos particulares. Para a indenização destes atos e fatos estranhos à atividade administrativa observa-se o princípio geral da culpa civil, manifestada pela imprudência, negligência ou imperícia na realização do serviço público que causou ou ensejou o dano. Daí porque a jurisprudência, mui acertadamente, tem exigido a prova da culpa da Administração nos casos de depredação por multidões e de enchentes e vendavais que, superando os serviços públicos existentes, causam danos aos particulares. Nestas hipóteses a indenização pela Fazenda Pública só é devida se se comprovar a culpa da Administração. E, na exigência do elemento subjetivo culpa, não há qualquer afronta ao princípio da responsabilidade sem culpa, estabelecido no art. 37, § 6º., da Constituição da República, porque o dispositivo constitucional só abrange a atuação funcional dos servidores públicos e não os atos de terceiros e os fatos da natureza. Para situações diversas, fundamentos diversos' (ob. cit., pp. 552-553).

"44. Nesse mesmo sentido o Prof. Celso Antônio B. de Mello, em excelente estudo, destaca: 'Se não forem eles os causadores do dano, se incorreram em omissão e adveio o dano para terceiro, a causa lesiva é outra; não decorre do comportamento dos agentes. Terá sido propiciada por eles. A omissão haverá condicionado sua ocorrência, mas não a causou. Donde, não há que cogitar, neste caso, da responsabilidade objetiva. Logo, se é bastante a mera relação objetiva entre a atuação do agente e a lesão para responsabilizar-se o Estado, cumpre, todavia, que esteja em pauta um comportamento omissivo, vez que sem ele jamais haverá causa. Quando o Estado se omite e graças a isso ocorre um dano, este dano é causado por outro evento, e não pelo Estado. *Ergo*, a responsabilidade aí, não pode ser objetiva. Cumpre que exista um elemento a mais para responsabilizá-lo. Deveras, não haveria de supor, ao menos em princípio, que alguém responda pelo que não fez, salvo se estivesse, de direito, obrigado a fazer. Eis, pois, que o Estado só responde por omissões quando deveria atuar e não atuou, vale dizer: quando se comporta ilicitamente ao abster-se. A responsabilidade por omissão é responsabilidade subjetiva, porquanto supõe dolo ou culpa em suas modalidades de negligência, imprudência ou imperícia...' (in *RT*, vol. 552, p. 13).

"45. Em suma, o Estado só responde objetivamente pelos danos que causar ou por aqueles que estivesse razoavelmente obrigado a impedir. E a responsabilidade por comportamentos omissivos não se transmuda em responsabilidade objetiva nos casos de 'culpa presumida'. Solução diversa conduziria a absurdos, como adverte o mesmo autor: 'É que, em princípio, cumpre ao Estado prover a todos os interesses da coletividade. Ante qualquer evento lesivo causado por terceiro, como assalto em via pública, uma enchente qualquer, uma agressão sofrida em local público, o lesado poderia sempre argüir que o 'serviço não funciona'. A admitir-se a responsabilidade objetiva nestas hipóteses o Estado estaria erigido em segurador universal! Razoável que responda pela lesão patrimonial da vítima de um assalto, se agentes policiais relapsos assistiram à ocorrência inertes e desinteressados ou se alertada a tempo de evitá-lo, omitiram-se na redação de providências cautelares. Razoável que o Estado responda por danos oriundos de uma enchente se as galerias pluviais e os bueiros de escoamento das águas estavam entupidos ou sujos propiciando o acúmulo da água. Nestas situações, sim, terá havido o descumprimento do dever legal na adoção de providências obrigatórias. Faltando, entretanto, este cunho de injuricidade, que advém do dolo, ou da culpa tipificada na negligência, na imprudência ou na imperícia, não há cogitar de responsabilidade pública' (in *Elementos de Direito Administrativo*, 2ª ed., Ed. RT, 1991, pp. 346-347).

"46. *Data venia* o acórdão recorrido não observou os pressupostos de pretensão ressarcitória, nem considerou os elementos delimitadores da responsabilidade objetiva.

"47. *In casu*, não há como se reconhecer a responsabilidade civil do Estado, quer por ato omissivo, quer por ato comissivo pelos prejuízos advindos de assalto praticado por bando em joalheria e na residência dos autores, se o evento danoso não foi praticado por agente público, nem resultou da atividade estatal.

"48. A vida em sociedade implica a aceitação de uma série de riscos e a sujeição a toda espécie de gravame. Evidentemente que os cidadãos que exercem atividades econômicas lucrativas e aparentam sinais de riqueza ficam mais expostos. Os riscos não são apenas ao patrimônio, mas à vida, à segurança, à saúde. Razão pela qual atuam com eficiência nesses setores as Companhias Seguradoras. Mas, diga-se de passagem: o Estado não é Companhia de Seguros, nem responsável pela cobertura dos prejuízos advindos de danos que se inserem na esfera de risco pessoal dos lesados.

"49. Contrariamente ao que decidiu o v. acórdão recorrido, a pretensão ressarcitória em exame não encontra guarida no citado art. 37, § 6º., da Constituição Federal.

"50. Na hipótese dos autos, o Estado não foi autor, nem causador do dano. A eventual omissão ou deficiência no sistema penitenciário que permite a soltura ou a fuga de presos, não foi causa do dano ocorrido tempos depois.

O parecer, diante do exposto, é de que os recursos extraordinários comportam conhecimento e provimento.

É o relatório.

VOTO

O Senhor Ministro Moreira Alves (Relator): A responsabilidade do Estado, embora objetiva por força do disposto no art. 107 da Emenda Constitucional 1/69 (e, atualmente, no § 6º. do art. 37 da Carta Magna), não dispensa, obviamente, o requisito, também objetivo, do nexo de causalidade entre a ação ou a omissão atribuída a seus agentes e o dano causado a terceiros.

No caso, o acórdão recorrido, para reconhecer a existência desse nexo de causalidade, declarou:

"No que concerne ao *nexo de causalidade*, verifica-se que um dos componentes do bando — Nicolau Verenicz — na qualidade de preso-condenado, fugiu, em 13.9.83, do Hospital de Guarapuava, para onde fora provisoriamente removido para suposto tratamento de saúde, tendo, cerca de 21 meses depois, em 21.6.85, participado da referida atividade criminosa.

"Sua fuga ocorreu, como é bem de ver, de defeito do sistema penitenciário estadual, configurada pela conduta negligente dos respectivos funcionários encarregados da guarda do preso. O fato deste encontrar-se recolhido temporariamente a uma casa de saúde não importava na redução da vigilância, sabido que se tratava de preso perigoso.

"O prejuízo sofrido pelos lesados apresenta conseqüência direta da conduta desses funcionários que, ao se descuidarem do seu dever de vigilância, deram causa a que o preso, tempos depois da fuga, se associasse a outros elementos igualmente perigosos e, na qualidade de mentor, líder ou chefe do bando, organizasse o roubo, fato este referido na denúncia criminal e confirmado na instrução.

"Estabelecido tal vínculo de causalidade entre a conduta do Poder Público e o dano, a conseqüência é o dever de indenizar" (fls. 838/839).

Ora, em nosso sistema jurídico, como resulta do disposto no art. 1.060 do

Código Civil, a teoria adotada quanto ao nexo de causalidade é a teoria do dano direto e imediato, também denominada teoria da interrupção do nexo causal. Não obstante aquele dispositivo da codificação civil diga respeito à impropriamente denominada responsabilidade contratual, aplica-se ele também à responsabilidade extracontratual, inclusive a objetiva, até por ser aquela que, sem quaisquer considerações de ordem subjetiva, afasta os inconvenientes das outras duas teorias existentes: a da equivalência das condições e a da causalidade adequada (cf. Wilson de Melo da Silva, *Responsabilidade sem culpa*, ns. 78 e 79, pp. 128 e ss., Saraiva, São Paulo, 1974). Essa teoria, como bem demonstra Agostinho Alvim (*Da Inexecução das Obrigações*, 5ª ed., n. 226, p. 370, Saraiva, São Paulo, 1980), só admite o nexo de causalidade quando o dano é efeito necessário de uma causa, o que abarca o dano direto e imediato sempre, e, por vezes, o dano indireto e remoto, quando, para a produção deste, não haja concausa sucessiva. Daí, dizer Agostinho Alvim (1.c.): "os danos indiretos ou remotos não se excluem, só por isso; em regra, não são indenizáveis, porque deixam de ser efeito necessário, pelo aparecimento de concausas. Suposto não existam estas, aqueles danos são indenizáveis".

No caso, em face dos fatos tidos como certos pelo acórdão recorrido, e com base nos quais reconheceu ele o nexo de causalidade indispensável para o reconhecimento da responsabilidade objetiva constitucional, é inequívoco que o nexo de causalidade inexiste, e, portanto, não pode haver a incidência da responsabilidade prevista no art. 107 da Emenda Constitucional 1/69, a que corresponde o § 6º do art. 37 da atual Constituição. Com efeito, o dano decorrente do assalto por uma quadrilha de que participava um dos evadidos da prisão não foi o efeito necessário da omissão da autoridade pública que o acórdão recorrido teve como causa da fuga dele, mas resultou de concausas, como a formação da quadrilha, e o assalto ocorrido cerca de vinte e um meses após a evasão.

Observo, finalmente, que, como é a esta Corte que cabe, com exclusividade em grau de jurisdição extraordinária, dizer da contrariedade, ou não, de dispositivo constitucional, para se saber se ocorre, ou não, a responsabilidade objetiva do Estado prevista na Constituição é indispensável qualificar juridicamente os fatos tidos como certos pelo acórdão recorrido, para se apurar se se verificam, ou não, os requisitos dessa responsabilidade, e, em conseqüência, se há, ou não, a incidência da norma constitucional.

Em face do exposto, conheço do presente recurso extraordinário e lhe dou provimento, para julgar improcedente a ação, e condenar os recorridos nas custas e em honorários de advogado que, atento aos critérios previstos no § 4º do art. 20 do CPC, fixo em Cr$ 2.000.000,00.

VOTO

O Senhor Ministro Ilmar Galvão: Sr. Presidente, acompanho o voto de V. Exa.

A indenização pretendida do Estado, por dano tido como resultante de omissão verificada em seu serviço, quando se trata de dever geral, não pode ser concedida com base na responsabilidade objetiva, prevista na Constituição Federal.

No caso dos autos, afastada, por óbvio, a causa alegada e acolhida pelo Tribunal, da negligência atribuída ao servidor (ou servidores) responsável pela fuga do preso, ocorrida 2 anos antes, para configuração da culpa, mister seria, *v.g.*, que resultasse demonstrado haverem sido neglicenciadas providências no sentido de fazê-lo retornar à prisão.

Tal, entretanto, não ocorreu. O condenado, como acontece com tantos outros, conseguiu manter-se fora das vistas da Polícia, por quase dois anos, quando veio a praticar novo crime.

Na ausência dessa circunstância, não se pode ter por configurado — quer pela teoria objetiva, quer pela subjetiva — o dever do Estado à indenização, face à ausência de indispensável nexo de causalidade que para ele haja apontado.

VOTO

O Senhor Ministro Celso de Mello: A teoria do risco administrativo, consagrada pelo texto constitucional, induz à responsabilidade objetiva do Estado pelos danos a que os agentes públicos derem causa. Dentre os vários elementos que compõem a estrutura e o perfil dessa responsabilidade civil do Poder Público estão (*a*) a alteridade do dano, (*b*) a causalidade material entre o *eventus damni* e o comportamento positivo (ação) ou negativo (omissão) do agente público, e (*c*) a oficialidade da atividade causal e lesiva, imputável a agente do Poder Público que tenha, nessa condição funcional, incidido em conduta comissiva ou omissiva.

A ausência de qualquer desses pressupostos basta para descaracterizar a responsabilidade civil objetiva do Estado, especialmente quando ocorre circunstância que rompe o nexo de causalidade material entre o comportamento do agente público e a consumação do dano pessoal ou patrimonial.

O princípio da responsabilidade objetiva — já o assinalou o Supremo Tribunal Federal — não se reveste de caráter absoluto, eis que admite o abrandamento ou, até mesmo, a exclusão da própria responsabilidade civil do Estado, nas hipóteses excepcionais configuradoras de situações liberatórias — como o caso fortuito e a força maior — ou de ocorrência de culpa atribuível à vítima (*RDA* 137/233, *RTJ* 55/50).

O vínculo de causalidade objetiva evidencia-se como um dos elementos essenciais à configuração da teoria do risco administrativo. Causa — acentua o magistério doutrinário — "é toda condição do resultado..." (Damásio de Jesus, *Código Penal Anotado*, p. 30, 1990, Saraiva). A projeção dos antecedentes causais no tempo — especialmente quando o evento lesivo ocorre 21 meses após a evasão de um dos sentenciados — revela-se como causa obstativa de configuração do necessário e imediato liame etiológico entre o comportamento dos agentes estatais e a consumação do dano causado a terceira pessoa.

O eventual reconhecimento do nexo causal, na espécie, exarcebaria de tal modo o sentido da teoria do risco administrativo que a reduziria, virtualmente, à dimensão mais radical da teoria do risco integral, que não foi consagrada pelo nosso sistema de direito constitucional positivo, consoante acentua a jurisprudência desta própria Corte (*RDA* 97/177, *RT* 330/270, 382/138, 449/104).

As circunstâncias do presente caso evidenciam que o nexo de causalidade material não restou configurado, quer em face da ausência de imediatidade entre o comportamento referido imputado ao Poder Público e o evento lesivo consumado, quer em face da superveniência de fatos remotos descaracterizadores, por sua distante projeção no tempo, da própria relação causal.

Com estas breves considerações, acompanho o eminente Relator.

É o meu voto.

VOTO

O Sr. Ministro Sepúlveda Pertence: Senhor Presidente, os temas incidentemente tratados na causa, que dizem com o problema sempre relevante da responsabilidade civil do Estado, obrigam-me a breves considerações, talvez dispensáveis para o caso concreto.

Primeiro, com as vênias do ilustre Advogado do recorrido, não há qualquer óbice, em tese, ao recurso extraordinário. O caso é típico de qualificação jurídica de fatos, clara e inequivocamente acertados pelo acórdão recorrido, e que aqui não se discutem. Não incide, obviamente, a Súmula 400 em matéria constitucional: a origem remota da Súmula 400, creio estar na Lei 221, que afirmava o descabimento do recurso extraordinário contra a simples interpretação das leis civis, comerciais ou criminais. Por isso, Pedro Lessa já afirmara, muito antes da consolidação do entendimento em súmula, a sua inaplicabilidade, quando se trata de rever a interpretação da Constituição.

O que me parece decisivo, e creio que essa é a linha do voto de V.Exa., é que, a rigor, não se põe neste caso o problema da responsabilidade ou irresponsabilidade patrimonial do Estado por prejuízo causado por ato imediato de terceiro. O acórdão fixou o fato gerador na falha da vigilância penitenciária; não, obviamente, no assalto. O problema está, como acentuou V.Exa., em momento antecedente, e que, a meu ver, dispensa a aventura no mar revolto das teorias do alcance da responsabilidade objetiva do Estado: está em fixar-se ou não, à luz dos fatos aceitos pelo acórdão, a existência de causalidade entre a falta do serviço, que teria propiciado a fuga do condenado, e o dano resultante imediatamente do roubo praticado pelo fugitivo.

V.Exa. invocou, como fonte da teoria da causalidade adotada no Código Civil, o art. 1.060; contudo, ainda que se tome a versão mais radical no nosso Direito Positivo, que é a teoria da equivalência das condições, à qual, a meu ver, se filiou o acórdão recorrido, não se chegaria, no caso, à solução impugnada. De início, é duvidosa a possibilidade do transplante, ou, pelo menos, do transplante sem temperamentos, da teoria da equivalência das condições para a responsabilidade civil objetiva. No campo penal ou no campo da responsabilidade por culpa, a culpabilidade é exatamente o corretivo mais eficaz dos despautérios a que levaria o *regressus ad infinitum*, no campo puramente objetivo, a teoria da *conditio sine qua*: não se nega que é toda condição necessária do resultado causa; o problema é a imputação da causa, que não gera maiores problemas no campo penal como no campo da responsabilidade civil subjetiva, porque limitado pela culpabilidade. Transplantado, no entanto, *sine grano salis*, para a área da responsabilidade civil objetiva, os excessos da teoria da equivalência das condições se tornariam, muitas vezes, iniquamente irremediáveis.

No caso, embora sem palavras sacramentais, dir-se-á que o acórdão afirmou a existência de culpa na omissão administrativa — e não estaria longe de admiti-lo — ao acentuar que se tratava de condenado perigoso, cuja transferência para o hospital, a fim de submeter-se a tratamento médico, exigiria maiores cuidados de vigilância. A meu ver, aí está afirmada a culpa, e, *data venia*, não me parece indispensável para afirmá-la a identificação do agente público, a quem seja imputável o ato culposo.

De qualquer sorte, ainda no plano puramente objetivo, a teoria da equivalência das condições não é levada, sequer, na ordem penal, às suas últimas conseqüências; ela é temperada pela força interruptiva da cadeia causal, reconhecida a superveniência da causa relativamente independente. Friso o "relativamente independente", como foi tornado expresso com a nova parte geral do Código, cuja necessidade a doutrina já evidenciara nas críticas que fazia ao texto do Código de 40, que falava apenas na superveniência de causa independente: ora, a superveniência de causa totalmente independente nada tem a ver com teoria de causalidade; o que limita a teoria da equivalência das condições é a causa relativamente independente, vale dizer, aquela, que levada a teoria às últimas conseqüências, também seria considerada condição do resultado.

No caso, não há dúvida do advento do que seria considerado, para qualquer efeito, como superveniência de causa "relativamente" independente. Ainda quando culposa ou dolosa a participação omissiva do agente público na fuga, entre ela, a fuga, e o prejuízo, houve a intercorrência de outra cadeia causal: o planejamento, a associação e execução do roubo, certamente propiciadas pela fuga, mas fugindo inteiramente ao critério do desdobramento normal das conseqüências da omissão ou negligência da administração, seja qual for o elemento subjetivo que tivesse informado essa omissão ou essa negligência.

Com essas considerações, feitas apenas para marcar essas posições, Sr. Presidente, não tenho dúvida em acompanhar o voto de V. Exa., porque não há, no caso, relação de causalidade.

VOTO

O Senhor Ministro Octávio Gallotti: Sr. Presidente, os fatos, tidos como certos pelo acórdão recorrido, revelam que não se configurou o nexo causal, que, como bem demonstrou V. Exa., é um pressuposto essencial, indispensável da boa aplicação do art. 37, § 6º., da Constituição vigente, como já o era do correto entendimento do art. 107 da Constituição revogada.

Sr. Presidente, estando de pleno acordo com o brilhante voto de V. Exa., conheço do recurso e dou-lhe provimento.

Extrato de Ata

RE 130.764-1 — PR

Relator: Min. Moreira Alves

Rectes.: Ministério Público e Estado do Paraná

Advs.: Cláudio Bonato Fruet e outros

Recdos.: H. Kaminski e Cia. Ltda. e outros

Advs.: Hugo Mósca e outros

Decisão: A Turma conheceu do recurso e lhe deu provimento. Unânime. Falou pelos recorrentes o Dr. Julio Cesar Ribas Boeng, pelos recorridos o Dr. Julio Militão da Silva e pelo Ministério Público Federal o Dr. Antonio Fernando Barros e Silva de Souza. 1ª T., 12.5.92.

Presidência do Sr. Min. Moreira Alves. Presentes à sessão os Srs. Mins. Octávio Gallotti, Sepúlveda Pertence, Celso de Mello e Ilmar Galvão.

Subprocurador-Geral da República, Dr. Antonio Fernando Barros e Silva de Souza.

JURISPRUDÊNCIA

SUPREMO TRIBUNAL FEDERAL

Ementa: I — Ação direta de inconstitucionalidade: legitimação ativa: entidade nacional de classe: critérios de identificação.

1. Considera-se entidade nacional de classe, legitimada para a ação direta (CF, art. 103, IX), a Associação Brasileira da Indústria de Artigos e Equipamentos Médicos, Odontológicos, Hospitalares e de Laboratórios, uma vez que (1) a especificidade do ramo industrial a que se dedicam as empresas congregadas permite a identificação de uma categoria econômica diferenciada e (2) suas associadas têm sede em mais de nove unidades federadas, de modo a comprovar, segundo o critério do art. 12 da Lei Orgânica dos Partidos Políticos, aplicável por analogia, o seu caráter nacional.

2. Declara-se parte ilegítima para a mesma ação direta a Associação Brasileira de Consultores Tributários: ainda que se devessem reputar os seus associados como integrantes de uma mesma categoria profissional, a entidade não demonstrou o seu efetivo caráter nacional; por outro lado, não se comprovando que entre eles figure qualquer pessoa jurídica, falta o nexo de pertinência entre a entidade e o tema das normas legais impugnadas (imposto sobre a renda de pessoas jurídicas), necessária à legitimação ativa na hipótese do art. 103, IX, da Constituição (cf. ADIN 305, 22.5.91).

II — Ação direta de inconstitucionalidade: descabimento, segundo a orientação do STF, para aferir da compatibilidade do direito ordinário anterior em face da Constituição superveniente (cf. ADIN 2, 6.2.92, Brossard): ressalva da opinião contrária do relator desta.

III — Ação direta de inconstitucionalidade: medida cautelar.

A orientação do STF é que, em princípio — e sobretudo em matéria tributária, onde o* periculum in mora *é, de regra, bilateral —, não se defere a suspensão liminar de preceitos que já vigem há diversos anos.

Ação Direta de Inconstitucionalidade n. 77-2/600
Origem: Distrito Federal
Relator: Ministro Sepúlveda Pertence
Requerente: Associação Brasileira da Indústria de Artigos e Equipamentos Médicos, Odontológicos, Hospitalares e de Laboratórios e outra
Requeridos: Presidente da República e Congresso Nacional
(*DJU* 23.4.93)

ACÓRDÃO

Vistos, relatados e discutidos estes autos, acordam os Ministros do Supremo Tribunal Federal, em sessão plenária, na conformidade da ata do julgamento e das notas taquigráficas, por unanimidade de votos, em conhecer da ação proposta pela Associação Brasileira da Indústria de Artigos e Equipamentos Médicos, Odontológicos, Hospitalares e de Laboratórios, no ponto em que impugna a Lei 7.799/89, reconhecendo-lhe a legitimidade ativa *ad causam*, mas indeferir o pedido de medida cautelar. Ainda, por unanimidade, em não conhecer da ação no ponto em que impugna a Lei 7.450/85, por se tratar de lei anterior à Constituição de 1988 (impossibilidade jurídica do pedido), julgando, em conseqüência, prejudicado o requerimento de medida cautelar. Finalmente, por votação unânime, em excluir do processo a Associação Brasileira de Consultores Tributários, por ilegitimidade ativa *ad causam*.

Brasília, DF, 19 de março de 1992 — Sydney Sanches (Presidente) — Sepúlveda Pertence (Relator).

RELATÓRIO

O Senhor Ministro Sepúlveda Pertence: Ação Direta de Inconstitucionalidade proposta pela Associação Brasileira da Indústria de Artigos e Equipamentos Médicos, Odontológicos, Hospitalares e de Laboratórios e a Associação Brasileira de Consultores Tributários, que tem por objeto o art. 51 da Lei 7.450, de 1985, e o parágrafo único do art. 3º. e os arts. 4º., I, *f*, e 9º., II, da Lei 7.799, de 10.7.89, todos relativos ao imposto sobre a renda de pessoas jurídicas.

2. Formula-se pedido para que "seja notificado, liminarmente, o Sr. Ministro da Fazenda, para que se abstenha de editar atos administrativos com fundamento nos dispositivos legais ora atacados, enquanto pendente de julgamento este processo, evitando-se assim irreparáveis danos aos contribuintes, pela prática ilegal que importará em acréscimo tributário".

3. O pedido de medida cautelar, embora posto em Mesa desde 27.8.89, teve o seu exame sustado para aguardar a decisão da Corte sobre a questão preliminar, suscitada na ADIN 2, atinente à admissibilidade da ação direta de inconstitucionalidade de leis anteriores à Constituição.

4. Em 20.4.90, a primeira das autoras juntou relação nominal e domicílio de seus associados, em vários Estados da Federação, a fim de demonstrar a sua abrangência nacional.

É o relatório.

VOTO

O Senhor Ministro Sepúlveda Pertence (Relator): Tenho por suficientemente demonstrada a legitimação da primeira autora — Associação Brasileira da Indústria de Artigos e Equipamentos Médicos, Odontológicos, Hospitalares e de Laboratórios.

2. Creio que ela atende aos critérios objetivo e subjetivo assentados pelo Tribunal, no julgamento liminar da ADIN 386, 4.4.91 (Caso *Abrasucos*), Rel. o Em. Presidente Sydney Sanches, para a identificação da entidade nacional de classe, qualificada à iniciativa da ação direta pelo art. 103, IX, da Constituição.

3. Objetivamente, a especificidade do ramo industrial a que dedicados os associados da entidade caracteriza categoria econômica diferenciada e, na associação, uma entidade de classe.

4. Subjetivamente, comprovou-se que os associados se espraiam por nove Estados, pelo menos, número mínimo que, tomado de empréstimo ao art. 12 da Lei Orgânica dos Partidos Políticos, diversos dos juízes da Casa, entre os quais me incluí, aceitaram, no precedente referido, como parâmetro de aferição do âmbito nacional da entidade de classe, salvo quando não o admita a concentração regional da atividade econômica respectiva.

5. O mesmo não sucede com relação à segunda autora — Associação Brasileira de Consultores Tributários.

6. Escuso-me da indagação sobre se os consultores tributários constituem uma classe.

7. Basta-me que, à guisa de demonstrar o seu âmbito nacional, a entidade se limitou a declinar uma "relação parcial de associados domiciliados em Estados que não o da sede social" (f. 62), que é São Paulo, composta de dez nomes, de qualificação profissional não declarada, dos quais, cinco do Rio de Janeiro, dois em Curitiba, e um em Fortaleza, Porto Alegre e Belo Horizonte.

8. Finalmente, malgrado os seus estatutos abram o corpo social da entidade à consociação de "profissionais e empresas com atuação na área tributária" (f. 43), nem da relação dos fundadores (f. 51), nem do rol de associados domiciliados fora de São Paulo (f. 62) consta filiação de sequer uma pessoa jurídica, o que não parece configurar, no caso, a relação de pertinência entre a associação, enquanto entidade de classe, e o objeto da ação direta, como reclama a orientação predominante do Tribunal, firmada no julgamento liminar da ADIN 305, 22.5.91, vencido o relator, Em. Ministro Paulo Brossard, e já prenunciada incidentemente na discussão de casos anteriores (*v.g* Celso de Mello *in* ADIN 42, ADIN 138, 14.2.90, Sanches, JSTF, *Lex* 146/7; ADIN 195, Célio Borja, 22.3.90; ADIN 396, 22.11.90).

9. Um dos dispositivos impugnados é o art. 51 da Lei 7.450/85, anterior, portanto, à Constituição.

10. Na sessão plenária de 6 de fevereiro do corrente ano, finalmente renovado o julgamento da ADIN 2, Relator o Eminente Min. Paulo Brossard, firmou-se o entendimento de que a não-recepção da norma anterior por incompatibilidade material com a norma constitucional superveniente resolve-se em simples revogação, a cuja declaração não se presta a ação direta de inconstitucionalidade.

11. Naquela assentada, proferi longo voto em sentido contrário, ficando vencido, na confortadora companhia dos Eminentes Ministros Néri da Silveira e Marco Aurélio.

12. *Data venia*, e malgrado o brilho dos pronunciamentos que formaram a maioria, pessoalmente, mantenho-me fiel à convicção manifestada.

13. Não obstante, a profundidade da discussão do tema, na sessão do dia 6 de fevereiro, o número e a qualificação dos votos, que alicerçaram a decisão da Corte, prenunciam jurisprudência sedimentada e duradoura.

14. A resistência individual, a partir daí, teria sabor meramente acadêmico e contribuiria apenas para retardar e tumultuar o desenvolvimento dos trabalhos do Plenário, já congestionados.

15. Assim, a exemplo dos casos julgados após firmada a orientação da Casa, com ressalva de minha opinião pessoal, não conheço da ação no tocante ao preceito da Lei 7.450/85.

16. Quanto às demais normas questionadas, todas da Lei 7.799/89, promulgada sob a Constituição vigente, a ação é cabível.

17. Sucede que sem embargo da relevância da fundamentação desenvolvida, a medida cautelar requerida, de nítido caráter mandamental contra o Ministro da Fazenda, hoje, da Economia e Finanças, é inadmissível no processo do controle abstrato de atos normativos gerais, no qual, dado o objeto da demanda e a conseqüente natureza declaratória da decisão definitiva, o provimento liminar admissível é apenas o de suspensão da vigência ou da eficácia da norma impugnada.

18. De resto, quando fosse de entender o pedido de suspensão das normas

implícito no requerimento liminar formulado, ainda assim não seria de deferi-lo: a orientação do Tribunal é que, em princípio — e sobretudo em matéria tributária, onde o *periculum in mora* é, de regra, bilateral —, não se defere a suspensão liminar de preceitos que já vigem há diversos anos.

19. A prevenção de litígios individuais em grande número — conforme sejam as circunstâncias do caso, particularmente, o grau de plausibilidade da argüição de invalidez constitucional da lei — pode justificar a suspensão liminar deferida no início da sua vigência (*v.g.*, ADIN 513, Med. Caut., 29.5.91, Célio Borja).

20. Quando, entretanto, como se deu na espécie, não tenha sido possível decidir de imediato o pedido liminar, o tempo corrido desde o início da vigência da lei há de ter levado os interessados —, sobretudo, quando se trata de imposto direto sobre pessoas jurídicas —, a trilhar as vias ordinárias do controle difuso da constitucionalidade das normas aqui impugnadas em tese: a intercorrência agora de uma suspensão da eficácia delas — em juízo cautelar e, portanto, de alcance provisório —, ao invés de prevenir, viria a tumultuar a solução dos litígios em curso.

21. Indefiro.

22. Portanto, Sr. Presidente, o meu voto é o seguinte:

a) preliminarmente, não conheço da ação direta contra o art. 51 da Lei 7.450/85, porque anterior à Constituição, prejudicado o pedido liminar correspondente;

b) excluo do litisconsórcio ativo, por ilegitimidade *ad causam*, a Associação Brasileira de Consultores Tributários;

c) conheço da ação proposta pela primeira autora — Associação Brasileira da Indústria de Artigos e Equipamentos Médicos, Odontológicos, Hospitalares e de Laboratórios — quanto aos dispositivos questionados da Lei 7.799/89, mas,

d) indefiro o pedido de medida cautelar a eles relativo.

Extrato de Ata

ADIN 77-2 — DF — Medida Liminar

Relator: Min. Sepúlveda Pertence.

Reqtes.: Associação Brasileira da Indústria de Artigos e Equipamentos Médicos, Odontológicos, Hospitalares e de Laboratórios e outra.

Advs.: Plínio José Marafon e outro.

Reqdos.: Presidente da República e Congresso Nacional.

Decisão: Após o voto do Sr. Ministro Relator indeferindo a medida liminar, em face de Questão de Ordem proposta pelo Sr. Ministro Moreira Alves quanto à legitimidade ativa das Requerentes o Sr. Ministro Relator indicou adiamento do julgamento. Plenário, 30.8.89.

Decisão: Apresentado o feito em mesa, o julgamento foi adiado em virtude do adiantado da hora. Plenário, 1.7.91.

Decisão: Apresentado o feito em mesa, o julgamento foi adiado em virtude do adiantado da hora. Ausentes, ocasionalmente, os Srs. Ministros Célio Borja e Paulo Brossard. Plenário, 19.12.91.

Decisão: Por unanimidade de votos, o Tribunal conheceu da ação proposta pela Associação Brasileira da Indústria de Artigos e Equipamentos Médicos, Odontológicos, Hospitalares e de Laboratórios, no ponto em que impugna a Lei 7.799/89, reconhecendo-lhe a legitimidade ativa *ad causam*, mas indeferiu o pedido de medida cautelar. Ainda, por unanimidade, não conheceu da ação no ponto em que impugna a Lei 7.450/85, por se tratar de lei anterior à Constituição de 1988 (impossibilidade jurídica do pedido), julgando, em conseqüência, prejudicado o requerimento de medida cautelar. Finalmente, por votação unânime, o Tribunal excluiu do processo a Associação Brasileira de Consultores Tributários, por ilegitimidade ativa *ad causam*. Votou o Presidente. Ausente, ocasionalmente, o Sr. Ministro Célio Borja. Plenário, 19.3.92.

Presidência do Sr. Ministro Sydney Sanches. Presentes à sessão os Srs. Ministros Moreira Alves, Néri da Silveira, Octávio Gallotti, Célio Borja, Paulo Brossard, Sepúlveda Pertence, Celso de Mello, Carlos Velloso, Marco Aurélio e Ilmar Galvão.

Procurador-Geral da República, Dr. Aristides Junqueira Alvarenga.

JURISPRUDÊNCIA

SUPREMO TRIBUNAL FEDERAL

Ementa: Cargos e empregos públicos. Administração Pública direta, indireta e fundacional. Acessibilidade. Concurso público.

A acessibilidade aos cargos públicos a todos os brasileiros, nos termos da Lei e mediante concurso público é princípio constitucional explícito, desde 1934, art. 168.

Embora cronicamente sofismado, mercê de expedientes destinados a iludir a regra, não só foi reafirmado pela Constituição, como ampliado, para alcançar os empregos públicos, art. 37, I e II.

Pela vigente ordem constitucional, em regra, o acesso aos empregos públicos opera-se mediante concurso público, que pode não ser de igual conteúdo, mas há de ser público.

As autarquias, empresas públicas ou sociedades de economia mista estão sujeitas à regra, que envolve a administração direta, indireta ou fundacional, de qualquer dos poderes da União, dos Estados, do Distrito Federal e dos Municípios.

Sociedade de economia mista destinada a explorar atividade econômica está igualmente sujeita a esse princípio, que não colide com o expresso no art. 173, § 1º.

Exceções ao princípio, se existem, estão na própria Constituição.

Mandado de Segurança n. 21.322-1 — Distrito Federal

Tribunal Pleno

Impetrantes: Telma Leite Morais e outro

Impetrado: Tribunal de Contas da União

(*DJU* 23.4.93)

ACÓRDÃO

Vistos relatados e discutidos estes autos, acordam os Ministros do Supremo Tribunal Federal, em sessão plenária, por unanimidade de votos e na conformidade da ata do julgamento e das notas taquigráficas, conhecer do mandado de segurança e por maioria o indeferir, vencido o Min. Marco Aurélio, que o deferia, ficando, em conseqüência, insubsistente o pedido de medida cautelar.

Brasília, 3 de dezembro de 1992 — Octávio Gallotti (Presidente) — Paulo Brossard (Relator).

RELATÓRIO

O Senhor Ministro Paulo Brossard: Telma Leite Morais e Antonio Ernani Oliveira, empregados da Companhia Docas do Ceará — CDC —, sociedade de economia mista vinculada ao atual Ministério da Infra-Estrutura, impetram mandado de segurança preventivo, com pedido de medida liminar, "contra ato emanado do Tribunal de Contas da União exarado nos autos do processo TC

299.037-2, relativo à prestação de contas, exercício de 1989", que, segundo dizem, teria determinado suas dispensas, por terem sido contratados sem concurso público, já na vigência da Constituição Federal de 1988.

Esclarecem, preliminarmente, os impetrantes: que foram admitidos em 3.7.89, com base na Resolução CISE 26/89, de 12 de maio de 1989, mediante contrato individual de trabalho por tempo indeterminado, ocupando hoje, o primeiro, as funções de Economista II, nível 105 e o segundo de Assistente Administrativo I, nível 206, e que a situação funcional em que se encontram não difere dos demais empregados da Companhia, todos sem nenhuma exceção admitidos sem concurso público.

Alegam que sujeitar as sociedades da economia mista e as empresas públicas à exigência do inciso II, do art. 37, da Constituição Federal, — que estabelece que a investidura em cargo ou em emprego público depende de aprovação prévia em concurso público —, como decidiu o Tribunal de Contas da União, acolhendo voto do Min. Luciano Brandão, viola o art. 173 da mesma Constituição que dispõe:

"§ 1º. A empresa pública, a sociedade de economia mista e outras entidades que explorem atividade econômica sujeitam-se ao regime jurídico próprio das empresas privadas, inclusive quanto às obrigações trabalhistas e tributárias."

Concluindo pedem os impetrantes, a fim de que sejam resguardados os seus direitos, a concessão de medida liminar para sustar os efeitos da decisão do Tribunal de Contas da União, e afinal, demonstrada a liquidez e a certeza do direito pleiteado, seja ela declarada nula por violação da norma constitucional acima transcrita.

Antes de examinar o pedido liminar, solicitei as informações ao Tribunal de Contas da União, que vieram para os autos às fls. 55/126. A Secretaria de Assuntos Técnicos, Legislativos e Jurídicos daquela Corte, ao submeter os elementos pertinentes à questão ao Presidente daquela Corte, assim se manifestou sobre a ordem impetrada:

"3. O procedimento dos suplicantes exsurge da medida tomada pelo digno Titular da Inspetoria-Regional de Controle Externo, no Estado do Ceará, que, ao cumprir a Decisão do Plenário, exarada no Processo TC 299.037/90-2, sobre a prestação de contas da mesma Companhia Docas do Ceará, referente ao exercício de 1989, solicitou adoção das providências cabíveis, sobre a situação dos impetrantes, admitidos em 3 de julho de 1989, sem concurso público, contrariando, desta forma, o estabelecido no art. 37, inc. II, da Constituição Federal.

"4. Insta observar, que o Tribunal Pleno desta Corte de Contas, por unanimidade, acolheu o entendimento firmado pelo Exmo. Sr. Min. Luciano Brandão Alves de Souza, ao relatar o Processo TC 006.658/89-0, publicado na Ata 30 de 1989, do qual pode-se extrair o seguinte excerto:

'As Empresas Públicas e Sociedades de Economia Mista, mesmo aquelas que visem a objetivos estritamente econômicos, em regime de competitividade com a iniciativa privada, não poderão realizar contratações de pessoal, inclusive daquele vinculado ao setor operacional da atividade fim, *sem o prévio certame público*, a menos que Emenda à Constituição venha estabelecer expressamente essa exceção, ou autorizar a adoção, por essas empresas, de métodos simplificados de seleção de pessoal, de modo a se evitar que a delonga no provimento de determinados cargos ou empregos implique em sérios prejuízos para as entidades, com reflexos negativos na atuação do próprio Estado.'

"5. A propósito, impõe-se acrescentar que, no Ofício 457 de 14.12.89, a respeito de Controle e Acompanhamento de Processos, vislumbram-se os nomes dos dois suplicantes, ali figurando como admitidos, sem concurso público, em 3.7.89, já na vigência da Carta Política de 1988.

"6. De efeito, há de notar-se que a matéria aqui promovida foi de modo exaustivo, em várias assentadas, tema de precisos e percucientes pareceres. A nível de Plenário, dos quais vale destacar as Decisões de 16.5.90 (TC 006.658/89-0), de 20.6.90 (TC 071/90-0), de 31.10.90 (TC 19.068/90-5), de 19.9.90 (TC 12.067/90-3), publicadas, respectivamente, nas Atas 21/90, 31/90, 56/90 e 48/90, anexas.

"7. Entendimentos equânimes haurem-se dos Pareceres SA/04 e SA/06/90 da Ínclita Consultoria Geral da República, bem assim da lição do renomado jurista, Celso Antônio Bandeira de Melo, in *Regime Constitucional dos Servidores da Administração Direta e Indireta*, p. 35, na qual ficou bem definido que

'Igualmente seria errôneo supor que o alcance do princípio do concurso público não atinge algumas dentre as empresas estatais: as exploradoras de atividade econômica, referidas no art. 173, dado o fato de que o § 1º deste preceptivo as declara sujeitas ao regime próprio das empresas privadas inclusive quanto às obrigações trabalhistas e tributárias.'.

"8. Digno de nota é, ainda, o juízo similar do emérito tratadista Adílson Abreu Dallari — *Regime Constitucional dos Servidores Públicos*, pp. 37 e 27 — que, com a proficiência e a erudição de sempre observa:

"Em resumo, o concurso público é um instrumento de realização concreta dos princípios constitucionais da isonomia e da impessoalidade". 'Fique perfeitamente claro que os dispositivos do art. 37 da Constituição Federal se aplicam ao gênero servidores, abrangendo funcionários estatutários e empregados celetistas, inclusive das empresas estatais que exercem atividades econômicas (art. 173 da CF). Conforme ensina Maria Sylvia Zanella Di Pietro, a possibilidade de contratar servidores pelo regime celetista não torna ninguém imune à Constituição'."

"9. De resto, ressalte-se que esta SEJUR também já fez minuciosa análise, no Processo TC 006.271/91-0, sob o aspecto jurídico, atinente a assunto semelhante, que está em fase de apreciação, por esta Colenda Corte, concluindo, na oportunidade, pela convicção da obrigatoriedade da exigência de concurso público, para ingresso nas Empresas Públicas e Sociedades de Economia Mista, mesmo em se referindo aqueles casos abrangidos pelo § 1º do art. 173 da atual Carta Magna." (fls. 124/125).

Em face das informações prestadas, deferi o pedido de liminar, nos termos seguintes:

"Os requerentes, embora falem na inicial que se insurgem contra ato do Tribunal de Contas da União, juntaram apenas o Ofício 138/91 do Inspetor Regional dessa Corte que, à vista do noticiado ato decisório, pede ao Secretário Nacional de Transporte a adoção de providências cabíveis, em relação à situação dos impetrantes: 'admitidos em 3.7.89, sem concurso público, contrariando o disposto no art. 37, inciso II, da Constituição Federal'.

"Por esta razão, antes do exame da medida cautelar, solicitei as informações do Tribunal de Contas da União, que se encontram juntadas às fls. 55/126.

"Caracterizado, em princípio, o ato impugnado como sendo da referida Corte de Contas, e tendo em vista que o fundamento do pedido justifica a concessão da cautelar, sob pena de se caracterizar a violação do direito, defiro-a, *ad cautelam*, para suspender os efeitos da decisão impugnada até julgamento do mérito da presente ação." (fls. 134).

A Procuradoria Geral da República, por meio de parecer da Subprocuradora-Geral da República Odília Ferreira da Luz Oliveira, aprovado pelo Procurador-Geral da República, manifestou-se sobre a ordem impetrada, nos termos seguintes:

"Embora o ato do Tribunal de Contas da União tenha sido supostamente (porque não há prova) expedido em procedimento de tomada de contas da mencionada sociedade de economia mista, é certo que *não contém nenhuma determinação de dispensa dos impetrantes*. Como se lê a fls. 14 e 57/58, considerando imprescindível o concurso público também para a contratação de pessoal das sociedades de economia mista e empresas públicas que exerçam atividade econômica em concorrência com os particulares, o plenário do órgão *decidiu*, apenas, dar conhecimento de seu ponto de vista ao Congresso Nacional e aos sistemas de controle interno dos três Poderes da União, bem como, a título de colaboração, aos demais Tribunais de Contas do país.

"Sendo somente esse o conteúdo *decisório* do ato, é certo que não causou nem poderá causar lesão a supostos direitos dos impetrantes e, por isso, não comporta ataque por via de mandado de segurança.

"Nem mesmo o ofício copiado a fls. 13, do Inspetor Regional da Corte de Contas federal, contém determinação de dispensa dos impetrantes. E se contivesse, o órgão impetrado — Tribunal de Contas da União — seria parte ilegítima no feito e o mandado de segurança não poderia ser conhecido.

"Na verdade, a única determinação de dispensa dos impetrantes partiu do Secretário Nacional dos Transportes, como noticia documento trazido aos autos por eles próprios (fls. 131). Note-se, porém, que além de o subscritor do ofício não ter sido indicado para compor o pólo passivo da relação processual, é certo que não compete ao Supremo Tribunal Federal julgar mandados de segurança dirigidos contra atos de tal autoridade.

"Uma vez que o ato do impetrado tem conteúdo diverso do afirmado na inicial e é inábil para lesar qualquer direito dos impetrantes, o mandado de segurança *não deve ser conhecido*.

"III

"Se for, não se poderá ignorar a intempestividade da ação.

"A deliberação em causa foi tomada em sessão do dia 16 de maio de 1990 (fls. 14 e 57/58). Embora não se saiba em que data foi publicada no Diário Oficial da União, não é crível que tenha sido após o dia 6 de janeiro de 1991.

"Observe-se que a prova da tempestividade do mandado incumbe ao impetrante, não sendo ônus do impetrado nem do Ministério a prova contrária.

"Assim, por mais este fundamento o pedido *não comporta conhecimento*.

"IV

"Caso a segunda preliminar também seja rejeitada, a segurança deverá ser indeferida.

"A regra do art. 37, inc. II, da Constituição federal, que exige concurso público para a investidura em cargo ou emprego públicos, com a única exceção que prevê (cargos em comissão), está inserida nas disposições *gerais* relativas à Administração Pública direta, indireta e fundacional de todos os Poderes da União, dos Estados federados, do Distrito Federal e dos Municípios, sem nenhuma exceção.

"Sendo certo que as empresas públicas e sociedades de economia mista, qualquer que seja a atividade exercida, integram a Administração Pública indireta, é induvidoso que a exigência mencionada também as atinge. A submissão ao Direito do Trabalho nas relações com seus empregados não é incompatível com a imposição do concurso público. Na verdade, o art. 173, § 1º, do texto constitucional, apenas fixa o regime tributário de tais entidades e o regime jurídico de seu pessoal, não excepcionando a regra geral do art. 37, inc. II.

"A esse propósito, são bastante esclarecedoras as considerações feitas por Celso Antônio Bandeira de Mello, das quais destaco as seguintes:

> "Ante o teor do art. 37, *caput*, evidencia-se, com luminosa clareza, que todas as empresas públicas, sociedades de economia mista e mesmo as fundações governamentais de direito privado estão assujeitadas à realização de concurso público para admissão de pessoal." (*Regime Constitucional dos Servidores da Administração Direta e Indireta*, São Paulo, Ed. RT, 1990, p. 35; sobre a extensão do preceito às empresas estatais que exploram atividade econômica, v. p. 35/42).

"No mesmo sentido, pronunciou-se Adílson Abreu Dallari (*Regime Constitucional dos Servidores Públicos*, 2ª ed. rev. e atual., São Paulo, Ed. RT, 1990, p. 27).

"Saliente-se, ainda, que o princípio constitucional da isonomia não ampara os impetrantes, pois jamais justificará a extensão de um tratamento inconstitucional. Ou seja: ainda que os demais empregados da Companhia Docas do Ceará tenham sido admitidos irregularmente — disso não há prova — tal fato não poderá beneficiar os impetrantes. E nem a reiteração é meio de validar uma conduta ilegítima.

"V

"Diante do exposto, opino, sucessivamente, pelo *não-conhecimento* e pela *denegação* da segurança, cassando-se a liminar deferida." (fls. 142/145).

É o relatório.

VOTO

O Senhor Ministro Paulo Brossard (Relator): A preliminar de conhecimento, suscitada pela Procuradoria-Geral da República, relacionada com a autoridade coatora, não procede. Não obstante a inicial não seja suficientemente clara ao caracterizar a autoridade coatora e por isso mesmo solicitei as informações para, somente após, examinar o pedido liminar, com a vinda dela para os autos, ficou perfeitamente caracterizado o ato do Presidente do Tribunal de Contas da União e, por isso, acabei por deferir o pedido liminar.

O presente mandado de segurança é preventivo e se insurge contra decisão emanada do Tribunal de Contas da União no procedimento TC 299.037-2 onde, ao solicitar à Companhia Docas do Ceará as providências cabíveis em relação a situação irregular dos impetrantes, entendeu que as suas admissões na referida sociedade de economia mista deu-se em desconformidade com o disposto no art. 37, inc. II, da Constituição Federal, que determina que "a investidura em cargos ou empregos públicos depende de aprovação prévia em concurso público de provas ou de provas e títulos".

A própria Corte de Contas, ao prestar as informações, não se exime e assume a responsabilidade pelo ato impugnado, quando informa:

"O procedimento dos suplicantes exsurge da medida tomada pelo digno Titular da Inspetoria-Regional de Contrôle Externo, no Estado do Ceará, *que, ao cumprir a Decisão do Plenário*, exarada no Processo TC 299.037/90-2, sobre a prestação de contas da mesma Companhia Docas do Ceará, referente ao exercício de 1989, *solicitou adoção das providências cabíveis sobre a situação dos impetrantes*... admitidos em 3 de julho de 1989, sem concurso público, contrariando, desta forma, o estabelecido no art. 37, inc. II, da Constituição Federal."

Diante disso, assumindo o Presidente do Tribunal a autoria do ato impugnado, parece-me desnecessário que haja a sua comprovação nos autos.

Acrescente-se, ainda, que os impetrantes, antes mesmo que as solicitadas providências fossem tomadas, insurgiram-se, preventivamente, contra a decisão do Tribunal de Contas da União porque, em face da solicitação, que na realidade contém uma determinação, (art. 71, III, IX e X, CF), tinham justo receio de vir a sofrer violação aos seus direitos, com o seu cumprimento.

Embora a decisão do Plenário do Tribunal de Contas da União tenha solicitado providências, em relação a situação dos impetrantes, ao Secretário Nacional de Transportes, à quem estava subordinada a Companhia Docas do Ceará, tanto ele como o próprio Diretor-Presidente da entidade descentralizada nada mais poderiam fazer senão executar a determinação contida na decisão (art. 71, VIII, CF). O ato que considerou ilegal, ou melhor, inconstitucionais as admissões dos impetrantes foi a decisão do Tribunal de Contas da União.

Diz Celso Agrícola Barbi: "... geralmente o coator é quem determinou a prática do ato, pois quem o efetiva é mero executor de decisão..." (*Do Mandado de Segurança*, p. 127).

Tanto isto é verdade que o Diretor-Presidente da Companhia Docas do Ceará (fls. 20/22), bem como o Presidente da Portobrás à qual a Companhia estava vinculada (fls. 26/38), não só considerou as admissões dos impetrantes regulares, como também as justificou ao Inspetor Regional do Tribunal de Contas no Ceará.

A ameaça ao direito dos impetrantes decorre da decisão do Tribunal de Contas da União, não obstante a execução ou a concretização da violação ao seu direito esteja na dependência de ato subseqüentes do Diretor-Presidente da Companhia Docas do Ceará, ou do Secretário de Transporte.

Se forem consideradas essas autoridades, como impetradas, as informações que, eventualmente, poderiam prestar se resumiriam em esclarecer que assim procediam para cumprir determinação do Tribunal de Contas da União. Deste modo, toda a fundamentação jurídica desenvolvida por essa Corte de Contas, para demonstrar a inconstitucionalidade das admissões dos impetrantes, poderia ficar prejudicada.

Não se pode perder de vista, ainda, a competência constitucionalmente deferida ao Tribunal de Contas da União no exercício do controle externo da administração (art. 71, II, III, VIII, IX e X).

Estes elementos são suficientes para caracterizar o ato de Tribunal de Contas da União, como ameaça efetiva ao alegado direito líquido e certo dos impetrantes, cujo amparo se pleiteia nesta ação mandamental.

Também não procede a preliminar de intempestividade suscitada pela Procuradoria Geral da República, porque se trata de mandado de segurança preventivo que se insurge não contra a decisão proferida no processo de prestação de contas da Companhia Docas do Ceará, do qual os impetrantes não eram partes, mas contra ameaça de lesão aos seus direitos, que estava por se concretizar com a execução dessa decisão, determinando providência em relação às suas admissões.

Tratando-se de mandado de segurança preventivo, não há que se falar em extempestividade.

No mérito a questão é delicada, pois se discute, ante o texto constitucional (art. 37, II), se há exigência de concurso público para a investidura em cargos, empregos e funções nas entidades da administração indireta.

O texto anterior (EC 1/69) estabelecia:

> "Art. 97. Os cargos públicos serão acessíveis a todos os brasileiros que preencham os requisitos estabelecidos em lei.
>
> "§ 1º. A primeira investidura em cargo público dependerá de aprovação prévia, em concurso público de provas ou de provas e títulos, salvo os casos indicados em lei."

Se a Carta anterior, ao inserir a exigência de concurso público na Seção VIII — Dos Funcionários Públicos, restringia essa exigência apenas a esses servidores, a Constituição foi mais abrangente quando, inserindo-a nas Disposições Gerais do Capítulo — Da Administração Pública, dispôs:

> "Art. 37. A administração pública direta, indireta ou fundacional, de qualquer dos Poderes da União, dos Estados, do Distrito Federal e dos Municípios obedecerá aos princípios de legalidade, impessoalidade, moralidade, publicidade e, também, ao seguinte:
>
> "I — os *cargos, empregos* e *funções públicas* são acessíveis aos brasileiros que preencham os requisitos estabelecidos em lei;

"II — a investidura em cargo ou emprego público depende de aprovação prévia em concurso público de provas ou de provas e títulos, ressalvadas as nomeações para cargo em comissão declarado em lei de livre nomeação e exoneração;"

Enquanto o texto anterior exigia concurso público para os cargos de funcionário público, o atual exige não só para os cargos mas também para os empregos públicos, tanto da administração pública direta, como da indireta e fundacional. O art. 37, no seu primeiro inciso, estabelece a acessibilidade de todos os brasileiros "a cargos e empregos públicos", para no seu inciso seguintes, condicionar a investidura nesses à prévia aprovação em concurso público de provas ou de provas e títulos.

A Constituição é clara ao exigir o concurso público para os empregos públicos da administração pública indireta. Assim, parece-me que a questão se circunscreve ao alcance que se der a expressão "administração indireta". Este parece ser o ponto fundamental da questão em exame.

O conceito legal de administração indireta é dado pelo Decreto-lei 200, de 25.2.67, que, no seu art. 4º., nele inclui as autarquias, empresas públicas e sociedade de economia mista. Não obstante as objeções que se façam a esse conceito, o certo é, como conclui Maria Sylvia Zanella Di Pietro, que o sentido dado pelo legislador, nesse dispositivo, à administração indireta:

"Significa o conjunto de pessoas jurídicas, de direito público ou privado, criadas por lei, para o desempenho de atividades assumidas pelo Estado, como serviços públicos ou a título de intervenção no domínio econômico". ("Concurso Público na Administração Pública Indireta", *RDP* 93, pp. 129/132).

Esse conceito, que dá sentido amplo a expressão "atividade econômica" constante do art. 5º., abarca tanto as empresas estatais de natureza pública, voltada para o serviço público, comercial ou industrial, quanto a de natureza privada exercida a título de intervenção no domínio econômico.

Não tendo a Constituição definido o que se deve entender por "administração indireta", é de se concluir que este conceito, que já havia sido incorporado tanto pela doutrina como pela jurisprudência, serviu de base ao constituinte. Vou além, creio que o conceito legal do art. 4º. e 5º., está recepcionado pela nova ordem constitucional.

É verdade que a Constituição, nos arts. 173 e 175, parece conceber duas ordens diversas concernentes às empresas estatais. Esta observação é feita pela autora citada:

"a) O art. 173, depois de estabelecer, no *caput* que a exploração direta da atividade econômica pelo Estado só será permitida quando necessária aos imperativos da segurança nacional ou a relevante interesse coletivo, conforme definidos em lei, determina, no § 1º. que "a empresa pública, a sociedade de economia mista e outras entidades que explorem atividade econômica sujeitam-se ao regime jurídico próprio das empresas privadas, inclusive quanto às obrigações trabalhistas e tributárias; e acrescenta, no § 2º., que as empresas públicas e as sociedades de economia mista não poderão gozar de privilégios fiscais não extensivos às do setor privado;

"b) O art. 175 atribui ao poder público, na forma da lei, diretamente ou sob o regime de concessão ou permissão, sempre através de licitação, a prestação de serviços públicos; o parágrafo único prevê lei que venha a dispor sobre o regime das concessionárias e permissionárias.

"Diante desses dois dispositivos constitucionais, pode-se concluir que, quanto ao tipo de atividade e ao regime jurídico, existem duas modalidades de empresas estatais no direito brasileiro: as que desempenham atividades econômicas com base no art. 173 e que se submetem ao regime próprio das empresas privadas, com as derrogações da própria Constituição; e as que desempenham serviços públicos e que se submetem ao art. 175." (loc. cit.)

Mas, como adverte a autora, a distinção que a Constituição faz entre esses dois tipos de empresa pára aí, não vai além.

Assim, parece-me que o conceito constitucional de "administração pública indireta" abrange as empresas públicas e sociedades de economia mista, sejam elas prestadoras de serviços públicos ou de atividade econômica de natureza privada.

Note-se que o constituinte quando quis fazer restrição ao conceito de "administração pública indireta", inserido nas Disposições Gerais da Administração Pública, ele o fez expressamente: por exemplo, é o que se vê no art. 39, da Seção específica — "Dos Servidores Públicos Civis" — quando trata da instituição do "regime jurídico único e plano de carreiras para os servidores da *administração pública direta, das autarquias e das fundações públicas*", demonstrando sua intenção de restringi-lo a um universo menor (excluindo da sua incidência as empresas estatais e fundações de direito privado); ou quando no § 6º, do próprio art. 37, estende a responsabilidade civil objetiva do Estado às pessoas jurídicas de direito privado prestadora de serviços públicos, excluindo as empresas estatais que exercem atividades econômicas; etc...

Se a Constituição na exigência de concurso público para provimento de cargos e empregos públicos, não fez qualquer restrição às entidades da administração pública indireta, é de se concluir que a exigência se aplica a toda empresa estatal, seja ela prestadora de serviço público, seja ela prestadora de atividade econômica de natureza privada.

Em outras palavras, a sociedade de economia mista vinculada à exploração de natureza econômica não está desobrigada de observar o preceito constitucional que prescreve o concurso público para o provimento dos empregos públicos, mas está a ele sujeita; este entendimento em nada conflita com o disposto no § 1º do art. 173, da Constituição, que tem outro endereço e outro alcance, nada interferindo com a forma de provimento dos empregos da entidade.

A acessibilidade aos cargos públicos a todos os brasileiros, nos termos da lei, e mediante concurso, é princípio constitucional explícito desde a Constituição de 1934, que o enunciou em seu art. 168. Embora tradicionalmente burlado, mercê de expedientes variados, como a efetivação mediante lei, dos que tivessem mais de tantos anos de serviço que colocavam os interessados em superioridade manifesta quanto aos não funcionários, ou a realização de provas reservadas aos interinos, o princípio vem sendo repetido e a Constituição de 88 ampliou o seu alcance, para dizer que tanto os cargos, como os empregos públicos, devem ser providos mediante concurso público, art. 37, II, uma vez que são acessíveis a todos os brasileiros, inciso I. Desse modo, também as autarquias, empresas públicas ou sociedades de economia mista estão sujeitas à regra, que envolve a administração direta, indireta e fundacional de qualquer dos Poderes da União, dos Estados, do Distrito Federal e dos Municípios. As exceções ao princípio, de resto, estão expressas na própria Constituição.

Tanto podem as forças da inércia que, passado mais de meio século, ainda hoje se resiste à observância da lei constitucional em matéria formal e cristalinamente regulada desde 1934.

Com essas considerações, Senhor Presidente, entendo que a Companhia Docas do Ceará — sociedade de economia mista que é, está obrigada à exigência do inciso II, do art. 37, isto é, a admissão ou contratação para os cargos e empregos de seus quadros depende de aprovação prévia em concurso público.

O procedimento do concurso ou da seleção pública dos candidatos da administração pública indireta pode ser diverso da administração direta, mas não se pode dele prescindir e nem deixar de ser pública. Isto não é novidade entre nós, já que exemplos diversos se podem encontrar na própria administração pública federal: é o caso do Banco do Brasil S/A. (sociedade de economia mista) da Caixa Econômica Federal (empresa pública de direito privado), que adotam o procedimento do concurso público para prover os cargos e empregos dos seus quadros.

Ante o exposto, conheço da presente ação, mas a julgo improcedente para negar a segurança pleiteada, por não reconhecer o direito líquido e certo invocado pelo impetrante. Em decorrência, fica cassada a liminar, cautelarmente, concedida.

VOTO

O Senhor Ministro Marco Aurélio: Senhor Presidente, realmente o inciso III do art. 71 da Constituição Federal preceitua que compete ao Tribunal de Contas:

> "Art. 71 (...)
> "III — apreciar, para fins de registro, a legalidade dos atos de admissão de pessoal (...)".

Temos, no inciso IX do mesmo artigo, que o Tribunal pode:

> "assinar prazo para que o órgão ou entidade adote as providências necessárias ao exato cumprimento da lei, se verificada ilegalidade."

Esses dois dispositivos, como mencionado pelo Min. Sepúlveda Pertence, são conducentes a que se considere que a atividade desenvolvida, nesses casos, pelo Tribunal de Contas, tem características coercitivas.

Evoluo, Senhor Presidente, para admitir que há o interesse de agir dos Impetrantes.

No tocante à decadência, acompanho o Ministro-Relator, tendo em vista o próprio pedido formulado e, também, o fato de se ter nos autos notícia da resistência do administrador, tanto que prestou novas informações ao Tribunal de Contas, tentando, portanto, demovê-lo quanto à ilegalidade do ato.

Surge o tema alusivo ao mérito.

Todos nós sabemos que aqueles que prestam serviços às sociedades de economia mista, às empresas públicas são empregados e não servidores públicos. Se procedermos à leitura dos diversos incisos do art. 37, vamos verificar que alguns não guardam pertinência com a relação jurídica mantida entre empregados e sociedades de economia mista, entre empregados e empresas públicas.

O que ocorre relativamente ao concurso público? Realmente temos, no *caput* do art. 37 da Carta, alusão à Administração Pública direta, à indireta, e à fundacional. Sabemos que, no âmbito da administração pública indireta, estão não apenas as autarquias, mas também as sociedades de economia mista e as empresas públicas.

Indaga-se: cabe a observância cogente do inciso II quando uma sociedade de economia mista pretende arregimentar pessoal, contratar prestadores de serviços? Respondo, Senhor Presidente, a essa pergunta perquirindo os objetivos da sociedade de economia mista, e o nobre Relator, no voto que proferiu, disse que se trata das Docas do Ceará, que se dedica, como todos nós sabemos, a uma atividade econômica, explora uma atividade econômica, o que atrai, uma regência especial quanto ao pessoal.

Preceitua o § 1º do art. 173: "A empresa pública, a sociedade de economia mista e outras entidades que explorem atividade econômica sujeitam-se ao regime jurídico próprio das empresas privadas (...)".

Esse dispositivo tem uma finalidade: proporcionar uma maior flexibilidade a essas pessoas jurídicas de direito privado, no que ombreiam com as empresas em geral. E, no campo da arregimentação da mão-de-obra, essa flexibilidade é proporcionada pela escolha dos respectivos prestadores de serviços.

Não tenho, Senhor Presidente, com a devida vênia, como aplicável às empresas públicas, às sociedades de economia mista a regra insculpida no inciso II do art. 37 da Constituição Federal, e não tenho por essa razão, porque a norma está temperada por outra também de estatura constitucional, qual seja, a constante do § 1º do art. 173.

Por isso, peço vênia ao nobre Relator, e aprecio a matéria estritamente sob o ângulo constitucional, deixando em plano secundário o aspecto moral, para entender que os Impetrantes têm a socorrê-los o direito líquido e certo à manutenção dos vínculos; para concluir que as contratações se fizeram à luz do disposto no § 1º do art. 173 da Carta, que exclui, por via de conseqüência, a incidência do inciso II do art. 37, no que prevê a necessidade de realização de concurso público para a contratação de pessoal.

É como voto, no caso dos autos.

VOTO

O Senhor Ministro Celso de Mello: O princípio do concurso público constitui uma das mais expressivas *opções conscientes* do legislador constituinte. Trata-se de verdadeiro dogma constitucional que se projeta, *de modo impositivo*, à estrita observância das pessoas estatais e das entidades administrativas que compõem e integram o vasto universo da Administração Pública.

As pessoas jurídicas revestidas de estatalidade (União, Estados-membros, Distrito Federal, Municípios e respectivas autarquias) ou aquelas que ostentam o perfil de entes paraestatais (empresas públicas e sociedades de economia mista) estão *incondicionalmente* sujeitas — qualquer que seja a instância política em que se situem no plano de nossa organização federativa — ao postulado do concurso público.

A par da norma constante do art. 53, I, do ADCT, a *única* outra exceção derrogatória do *dever estatal* de proceder à realização do concurso público — cuja validade deriva da circunstância de *também* fundamentar-se em expressa autorização constitucional — concerne às "nomeações para cargo em comissão declarado em lei de livre nomeação e exoneração" (CF, art. 37, II, *in fine*).

Essa situação excepcional, *contudo*, não se presume, eis que "Para que o cargo seja considerado de provimento em comissão é necessário que a lei expressamente o declare, valendo a ausência dessa cláusula como indicativa da investidura efetiva" (*RDA* 17/68).

Impõe-se observar, ainda, que a regra inscrita no art. 173, § 1º, da Constituição Federal — precisamente porque destinada a *inibir*, no plano normativo, possíveis tratamentos preferenciais em benefício dos entes paraestatais — *não exonera* as empresas públicas e as sociedades de economia mista da obrigação jurídico-constitucional de, *elas também*, e ainda que exploradoras de atividade empresarial na área econômica, promoverem a contratação de seus empregados mediante prévia realização de prova seletiva de caráter público.

Essa norma constitucional assim dispõe:

"Art. 173. (...)

"§ 1º. A empresa pública, a sociedade de economia mista e outras entidades que explorem atividade econômica sujeitam-se ao regime jurídico próprio das empresas privadas, inclusive quanto às obrigações trabalhistas e tributárias."

Esse preceito veicula norma de equiparação, que visa a *deslegitimar* qualquer deliberação do Poder Público que, ao conferir privilégio a entidades paraestatais que explorem atividade econômica, importe em tratamento discriminatório incompatível com os postulados constitucionais da livre iniciativa e da livre concorrência entre os diversos agentes econômicos.

Daí porque Celso Bastos (*Comentários à Constituição do Brasil*, vol. 7/83-84, 1990, Saraiva), ao expender magistério sobre o sentido finalístico da regra em questão, observa, *verbis*:

"Este preceito guarda grande similitude com o § 2º do art. 170 da Constituição de 1967, com a Emenda de 1969.

"(...)

"Neste parágrafo agasalha-se a idéia de que é possível ao Estado, através de pessoas descentralizadas, desempenhar um papel assemelhado àquele cumprido pelas empresas privadas. Fixou-se no nosso direito crença de que esta convivência é possível. Assim, o que se procura é que a empresa pública, a sociedade de economia mista e outra entidade que explore atividade econômica submetam-se ao regime jurídico previsto para as empresas privadas. *Com que finalidade*?

"*Na verdade*, com o propósito de impedir que o Estado, exercendo atividade econômica, se valha de um regime jurídico privilegiado, que torne a sua competição com a empresa privada desastrosa para esta. Em outras palavras: o Estado quer abstrair-se da sua condição de Poder Público para atuar no meio dos particulares, com eles competindo em condições isonômicas. Aliás, essa preocupação é reforçada pelo § 2º deste artigo, que impede a outorga de privilégios fiscais não extensivos às empresas do setor privado" (*grifei*).

Igual orientação é perfilhada, *no ponto*, por Manoel Gonçalves Ferreira Filho (*RDA* 144/191), para quem o objetivo da norma equiparadora é o de impedir tratamento seletivo que, privilegiando as entidades paraestatais, resulte em prejuízo para as empresas privadas, com inadmissível vulneração ao postulado da liberdade de iniciativa empresarial, que constitui, no quadro normativo delineado pela Carta da República, um dos princípios estruturadores da própria ordem econômica.

Sendo esse o *telos* da norma inscrita no art. 173, § 1º, da Carta Política, torna-se clara a impossibilidade de sua pertinente invocação para legitimar, *no que concerne às relações internas da entidade paraestatal com seus próprios empregados*, a dispensa de prova seletiva pública, *de realização sempre necessária*, para o efeito específico de composição do seu quadro de pessoal.

É preciso ter presente, enfim, que o legislador constituinte, ao prestigiar, *em sua máxima extensão*, o postulado do concurso público, quis, na realidade, consagrá-lo como instrumento concretizador dos princípios da isonomia, da impessoalidade e da moralidade administrativa.

A este Supremo Tribunal, no desempenho de suas altas funções de Corte Constitucional, cumpre manter estrita fidelidade a esses valores, cuja intangibilidade o legislador constituinte pretendeu preservar.

Assim sendo, Sr. Presidente, e com estas considerações, acompanho o douto voto do Em. Relator.

É o meu voto.

VOTO

O Senhor Ministro Sepúlveda Pertence: Sr. Presidente, de início me impressionara o problema da identificação do ato coator e, conseqüentemente, da autoridade legitimada ao processo.

Como antecipei na discussão da preliminar suscitada, e depois retirada pelo eminente Min. Marco Aurélio, convenci-me, à luz do art. 71, incs. III, IX e X, de que o ato do Tribunal de Contas, glosando as admissões, é um ato concreto e com nítido caráter imperativo: o que fica muito claro com a possibilidade, prevista no inciso X, de suspensão do ato, se a autoridade responsável não cumpre, por ela mesma, a determinação do Tribunal.

Trata-se, pois, de ato concreto e executório que faz cabível o mandado de segurança. Trata-se, no entanto, de ato que, embora concreto, tem efeitos mediatos, porque dependeriam, no caso, do ato final de despedida, a cargo da empresa estatal: donde, o caráter adequadamente preventivo da impetração, que afasta a intempestividade.

No mérito, Senhor Presidente, peço vênia ao eminente Min. Marco Aurélio para acompanhar o eminente Relator, indeferindo a segurança.

Também não me convenci de que o art. 173 da Constituição tenha pertinência com o procedimento de admissão de empregados nas empresas estatais. Se me convencesse do contrário teria, talvez, de proceder a um estudo mais pormenorizado do assunto, precisamente para classificar exatamente esta empresa, que é salvo engano, de exploração de serviços portuários, à primeira vista, atividade econômica de prestação de serviços públicos de competência federal, como decorre do art. 22, XII, *f*, da Constituição.

Mas de qualquer sorte, creio que a distinção é irrelevante. Às empresas estatais, seja qual for a sua classificação na dicotomia que decorre do art. 173 e de outros dispositivos, a exemplo do art. 37, § 6º., entendo aplicável a regra ou o princípio do concurso público do art. 37, inc. II.

Com essas breves considerações, acompanho o eminente Relator, conhecendo do pedido, mas o indeferindo.

VOTO

O Senhor Ministro Néri da Silveira: Sr. Presidente. A regra do art. 37, II, da Constituição, é abrangente de investidura em cargo ou emprego público, ao estipular que, em qualquer das hipóteses, há dependência de aprovação prévia em competitório de provas e títulos, ressalvadas as nomeações para cargo em comissão, declarado em lei de livre nomeação e exoneração.

Pouco importa se a investidura há de se fazer segundo vínculo funcional estatutário, ou conforme o regime da CLT. Dessa maneira, não há conflito entre o que se estabelece no art. 37, II, e o que está no art. 173 da Constituição, de maneira a entender-se que a última regra é excludente da incidência do art. 37, II, da Lei Maior, quando se trate de investidura e emprego em empresas que realizem exploração direta de atividade econômica pelo Estado.

O regime que aí se prevê não é diferente, em outros termos, do que já existia no sistema anterior, onde também se fazia menção à sujeição de empresas que explorassem diretamente atividade econômica pelo Estado e pelo regime jurídico próprio de empresas privadas. Isso levaria, no que concerne aos servidores públicos e aos dessas empresas, ao estabelecimento do regime celetista, tal como sempre sucedeu. A Constituição, entretanto, tem em conta, não o objeto de atuação da empresa, mas, sim, a sua natureza, se se tratar de investidura em empresas que se situem no âmbito da administração indireta e, no caso, também, as empresas públicas, sociedades de economia mista, fundações; todas elas ficarão sujeitas ao que prevê o art. 37, II, da Constituição, ou seja, os seus servidores devem ser admitidos por concurso público. Foi essa prática seguida amplamente, quando a Administração utilizou, em larga escala, o regime não estatutário, o regime celetista, para admitir servidores. O fato de o servidor ficar sujeito ao regime celetista não afasta a obrigação da empresa que o admite de realizar o concurso público para escolha dos novos servidores.

Assim acompanho o ilustre Ministro-Relator, conhecendo do mandado de segurança e o indeferindo.

VOTO

O Senhor Ministro Octávio Gallotti (Presidente): O art. 37 da Constituição Federal abrange, nos postulados que enumera, não apenas a administração direta, fundacional e autárquica da União, mas também toda a administração indireta, da qual fazem parte — como bem salientou o eminente Relator — segundo a legislação ordinária e pela tradição de nosso Direito Administrativo, as sociedades de economia mista. É o caso da Companhia Docas do Ceará.

A dois, pelos menos, desses postulados do art. 37, — a impessoalidade e a moralidade da administração — estão ligados os incisos I e II desse dispositivo, que exigem o concurso público para o provimento dos cargos e não só dos cargos: referem-se, ainda, esses incisos, expressamente, a cargo e emprego, o que exclui, aqui, aquela dificuldade com que se defrontou o Tribunal no exame de liminar de certa ação direta do Distrito Federal, onde se cuidava do inciso IX, alusivo, apenas, a "servidores públicos"; e alguns dos eminentes Ministros, que formaram a minoria, não o consideravam aplicável a empregados de empresas públicas e de sociedades de economia mista, mas somente aos servidores sob regime estatutário.

Por outro lado, o art. 173 não ilide, a meu ver, a exigência do concurso. A motivação dessa norma é eliminar a concorrência ruinosa das empresas públicas, com a atividade privada. A realização de um concurso público jamais seria o meio de prejudicar essa competição, mesmo porque as empresas privadas não estão impedidas de realizar os processos seletivos que entenderem necessários à admissão do seu pessoal.

O Tribunal de Contas, como assinalado pelo eminente Min. Sepúlveda Pertence, alcançou uma nova e importante competência, a de apreciar a legalidade dos atos de admissão de pessoal, o que antes se englobava na sua competência geral de controle de legalidade das despesas públicas. Não se pode, assim, discutir o caráter imperioso da determinação expedida, pelo Tribunal de Contas, a uma sociedade de economia mista, sua jurisdicionada.

Penso que está, pois, correto e compreendido em sua competência, o entendimento daquela Corte, no sentido de que, para admissão de pessoal nas sociedades de economia mista e nas empresas públicas, impõe-se a exigência do concurso público.

Acompanho, então, o Eminente Ministro-Relator, indeferindo o pedido.

Extrato de Ata

Mandado de Segurança n. 21.322-1
Origem: Distrito Federal
Relator: Min. Paulo Brossard
Imptes.: Telma Leite Morais e outro
Advs.: José Lindival de Freitas e outro
Impdo.: Tribunal de Contas da União — TCU

Decisão: Por votação unânime, o Tribunal conheceu do mandado de segurança e por maioria o indeferiu, vencido o Min. Marco Aurélio, que o deferia, ficando, em conseqüência, insubsistente o pedido de medida cautelar. Votou o Presidente. Plenário, 3.12.92.

Presidência do Senhor Ministro Octávio Gallotti, Vice-Presidente. Presentes à sessão os Senhores Ministros Néri da Silveira, Paulo Brossard, Sepúlveda Pertence, Celso de Mello, Marco Aurélio, Ilmar Galvão e Francisco Rezek. Ausentes, justificadamente, os Senhores Ministros Sydney Sanches, Presidente, Moreira Alves e Carlos Velloso.

Procurador-Geral da República, Dr. Aristides Junqueira Alvarenga.

TRIBUNAL DE JUSTIÇA DO ESTADO DE SÃO PAULO

Convênio e contrato — Diferenças — Negócio jurídico entre Estado e Município — Aplicação do art. 119 do Código Civil

ACÓRDÃO

Vistos, relatados e discutidos estes autos de Apelação Cível 179.517-1/5, da Comarca de São Paulo, em que é recorrente o juízo *ex officio*, sendo apelante a Fazenda do Estado de São Paulo e apelada a Municipalidade da Estância Turística de Embú:

Acordam, em Primeira Câmara Civil do Tribunal de Justiça, por maioria de votos, negar provimento aos recursos, de conformidade com o voto do Relator, que fica fazendo parte integrante do presente julgado.

Custas na forma da lei.

O julgamento teve a participação dos Desembargadores Guimarães e Souza, como voto vencedor e Euclides de Oliveira, vencido.

São Paulo, 2 de março de 1993 — Renan Lotufo (Presidente e Relator designado) -- Guimarães e Souza (Vencedor, cf. declaração de voto em separado) — Euclides de Oliveira (Relator sorteado vencido, cf. declaração de voto em separado).

VISTOS

Adoto o relatório de fls. 232, que assim se expressa:

"Ação ordinária movida pela Fazenda do Estado de São Paulo contra a Prefeitura Municipal da Estância Turística do Embú, alegando descumprimento de cláusula de convênio para construção da quadra poliesportiva, uma vez que não iniciada a obra pela ré, no prazo ajustado, cumprindo-lhe devolver a verba recebida, no valor de NCz$ 25.000.000, com correção monetária e juros de mora desde o evento danoso, além dos encargos processuais.

"A r. sentença de fls. 211, cujo relatório adoto, julgou extinto o processo por falta de notificação premonitória, cominando à autora a satisfação das custas e de honorários arbitrados em 20% sobre o valor da causa.

"Apelação vencida, aos argumentos de que desnecessária a notificação, ante o vencimento do prazo para cumprimento do convênio, mas que, ainda, assim, a ré foi notificada através de ofício comunicando que deveria efetuar a devolução do numerário recebido.

"Oferecidas contra-razões."

Anoto que a sentença referiu ao oficial.

O eminente Relator sorteado dava provimento aos recursos para afastar a carência de ação e decidia no mérito, por entendê-lo já ferido pela sentença recorrida, dando pela procedência da ação e condenação da ré, fixando a honorária em 10%.

Data maxima venia, a maioria diverge pelas seguintes razões:

A extinção foi bem decretada.

Do Termo de Convênio de fls. 11/3 tem-se, pela cláusula 7ª., que se ocorrido inadimplemento por parte do Município ensejará ao Estado a denúncia do convênio, com conseqüente obrigação de restituir, o Município ao Estado, a totalidade da verba corrigida, sem prejuízo das perdas e danos.

A inicial, às fls. 3, sustenta que houve inadimplemento e que se aplica a cláusula 7ª. quanto à restituição, independentemente da eventual indenização.

Sem dúvida se está diante de uma forma de contrato.

Orlando Gomes diz, em sua obra *Contratos* ed. Forense, 3ª. ed., 1971, p. 174:

"Nos contratos bilaterais a interdependência das obrigações justifica a resolução do contrato quando uma das partes se torna inadimplente. Na sua execução, cada contratante tem a faculdade de pedir a resolução, se o outro não cumpre as obrigações contraídas. Esta faculdade resulta de estipulação ou de presunção legal. Quando as partes acordam-na, diz-se que estipulam o pacto comissório expresso. Na ausência de estipulação, tal pacto é presumido pela lei, que, supõe, em todo contrato bilateral, a existência de uma cláusula resolutiva. Neste caso, diz-se que é implícita ou tácita.

"Conforme seja expressa ou tácita, a cláusula resolutiva opera diferentemente. De grande interesse, por conseguinte, o conhecimento de seu mecanismo, tanto quanto é convencional, como legal."

Acresce à p. 177:

"No direito pátrio, a resolução dos contratos por inexecução está subordinada a regra que indica haver o Código admitido tratar-se de verdadeira condição. No capítulo referente à condição, encontra-se o seguinte dispositivo: "a condição resolutiva da obrigação pode ser expressa ou tácita, operando, no primeiro caso, de pleno direito, e, por interpelação judicial, no segundo." Esse princípio não sofre qualquer restrição por outro dispositivo especial. É fora de dúvida, pois, que o Código Civil admitiu nos contratos bilaterais, ao lado da cláusula resolutiva expressa, a condição resolutiva tácita. Mas esta não opera de pleno direito. Exige a lei a interpelação judicial. A resolução há de ser pedida ao juiz."

Tal colocação tende aparentemente a ser relativa só ao campo do Direito Privado, por atentar claramente ao disposto no art. 119 e parágrafo único do Código Civil.

Mas, a estrutura básica serve à generalidade dos contratos, como, também, observa Pontes de Miranda, no seu *Tratado de Direito Privado*, Ed. Borsoi, Tomo XXXVIII, § 4.249, p. 344:

"O exercício da resolução e da resilição é exercício de direito e de pretensão a resolver ou a resilir; talvez, de ação de resolução ou de ação de resilição. A denúncia é negócio jurídico dependente: o chamado exercício da denúncia é a prática do ato de denunciar, que entra no mundo jurídico como negócio jurídico unilateral, e somente entra no mundo jurídico se o negócio jurídico, a que a denúncia se refere, é denunciável (cf. Ph. Heck, "die Gesellschaftsbeschlüsse und Willensmängel", *Festschrift für O. Gierke*, 319 s., 327 s.). Há um negócio jurídico que vai contra outro, porque pode ir (denunciabilidade do contrato).

"A denúncia supõe que sua eficácia extinga a relação jurídica contratual. A resilição supõe que houve causa para que nascesse a pretensão à resilição."

Tendo em vista o caráter do convênio e por sê-lo entre pessoas jurídicas de Direito Público, tem-se que observar se existem regras específicas. Diógenes Gasparini, em seu *Direito Administrativo*, Ed. Saraiva, 2ª ed., refere, à p. 294/5:

"Os autores, sem muita variação e calcados em regras do direito positivo anterior a 1988, a exemplo do art. 104 da Constituição paulista, emendada em 30-10-1969, têm definido o convênio como sendo o ajuste administrativo, celebrado por pessoas públicas de qualquer espécie ou realizado por essas pessoas e outras de natureza privada, para a consecução de objetivos de interesse comum dos convenentes.

"É ajuste administrativo. Não se trata, assim, de contrato, nem mesmo administrativo. O "convênio", diz Hely Lopes Meirelles (*Direito administrativo*, cit., p. 354), "é acordo, mas não é contrato". No contrato têm-se partes, ligadas perenemente (contratualmente), que buscam interesses diversos e contrapostos (uma quer, no contrato de obra pública, a obra; a outra deseja a contraprestação, o preço). No convênio têm-se partícipes (convenentes não vinculados contratualmente) que propugnam por objetivos de interesses comuns (ambos os Municípios querem a demarcação dos limites municipais; ou Estado-Membro e União desejam trocar informação para fins tributários). Sendo assim, é natural que qualquer partícipe, a todo momento, pode denunciar o convênio e dele se retirar, respondendo pelas obrigações assumidas e auferindo as vantagens até esse momento. Nada deve impedir esses atos de partícipe. Não se pode, nem mesmo constando do convênio, obrigá-lo a permanecer integrando o ajuste ou puní-lo por esses atos. Qualquer cláusula que restrinja a faculdade de denunciar o acordo ou que institua a punição pela retirada contraria a natureza desses ajustes e por essa razão não é admitida, conforme vêm decidindo os nossos pretórios, a exemplo do Tribunal de Justiça do Estado de São Paulo (*RJTJSP*, 95:61). Cláusulas desse teor devem ser tidas como não escritas."

Também negando o caráter contratual temos Edmir Netto de Araújo, em *Do negócio Jurídico Administrativo*, Ed. RT, 1992, pp. 145/6:

"Convênios administrativos são convenções, mas não contratos, pois nestes as vontades são antagônicas, se compõem, mas não se adicionam, delas resultando uma terceira espécie (vontade contratual, resultante e não soma) ao passo que nos convênios, como nos consórcios, as vontades se somam, atuam paralelamente, para alcançar interesses e objetivos comuns.

"São, portanto, acordos de cooperação (quando todas as pessoas têm atividades preordenadas para o fim desejado) ou de colaboração quando as pessoas desempenham atividades-meio, preparatórias, auxiliares ou complementares da atividade estatal, para o objetivo comum), e por essa razão, como lembra Lopes Meirelles, "a posição jurídica dos signatários é uma só e idêntica para todos, podendo haver, apenas, diversificação na cooperação de cada um, segundo as suas possibilidades, para a consecução do objetivo comum", do que decorre: a ausência de vinculação contratual, a inadmissibilidade de cláusula de permanência obrigatória (os convenentes podem denunciá-lo antes do término do prazo de vigência, promovendo o respectivo encontro de contas) e de sanções pela inadimplência (exceto eventuais responsabilidades funcionais, que, entretanto, são medidas que ocorrem da avença)".

Do exame das colocações feitas, *data venia* não resulta afastável a denúncia prévia do convênio.

É que, a par do art. 119 do Código Civil se referir aos Atos Jurídicos e não aos Contratos especificamente, tem-se que, em Doutrina ficou reconhecido que o conceito de Ato Jurídico do Código Civil vigente equivale ao de Negócio Jurídico.

Logo, para os eminentes administrativistas pré-citados a denúncia é exigível para o convênio, por livremente acordada.

Assim, tendo-se norma que compõe parte geral do Direito e não só do Código Civil, ele é aplicável aos Negócios Jurídicos, também de origem administrativa.

Não bastasse tal colocação tem-se que a Denúncia é resolução a termo, ou seja, é comunicação da resolução que se operará no termo.

Ora, se o convênio prevê a Denúncia com prazo de 30 (trinta) dias, tem-se que sem a mesma não houve resolução do convênio.

A inicial é clara em não referir à resolução por denúncia prévia, deixando nítido que pressupôs cláusula resolutória expressa, que absolutamente foi prevista.

— Não se tem também, como aceitar a colocação do apelo de que o documento de fls. 18 constituiu-se em Denúncia.

O ofício não tem tal conteúdo.

Assim, ainda que a forma de mero ofício fosse admissível para o caso do convênio, não se pode extrair do seu conteúdo tal manifestação de vontade, mas, sim, clara manifestação de já resolvido o convênio por decorrência de suposta cláusula resolutiva.

Logo, imprestável para o fim, imprestável para o efeito alegado.

Por tais razões, meu voto diverge e nega provimento aos recursos.

Renan Lotufo (Relator).

DECLARAÇÃO DE VOTO VENCEDOR

Hely Lopes Meirelles ensina que "convênio é acordo, mas não é contrato (*Direito Administrativo*, 4ª ed., p. 366).

No mesmo sentido o entendimento de Diógenes Gasparini (*Direito Administrativo*, 2ª ed., p. 294).

Se o convênio não é contrato, mas mero acordo, não há, data vênia, como entender aplicável, no caso dos autos, a regra do *dies interpelat pro homine*, por não haver mora *ex re*, que dispensaria a interpelação ou notificação.

No convênio, diante da ausência de vinculação contratual, o seu rompimento se dá não por rescisão, mas por denúncia.

A denúncia, prevista no termo de fls. 11/13 é a comunicação da resolução do convênio.

Inexistente no convênio, por não se tratar de contrato, cláusula resolutiva expressa e sendo indispensável a denúncia para o seu rompimento não há falar, *venia concessa*, em resolução pelo vencimento do prazo ajustado pelas partes.

Por outro lado, o ofício de fls. 18 não pode ser aceito como intenção de denunciar o convênio. Ao contrário, já o tem como resolvido e pede o cumprimento de sua cláusula sétima, ou seja, a devolução da verba recebida pelo Município.

Em suma, devendo o partícipe do convênio denunciá-lo, para retirar a sua cooperação e não havendo, na espécie, a denúncia prevista no termo de fls. 11/13, a extinção do processo, sem julgamento do mérito, era de rigor.

Respeitado o entendimento do culto relator sorteado, nego provimento ao recurso.

Guimarães e Souza.

DECLARAÇÃO DE VOTO VENCIDO

1. Ação ordinária movida pela Fazenda do Estado de São Paulo contra a Prefeitura Municipal da Estância Turística de Embú, alegando descumprimen-

to de cláusula de convênio para construção da quadra poliesportiva, uma vez que não iniciada a obra pela ré, no prazo ajustado, cumprindo-lhe devolver a verba recebida, no valor de NCz$ 25.000.000, com correção monetária e juros de mora desde o evento danoso, além dos encargos processuais.

A r. sentença de fls. 211, cujo relatório adoto, julgou extinto o processo por falta de notificação premonitória, cominando à autora a satisfação das custas e de honorários arbitrados em 20% sobre o valor da causa.

Apelação da vencida, aos argumentos de que desnecessária a notificação, ante o vencimento do prazo para cumprimento do convênio, mas que, ainda, assim, a ré foi notificada através de ofício comunicando que deveria efetuar a devolução do numerário recebido.

Oferecidas contra-razões.

2. Embora reconhecendo a inadimplência da Prefeitura do Embú, relativamente ao prazo de início da obra objeto de Convênio com a Fazenda do Estado, entendeu o MM. Juiz que a autora era carecedora da ação, por não ter providenciado a necessária notificação premonitória.

Equivocada essa conclusão extintiva do processo.

Como bem argumentou a Fazenda, em contra-razões, configurada restou a mora da Prefeitura pelo simples transcurso do prazo contratual.

Veja-se que o Convênio foi celebrado em 4 de outubro de 1989, para vigorar até 31 de dezembro do mesmo ano (fls.11). Era de 30 dias o prazo para início das obras (cláusula 5ª.). Seu inadimplemento dava ensejo a denúncia com obrigação de a conveniada devolver a verba recebida (cláusula 7ª.).

Mesmo contando o prazo a partir da liberação da verba, ocorrida em 31 de outubro de 1989 (fls. 15), verifica-se inadmissível omissão da Prefeitura na sua aplicação para os fins destinados. Vistoria realizada em 2 de março de 1990 dava conta de que a obra não fora iniciada (fls.17).

A execução dos serviços somente veio a ser contratada em agosto de 1990 (fls. 118).

Evidente, pois, o descumprimento do Convênio, pelo vencimento do prazo ajustado pelas partes.

Incide à espécie, conquanto se cuide de contrato administrativo, a regra do *dies interpelat pro homine*. É hipótese típica da mora *ex re*, a dispensar notificação, interpelação ou pré-aviso, nos termos do art. 960, *caput*, do Código Civil.

A entender-se o contrário, porém, ainda assim estaria a ação viabilizada pela efetiva denúncia do convênio por ofício que a Fazenda Estadual endereçou à Prefeitura, em 4 de abril de 1990 (fls. 18). Claros os seus termos, no sentido de que, não iniciadas as obras, impunha-se a devolução da verba, em atenção à cláusula 7ª. do ajuste.

Note-se que, em resposta, limitou-se a Prefeitura a solicitar prorrogação de prazo (fls. 18), a esta altura já sem condições de atendimento, de há muito ultrapassado o prazo de 30 dias previsto na cláusula 9ª., parágrafo único, do referido Convênio.

3. Afastado o decreto de carência, resta por definir o mérito da controvérsia. Já o fez a sentença, em acertada fundamentação, embora com desvio do dispositivo pelo acolhimento da prejudicial.

Em tal conformidade, possível se mostra o julgamento definitivo nesta esfera, sem ofensa ao princípio do duplo grau de jurisdição.

Inquestionável, como reconheceu o MM. Juiz, e acima demonstrado, ante a prova documental e a própria confissão expressa na resposta da Prefeitura, que houve descumprimento do prazo, a motivar denúncia do Convênio.

Como decorrência, cumpre à ré devolver a quantia recebida, com atualização monetária desde a data do recebimento. A correção é de rigor, para preservação do valor intrínseco da moeda frente ao efeito corrosivo da inflação, e tendo em vista a expressa previsão contratual (cláusula 7ª do Convênio).

Anota Hely Lopes Meirelles, em sua festejada obra *Direito Administrativo Brasileiro* (Ed. Revista dos Tribunais, 8ª ed.), que a inexecução ou inadimplência pode referir-se, dentre outras, aos prazos contratuais (mora), ensejando a aplicação das sanções legais ou previstas na avença, variando desde a multa até a rescisão, com a cobrança das perdas e danos (p. 18). Acrescenta que a responsabilidade civil, a reger-se pelas normas do direito privado, observado o que as partes pactuaram para o caso de inexecução, "surge como uma das suas primeiras conseqüências, pois toda vez que o descumprimento do ajustado causar prejuízo à outra parte, o inadimplente fica obrigado a indenizá-la" (p. 225).

A liberação do encargo indenizatório, em tais condições, somente seria excepcionada pela ocorrência de causa justificadora da inexecução. Mas nada disso foi alegado, na espécie, deixando à calva a conduta omissiva da Prefeitura-ré, por isso sujeita às conseqüências da violação contratual.

4. Ante o exposto, ousando divergir da douta maioria, dou provimento aos recursos oficial e voluntário da Fazenda do Estado, a fim de afastar o decreto de extinção do processo, e julgar procedente a ação, reconhecida a rescisão do Convênio por culpa da ré, ficando a mesma condenada ao pagamento do valor reclamado, com correção monetária desde a data do seu recebimento, mais juros de mora contados da citação, e honorários advocatícios de 10% (dez por cento) sobre o montante da condenação, isenta das custas.

Euclides de Oliveira.

Próximo número da
Revista Trimestral de Direito Público

RTDP-8

DOUTRINA: EMENDAS DE TRATADOS INTERNACIONAIS — **Vicente Marotta Rangel** • A ORGANIZAÇÃO CONSTITUCIONAL DA FUNÇÃO PLANEJADORA — **Fábio Konder Comparato** • COMPETÊNCIAS ADMINISTRATIVAS DOS ESTADOS E MUNICÍPIOS — LICITAÇÕES — **Lúcia Valle Figueiredo** • CONTRARIEDADE À CONSTITUIÇÃO E RECURSO EXTRAORDINÁRIO: ASPECTOS INEXPLORADOS — **Gilmar Ferreira Mendes** • *PARECERES*: LEI DE ZONEAMENTO URBANO — COMPETÊNCIA EXCLUSIVA DO LEGISLATIVO MUNICIPAL — DELEGAÇÃO DE PODERES AO EXECUTIVO — **Arnoldo Wald** • INCONSTITUCIONALIDADE DE PRECEITO DE CONSTITUIÇÃO ESTADUAL (PARÁGRAFO ÚNICO DO ART. 293 DA CONSTITUIÇÃO DO ESTADO DE SÃO PAULO) — **Geraldo Ataliba** • INCENTIVOS FISCAIS E FINANCEIROS — **José Souto Maior Borges** • EFICÁCIA SOCIAL DA PRESTAÇÃO JURISDICIONAL — **Teori Albino Zavascki** • *ESTUDOS & COMENTÁRIOS*: MEDIDA PROVISÓRIA: CONTROLE JURISDICIONAL DE SEUS PRESSUPOSTOS — **Carlos David S. Aarão Reis** • CONTROLE JURISDICIONAL DOS ATOS POLÍTICOS DO PODER EXECUTIVO — **Derly Barreto e Silva Filho** • SERVIDORES PÚBLICOS MUNICIPAIS, REGIME JURÍDICO E O FGTS — **Sandra Krieger Gonçalves Silva** • FUNÇÃO ADMINISTRATIVA NO ESTADO BRASILEIRO — **Yara Martínez Carvalho e Silva Stroppa** • MINISTÉRIO PÚBLICO E TUTELA DOS INTERESSES DIFUSOS — **Luiz Fabião Guasque** • RECURSOS HÍDRICOS E CONSTITUIÇÃO — **Dimas Macedo** • *CONFERÊNCIAS & DEBATES*: DÍVIDA EXTERNA E ÉTICA NAS RELAÇÕES INTERNACIONAIS — **José Carlos de Magalhães** • INOVAÇÕES DA JURISPRUDÊNCIA EM MATÉRIA AMBIENTAL — **Alvaro Luiz Valery Mirra** • *JURISPRUDÊNCIA*

RTDP-9

DOUTRINA: A COMPETÊNCIA DA ASSEMBLÉIA NACIONAL CONSTITUINTE DE 1933/34 — **Hans Kelsen** • RESPONSABILIDADE DO ESTADO POR ATOS DE JUIZ (EM FACE DA CONSTITUIÇÃO DE 1988) — **A. B. Cotrim Neto** • CONFLITO DE ATRIBUIÇÕES E REFORMA CONSTITUCIONAL — **Arnoldo Wald** • O JUDICIÁRIO FRENTE À DIVISÃO DOS PODERES: UM PRINCÍPIO EM DECADÊNCIA? — **Tercio Sampaio Ferraz Junior** • FRANQUIA NA ADMINISTRAÇÃO PÚBLICA — **Maria Sylvia Zanella Di Pietro** • DECLARAÇÃO DE INCONSTITUCIONALIDADE SEM PRONÚNCIA DA NULIDADE DA LEI, NA JURISPRUDÊNCIA DA CORTE CONSTITUCIONAL ALEMÃ — **Gilmar Ferreira Mendes** • *PARECERES*: LICITAÇÃO — LEIS DE MERCADO E PREÇOS — EQUILÍBRIO ECONÔMICO-FINANCEIRO — **Celso Antônio Bandeira de Mello** • MANDATO ELETIVO — IMPUGNAÇÃO — **Fábio Konder Comparato** • SANEAMENTO BÁSICO — SERVIÇO PÚBLICO ESTADUAL E MUNICIPAL — CONTRATO ADMINISTRATIVO ENTRE SABESP E MUNICÍPIO — CONCESSÃO NÃO ORDINÁRIA — **Geraldo Ataliba** e **Rosolea Folgosi** • TETO DE REMUNERAÇÃO DE SERVIDORES — **Eros Roberto Grau** • INCENTIVO FISCAL — CONFLITO ENTRE ESTADOS — **Paulo de Barros Carvalho** • LICITAÇÃO — COMPROVAÇÃO DE CAPACIDADE TÉCNICO-OPERACIONAL — **Adílson Abreu Dallari** • MUNICÍPIO E AUTARQUIA FEDERAL — RELAÇÕES — CONFLITOS — IMPOSSIBILIDADE DE MULTAS A PESSOAS PÚBLICAS — **Toshio Mukai** • SECRETÁRIO MUNICIPAL — INDICIAMENTO POR ATO PRATICADO NO EXERCÍCIO DA FUNÇÃO E NO INTERESSE DA ADMINISTRAÇÃO — DIREITO E DEVER, POR PARTE DESTA, DE PROMOVER-LHE A DEFESA — **Sérgio Sérvulo da Cunha** • *ESTUDOS & COMENTÁRIOS*: LEGITIMIDADE DO PODER DE REFORMA CONSTITUCIONAL — **Fábio Konder Comparato** • AÇÃO DECLARATÓRIA DE CONSTITUCIONALIDADE — INOVAÇÃO INFELIZ E INCONSTITUCIONAL — **Marcelo Figueiredo** • DEPÓSITO COMPULSÓRIO DA LEI N. 4.595/64 (CIRCULAR N. 2.175/92 DO BACEN) — NATUREZA JURÍDICA — ASPECTOS LEGAIS E CONSTITUCIONAIS — **João Dácio Rolim** • CONFLITOS ENTRE PRINCÍPIOS DO DIREITO DO TRABALHO E DO DIREITO ADMINISTRATIVO — **Ana Rita Tavares Teixeira** • TERRENOS RESERVADOS NAS MARGENS DOS RIOS NAVEGÁVEIS — BENS PÚBLICOS OU PARTICULARES? — **Martim Outeiro Pinto** • *JURISPRUDÊNCIA*

Impressão e acabamento
Gráfica e Editora FCA
Tel. (011) 419-0200

REVISTA
TRIMESTRAL DE
DIREITO PÚBLICO

RTDP-7

DOUTRINA: REVERSÃO DOS BENS NA CONCESSÃO — **Celso Antônio Bandeira de Mello** • NORMAS GERAIS E COMPETÊNCIA CONCORRENTE — UMA EXEGESE DO ART. 24 DA CONSTITUIÇÃO FEDERAL — **Tercio Sampaio Ferraz Junior** • PATRIMÔNIO ADMINISTRATIVO — EMPRESAS ESTATAIS DELEGADAS DE SERVIÇO PÚBLICO — REGIME DE SEUS BENS — EXECUÇÃO DE SUAS DÍVIDAS — **Geraldo Ataliba** • A TRIDIMENSIONALIDADE DA DESCENTRALIZAÇÃO DO ESTADO BRASILEIRO — CONTRIBUIÇÃO PRÁTICA À REVISÃO CONSTITUCIONAL DE 1993 — **Torquato Jardim** • *PARECERES*: GÁS — MONOPÓLIO — CONCESSÃO — **Caio Tácito** • INCONSTITUCIONALIDADE DE PRECEITO CONSTITUCIONAL — PODER CONSTITUINTE ORIGINÁRIO E DERIVADO — CLÁUSULA PÉTREA — PRECEITO IMODIFICÁVEL POR EMENDA — **Paulo Bonavides** • CRIME DE RESPONSABILIDADE — RENÚNCIA DO AGENTE — EFEITOS PROCESSUAIS — **Fábio Konder Comparato** • EXECUÇÃO CONTRA ESTATAIS PRESTADORAS DE SERVIÇO PÚBLICO — **Eros Roberto Grau** • PLEBISCITO — EC 2/92 — **Gilmar F. Mendes** • REGIME JURÍDICO ÚNICO — INCLUSÃO, SEM CONCURSO, DE SERVIDORES CELETISTAS — **Sérgio Sérvulo da Cunha** • *ESTUDOS & COMENTÁRIOS*: O STF E O QUINTO CONSTITUCIONAL — **Paulo Brossard** • LEGALIDADE, LEGITIMIDADE E CORRUPÇÃO EM CAMPANHAS ELEITORAIS — **Monica Herman Salem Caggiano** • O PODER JUDICIÁRIO EM SUAS RELAÇÕES EXTERNAS — **Roberto A. O. Santos** • MINISTÉRIO PÚBLICO E DEFESA DE DIREITOS INDIVIDUAIS HOMOGÊNEOS — **Teori Albino Zavascki** • OAB — ESTATUTO — SUSTENTAÇÃO ORAL POSTERIOR AO VOTO DO RELATOR — SOBRE A AÇÃO DIRETA DE INCONSTITUCIONALIDADE DO ART. 7º, IX, DA LEI 8.906/94 — **Erasto Villa-Verde Filho** • ADIN — O DIREITO DE PROPOSITURA DAS CONFEDERAÇÕES SINDICAIS E DAS ENTIDADES DE CLASSE DE ÂMBITO NACIONAL — **Gilmar Ferreira Mendes** • FUNDAMENTOS DO DIREITO AMBIENTAL NO BRASIL — **Alvaro Luiz Valery Mirra** • MEDIDA LIMINAR EM AÇÃO DE INDENIZAÇÃO POR DESAPROPRIAÇÃO INDIRETA — **Maria Cristina Cereser Pezzella** e **Anelise Becker** • OBRA INTELECTUAL NO DIREITO — **Eduardo S. Pimenta** e **Rui Caldas Pimenta** • *CONFERÊNCIAS & DEBATES*: MEIO AMBIENTE E JUDICIÁRIO — **Sydney Sanches** • REFLEXOS DA URV NO DIREITO ADMINISTRATIVO — **Marcos Juruena Villela Souto** • *JURISPRUDÊNCIA*

MALHEIROS
EDITORES